DE LA PRAXIS DE LA THÉORIE À LA PRATIQUE DE LA PSYCHANALYSE

— ET INVERSEMENT.

Ce livre a été mis en forme par Osvaldo Cariola et publié en coédition par

FREUDS AGORÁ (Copenhague) et LYSIMAQUE (Paris).

mail@freudsagora.dk

lysimaque@wanadoo.fr

En couverture : Roberto Matta : *Abrir el cubo y encontrar la vida.* 1969

Freuds Agora (Copenhague)
La Lysimaque (Paris)

Sixième biennale de la psychanalyse
à partir du travail de René Lew

DE LA PRAXIS DE LA THÉORIE À LA PRATIQUE DE LA PSYCHANALYSE
— ET INVERSEMENT.

Marseille/Quito, Pentecôte 2022
(4-5-6 juin 2022)
Freuds Agorá / Lysimaque

Sommaire

Présentation

La Biennale de Marseille, programmée originairement pour 2021, a dû être reportée à l'année suivante à cause de la pandémie du virus dit SARS-CoV-2 qui a ravagé le monde entier. Nous avons donc été bien satisfaits de nous rencontrer en 2022, après le confinement, et de continuer notre travail.

La Covid-19, nom de la maladie, a souligné à sa façon l'importance du thème retenu pour la rencontre marseillaise. Car la question du rapport entre la théorie et la praxis ne se pose pas seulement pour la psychanalyse. Elle est présente dans tout praticable, puisque les faits, pour le dire ainsi, sont inaccessibles sans leur soubassement théorique.

Or ceci, non pas parce qu'une sagacité épistémologique quelconque se fait jour (de l'ordre « théorie de la connaissance », par exemple), pour s'occuper de l'établissement des dits « faits », mais plutôt parce que les faits n'ont simplement pas lieu sans qu'un schématisme spécifique n'agisse de manière antécédente. La question de la « théorie » et la « pratique » a surement à voir avec le statut qu'on donne au schématisme sous-jacent.

Il est certain que la pandémie a été l'effet d'un changement écologique. On peut discuter par quels chemins l'événement est passé, mais c'est indiscutable qu'il est la conséquence directe du système de production qui règne actuellement. Et les limites de croissance « normales » de ce système sont, dans l'ensemble, déjà atteintes. Aujourd'hui il ne peut compter pour sa survie que sur la prédation « extractiviste » « globalisée » à tous les niveaux. D'où la dévastation généralisée qui progresse (soit par le biais de guerres, soit par les destructions écologiques, soit du fait des pénuries qui impliquent diverses migrations, soit par l'invasion de la rationalité dite numérique qu'on subit bon gré mal gré — ce qui, au fond, revient au même). Est-ce là la seule possibilité de « progrès » (les « alternatives » fumeuses de colonisation d'autres planètes ne sont tout simplement que des délires politiques, voire scientifiques) ?

Le capitalisme —dit aujourd'hui « néo-libéral » par un forçage des mots, car il n'y a rien de libéral là-dedans—, évolue à présent dans sa version la plus meurtrière, car il réduit la récursivité fondatrice en pure répétition itérative, ce qui ne fait que charrier la mort réelle (par entropie généralisée) avec elle.

La question majeure, politiquement parlant (ceci au sens noble du terme, quand par « politique » on entend l'art de conserver la vie), est de savoir comment on peut éviter que le mode de production dominant, sinon le seul existant, emporte ladite vie dans l'autodestruction que sa fuite en avant prédicative suscite.

Tout cela importe à la psychanalyse, ne serait-ce que parce qu'elle est précisément apparue dans la deuxième moitié du XIXème siècle en réaction au malaise du sujet face au déploiement de la civilisation industrielle.

La situation aujourd'hui montre que les choses n'ont pas changé, mais, au contraire, elles ont empiré. Le processus de destruction des conditions d'existence du sujet, dont l'industrialisation se nourrit, continue en effet son élan colonisateur et mortifère de tous les aspects de la vie. Même le plus intime de l'homme est aujourd'hui soumis au pillage, avec comme conséquence à terme l'assèchement de la récursivité inconsciente. Le capitalisme cognitif n'est assurément pas une simple métaphore.

Or, nous dit-on, tout cela tiendrait au fait que la « théorie du choix rationnel » fait simplement son travail « scientifique » en tant qu'élaboration doctrinale d'une pratique —dite de nos jours « néo-libérale », pour y insister — présentée à son tour comme simple corollaire « inévitable » de cette théorie. Chacune justifierait donc l'autre.

C'est ici qu'on a tout intérêt à saisir l'importance du problème du schématisme tel que René Lew nous le propose.

Aussi bien la « théorie » et la « pratique » sont habituellement présentées comme étant chacune dans son domaine propre, avec comme seul principe de cohérence la concomitance entre elles. Et la « théorie scientifique » énonce que la « pratique » confirmerait (ou corrigerait) ce que cette « théorie scientifique » pourrait formuler de ce que « l'empirique » doit nous montrer, le tout fonctionnant dans le meilleur des mondes. Il nous faut quand même réaliser qu'il n'en est rien. Car elles ne sont pas liées par un rapport « naturel » (à corriger, préciser, calibrer, etc.), mais chacune est le résultat des hypothèses qui leur donnent un semblant de consistance. Les deux axes ne sont ainsi que des versants extensionnels d'un même procès.

C'est là l'enjeu véritable qu'il s'agit pour nous d'envisager. À savoir, montrer comment ni la « théorie » ni la « pratique » ne peuvent faire fi des présupposés (*Vorannahmen*) qui fonctionnent comme soubassement, et ceci en termes de nomination.

C'est pour cela que René Lew parle du schématisme[1] comme d'une théorie en acte. Ce qui, à mon sens, veut dire que le choix de telle ou telle pratique

---

[1] Voir son texte « Tirer un dire autre du texte », ici à la page 181.

(incluant la pratique théorique) se soutient d'un choix de schématisme qui en prend acte, sans avoir besoin d'une formulation explicite, même au contraire. Pour fixer les idées : tout choix conscient est tributaire des choix inconscients qui le soutiennent. Autrement dit, —et pour le dire avec Freud— tout choix est lié à la théorie sexuelle infantile qui l'organise.

Un exemple venu d'un domaine proche, mais qui nous concerne (ne serait-ce que parce que la psychanalyse est sortie historiquement de ce cadre-là), illustre assez bien le problème.

La nomenclature proposée par le DSM se prétend, comme on sait, a-théorique pour pouvoir se dire « scientifique » (parce que sa pratique se soutiendrait du fait empirique lui-même, etc.). Il n'est évidemment pas ardu de montrer que ladite position « a-théorique » est en soi-même une théorie. Minable dans son indigence, oui, mais théorie de toute façon. Ce qui est plus intéressant, c'est de se pencher sur le schématisme qui la soutient, qui, dans ce cas, correspond à un anhistorisme farouche.

Et ceci opère tant dans son approche du patient concret, qui cesse dès lors d'être considéré dans sa particularité pour devenir un fait statistique, que dans ce qui subsiste de la position du psychiatre qui, finalement, est réduit à la condition d'opérateur machinique d'un protocole fait d'un questionnaire à choix multiples (QCM), sorti directement des techniques de marketing et justifié là encore par la théorie du choix rationnel.

La disparition pure et simple de l'histoire, ici sous la forme de l'évacuation de l'anamnèse, est liée à la promotion d'une idéologie des « ressources humaines » (dont Johann Chapoutot a montré noir sur blanc comment elle relève de la « Révolution culturelle » du national-socialisme), redoublée de nos jours par l'introduction dans les années 60 du siècle dernier de l'idée de « capital humain », qui, elle, se présente carrément comme une façon inédite d'appréhender l'individu dans ledit marché du travail. C'est dire que le problème de l'exploitation avérée fondant le système de production actuel est évacué ; et la vie est réduite aux designs du mythe du marché et suppose comme une donnée non-questionnable que l'humain doit fonctionner selon les critères dudit capital financier.

C'est évident : derrière le soi-disant a-théoricisme promu par le DSM, il y a tout un système de présupposés que ne se disent pas. Non pas parce qu'on s'efforce nécessairement de les cacher, mais tout simplement parce qu'ils sont pris comme des données de base (*Grundgesetze*). Au fond, ce qui constitue l'idée de départ du schématisme de la psychiatrie actuelle, c'est la conception de l'humain comme matière première (voire « nature »), matière à extraire (voire à produire), à exploiter, à vendre, à échanger, à anéantir s'il le faut. Et, c'est pour cela que le mot d'ordre de cette entreprise n'est autre que celui de l'adaptation. L'hygiénisme aujourd'hui est lié à cet idéal d'adaptabilité.

René Lew a ainsi raison d'insister sur le fait que la survie de la psychanalyse (ce qui pour moi veut tout simplement dire survie du sujet) passe, pour les psychanalystes, par l'élaboration de la question de la lettre et des politiques qui en découlent, autrement dit, par la précision, en ce qui nous concerne, de ce que serait le schématisme propre à la psychanalyse elle-même. Discuter des rapports entre « théorie » et « pratique », comme on l'a fait dans cette Biennale va dans ce sens.

*

La plupart des textes rassemblées dans cet ouvrage ont été revus par les auteurs après la rencontre. On lira ici leurs réflexions et propositions autour des diverses questions que le thème proposé a pu soulever. Ceci selon la variété de style et la diversité d'approche qui caractérise notre communauté de travail.

Ce volume donne, premièrement, l'argument invitant aux journées. On pourra lire ensuite les textes qui reprennent les interventions produites sur place, dans l'ordre où elles ont été dites. En troisième lieu, on trouvera les interventions faites à Quito, en parallèle avec Marseille, par nos collègues de la *Escuela freudiana del Ecuador*. Suit une annexe avec un important texte produit pour les journées de Berlin de 2019, qui n'a pas pu être publié auparavant. À la fin du livre, vous pourrez lire l'argument proposé pour la prochaine Biennale, programmée pour Arles en 2024.

Il ne me reste qu'à remercier vivement les participant(e)s pour leur enthousiasme et leur bienveillance.

Osvaldo Cariola,
le 28 avril 2024

I

Sixième Biennale de la psychanalyse
à partir du travail de René Lew

DE LA PRAXIS DE LA THÉORIE
À LA PRATIQUE DE LA PSYCHANALYSE
— ET INVERSEMENT.

De la raison freudienne au schématisme lacanien, et des conditions de la psychanalyse à la béance de la signifiance — dans leur réversion.

Un aller-retour ou une concomitance lie la théorie et la pratique. Freud insiste pour théoriser la pratique à partir d'elle. C'est en effet la seule transmission extensionnellement possible. Car la pratique en elle-même correspond à ce que Lacan est justifié à appeler « psychanalyse en intension ».

Cette intensionalité concerne ladite cure, mais pas uniquement elle : elle inclut aussi la passe et le cartel. Cet ensemble constitue le trépied pratique de la psychanalyse.

Il n'empêche que nombre de concepts de la psychanalyse sont spéculatifs (au dire même de Freud) — et ce terme n'est pas à prendre en mauvaise part. La question précisément est par contre de pouvoir faire la part des choses en spécifiant ce qui est spéculatif, ce qui est mythique, ce qui est réaliste, etc. La logique, la topologie et la poétique, pour le moins, entrent ici aussi en ligne de compte pour faire travailler les données pratiques de la psychanalyse, aussi bien que ses hypothèses de travail. C'est quand même une question de conception du monde, malgré Lacan qui, tout comme Freud, voulait s'en départir. On ne saurait échapper à une conception des choses (plus *Auffassung* que *Anschauung*, même si l'intuition n'est pas à dédaigner). Dès lors se pose la question des manières de communiquer l'expérience, autrement dit de rendre compte de la pratique (ces dernières notions sont de Lacan) sans se contenter d'une pratique empirique, mais sans non plus tomber dans un dirigisme par lui-même sidérant.

C'est donc d'expérience qu'il va s'agir dans cette biennale. À tenir pour acquis que la seule transmission effective est celle du vide opératoire de la signifiance que la parole met en œuvre, c'est-à-dire qu'elle la met en scène et l'articule (dans l'ambiguïté des termes).

Autrement dit entre théorie et pratique de la psychanalyse, et à les lier en faisant saillir leur indiscernabilité, c'est à un choix politique qu'on a affaire. À nous de le spécifier en utilisant l'indiscernabilité des fonctions imprédicatives et de certains objets prédicatifs — non sans ambiguïté à leur égard non plus.

Avec le développement de la parole, c'est l'imprédicativité´ (Lacan parlait d'« anti-philosophie ») de la sophistique qui domine et met en corrélation la psychanalyse non seulement avec la poésie et l'art, mais aussi avec tel choix de langage dans les mathématiques (ainsi du langage des catégories), la logique et la topologie.

L'ensemble a trait au choix de théorisation de l'organisation signifiante : imprédicative à suivre la définition qu'en donne Lacan — et qui reste scientifique, si l'on admet que des sciences soient imprédicatives. Autrement dit, le signifiant dans la psychanalyse n'est pas celui de la linguistique (et Lacan retourne Saussure tout comme il se détache de Jakobson). Dès lors une politique de la psychanalyse ne saurait concerner que des sujets singuliers (dans les échanges auxquels ils se rendent) ou des (petits) collectifs, mais pas des individus pris en masse, ce qui est le fait de la politique au sens standard.

Plus théoriquement, dans la psychanalyse, ce coté du politique proprement dit est tenu par l'Autre, et sa jouissance néfaste (*Unlust*) où opère la mort distincte de la pulsion de mort. En face, la labilité´ de la signifiance tient à sa récursivité, dont le sujet se sustente en termes de narcissisme primordial. Voilà ce que l'acte psychanalytique prend en considération.

Soubassement aussi de ce qui pourrait être une politique de la lettre à mener dans les circonstances discursives actuelles.

Osvaldo Cariola / R. L.
Copenhague / Paris
le 22 juin 2021

FRA TEORIENS PRAKSIS TIL UDØVELSE AF PSYKOANALYSENS
- OG TILBAGE IGEN

Fra Freuds fornuft til Lacans skematisme og fra psykoanalysens grundbetingelser til signifikansens gab — i deres tilbagevenden

En vekselvirkning (eller sammenhørighed) forbinder teori og praksis. Freud fasthold at praksissen måtte teoretiseres under hensyn til det. Bland andet fordi denne er den eneste ekstensionel formidling, der er mulige. Praksissen som sådan kan kun svare til hvad Lacan med rette kaldte « psykoanalyse i intension ».

Denne intensionalitet angår ikke kun den såkaldte kur: den omfatter lige så vel *la passe* og kartellet. Således psykoanalysens operationelle indretning.

Mange begreber i psykoanalysen er dog *spekulative* (Freud) — hvilket dog ikke skal tages ilde op. Opgaven består imidlertid i netop at skelne mellem hvad der er spekulativt, hvad der er mytisk, hvad der er realistisk osv. Logikken, topologien og poetikken kommer da i spil når det drejer sig om at få både psykoanalysens praktiske forhold som dens arbejdshypoteser til at fungere. Derved har vi dog fortsat med en verdensanskuelse at gøre, selvom både Freud og Lacan ønskede at blive fri for den. Man kan ikke undslippe for at skulle begribe tingene (helst som *Auffassung* end *Anschauung* — selv om intuitionen ikke er at foragte). Heraf spørgsmålet om de forskellige måder hvorpå erfaringen kan formidles på. Hvilket vil sige, hvordan der kan gøres rede for psykoanalysens udøvelse (Lacan: *rendre compte de la pratique*) uden at nøjes med lutter empirisme, men uden heller at ende i en dirigisme som kun kan være forstenende.

Denne biennale vil altså handle om erfaringen. Og ud fra den konstatering, at den eneste egentlig videreformidling der kan være på tale i den sammenhæng, er videreførelsen af signifikansens operativ tomhed som ordenes gør gældende i kraft af deres iscenesættelse og sammenspil (termerne tvetydighed inkluderet).

Med andre ord: i psykoanalysen føjes teori og praksis sammen på en sådan måde, at når deres uadskillelighed gøres tydelig har vi med et politisk valg at gøre. Det er op til os at specificere dem ved at anvende den uafgørelighed der kendetegner de imprædikative funktioner samt visse prædikative objekter — ikke uden tvetydighed i den sammenhæng heller.

I og med talens udfoldelse bliver sofistikkens imprædikativitet toneangivende (Lacan talte om « anti-filosofi » i den forbindelse). Dette sammenstiller psykoanalysen ikke kun med poetikken og kunst. Den kommer også tæt på en vis terminologisk valg inden for matematikkerne (jf. kategoriteorien), logikken og topologien.

Dette har til syvende og sidst at gøre med hvordan man vælger at teoretisere signifiant-organiseringen. I vores sammenhæng, og i henhold til Lacans definition, på imprædikativ vis — hvilket i øvrigt ikke antaster videnskabeligheden, hvis vi altså accepterer at videnskaberne også kan være imprædikative. Dette indebærer dog at psykoanalysens signifikant-begreb ikke er den samme som lingvistikken gør brug af (hvorfor Lacan må vende Saussure på hovedet og adskille sig fra Jakobson). Som følge heraf kan psykoanalysens politik kun vedrøre subjekter i deres singularitet (dvs. under hensyn til de udvekslinger de indgår i) eller (små) kollektiver, ikke individer taget i massefælleskaber sådan som politikken i gængs forstand gør.

Sagt i mere teoretiske termer: for psykoanalysen, denne gængse måde at praktisere politik på bedrives af den Anden, og dens ødelæggende eller lige frem dødelig nydelse (*Unlust*) adskiller sig fra dødsdriften. Heroverfor bevarer signifikansen sin labilitet takket været sin forankring i rekursiviteten, hvilket subjektet benytter sig af til at forankre sig som urnarcissisme. Således hvad den psykoanalytiske akt må tage i betragtning.

Et grundlag som derforuden må vejlede den *politique de la lettre* som psykoanalysen må stå for under de nuværende diskursive omstændigheder.

O. C. / R. L.
København / Paris
den 22. juni 2021

II

Pour Marseille

René Lew

LETTRE, SIGNIFIANCE ET DISCOURS
AU RISQUE DE LEUR FASCISATION

1. Trace et signifiance

Le propre des politiques portées par les facticités[1] est d'effacer, en même temps qu'elles se réalisent toute trace de leurs exactions : celle des camps, celle des groupes (autres modes du camp), celle du délire (où le sujet est enfermé dans sa citadelle).[2] Cet effacement suit les modes de la censure, du caviardage grossier au blanc et au remaniement du texte initial, transformation devenant invisible si elle est bien faite, à reconstituer un texte différent. Cette même censure touche à chaque fois la signifiance qu'elle vise préférentiellement, soit respectivement : à supprimer le nom propre (par un numéro d'ordre ou classificatoire), à supprimer la singularité, à supprimer la fonction Père (présentification de l'absence, soit le rôle de la béance inaugurale dans l'organisation récursive de la signifiance).

Mais, avec la suppression des traces – en ce qu'elles se prêtent à une description *écrite* —, c'est la récursivité qui est visée, en ce qu'en jouant d'hypothétique elle ne fait pas la part belle à la censure, comme s'y prête la prédicativité (qui implique le tiers exclu). L'effacement des traces par les fascismes leur est consubstantiel. Cela se réfère aux « faisceaux ». Et cette image est fondée. En effet, les faisceaux successifs de signifiants binaires S_2 (opérant par vagues) passent littoralement à leur superposition, laquelle joue de masquage (voir les souvenirs écrans), et donc de travestissement. Le signifiant unaire S_1, qui transparaît du fait de la densification des S_2, en émerge donc avec à la clef un effet sujet (comme « signifié de la pure relation signifiante »[3]). La vibration (fibration) des S_2 conduit à leur stratification comme S_1.

---

[1] Au sens de Lacan, dans « Proposition... », *Autres écrits*, pp. 256-258.

[2] Je suis prêt à parler, par exemple, d'une politique de la paranoïa (laquelle efface pour le sujet la pathologie de sa position psychosée), pour les camps et les groupes, ça va de soi : ils impliquent leur politique (antécédente ou succédant à ces « organisations »), y compris une politique d'effacement.

[3] *Ibid.*, p. 580.

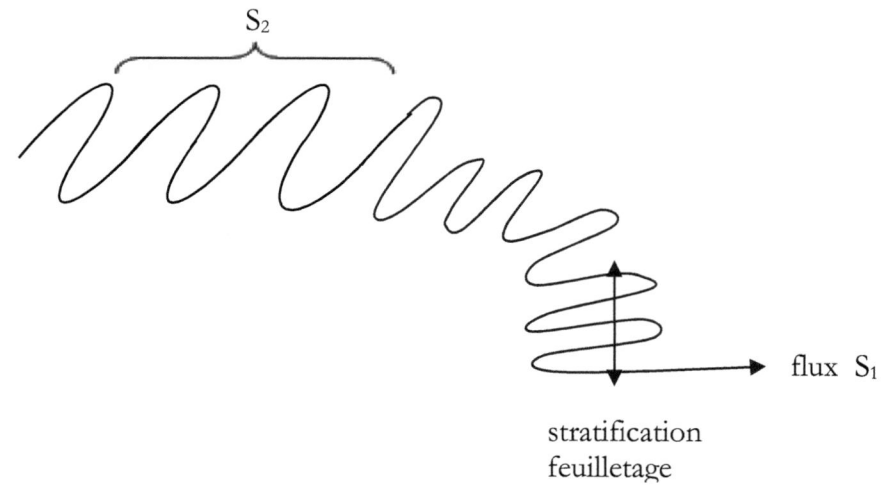

S_2

flux S_1

stratification
feuilletage

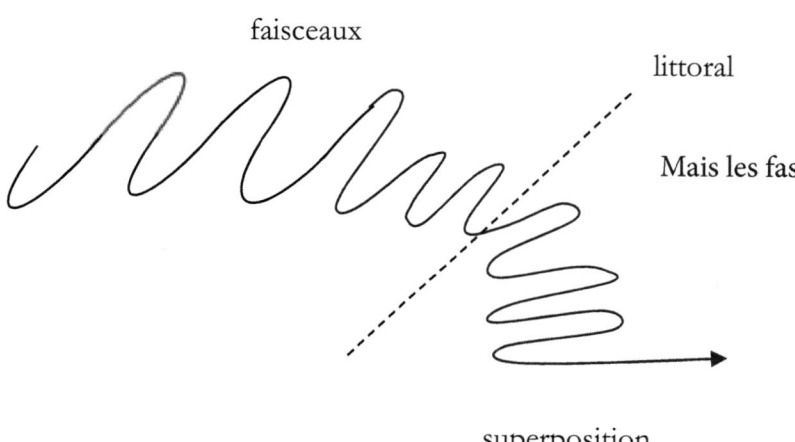

faisceaux

littoral

Mais les fas

superposition

cismes n'annulent pas seulement leurs activités (en censurant le S_1, le $S(\cancel{A})$, Un, le Φ, soit les avatars de l'intension et de la signifiance), ils annulent aussi les modes de vie des gens, en ce que ceux-ci tablent sur la signifiance et les échanges discursifs. Dès lors la signifiance et son flux diachronique se présente uniquement au travers de cette superposition (condensation syntagmatique) où le particulier est alors recouvert par l'universel.

La récursivité, au fond de la signifiance, est la mise en jeu de la lettre comme « rature d'aucune trace qui soit d'avant » ; c'est bien autre chose que l'effacement des traces culpabilisantes et prouvant les exactions. La lettre, comme trace d'une absence de trace, est l'émergence d'une dialectique de la présence et de l'absence. Ce temps intensionnel est là métaphorisé par le classique blanc entourant le noir de la lettre. C'est aussi par ce blanc que passe le littoral de la lettre. Par contre le fixisme prédicatif d'un lettrage inamovible psychotise sous les trois formes du délire correspondant chacune à un des modes de facticité : délire individuel de la psychiatrie, délire social du groupe ayant toujours raison, d'être détenteur de la vérité contre tout autre groupe, délire théorique et scientifique de ce qui conduit au réel des camps et aux essais médicaux sur des gens ravalés à n'être que support d'expériences idéologisées.

Mieux venu dans le collectif, le trait unaire organise aussi la synecdoque du groupe en s'établissant comme lien de chacun des éléments du groupe avec chaque autre, mais pour ce faire il est surtout la trace de l'incorporation de l'Un qui se décline comme signifiant unaire S_1 dans le symbolique, Un-Père dans l'imaginaire du groupe, et Nom-du-Père fondant le réel, y compris si l'on en démet le sujet dans le camp. En quelque sorte, la facticité ne détache pas l'Un du Zéro, et implique que la pulsion de mort ne joue plus un rôle existentiel, en étant dès lors purement et simplement confondue avec la pulsion de destruction qui fait prévaloir l'annulation du symbolique, des gens et des choses.

Cela suppose de reconnaître le type de construction auquel aboutit le fascisme : on peut en considérer la réussite militaro-économique du nazisme ou celle du Japon des années 30 et 40. D'une trace du mouvement et d'abord de la mobilité signifiante, on passe à la marque inamovible de la destructibilité, telle que le caractère de la lettre l'emporte sur sa fonction littorale. C'est dire que leur dialectique en est battue en brèche. Dit encore autrement, la structure phallique passe derrière sa seule marque corporelle sans plus l'activité « traçante » qui fonde le symbolique sur cette fonction dite phallique.

Tout tourne autour de la barre : est-elle trace et ouverture prêtant à un passage ou est-elle marque barrant le mouvement, autrement dit faisant barrage ?

L'enjeu concerne la maîtrise de la lettre, celle qu'on lui reconnaît en ce qu'elle assure la maîtrise de la signifiance et de là des signifiants auxquels elle sert d'appui (Lacan) ; autrement dit, le contenu discursif (signifié) est dès lors sous contrôle depuis toute la généalogie des signifiants, sans plus d'échappement de celle-ci dans ce qu'elle implique.

L'enjeu de la lettre est en effet relatif à l'objet *a* qu'on transforme ainsi, de plus-de-jouir inaccessible et singulier qu'il est, en élément comptable et sommable qu'on peut s'approprier. S'approprier les fruits de la force de travail, *via* ce qui s'en écrit est le déterminant de toute politique qu'on ait connue jusqu'ici et qui a de toujours été une politique d'exploitation, même dans ledit socialisme à la soviétique. L'objet change donc de statut, de transactionnel, il devient fixé et capitalisable. Parler d'écriture à ce propos souligne ce qu'il en est aujourd'hui de la collusion entre (1) le capitalisme financier et la financiarisation de toute l'économie, y compris à vouloir récupérer la plus-value socialement redistribuée (par les organismes de sécurité sociale ou les budgets des États) — en ce que la finance, avec le côté fiduciaire de la monnaie, s'écrit, est une affaire d'écriture comptable sur fond de signifiant — et (2) un renouvellement du « fascisme néo-libéral » lui-même pour beaucoup fondé d'écriture. (Cela passe par la mise par écrit des pratiques, afin d'obtenir leur valorisation et toute l'évaluation qui s'en détermine et que les pouvoirs publics obligent à produire au jour.) Et ce qui s'écrit de la force du travail concerne :

1- le passage au contrat de travail (dans le meilleur des cas, et gagné de haute lutte), lequel contrat garantit son poste à l'ouvrier (au sens large) ;

2- la réalisation de la production dans la mise à la tâche de la force de travail : cette mise au travail est pour moi écriture et concerne l'espace de réalisation qu'on décrit par le « travail » (« fiche de poste »), tout comme l'espace sonore inscrit le discours par la voix. *Les temps modernes* de Chaplin montre bien l'inscription de la gestuelle productive dans le corps.

Cela suppose un renouvellement de l'espace d'écriture, tout comme l'orographie passant à l'hydrographie — du fait d'être vues d'avion — avait été un tel espace d'écriture pour Lacan.

2. Trace, lettre et discours

Dans tout cela il est avant tout question de discours, à considérer ce qui s'en écrit, dont la trace parcourt une structure qui s'en constitue dans le même temps. Cette fois cela devient une affaire de graphe, au sens mathématique du terme, et aussi — mais cela reste à travailler — une affaire de topos au sens de Grothendieck.

La politique éradique la fonction phallique (Un, Père, S_1, $S(\mathbb{A})$…) au profit (!, ce n'est que pour les exploiteurs) d'une amputation qui n'est que castration imaginaire et non plus symbolique. La fonction Φ est le passage constructif du Zéro à l'Un, quand l'amputation correspond au maintien à Zéro (voir Origène). Le meurtre du Père n'est donc plus symbolique, mais se réalise au sens de l'imaginaire. De même la dialectique de l'Un et du Zéro, produite et productive entre tous les sujets, est contrebalancée par soit un *un* de comblement, soit un *zéro* amorphe et sans devenir.

Comme, selon moi, la trace freudienne est réversive (littorale, asphérique, dialectique) entre non-rapport (forclusif et interdit/impossible) et rapport (discordantiel et obligatoire/nécessaire), le sujet subit les contrecoups de sa récusation : la politique cherche à éradiquer les traces, celles de ses exactions, comme toutes celles de l'histoire et donc des hommes (ainsi en est-il de retrouver un cimetière[1]). De cette manière, la politique contrevient à cette asphéricité faisant mémoire (rétro– comme antérogrédiente). Aussi la politique rend « imbécile », comme toute démence. Plus avant la politique modifie jusqu'aux objets (a, $\mathcal{S}$, S_2)

---

[1] Ou ne serait-ce que ce qui antécédait l'organisation des dites Catacombes de Paris, ayant récupéré les ossements dispersés dans tous les cimetières de Paris jouxtant les églises.

de la psychanalyse, des objets pourtant ouverts (clivés) en dehors de l'intervention politique qui ne les prend que prédicativement. Et la politique, en cherchant à annuler la dynamique fonctionnelle, annihile ces objets qui en sont l'extension. Le signifiant (S_2) ne s'évanouit plus à constituer un successeur, et il subsiste amorphe, incapacité comme lettre caractère, au détriment de l'ouverture de celle-ci comme littorale. En subsistant le S_2 prend (c'est le cas de le dire) un caractère d'éternisation qui en surligne la raison prédicative par sa persistance. La politique entraîne dès lors une confusion sur l'effacement dont s'origine le signifiant : « Le signifiant [...], c'est une trace, mais une trace effacée. »[1] C'est là au mieux l'involution signifiante de Lacan ou ce que j'appelle l'échappement de la signifiance S_1 dans un signifiant S_2, tout comme l'échappement de cet S_2 dans son successeur S_2'. En effet la politique remplace la trace effacée (mais qui se maintenait comme telle en devenant inamovible, car ce qui est effacé est son efficace littorale), une trace effacée par l'effacement de toute trace, soit sa forclusion. C'est donc le maintien ou non de la trace sous l'apparaître de son effacement, qui fait toute la différence. C'est pour cela que la politique angoisse — mais de manière pathologique, car elle pathologise au travers des facticités.

Ainsi la politique, en effaçant les traces, pathologise l'angoisse qui, normalement, n'est qu'un signal de la castration comme impérative. « Normalement » l'angoisse retranscrit en effet la représentance qui vaut le phallus, surtout dans sa dimension d'effacement comme dans celle de contre-effacement, dirais-je, pour faire état d'un effacement censuré. L'angoisse pathologique tient surtout à l'absence de mémorisation des événements qui l'ont suscitée. Et je maintiens ici le distinguo que je défends entre angoisse normale et angoisse pathologique : soit l'angoisse correspond respectivement à un manque, soit à un trop-plein. Pareillement pour la question émanant de l'Autre et nécessaire selon Lacan (*ibid.*) à l'émergence de l'angoisse. Quoi qu'il en soit il faut bien que l'angoisse réponde aussi à la question de l'Autre — et, pour ce qui nous occupe, il s'agit de l'Autre politique, devenant en quelque sorte l'ennemi. Par contre si la question est énigme, elle se démontre être ce qu'elle est à tout coup : un mi-dire.

Mais le rapport à l'Autre est asphérique, pulsionnel : ($\mathcal{S} \lozenge D$), la demande de l'Autre est sa question, son énigme, son mi-dire. L'Autre complète ainsi globalement le sujet clivé : il le complète de sa sphéricité, quand le sujet est asphérique. L'angoisse vient d'un dire absolutisé, comme celui du slogan politique, celui de la réponse politique, obligeant le sujet en le complétant au détriment de tout clivage.

Avec la trace de l'effacement de la trace, le sujet s'angoisse de perdre « son » réel au profit d'une représentation (dès lors angoissante) de la trace qui le détermine sujet, mais de ce fait uniquement dans cette prise de distance entre trace

---

[1]   J. Lacan, *L'angoisse*, éd. Roussan, p. 54.

effacée et trace de l'effacement de la trace, en pleine confusion entre ces deux modes de trace. Les choses se jouent à partir de là au second degré de l'effacement de la trace et de l'effacement de la trace de l'effacement, mais aussi de ce qu'il peut n'en subsister nulle trace.

Avançons à ce propos.

L'échange est dérive d'un versant à l'autre de l'interlocution (quel que soit le nombre des interlocuteurs), et le sujet est à la fois fondé et modulé par cet échange.

derive

Comme cet échange, le sujet (ou l'inconscient) est parole, disons, pour en considérer la saisie, une parole métaphorisée. À ce niveau, qui est celui de la signifiance S_1, le sujet est sujet du narcissisme primordial (distinct du sujet du narcissisme spéculaire, secondaire, dit moi idéal et distinct du sujet du signifiant S_2, dit idéal du moi). Mais la lettre, participant du processus primaire, y fait obstruction.[1]

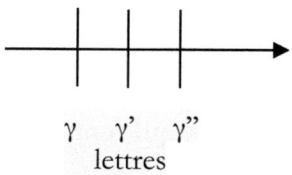

γ   γ'   γ"
lettres

Et l'effacement de cette obstruction (due au processus primaire qu'est au fond le littoral de la lettre dans son lien au caractère) appelle à sa représentation (*Vorstellung*), en ce que celle-ci n'est qu'un avatar de la signifiance (dérive, qui est représentance) selon Freud.

représentations
V   V'   V"

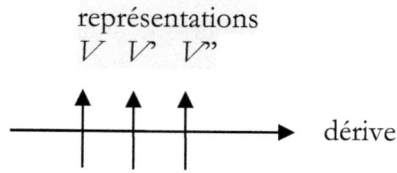

derive

De là le jeu dialectique schématisable en attracteur étrange où le signifiant (comme *Vorstellungs-repräsentanz*, *Wahrnemungszeichen*, *Erinnerungsspur*)

---

[1]   J. Lacan, *Autres écrits*, p. 354.

rappelle qu'il dépend de la parole unaire comme échange (représentance, signe, trace) si on lui adjoint l'imaginaire de ce symbolique (soit respectivement une représentation, une perception, un souvenir) : $S_1 \rightarrow S_2$.

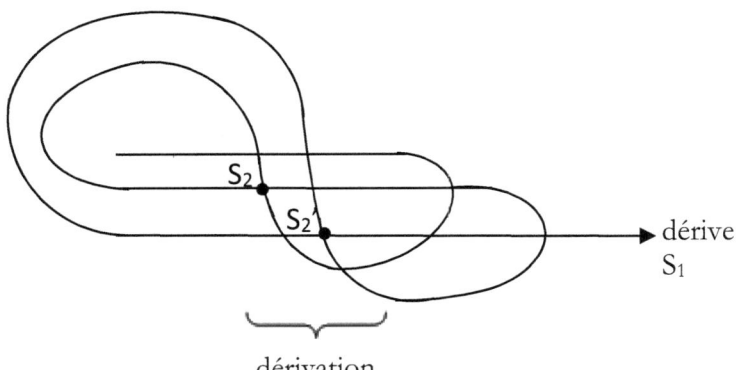

Mais le signifiant S_2 s'efface dans la production de son successeur (il échappe, je le rappelle dans cette production). Cet effacement de l'unarité symbolique constitue le refoulement primordial quand le refoulement secondaire touche les éléments de l'imaginaire (concernant l'imaginarisation, la sensibilité, la mémorisation). Par là il se démontre dépendre aussi de la lettre qui s'efface elle-même comme caractère devant le littoral qu'elle induit. Et de cet effacement ne subsiste que le sujet, « signifié de la pure relation signifiante », aussi est-il marqué de l'effacement du signifiant qui le représente auprès d'un autre (d'un autre signifiant), comme sujet il est clivé, estampillé d'une barre : $\$$ Et c'est comme onto-prédicativité générique que le sujet est barré, au profit de son imprédicativité. De là, comme lui-même mi-dit, il est pris dans cet effacement.[1]

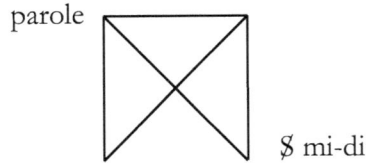

Le sujet est contingent : Il n'est pas tout assuré par l'imaginaire et oscille avant tout entre symbolique et réel. Et il s'avère ainsi féminisé, d'abord par la lettre, dont *a priori* on ne sait rien, sinon qu'elle arrive toujours à destination, y compris à être subtilisée par l'autorité politique (le Ministre dans le conte de Poe). Ici « destination » n'a pas un sens spatial mais un sens symbolique de finalité. D'ailleurs ce

---

[1] Sur les figures précédentes, lire Gilles Châtelet, *Les enjeux du mobile. Mathématique, physique, philosophie*, Seuil, 1993, p. 197, fig. 16 et 17. Commentaire de R.L. dans un livre collectif sur G. Châtelet, publication prévue en 2025-2026.

terme de « subtilisée » dit bien les choses : le sujet, comme le signifiant, est *subtil*. Comme sujet, il vient sous le tissage du texte, en « tramant » quant à lui sous les fils de chaîne, alors que le signifiant trame au niveau de la « chaîne » littorale qui est en attente de consistance, une consistance que lui accorde le caractère comme marque. Soit, à partir de cette étymologie : sous le tissage que constitue la lettre comme attracteur étrange opérant en associant littoral et caractère. Dite ainsi, la lettre a la structure chaotique du signifiant, qui ne se limite pas à cette structure. Plus exactement : la lettre *est* cette structure. Tout comme le sujet *est* l'inconscient. De là la structure tierce du sujet : à la fois sujet de la parole en tierce personne (sujet, objet et Autre — selon moi, mais m'appuyant sur Freud) et sujet de la lettre (sujet, caractère et littoral — en m'appuyant sur Lacan).

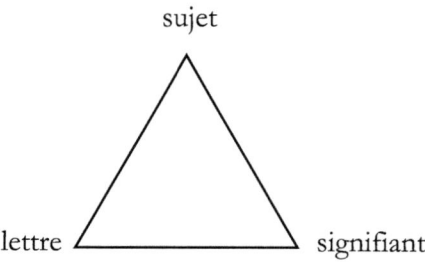

J'insiste : l'angoisse normale tient à un effacement doublé du risque qu'il ne s'effectue pas ; l'angoisse pathologique tient à un effacement de l'effacement, comme y conduit la politique qui remplace l'exploitation pure et simple par ce qui vient combler le sujet, encombré de plus-value (laquelle lui est soustraite : pour son bien, d'où la solidité de l'exploitation de la force de travail depuis la nuit des temps). La politique fait en effet la part belle à l'objet (plus-value) au détriment de la fonction (force de travail). Cela retrouve le produit :

$$\textit{Repräsentanz} \times \textit{Vertretung} \rightarrow \text{objet extensionnel},$$

ou encore

$$\Phi \times \Phi \rightarrow a$$

Mais la fonction phallique à la puissance 2 n'est pas l'effacement de l'effacement comme en joue la politique. C'est pourquoi les poètes ne sont pas bien vus dans la cité (Platon, *La République*). Il est de fait nécessaire au sujet qu'il soit le symptôme d'un évidement effectif. Aussi la psychanalyse ne suit pas l'option politique d'un objet comblant (pour certains), annulant (pour d'autres) les ressorts de leur force de travail (paupérisation éventuellement absolue, comme dans les camps de concentration, paupérisation relative comme le démontre le recours aux Restaus du cœur).

La politique comptabilise les gens (les personnes, les individus, les corps, …) en les prenant en masse, quand la psychanalyse ne calcule pas et nommément ni l'interprétation (qui renvoie à la lettre), ni la jouissance (qui renvoie au vide récursif de la signifiance). Lacan — soulignant ce que je dirai être la valeur politique du signe contre le signifiant et le sens — implique de « rendre non-avenue » l'histoire (préférentiellement chez l'obsessionnel, d'où la rigidité du fascisme dans sa pratique d'effacement[1]), car l'histoire à venir est mobile dans sa contingence. Et cela concerne le côté non-avenu et du signifiant et du sujet. Car c'est en se déterminant historiquement (au profit de l'histoire) que le signifiant prend (d'abord en linguistique) toute sa valeur d'objet accessible. Pour mieux contrôler la comptabilité des objets et la valeur des choses, la politique ne tient plus compte de l'insaisissabilité intensionnelle des fonctions, et, à la base de cette insaisissabilité, le fond récursif de toute signifiance et sûrement — mais c'est à voir — de toute fonction. Elle s'occupe des « choses ».

Pour ce faire, la politique confond[2] pulsion de mort (positivement existentielle) et pulsion de destruction qui désagrège la structure du réseau signifiant. Alors que l'effacement d'un littoral (ou plutôt le littoral comme effaçon) est l'échappement d'un signifiant *dans* son successeur. Cet échappement, pour le sujet, est pulsion de mort, proprement existentielle et valant comme castration. Soit autre chose que l'effacement de l'effacement, autre chose que la censure et la mort effective.

Le capitalisme — et sa variante extrême qu'est le fascisme — tend à remplacer la béance de la cause par l'objet qui importe avant toute chose à ce mode de production : la plus-value. Cette dernière, selon Marx, n'est pas quoi qu'on en pense valeur d'échange, mais valeur d'usage, selon cet usage particulier qu'en fait le capitalisme. Aussi la récursivité y perd son latin inductif et seule la déductivité (et le fatalisme des crises économiques) subsiste dans une progrédience correspondant à une fuite en avant dans un toujours-plus étayé par l'assise d'une consistance financière dont l'extension (et la facticité expansionnelle) est aujourd'hui donnée d'avance. Le probabilisme de l'induction en est censuré. La fausseté du capitalisme, ce sont les trois types de facticité dont parle Lacan. Le non-rapport — aussi essentiel soit-il — ne fait plus trace et seuls les rapports importent, sans plus de dialectique avec un non-rapport mettant en œuvre de multiples équivalences, à commencer par l'équivoque signifiante.

Le fascisme assoit l'angoisse en n'utilisant que des modes de réponse déjà impartis. Il focalise toujours sur le local, sans plus s'occuper d'une globalité asphérique, ni de son corollaire le hors point de vue, qui implique de ne pas isoler un

---

[1] Voir le nazisme : effacer les Juifs de la surface de la Terre et effacer cet effacement.

[2] François Jullien dirait : fait coïncider (2 septembre 2023).

point de vue nécessairement local quelconque. L'ontologie dit « ce que c'est », sans s'occuper d'en refonder les conséquences dans un *ce n'est pas*. Seul compte (c'est le cas de le dire) le référent. La plus-value est ainsi la trace de l'incapacité du capitalisme à produire sans transiter par les prolétaires, quelle que soit la consistance du moment historique considéré.

Le fascisme efface l'histoire, mais c'est afin de la reconstruire à sa façon en « exaltant » des « valeurs » surannées. Par là-même la trace signifiante, dans son actualité, est aussi effacée. C'est même la construction initiale des signifiants passés à telle ou telle signification et restreints à n'être plus que des signes qui ne persistent plus comme histoire, ni même en montrant encore que dans cette histoire c'est l'échappement des raisons qui compte, échappement dans les conditions « historiques » qui reviennent en retour à ces raisons pour en être dialectiquement, asphériquement l'effet.

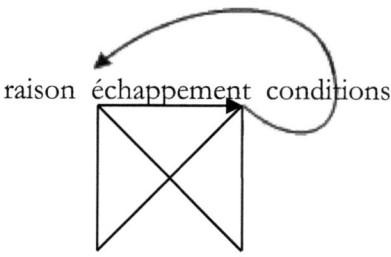

raison échappement conditions

De là l'importance des signes et de la signalétique (sous toutes ses formes) dans le fascisme.

Au total, c'est le *ça* – mais présenté (à tort, bien sûr) comme collectif – qui est exalté avec des pulsions en fait « archaïques », au détriment du sujet – présenté comme advenu et non plus comme devant advenir (ce qui serait mieux pour lui, considéré comme sujet du désir). L'obligation d'advenir est remplacée par une assurance du déjà-eu-lieu, rendue nécessaire : changement de paradigme modal. C'est aussi rendu accessible symptomatiquement par le déjà-vu et le déjà-entendu. C'est ainsi que l'angoisse — collectivisée en mal-vivre — se renverse d'angoisse du manque (risquant de disparaître et « normalisant ») en angoisse du comblement (présenté comme de toujours présent, c'est-à-dire de droit divin). Voir la présence du Parti et de l'État dans les totalitarismes, une présence qui concerne tous les aspects de la vie des gens, jusqu'à leur intimité. Pas seulement présence (Big Brother), mais aussi immixtion. Dieu remplace le Père, la fonction Père. Et la surconsommation domine, du moins en Occident.

3. Le refus de l'imprédicatif et la place de l'Autre

Dans ces cas, le prédicatif domine assurément. Et la demande de l'Autre suit ce mouvement en supplantant toute subjectalité et en allant à l'encontre de la jouissance phallique qui sustente le sujet en vide(s) opératoire(s). Le leurre tient en particulier au comblement du manque par un objet qui n'est que ce manque lui-même, mais pris en objet[1].

Le refus de l'imprédicatif est bien marqué dès le début du XXème siècle par Poincaré, Russell, Peano, Zermelo, et les autres constructeurs de la théorie ZF des ensembles. C'est dire qu'allant de pair avec la philosophie analytique et la logique classique, la théorie des ensembles, qui convient au mieux à « l'esprit capitaliste » (Jon Elster), débouche sur le fascisme. Pas étonnant que les coordonnées du nazisme se soient maintenues au-delà de la disparition de son étatisme (Johann Chapoutot). Et qu'une résurgence en soit toujours à craindre : « le ventre est toujours fécond qui engendra la bête immonde » (Bertold Brecht).

Une angoisse réelle touchant un risque subjectif de non-existence du fait d'une collusion de rapports de plus en plus étroits, sans plus de place laissée au (ni persistance de) non-rapport permettant au sujet de respirer. Le désir massifié et momifié, c'est-à-dire édicté pour assurer le groupe, remplace toute jouissance singulière. Tant la jouissance reste insaisissable, sinon au travers d'un en-plus, tant le désir est modelable (publicité, propagande, construction des appétences…).

La demande de l'Autre ne peut plus satisfaire le sujet qui a ainsi du mal à étayer ses pulsions (et d'abord la pulsion de mort — existentielle, je le rappelle) : un marcher-droit, sans contingence et à l'unisson d'autrui, s'impose (voir les défilés nazis ou staliniens — le stalinisme étant un totalitarisme réputé prolétarien, ce qui n'est en rien assuré). Une fantasmatique prête à porter remplace le pulsionnel, et le sujet est pétri selon des formes qui lui sont imparties sans lui laisser un quelconque loisir de découverte : $(\$ \lozenge D) \rightarrow (\$ \lozenge (\$ \lozenge a))$. Ici je parlerai de fantasmatique d'État, préorganisée. Ce faisant les signifiants se réduisent à des signes préconçus : logos, slogans, uniformes, tics de discours et d'écriture… De fonctionnels ils sont objectifiés et, de là, vidés de toute activité possible, et donc rendus factices. La politique de la lette en impose aussi de son côté (voir ne serait-ce que le retour aux caractères gothiques sous le nazisme ou l'invention d'un lettrage *a priori* poétique, mais récupéré par l'Agit-prop en Russie soviétique).

Par là-même, l'Autre change lui aussi de consistance, n'opérant plus que localement (et non dans la globalité de son lien à l'Un-en-moins-dans-l'Autre) dans un semblant valant globalisation (et non plus globalité). Si ce n'est le fascisme, c'est la domination capitaliste mondiale qui s'impose dans cette globalisation de la planète et des cultures, ce qui est plus *soft* et juste plus vivable (et cela compte) mais guère différent en sa « raison d'être ». Qui plus est, une bascule vers un fascisme patent reste toujours inscrit à l'ordre du jour du capitalisme — y compris d'État

---

[1] Je reprends les termes de l'exposé effectué lors du séminaire du lundi 16 mai 2022.

(comme la Chine). C'est ce que j'ai pointé comme la civilisation venant contrer les cultures[1].

Avec le fascisme, patent ou larvé, c'est l'uniformisation des dites solutions portées à l'économie, qui régit celle-ci. Les différences culturelles sont estompées par une telle dominante. Ainsi c'est le chaos signifiant (bienvenu) qui disparaît en même temps que sa dépendance à l'égard de l'origine. Celle-ci n'est plus que proposée en un mythe productiviste impérialisé et étendu au monde entier – autrement dit : la production contre la vie. Le Führer, Duce, Caudillo, Petit Père des peuples (quel que soit son nom) remplace la fonction phallique. Et la pure perte phallique est portée aux nues du sacrifice personnel pour ces succédanés du capitalisme que sont l'Empire, le Peuple, la Race, etc. L'essentialisme domine. C'est pourquoi j'essaie au maximum (mais il faut beaucoup ramer) de subvertir par un pluriel l'essentialisme de Lacan, donné dans un certain usage du singulier des concepts : le signifiant, le sujet, l'inconscient, le symbolique, le réel, etc. Au point que d'aucuns sont tentés d'écrire ces concepts en les dotant d'une initiale majuscule.

Porter le banal à la majesté, la multiplicité à l'unicité du leader et de là à celle des pratiques, est en effet l'opération basique du fascisme. Le « tout ou rien de trace » de Lacan[2] se contente de sa valeur extensionnelle — celle dont le seul usage est d'objectifier les forces de travail en plus-value sommable. Car — je l'ai dit plus d'une fois — le capitalisme remplace les plus-de-jouir toujours particuliers, sinon singuliers, par la plus-value sommable et capitalisable. Cela s'effectue par la noyade du sujet dans l'organisation groupale : un leader, un objet, un idéal, des moi's identifiés entre eux et avec l'objet du leader ou avec le leader lui-même pris en objet.

L'alternance pulsative entre fermeture et ouverture se réduit à sa fermeture et l'inconscient (les inconscients) ne trouve plus de position. C'est le mouvement de causation (plus que de causalité) qui est alors en perte : la cause est prédonnée et non plus récursive. Elle est donnée par les tenants (lieu) du système capitaliste-fasciste et non élaborée dans la rétrogrédience qui en indique au mieux la causation toute hypothétique.

Il n'y a plus d'effacement des traces — effacement de traces nécessaires à la signifiance —, mais production univoque et éternisée, hiératique, de *marques* (!) utilisables partout et pour tout (la svastika, par exemple, ou la faucille et le marteau). Voir de là la mondialisation des « marques » allant de pair avec la globalisation du capitalisme impérialiste.

---

[1] R.L, *La civilisation contre la culture*, Lysimaque, 2019.

[2] J. Lacan, « De la psychanalyse dans ses rapports avec la réalité ? », *Autres écrits*, p. 355. Cela me ramène à l'effet politique d'un « tout ou rien de race ».

L'effacement de l'effacement des traces détruit *le* symbolique (*i. e. les* symboliques) au profit d'une symbolique, on ne peut plus réductrice. Et c'est cette réduction qui s'étend à tous. L'intérêt apparent du fascisme, supprimant les manques (et les traces), est donc de combler les consommateurs (le temps que ça dure), du moins ceux qui consomment effectivement. C'est là un leurre permettant au fascisme de s'imposer démocratiquement en glanant le suffrage universel.

La loi morale, particulière à chacun, avec *sa* conscience morale (*Gewissen*), est transformée, transcrite en savoir commun (*Wissen*), conscientisé et référentiel, et non plus inconscient. Et la conscience est d'autant plus malléable qu'elle se fonde sur son uniformisation. Des paradigmes prêts à l'emploi remplacent ainsi la continuité inventive et progressiste (progressant) des syntagmes métonymiques et des paradigmes métaphoriques opératoires[1].

Il est vrai que l'effacement des traces étant lui-même effacé, ce sont les signifiants dans leur émergence qui sont rendus impossibles, inopérants à perdre, en même temps que leur dynamique, leur existence même de signifiants, ils sont chosifiés en signes denses (où ne transparaît plus leur composition de signifiants/signifiés ni l'évidement qui les fonde) et significations non seulement prédonnées, mais rendues impératives en place de fonction Père et fonction phallique.

Le réel n'est plus qu'uniformisé lui-même en un-seul-réel-pour-tous (qui correspond assez à l'usage du singulier qu'on lui accole), abolissant la récursivité traces-signifiants. Toute trace se soumet ainsi à la *marque* devenue marque de fabrique, estampille du sujet, participant du troupeau, au profit du propriétaire des moyens de production.

Vouloir retrouver la trace initiale, transparaît comme l'objet du fascisme (la louve romaine pour le fascisme italien, par exemple, et le svastika hindouiste indo-européenne pour le nazisme aryanisant). Et les sujets supportent (en devenant même des supporters) d'être rayés (raturés) par une trace ainsi *maîtrisée* (au sens fort).

La rature est présentée comme celle de l'éradication d'un Autre voulu comme un ennemi, et ce dans un but de rassemblement, toujours sans récursivité, sans tiers, pure sphéricité d'un monde globalisé de manière manichéenne.

les 24-29 mai 2022,
pour la Biennale de Marseille,
des 4-6 juin 2022

---

[1] Voir Hegel, à propos de la nécessité d'une « science philosophique de l'État », in *Principes de la philosophie du droit* (Préface) et *La raison dans l'histoire*. Je commente le samedi 9 décembre 2023 à la lysimaque. Ce syntagme de « philosophie de l'État » est renversé par le fascisme en « philosophie d'État ».

Sarah Schulmann

L'INQUIÉTANTE ÉTRANGETÉ À MARSEILLE

On aurait toujours raison de s'interroger sur le sol que l'on foule lorsqu'on marche ou flâne dans une ville par exemple Marseille. La configuration urbaine qui s'offre aux regards, les perspectives du bâti ou les rues parcourues peuvent receler des traces, invisibles des destructions souvent brutales dont elles sont le produit.

Exemple : « *Le Monument invisible* de Sarrebruck ou Monument contre le racisme, inauguré le 23 mai 1993, œuvre de Jochen Gertz. Sur la place du château de Sarrebruck, Jochen Gertz et son équipe prélèvent illégalement 2160 pavés sur les 8000 pavés de la place. Ils inscrivent sur l'envers le nom d'un cimetière juif profané par les Nazis, avant de le remettre en place, le prélèvement étant aléatoire il est dès lors impossible de savoir si l'on foule les pavés gravés. Le réel de la disparition se dissémine.

Dans le journal Libération il s'explique :

« Face à un passé, un certain nombre de gens de mon âge (et même ceux qui sont nés plus tard) ont toujours eu le sentiment de ne pas avoir su bien se comporter. C'est une forme de refoulement sublime. De là m'est venue l'idée de refouler l'œuvre. Depuis Freud, on sait que le refoulé nous hante toujours. Je veux rendre public ce rapport au passé, qui pourrait être le mien »[1]

Gerz dit encore : *« [J]e devais sacrifier la visibilité de l'œuvre pour que les gens la réclame. C'est la première fois qu'ils disent : on ne voit rien, alors que pendant toute leur vie, ils ont dit : on n'a rien vu »*[2]

Schwerer ist es, das Gedächtnis der Namenlosen zu ehren als das der Berühmten. Dem Gedächtnis der Namenlosen ist die historische Konstruktion geweiht.[3]

Je m'en tiendrai à un texte de Kracauer : <u>Deux surfaces</u>. (Zwei Fläche)

---

[1] Citation Régine Robin dans un article : Risquer sa vie, risquer l'oubli)

[2] *Gerz cité dans Hillairet* et al., *1996*

[3] « Il est plus difficile d'honorer la mémoire des anonymes que celle des personnes célèbres. La construction historique est dédiée à la mémoire des anonymes ». (citation de W.Benjamin inscrite sur la stèle de Port Bou)

C'est un texte énigmatique qu'écrit SKracauer en 1926 sur Marseille et qui figure à la fois dans le recueil *Rues de Berlin et d'ailleurs*, et dans le livre Mais *de quoi ont-ils eu peur ?* septembre 1926, dans une traduction différente.

Mon hypothèse : S.Kracauer de passage à Marseille écrit en particulier un texte, nommément *Deux surfaces*, dont la discursivité, les choix syntactiques, la rythmique, sont marqués par le contexte de destruction en cours dans la ville. Il use de ce qu'il en est du contien/traitement de la jouissance du regard par la lettre : le regard engage la jouissance que l'auteur tente de contenir par un lettrage, les formes premières de l'écriture, comme l'œuvre du calligraphe dont Lacan fait valoir le geste en se détachant « *d'aucune trace qui soit d'avant* », soit se détacher de la prise dans le regard par la coupe qu'opère la lettre, qui fragmente le réel pour le traiter à neuf.

« Rature d'aucune trace qui soit d'avant, c'est ce qui fait terre du littoral »

Le texte « Deux surfaces », « Zwei Fläche » porte une modalité possible du « faire terre du littoral ».

Comme Freud s'en fait porteur dans Rome en soutenant les effets de la conservation inaltérée du passé, l'écrasement des diverses strates de culture ont produit des effets symptomatiques :

« *Depuis que nous avons surmonté l'erreur consistant à croire que l'oubli qui nous est familier signifierait une destruction de la trace mémorielle, donc un anéantissement, nous penchons vers l'hypothèse opposée, à savoir que, dans la vie psychique, rien de ce qui s'est une fois constitué ne peut sombrer, que tout demeure conservé en quelque manière et peut, dans des circonstances appropriées par exemples par exemple du fait d'une régression allant assez loin, être appelé à resurgir.* » S.Freud, Malaise dans la civilisation, p.51

Marseille

Des immeubles entiers délibérément laissés à l'abandon ont été détruits, des perspectives perforées, des places désorientées, des églises retournées dévoilent un projet politique déterminé et brutal de vidage des quartiers historiques, pour satisfaire des visées éradicatrices sciemment menées par les politiques pour effacer des révoltes passés et empêcher celles à venir, sur les lieux chargés de la mémoire vivante et intense de la ville (L'écrasement brutal de la Commune est également un événement marseillais), vie qui a mêlé différentes strates d'immigrations successives, populations cosmopolites appelées à cohabiter comme elles peuvent dans l'exigüité des ruelles, des étroites rues pavées, que la présence portuaire rythme et ponctue en déversements continus des marchandises comme des personnes, licites ou souterraines, charriant les silhouettes les plus aguicheuses comme des épaves en errance, dans l'oubli.

A Marseille certains clichés sont spectaculaires.

De fait l'urbanisme et l'architecture de cette ville portent bien la marque de la destructivité que Benjamin révèle derrière l'œuvre de culture, pour moi ici urbanistique, produisant ses effets délétères et fait symptôme, par une rupture de la mise en continuité littorale :

La septième des *Geschichtsphilosophische Thesen* :

« *Es ist niemals ein Dokument der Kultur, ohne zugleich ein Solches der Barbarei zu sein.* » [1]

Éventrements, excavations, façades aveugles ou délabrées la ville de Marseille a subi un remodelage violent dont certaines photos témoignent évoquant un paysage de ruines et de destructions.

Cette démolition, massive et planifiée, s'étendit de 1852 à 1937 et au-delà pour cette période traitée qui va jusqu'à la libération. En effet après l'invasion en 1942 de la « zone libre », l'état de siège est instauré en janvier 1943. Les Nazis ont dynamité le quartier du vieux port en 1943 dans un acte de nettoyage d'une « porcherie », « la verrue de l'Europe » en même temps que sont menées des rafles des juifs, les étrangers, et divers « cosmopolites », résistants puis les familles juives françaises.

« Mais de quoi ont-ils eu si peur » ?

En 1926 trois personnages remarquables se retrouvent à Marseille. Cette rencontre n'est pas fortuite et les personnages sont d'importance ; chacun d'eux doit se rendre au siège d'une revue *Les cahiers du Sud*, avec laquelle ils entretiennent des relations majeures compte tenu des difficultés de publication qu'ils rencontrent dans leur pays ; en particulier c'est là qu'est publié, cette année-là, le texte d'Ernst Bloch, *Le savoir pas encore conscient*, texte qui est reproduit dans le livre.

Ces trois-là sont liés par leur proximité intellectuelle avec *L'Institut de recherche sociale, (Institut für Sozialforschung)*, crée en 1923 (avec en particulier Adorno et Hochkeimer), auquel chacun des trois se trouvera associé selon des modalités différenciées.

Un Livre *Mais de quoi ont-ils eu peur ?* paru en 2016, Commune (éditions) regroupe des échanges de lettres, des textes, des extraits de livres dont Marseille est l'objet tant lors des préparatifs à leur rencontre que dans les textes qu'elle aura produit durant leur séjour et après. Ces textes repris et annotés sont accompagnés par des textes de présentations et d'analyses de Christine Breton et Sylvain Maestraggi.

« *De 1912 à 1927, avec une interruption durant la guerre, un pan entier de la ville ancienne, comptant sept mille habitants, fut détruit pour laisser la place*

---

[1] *Il n'est aucun document de culture qui ne soit aussi document de barbarie. 7ème Thèse Sur le concept d'histoire* Walter Benjamin.

37

pendant des décennies à... un terrain vague. De passage à Marseille en 1926 pour y rencontrer l'équipe des Cahiers du Sud, Walter Benjamin, Ernst Bloch et Siegfried Kracauer, fascinés et intrigués par la ville, font l'expérience de cet absurde désastre ».

Se trouve ainsi stimulée la portée critique de leur lecture de la ville et les textes dégagent une acuité de lecture exacerbée par les trous nus laissés par la destruction. Ils ont déjà travaillé sur les effets liés à l'effraction des vies par la guerre et les désastres économiques, dont les villes portent les flétrissures.

Mais Marseille ça n'est pas rien pour eux aussi d'ailleurs annonçant sa venue, Benjamin n'hésitera pas dans une lettre à Kracauer à évoquer, le 3 septembre 1926:

« Dans l'intervalle, j'espère que vous serez sorti vainqueur, avant même que j'arrive, du combat avec cette ville, qui, d'après ce qu'on m'en a dit, doit avoir des poils sur les dents. »

Les textes ne sont donc pas seulement des témoignages littéraires, ils portent la marque dans l'écriture elle-même, dans la recherche de formats nouveaux, dans la langue, de l'inventivité poétique à laquelle les pousse l'expérience qu'ils font là de l'implacable destructivité à l'œuvre. Ils s'essaient à des formats courts, « des petites formes », dans des styles et des tentatives nouvelles pour Benjamin en tout cas. Une manière de poser un instantané du regard, ils s'entre-répondent, croisent leurs pas alors que la ville s'échappe par les failles de la destruction, les contraignant à l'expérience physique et psychique de leur désorientation.

La recherche

Kracauer a une formation d'architecte. A ce moment il tient chronique dans le journal *Franckfurter Zeitung*, trouvant son rythme dans l'écriture de « petites formes » sortes de photogrammes concentrés qui vise l'économie maximale pour tendre à l'intensité du trait par un vidage d'un excès de jouissance en barrant l'affect expansif. Il théorise cette recherche en « caméra-réalité », qu'il applique à l'image en mouvement (cinéma) et qu'il peut faire travailler aussi bien sur l'image fixe qu'il isole. Dans, son dernier écrit, *L'histoire, des avant-dernières choses*, p. 57, il précise sa démarche qui se veut être celle de l'historien:

« Certes, la connaissance de ce qui s'est produit ne nous apprend rien de ce qui nous attend, mais elle nous permet au moins de considérer le théâtre du monde contemporain avec une certaine distance. L'histoire a ceci de commun avec la photographie, qu'elle permet, entre autres choses, un effet d'estrangement » (Histoire p. 58)

Ce traitement par l'éloignement d'une jouissance logée dans le regard permet la dialectisation, jeu entre les différences de focales « micro » et « macro » dont Kracauer formule l'usage, distances et mouvements porteurs de la dimension critique de la vision, troublant l'évidence de la vue, afin de faire saillir le caractère de construction propre à chacun, dans la visée de déconstruire la supposée naturalité et mettre en évidence la porosité entre extériorité et intériorité, dans une mise en scène de la perspective, pas sans lien avec le cinéma expressionniste, qui fait vaciller les perspectives:

« Jetés hors de notre environnement familier, nous sommes précipités dans l'espace ouvert, dans lequel beaucoup de conceptions et de méthodes tradition-nelles n'ont plus cours » (L' Histoire, p. 17)

Le texte bref est un dyptique avec une première partie *La baie*, description du Vieux port depuis le Pont Transbordeur (qui sera détruit en 1944 par l'armée allemande) et le second *Le carré*, qui relate la découverte de la Place de l'Observance, en compagnie de Benjamin, (place qui surgit devant eux et les précipite littéralement dans un trou), qui sera évoquée plus tard, dans une lettre de W.Benjamin à S.Kracauer, le 5 novembre 1926. Elle figure dans le livre *Mais de quoi*. (« *… Un agréable souvenir et une heureuse surprise m'affecte de manière indissoluble. J'ai reconnu bien sûr le portrait de l'étrange place sur laquelle nous sommes tombés une nuit.* »

Les surfaces / lettres fixent le « caractère » de l'expérience : le rectangle pour la baie, le carré pour la place servent ce que Jean-Louis Débotte (Walter *Benjamin et la forme plastique*) théorise comme appareils, j'ajoute appareillage de lecture qui sert à agripper les expériences auxquelles les soumettent les perspectives urbaines qui sans lui s'échapperaient. Ces modes de saisie, d'arrimage de fragments de ville ne sont pas simplement des motifs littéraires, ils servent une tentative de formalisation, en même temps que cette fragmentation permet de faire jouer les interstices, et les écarts, Kracauer se refuse à une lecture globale qui livrerait le sens dernier des choses et du contemporain.

Par ailleurs la réduction de ces unités de sens, au sens phénoménologique, à laquelle ces deux visions donnent lieu permet si on les considère comme des extensions, de les mettre en continuité réversive avec l'intention politique, insalissable dans sa matérialité. Ce serait les seuls effets saisissables localement (« de plain-pied ») de l'intension destructrice du capitalisme en acte dans la ville.

Aux premières pages de *l'Histoire : des avant-dernières choses*, Kracauer revendique sa posture, celle d'un théoricien arpenteur des marges de l'histoire :

« De sorte que, sur la durée, l'essentiel de mes efforts, pour incohérents qu'ils paraissent, s'ordonnent selon une même direction – ils ont servi et servent encore un seul propos : réhabiliter des visées et des modes d'existence qui n'ont pas en-core <u>reçu de nom et restent de ce fait ignorés ou mal compris</u>. Peut-être cela vaut-il moins pour l'histoire que pour la photographie ; pourtant, l'histoire dénote elle

aussi une disposition d'esprit, et cerne une région du réel qui, en dépit de tout ce qu'on a pu en dire, reste en grande partie terra incognito. » [1]

Il précise plus loin sa posture active : *(L'historien)*

« *S'il reste la personne qu'il est, il aura bien du mal à dissiper la brume qui voile le paysage une fois rendu sur place. Pour aller au cœur des choses, il doit faire fond sur sa liberté d'esprit pour modifier sa façon de voir. Le métier de touriste [tout comme celui d'historien] exige un moi capable de mobilité.* »[2]

Littoralité

« *Ce qui se présente comme symptomatique (pathologique, dit Freud) est de l'ordre d'un dé couvrement de la littéralité qui opère alors à nu et dont les conséquences sont immédiatement visibles, telles que je l'ai exprimé comme recouvrement d'un bord par l'autre et surtout recouvrement du flux par une rive. Pour que la littéralité et sa conséquence, la dérivation, soient ainsi repérables comme des états de choses et non plus des fonctions, il faut que le clivage qui spécifie la dérivation devienne accessible et se démontre non plus à faire lien (façon « barrière de contact » de Freud) mais barrage, en ce que les deux rives du littoral sont ici soit carrément disjointes et distanciées, soit donc recouvertes l'une par l'autre, l'une masquant l'autre et, ce faisant, elle masque la littéralité elle-même. Plutôt que le pur recouvrement qui associe encore et quand même contiguïté et condensation dans le passage d'un élément sur l'autre, par métonymie ou métaphore [..] ces éléments sont le plus communément disjoints dans le symptôme.* » (R.Lew, Colloque de Récife, 2013)*

La vision plongeante sur la baie capte l'image, par le regard-photographique, et enregistre la mise en continuité du sol et de l'eau, noués spatialement malgré l'hétérogénéité des deux, un des versants (la mer) tend à recouvrir l'autre, celui qui semblerait devoir le contenir, expérience visuelle de la littoralité en tant qu'elle emporte le regard dupe de cette mise en continuité. Véritables constructions/ écritures de la mer et de la pierre qui viennent s'offrir en contiguïté, les deux surfaces différenciées en elles-mêmes, la littoralité (le littoral) réelle se réitère en une littoralité qui <u>œuvre en vain</u> et fait symptôme.

La littoralité comme expérience physique visuelle ne produit aucune relance désirante, une mélancolie que ne parvient pas à contenir les formes plastiques primaires dont use la langue-architecturée de Kracauer. Dans une inversion carnavalesque, le théâtre devant lequel elle se performe est vidé de sens, réduit à une défroque que parcourt une faune rustre, la pureté est réduite à une flaque : le

---

[1] *Histoire, p. 57 (*souligné par moi).

[2] *L'Histoire, p. 142.*

vieux port est à ce moment hors d'usage, déserté, un « rectangle abandonné », réduction formelle à une lettre qui emporte avec elle un dessèchement global, un tarissement de l'espace autrefois irrigué, délaissement mélancolique dont Kracauer sait témoigner, abandon du monde par l'expérience matérielle de l'absence de spiritualité dont la ville moderne est, selon lui, le paradigme.

Selon Kracauer, on ne peut se confronter qu'à des fragments de réalité (peut être ici annonce de la « micro-histoire ») morcelée et chaotique, celle de la grande ville, traités par la fragmentation. Mais ici, la perspective lie la mer et le quai dans l'affliction et l'ennui liés à l'usure de ce qui tombe en désuétude, et prend à témoin d'une déchéance.

Où la littoralité fait barrage

Au moment de l'accession d'Hitler à la chancellerie, Kracauer est journaliste à la rédaction culturelle (le « feuilleton ») de la *Frankfurter Zeitung* (FZ). Il quitte Berlin fin février 1933 au lendemain de l'incendie du Reichstag.

En septembre 1939, déclarés pour beaucoup apatrides, les Allemands, dont Kracauer se trouvant sur le sol français sont internés dans un des camps réservés aux « étrangers indésirables », il va d'abord à Maisons-Laffitte, puis à Athis-sur-Orne. Kracauer, avait un visa d'immigration pour les Etats-Unis, mais les freins à l'obtention d'un affidavit ou visas de sortie sont infinis. Il est bloqué à Marseille de juin 1940 à février 1941 où il rencontre au début quotidiennement Walter Benjamin (qui se suicidera fin septembre à Port-Bou).

Début mars 1941, Kracauer est à Lisbonne, où il embarque le 15 avril sur le *Nyassa*, il atteint New York le 25 avril.

Cette période, qui concerne la guerre après l'occupation de la zone nord de la France par les Nazis fait converger vers Marseille tous ceux qui veulent tenter de fuir l'invasion, est décrite de manière très précise dans le roman *Transit*, d'Anna Seghers, qui elle-même a vécu l'expérience de cette fuite éperdue. Le roman consigne <u>les effets très concrets du passage d'une littoralité qui fait passage à une littoralité qui fait barrage</u>, de façon de plus en plus oppressante. Est ainsi décrite l'atomisation réelle des sujets réduits à des déplacements d'insectes sans fins et sans fins, pour ne pas risquer d'être arrêtés, bouger car pour rester en ville il faut pouvoir produire le papier qui autorise la sortie, affidavit, sauf-conduit, (la « psychotisation » consiste entre autre à obtenir un sauf conduit autorisant la sortie pour rester en ville). Les rendez-vous quotidiens, erratiques, dans des antichambres d'ambassades fantomatiques, soumis au pouvoir absolu de commis débordés par leur pouvoir. Les noms des quelques bateaux qui parviennent à sortir de Marseille s'échangent furtivement entre deux portes, les peurs et l'angoisse circulent aussi, et se fixent.

Le carré

S. Kracauer relate une visite des quartiers du Port, et la découverte de la Place de l'Observance en compagnie de W. Benjamin, quartier embouti en 1926 par les travaux du quartier de la Bourse. Le saisit un carré, qui, seule forme affermie posée, tente de fixer les éléments urbains qui ne cessent de se mouvoir autour d'elle et de lui. Le narrateur tétanisé est passivé par le carré qui lui assigne une place, objectivé par la forme qui a barre sur lui, le maîtrise, dénudé et offert aux regards absents. Il devient spectateur d'une scène de film expressionniste, en même temps qu'il en est la proie. La science architecturale de Kracauer peut ici se déployer et déplier un théâtre là aussi où est performé un spectacle dont il est acteur et prisonnier (on pense à *L'artiste du jeûne* de Kafka, produit en spectacle). Scène kafkaïenne d'un jugement en attente qui n'est pas sans évoquer également *Devant le jugement* parabole célèbre de Kafka.

Freud en 1919 dans *Das Unheimliche* repère ce qui émane dans le phénomène de l'inquiétante étrangeté, perçue avant même de pouvoir être déchiffrée.

« Serait *unheimlich* tout ce qui devait rester secret, dans l'ombre, et qui en est sorti ». L'inquiétante étrangeté a une teneur labile et insaisissable elle semble échapper quand qu'on croit l'avoir cernée : <u>exposer/être exposé (ce qui d'ailleurs n'est pas traité par Freud) c'est être l'objet de l'inquiétant, comme Kafka être jugé, le jugement, juger/être jugé</u>. On peut ajouter que dans sa recherche étymologique affûtée Freud rapporte :

« Ce qui ressort pour nous de plus intéressant de cette longue citation, c'est que le mot « heimatlos », parmi les nombreuses nuances de son sens, en possède une qui coïncide avec son contraire « unheimlich ». Ce qui était sympathique se transforme en inquiétant, troublant ; comparez l'exemple de Gutzkow : « Nous appelons cela " unheimlich ", vous l'appelez " heimatlos ". » »

Il n'est pas sans intérêt de noter qu'*heimatlos* signifie exilé, ce qui sera le statut de Kracauer en 1933.)

Il faut aussi se souvenir que 1926 est la date de l'écriture *d'Inhibition, symptôme, angoisse* et également la texte de Kandinsky *« Point, ligne sur plan »*, une tentative de formalisation des éléments de peinture, recherche d'une théorie de la scientificité de la création artistique. (qui prolonge Du spirituel dans l'art, il y a sans doute des éléments à travailler dans ce texte)

Benjamin lie ce qui est intérieur pour le collectif et intérieur pour l'individu, dans Paris, *capitale du XIXᵉ siècle*, en décrivant deux intérieurs hétérogènes qui par leur dialectisation deviennent les deux faces d'une même bande de Moebius.

« Un des présupposés implicite de la psychanalyse est que l'opposition tranchée du sommeil et de la veille n'a empiriquement aucune valeur pour déterminer la forme de conscience de l'être humain et qu'elle cède la place à une variété

infinie d'états de conscience concrets, conditionnés par tous les degrés imaginables de l'état de veille dans les différents centres psychiques. Il suffit maintenant de transposer de l'individu au collectif l'état de conscience, tel qu'il apparaît diversement dessiné et quadrillé par la veille et le sommeil. Bien des choses sont naturellement, pour le collectif, intérieures, qui sont extérieures pour l'individu. *Les architectures, les modes, et même les conditions atmosphériques sont, à l'intérieur du collectif, ce que les sensations cénesthésiques, le sentiment d'être bien portant ou malade sont à l'intérieur de l'individu.* Et tant qu'elles gardent cette figure onirique, informe et inconsciente, elles sont des processus naturels au même titre que la digestion, la respiration, etc. Elles restent dans le cycle de la répétition éternelle, jusqu'à ce que le collectif s'en empare, dans la politique, et fasse avec elles de l'histoire. »[1]

L'expérience de Kracauer dans *le Carré* relève de cette dialectique. Tous les éléments constituant la scène se meuvent selon leur propre inclination autour d'un carré à ce point vide qu'il en est désarrimé de toute vraisemblance, la scène est prise dans un rêve (intérieur).

Mais ce qui agit forcément là c'est la force du signifiant : *Observance*, qui impose son mouvement de domination par le regard et soumet le narrateur/acteur à son cours, et là aussi la lettre censée faire arrimage, « à l'emporte-pièce », n'arrête pas la fluence folle, qui bientôt la gagne.

Benjamin rend compte d'un mouvement qui est aussi celui de Kracauer : la dialectique de l'individuel au collectif met en continuité l'un et l'autre, mais plus au fond, dans le texte *le Carré* c'est également de la mise en continuité d'une architecture « folle » du signifiant avec un mouvement de folie qui contamine le narrateur, le Carré ne permet pas l'échappement, (d'ailleurs Kandinsky réfère le carré au négatif...). L'écriture devient productrice des deux versants de la bande de Moebius, à travers laquelle le narrateur/auteur se perçoit à la fois comme producteur et comme produit. Il est tout à fait lisible dans ses textes que l'écrivain Kracauer dans son écriture même ne veut plaquer aucun sens sur ces expériences mais il se fait lui-même effet de la cause qu'il a produite dans son écrit en tant qu'il devient objet engendré par elle, sans

Ainsi le visiteur des « Bars dans le sud », que Kracauer compare à des « petits ports minuscules, d'où on peut prendre le départ », en sort avec une réalité plus maniable et sur laquelle il peut agir, pour « prendre un nouveau départ » :

« *Les éléments d'une existence stable y sont amarrés sans égard à leur rang, les structures des palais ne résistent pas aux reflets déformants des miroirs. Ainsi celui qui les quitte perd le sens des proportions de la vie qu'il laisse derrière lui. Elle se brise pour lui en une multitude de morceaux isolés, à partir desquels il* »

---

[1] Cité par Déotte p. 13.

peut improviser les fragments d'une autre vie. La valeur des villes se mesure au nombre des lieux qu'elles réservent à l'improvisation. »[1]

En effet le texte de S. Kracauer atteste de la survivance de ce qui résiste à la destruction, et qui peut engendrer une négativité dans la création discursive, « le mort saisit le vif », dévoilement d'un trou dans le tissus, sous le visible, qui relève de l'informe, du diffus, qui saisit S. Kracauer sur la place, et devant la baie:

« Aujourd'hui je crois que ce ne sont pas les gens qui crient dans ces rues mais les rues elles-mêmes qui hurlent. Quand elles ne peuvent plus le supporter, elles proclament leur vide. Mais en réalité, je n'en suis pas vraiment sûr »[2]

« C'est bien le contraste entre le système de construction, clos, inébranlable et la confusion humaine dont il est le siège qui produit l'effroi. D'un côté le passage : une unité préméditée, stable dans laquelle chaque clou et chaque brique se trouvent à leur place et sont au service du tout. De l'autre côté, les hommes : des parties et des particules dispersées, les éclats décomposés d'un tout qui n'existe pas. Ils peuvent créer un assemblage de murs, de poutrelles et de montants, mais ils sont incapables de s'organiser eux-mêmes en société. D'une façon terriblement prégnante, la perfection du système formé par la matière inerte dévoile l'imperfection du chaos vivant ».[3]

02/06/2022

Bibliographie :

- *Mais de quoi ont-ils eu si peur ?* Walter Benjamin, Ernst Bloch et Siegfried Kracauer, Editions Commune
- Siegfried Kracauer : *Rues de Berlin et d'ailleurs*, Les belles lettres, Collection Domaine étranger
- Siegfried Kracauer : *L'histoire, Des avant-dernières choses*, Stock, Collection Un ordre d'idées
- Sigmund Freud : *Malaise dans la civilisation*, Points, Essais.
- Jean-Louis Déotte : *Walter Benjamin et la forme plastique*, Architecture, technique et lieux L'Harmattan.
- René Lew pour le Colloque de Récife "Équivocités, lapsus, mot d'esprit et interprétation" , 2103 : « Les équivoques et les autres glissements de langage se fondant sur la récursivité de la signifiance. »

---

[1] *Bars dans le sud p. 89.*

[2] *Rues de Berlin et d'ailleurs, p. 40.*

[3] *Rue de Berlin et d'ailleurs p. 67.*

Jean-Charles Cordonnier,

MAIS COMMENT PEUT-ON NE PAS TRANSGRESSER ?

0.

Ce qui suit aurait pu tout aussi bien avoir pour titre *Il est impossible de transgresser*.

Mais avant de commencer, un petit test dont la solution doit se déduire — j'ose le croire — du propos qui suit. Il s'agit d'un test qui nous avait été proposé lors du cursus de psychologie à l'Université ; je ne sais plus à quel stade de la formation, de même que je ne sais plus les intentions du professeur qui nous avait soumis ce test. Toujours est-il que la consigne est la suivante : il y a <u>neuf points</u> que vous devez relier par <u>quatre traits</u> (ni plus ni moins) et ceci sans <u>jamais lever</u> le crayon.

     •   •   •

     •   •   •

     •   •   •

Nous y reviendrons donc à la fin du propos.

Comme souvent je tiens à dire ce à quoi le lecteur (ou l'auditeur dans le cas de l'exposé oral) a échappé (référence à la quatrième de couverture de *Charlie Hebdo* bien sûr). J'avais d'abord à l'esprit quelque chose qui aurait été finalement assez caricatural en exposant les cas de quelques psychanalystes que l'histoire (de ~~La~~ psychanalyse[1]) a oublié ou refoulé, des personnages qui ont été des transgresseurs dans le sens le plus banal du terme selon le sens commun à savoir immédiatement négatif, des histoires qui vont de l'anecdotique jusqu'à l'horrible en passant par le pathétique.

Par exemple l'oublié Adrien Borel qui a été notamment le psychanalyste de Georges Bataille et à qui il montre en séance la photo d'un jeune chinois subissant sous opium la torture des cent morceaux, le *lingchi*. Je passe ici sur ce qui importe à G. Bataille quant au rapport jouissance/cruauté, la question du père dans les

---

[1] Je barre le *La* de ~~La~~ psychanalyse comme Lacan barre le *La* de ~~La~~ femme. Il faut toujours ici avoir à l'esprit que le *La* est barré quand je parle de *la psychanalyse*.

yeux révulsés, l'économie du sacrifice, etc. Retenons que c'est ce geste a priori anecdotique mais non, ce geste (soi-disant) transgressif au regard de standards (qui n'existent pas en vérité), c'est ce geste donc de Borel en séance qui permettra à Bataille, dit-il, de pouvoir enfin commettre l'acte d'écriture.

J'aurais pu ensuite parler d'un personnage non pas oublié mais refoulé et qui à ce titre fait retour[1] ; il s'agit de Masud Kahn, psychanalyste anglais d'origine pakistanaise dont on retient d'abord la dernière analyse qu'il fit avec D. W. Winnicott dont il devint un très proche collaborateur, ceci non sans une certaine ambivalence des sentiments[2]. M. Kahn fut connu autant pour ses qualités intellectuelles qui en firent un psychanalyste particulièrement original et novateur que pour son alcoolisme, son agressivité et son emprise sur certain.e.s analysant.e.s — traits présents dans certaines cures — et finalement un antisémitisme présent dans certaines de ses dernières publications[3] qui lui vaudra d'être exclu de la Société Britannique de Psychanalyse un an avant sa mort.

Et j'aurais pu parler enfin de la terrible histoire du psychanalyste brésilien Dr Amilcar Lobo qui sous la dictature militaire au Brésil a pratiqué la torture. Il est remarquable que la personne qui a dénoncé ce psychanalyste (et) tortionnaire soit devenue, par un retournement que n'ignorent pourtant pas les psychanalystes sous le nom de *renversement dans le contraire* dans le cadre du destin des pulsions, que cette personne soit traitée telle une coupable à dénoncer et à mettre au ban ; il s'agit de Helena Besserman Vianna. En France elle fut relayée par René Major. Ceci donna lieu à une publication[4], laquelle donna lieu à une rencontre.

---

[1] On peut lire par exemple le dossier que lui consacre la *Revue Française de Psychanalyse* dans son numéro 67 de 2003, en particulier le récit de Wynne Godley. Également, de Luiz Eduardo Prado de Oliveira : *La haine en psychanalyse. Donald Winnicott, Masud Kahn et leur triste histoire*, Montréal, éd. Liber, 2018. De Michael Larivière : *Imposture ou psychanalyse ? Masud Kahn, Jacques Lacan et quelques autres*, Paris, éd. Payot et Rivages, 2010 (le sous-titre indique une pente vers une confusion facile : ceux qui ne suivent pas les standards de la psychanalyse sont de dangereux imposteurs transgresseurs) et *Le prince de la psychanalyse. Une vie de Masud Kahn*, Montréal, éd. Liber, 2022 (ce livre a paru un mois avant l'exposé oral ici réécrit. Livre malheureusement qui ne permet pas d'avancer sur la question de la dite transgression en psychanalyse… ni dans la connaissance de M. Kahn d'ailleurs). Les biographies de M. Kahn se lisent en langue anglaise ; pas de traduction française à ma connaissance. Depuis la tenue de cet exposé, a paru — bien plus tôt que prévu — en anglais *Diary of a fallen psychoanalyst. The work books of Masud Kahn 1967-1972*, edited by Linda Hopkins and Steven Kuchuck, London, Karnac Books, 2022.

[2] *Cf.* D. W. Winnicott : « La haine dans le contre-transfert » (1947), in *De la pédiatrie à la psychanalyse*, Paris, éd. Payot, 1969, p. 72-82.

[3] *Cf.* Masud Kahn : *When spring comes. Awakening in clinical psychoanalysis*, London, Chatto & Windus, 1988.

[4] Helena Besserman Vianna : *Politique de la psychanalyse face à la dictature et à la torture. N'en parlez à personne…*, Paris, éd. L'Harmattan, (aucune date n'est mentionnée ; sur le site de l'éditeur on trouve 1997 et 1998).

Lors de cette rencontre le psychanalyste français Jean Allouch posa cette question qui fit scandale : en quoi cette histoire concerne-t-elle la psychanalyse ? Et en poussant plus loin la réflexion, J. Allouch ajouta cette autre question scandaleuse (mais qui reste je le crois une question importante si ce n'est toujours d'actualité) : quand le Dr Lobo torturait ou supervisait la torture, le faisait-il en tant que psychanalyste ou en tant que médecin ?[1] La réponse de Major est tout à fait problématique et l'analyse sauvage qu'il fait du nom de Allouch pour dire en quoi celui-ci ne peut avoir accès aux enjeux dont il s'agit (s'agirait) relève de l'imaginaire : Allouch ne pourrait accéder à ce dont il s'agit dans le cas du Dr Lobo car il y a *loup* (*lobo*) dans Al*lou*ch ; de plus le Dr Lobo utilisait — là aussi par un renversement dans le contraire dans le cadre des pulsions et de leurs destins — le nom de *Carneiro* (soit l'*agneau*) lorsqu'il torturait ou supervisait la torture, et il se trouve que *âllouch* signifie *agneau* en arabe. Interprétation que je trouve ridicule.

> *René Lew* : C'est dans le sens du *Verbier de l'homme aux loups*[2].
> *JCC* : Voilà oui, livre préfacé par Jacques Derrida et René Major est le principal représentant d'une psychanalyse derridienne…

Voilà, donc vous aurez échappé à ça[3]. Et tant mieux car ce n'est pas ça ; ce n'est pas de cet entendement de la transgression dont il s'agit ici — je distingue Borel de Kahn et Lobo. Pour le dire avec les mots de Hölderlin, il s'agit d'une « fidèle infidélité ». Et c'est ainsi que je conçois le rapport de Lacan à Freud : s'ils avaient été contemporains ils n'auraient pas pu s'entendre. Lacan est un freudien ayant un transfert négatif sur Freud ; grâce à ça la psychanalyse persévère…

1.

Pour commencer enfin, quelques mots sur le titre général de cette rencontre : *De la praxis de la théorie à la pratique de la psychanalyse — et inversement*. Je ne comprends jamais spontanément le pourquoi de l'utilisation du terme de *praxis*. Je sais bien que *praxis* est le terme allemand pour dire *pratique* ; je sais bien que Lacan utilise le terme de *praxis* ; mais quand même… Puisqu'il doit bien y avoir une raison je m'en suis donné une : je pose que *praxis* vaut comme *action*, donc ici : action de la théorie (car en fait il ne faut surtout pas penser qu'il s'agirait de

---

[1] *Cf.* Jean Allouch *L'éthification de la psychanalyse. Calamité*, Paris, éd. EPEL, coll. « Cahiers de l'Unebévue », 1996. René Major lui répond au chapitre « Fin ou commencement de l'éthique ? Du témoignage et de la responsabilité » du livre *Au commencement. La vie la mort*, Paris, éd. Galilée, coll. « Incises », 1999.

[2] Nicolas Abraham et Maria Torok : *Le verbier de l'Homme aux loups*, précédé de « Fors » par Jacques Derrida, Paris, éd. Flammarion, coll. « Champs Essais », 1976.

[3] J'ajoute ce texte récent, mars 2022, de Sandrine Aumercier à lire dans le cadre d'une critique de la standardisation, ici en rapport avec la guerre en Ukraine :

https://grundrissedotblog.wordpress.com/2022/03/16/les-psychanalystes-et-la-guerre/

la pratique qui se déduirait de la théorie telle une application), action de théoriser, action théorisante (travailler la théorie qui nous travaille). Là où la *pratique* de la psychanalyse serait la pratique proprement dite, la pratique de la cure, la pratique qui vise l'*acte* (ce qui revient à dire que la pratique de la psychanalyse vise l'acte analytique, ce qui donne à entendre un effet de récursivité).

Donc d'un côté l'action de la théorie (et/ou pour la théorie) et de l'autre côté l'acte dans la cure ; mais ceci toujours concomitamment. Pour paraphraser la psychothérapie institutionnelle qui dit avoir deux jambes avec Freud et Marx, disons que la psychanalyse a deux jambes avec la théorie et la pratique, jamais l'une sans l'autre, deux jambes que sont respectivement la métapsychologie et la cure proprement dite. *Praxis* de la théorie, c'est ainsi que Lacan[1] parle, définit, l'éthique ; donc je peux resserrer le propos en disant que la théorie de la psychanalyse c'est son éthique, et dans le même temps, concomitamment, la pratique de la psychanalyse c'est sa politique. Donc d'un côté nous avons la ligne *Théorie - Métapsychologie - Éthique* et de l'autre côté nous avons la ligne *Pratique - Cure - Politique*. J'insiste : toujours concomitamment, jamais l'une sans l'autre.

J'insisterai plus ici sur le côté éthique ceci donc en rapport avec la problématique de la transgression.

Il n'y a pas chez Freud d'essai portant spécifiquement sur l'éthique, mais compte tenu de ce que nous venons de préciser il est possible de dire que les écrits métapsychologiques de Freud de 1915 sont son éthique. La métapsychologie — terme inventé par Freud — c'est l'éthique de la psychanalyse. Et ceci vaut aussi bien pour ce qu'il publie que pour ce qu'il ne publie pas. Le recueil ayant pour titre *Métapsychologie* a une histoire : cinq textes sont publiés sous cette appellation (*Pulsions et destins des pulsions*, *Le refoulement*, *L'inconscient*, *Complément métapsychologique à la doctrine du rêve*, *Deuil et mélancolie*) mais le projet initial en comptait douze (il nous manque les essais sur la conscience, l'angoisse, la sublimation, la projection, l'hystérie de conversion, la névrose obsessionnelle et les névroses de transfert[2]). Parmi ces sept essais non établis par Freud, il s'agit surtout (hormis la conscience et la sublimation) de thèmes qu'on peut qualifier de cliniques, de symptômes, de postions subjectives données comme pathologiques. Donc Freud renonce (*Verzicht*[3]) ou retarde car il y aurait un problème à

---

[1] Jacques Lacan : « Acte de fondation », *Autres écrits*, Paris, éd. Seuil, 2001, p. 232.

[2] Sur ce dernier essai nous disposons — hélas ? oui si on ne prend pas en compte le contexte, le parcours de ce texte — aujourd'hui du texte retrouvé dans les archives de Ferenczi par Ilse Grubrich-Simitis. *Cf.* S Freud : *Vue d'ensemble des névroses de transfert*, Paris, Gallimard, 1986. Ou : *Œuvres Complètes Psychanalyse, vol. XIII 1914-1915*, Paris, P.U.F., 2005 (3ème éd.). Ou : *Métapsychologie*, Paris, Payot, 2023. Ce texte n'a de valeur qu'historique.

[3] *Cf.* René Lew : *Les négations freudiennes*, Paris, éd. Lysimaque, 2017, p. 785-846.

fixer métapsychologiquement donc éthiquement ce dont il s'agit avec les positions subjectives dites pathologiques[1].

L'étude des positions subjectives données comme pathologiques (formulation un peu plus longue mais bien meilleure — éthique donc — que de dire avec facilité *pathologies*) met à l'épreuve les éléments métapsychologiques ; il ne s'agit pas tant de décrire les dites pathologies que de comprendre comment fonctionnent au cas par cas les éléments métapsychologiques.

« Freud insiste pour théoriser la pratique à partir d'elle » nous dit l'argument de cette rencontre. Donc c'est aussi bien théoriser à partir d'elle la théorie que d'elle la pratique ; toujours dans le même temps, le même mouvement. L'argument poursuit en disant que « c'est la seule transmission extensionnellement possible » ; oui, ce n'est pas le récit de cas qui permet de théoriser la pratique (quand le plus souvent le cas ne sert qu'à démonter la connaissance théorique et une adéquation de l'une à l'autre — adéquation n'étant pas concomitance). Le cas clinique est la caricature de ce qui se nomme *psychanalyse appliquée*. La pratique proprement dite est *la psychanalyse en intension* ; c'est là et seulement là qu'il y a du psychanalyste. Il n'y a qu'en faisant l'expérience de la psychanalyse qu'on peut en dire quelque chose (« l'expérience est la seule autorité », phrase de Bataille reprise à Blanchot. *Autorité* renvoyant ici pour nous à *s'autoriser*, la souveraineté).

Me revient ici en mémoire un échange entre Freud et Ferenczi que Bernard Genetet-Morel m'a glissé dans l'oreille il y a peu ; n'ayant pas retrouvé le passage de leur correspondance en question je cite de mémoire donc certainement déformé : Freud envoie une épreuve de son texte *Le moi et le ça* à Ferenczi, celui-ci après lecture demande à Freud comment a-t-il pu écrire ça ?! Sous-entendu quelque chose d'aussi subversif... pour la construction théorique de Freud elle-même. Freud en se relisant dit sa surprise et qu'il ne sait justement pas comment il a pu écrire ça.

Si je n'ai pas retrouvé l'échange ci-dessus je suis cependant tombé, à l'année 1915 de la correspondance Freud-Ferenczi — 1915 étant l'année des essais métapsychologiques —, sur ce propos de Freud en date du 31 juillet : « Je tiens à ce qu'on ne fabrique pas des théories, elles doivent vous tomber dessus dans la maison comme des invités inattendus, alors qu'on est occupé à des recherches de détail.[2] » C'est assez surprenant : ne pas faire de théorie. Peut-être alors que la métapsychologie n'est pas tant à entendre comme le cadre de la pratique que comme le cadre de la théorie. La métapsychologie est alors l'échafaudage (et non

---

[1] Environ deux ans plus tard, 1917, Freud publie ses leçons d'*Introduction à la psychanalyse* qui peuvent être tenues pour le pendant clinique des essais métapsychologiques.

[2] S. Freud - S. Ferenczi : *Correspondance Tome II 1914-1919*, Paris, éd. Calmann-Lévy, 1996, p. 86.

l'édifice), la structure qui entoure un édifice (qu'il n'y a pas). Elle enserre un vide. La métapsychologie est l'échafaudage qui permet la construction de l'édifice théorique propre à chaque-un (aussi bien l'analysant que l'analyste), lequel schématisme (propre à chaque-un donc) se verra modifié sous l'effet de la pratique (je ne crois pas dire autre chose ici que ce que dit René Lew quant au transfert).

Puisque je discute cette ligne *Théorie - Métapsychologie - Éthique* je vais citer cette fameuse lettre de Freud adressée au pasteur Pfister où il est question d'éthique (mais pas que). Le 9 septembre 1918 Freud dit ceci (après avoir dit tout le bien qu'il pense des intentions de son interlocuteur et de ses qualités) : « (…) le blâme a besoin de se déployer. Il y a un point qui ne me satisfait pas : c'est la contestation de ma « théorie sexuelle et de mon éthique ». Pour être franc, je vous abandonne la dernière : l'éthique m'est étrangère et vous êtes pasteur d'âmes. Je ne me casse pas beaucoup la tête au sujet du bien et du mal, mais, en moyenne, je n'ai découvert que fort peu de « bien » chez les hommes. D'après ce que j'en sais, ils ne sont pour la plupart que de la racaille, qu'ils se réclament de l'éthique ou de telle ou telle doctrine — ou d'aucune.[1] » L'éthique m'est étrangère, dit-il… Bien que ce soit là la contingence d'une lettre à Pfister, il y a cette association *éthique* et *théorie sexuelle* qui doit nous arrêter, résonner avec le propos qui précède. (Je rappelle qu'il ne s'agit pas tant de théoriser la sexualité que de faire entendre que toute théorie est sexuelle, que l'acte de théoriser est sexuel — et je rappelle aussi que *sexualité* n'est pas que *génitalité*).

2.

J'en viens maintenant à *L'éthique* de Lacan, son séminaire de 1959-1960. Séminaire qui fait suite à celui nommé *Le désir et son interprétation* ; je le rappelle puisque pour Lacan l'éthique vient en droit fil du désir, c'est sa formulation. La question de l'éthique prolonge donc celle du désir. Et puis ce séminaire *L'éthique* précède celui sur *Le transfert* ; là encore ça n'est pas anodin, il y a une cohérence : la question de l'amour de transfert se pose au regard de l'éthique.

Le séminaire *L'éthique* est celui où Lacan pousse le plus loin l'étude de la Chose, *das Ding*. Ce terme ne sera ensuite plus utilisé, c'est celui de *jouissance* qui prendra le relais.

Le contexte dans lequel Lacan tiendra son séminaire importe : nous sommes en 1959, la Société Française de Psychanalyse (née d'une scission d'avec la SPP) vient de demander son adhésion à l'Association Psychanalytique Internationale (l'IPA). Lacan se retrouve dans le collimateur de la commission Turquet qui rendra un rapport définitif en 1963 avec l'exclusion définitive de Lacan (de l'IPA), l'interdiction absolue qu'il soit formateur, qu'il puisse délivrer un enseignement.

---

[1] S. Freud : *Correspondance avec le pasteur Pfister 1909-1939*, Paris, éd. Gallimard, coll. « Tel », 1966, p. 103.

Rapport impossible à lire jusqu'à il y a peu[1]. Les transgressions qu'on peut y lire, non pas du côté de Lacan mais du côté de l'IPA (quand on veut/peut concevoir que la psychanalyse est nécessairement subversive pour ne pas dire transgressive), dans ce qui se présente finalement comme un véritable rapport de police, sont l'institutionnalisation et l'éthification (terme que je reprends à J. Allouch) de la psychanalyse. Ici l'éthique n'est pas la *praxis* de la théorie mais l'a priori de ce qu'il y a à faire dans la pratique ; la pratique est ici (dans le rapport Turquet donc) une technique qui s'applique. Je veux citer ici Gilbert Simondon : « Si la finalité devient objet de technique, alors il y a un au-delà de la finalité dans l'éthique.[2] »

Bien des années après *L'éthique*, il y a le séminaire *Encore*. Lacan le commence ainsi, première phrase de la première séance : « Il m'est arrivé de ne pas publier *L'éthique de la psychanalyse*. En ce temps-là, c'était chez moi une forme de la politesse — après vous j'vous en prie, j'vous en *pire*... [3]» Ça n'est pas sans faire référence au séminaire qui précède immédiatement à savoir *...Ou pire* où les trois points de suspension font référence à la célèbre formule *il n'y a pas de rapport sexuel* : il n'y a pas de rapport sexuel ou pire (*Cf.* la première séance du séminaire en question). Le rapport sexuel c'est le pire en ce qu'il rend impossible l'écart, le décalage, le vide fonctionnel. (Ici le pire c'est l'IPA.[4]) Or l'absence de rapport sexuel permet l'amour, ou pour le dire comme Lacan l'*amur*. C'est dire que l'objet a est un mur ; un mur entre moi et l'autre aimé qui est l'objet désiré. Je rappelle qu'il n'y a pas à confondre l'objet a (l'objet cause du désir qui est un vide) et l'objet désiré (qui est métonymique quant à ce vide).

En revenant à l'éthique de la psychanalyse pour Lacan, il y a plusieurs éléments à préciser :

---

[1] Paru une première fois en langue anglaise dans un livre de langue française : Alain de Mijolla : *La France et Freud. Tome 2 1954-1964 D'une scission à l'autre*, Paris, éd. P.U.F., 2012, p. 494-532. Comme le remarque José Attal — qui éditera le texte ensuite en langue française — publié en anglais pour ne pas être lu : *Le rapport Turquet*, Paris, l'unebévue éditeur, coll. « Cahiers de l'Unebévue », 2014.

[2] Gilbert Simondon : *Du mode d'existence des objets techniques* (1958), Paris, éd. Aubier, 2012.

[3] J. Lacan : *Encore Le Séminaire Livre XX* (1972-1973), Paris, éd. Seuil (texte établi par J.-A. Miller), 1975, p. 9. L'auteur souligne.

Je ne reprends pas ici mon usage positif du *pire* et plus précisément la formule de Lacan *du père au pire* (dernière phrase de *Télévision*, 1974) qui n'est autre qu'une définition de la vie, non sans joie ; *Cf.* mon intervention lors de la biennale de la psychanalyse autour du travail de René Lew consacrée à la pulsion de mort en termes de récursivité.

[4] En référence ici à l'exposé de Frank Grohmann et à la question : comment sauver la psychanalyse des psychanalystes ?

D'abord pour lui l'éthique est relative au discours. Celle du discours psychanalytique est une éthique du bien-dire (pas du beau-parler ou du bien-faire) quand celle du discours capitaliste[1] est une éthique de célibataire

> *René Lew* : en référence à Montherlant[2]
> *JCC* : Oui. Une éthique de célibataire où se lit en creux, ou à l'envers, l'amour qu'il n'y a pas.

Ensuite pour Lacan ce qui fait changer de discours c'est un changement d'amour. Enfin pour lui l'éthique de la psychanalyse se donne par une question : as-tu agi en conformité avec ton désir ? S'il est intéressant de noter qu'on retrouve la question de l'action et de l'acte (avec le verbe *agir*) dans son rapport au désir, il faut surtout noter que c'est une question et non une injonction ; ça n'est pas : tu agiras en conformité avec ton désir ! Auquel cas nous quitterions le champ du désir pour celui de la jouissance qui est une injonction : jouis ![3] Le désir joue de décalage entre l'objet a et l'objet désiré pour y produire l'amour, ou plutôt l'*amur*. C'est l'occasion de rappeler, encore, la nuance qu'indique René Lew entre *ne pas céder sur son désir* et *céder sur l'objet désiré*[4]. Le désir est fonctionnel, comme tel il est insaisissable si ce n'est pas ses extensions que sont les objets désirés qui deviennent alors les praticables du désir. Il est possible de céder sur ces objets sans céder sur son désir ; mais d'ailleurs, peut-on seulement céder sur son désir ? On peut ne pas savoir y faire avec le désir comme dans la dépression, ne rien vouloir en savoir des enjeux du désir, mais, j'y insiste, peut-on céder sur le désir ? *Dépression* que Lacan épingle aussi du terme de *faute morale* au regard de ce que ça fait à l'autre le plus proche (*Nebenmensch*).

3.

Tout ceci étant dit, venons-en à la question de la transgression. Transgression qu'il convient de traiter en termes structuraux et non en termes triviaux de baise avec l'analysant.e ou d'agression (physique) de l'analysant.e. Un tel passage à[5] l'acte couperait court à la suspension pulsionnelle dans un corps-à-corps (sexuel

---

[1] L'appellation *discours capitaliste* est une formule problématique qu'il convient en vérité de laisser tomber et ceci Lacan lui-même le fait après avoir produit cet énoncé qui ne tient pas ; énoncé produit hors son séminaire ce qui importe sûrement. Laisser tomber cette appellation est d'autant plus nécessaire que son usage n'est d'aucune efficacité dans la critique du capitalisme. Il faut ajouter à cela que son écriture est intenable au regard de la séquence insécable que démontre René Lew à la suite de Lacan : $\{[(S_1 \rightarrow S_2) \rightarrow S] \rightarrow a\}$.

[2] Henry de Montherlant : *Les célibataires* (1934), Paris, Gallimard, coll. « Folio », 1972.

[3] *Cf.* Lacan : *Encore, op. cit.*, p. 10.

[4] René Lew : *Le paiement en psychanalyse*, Paris, éd. Lysimaque, 2018.

[5] Passage *à* l'acte contre l'analyse *vs* passage *par* l'acte pour l'analyse

ou agressif) qui mettrait tout simplement fin au *pacte éthique*[1], mettrait tout simplement fin à l'analyse (inutile de pousser des cris d'orfraie).

Je vais à présent me référer préférentiellement à deux textes (je donnerai de nombreuses citations ainsi que ma lecture) : il s'agit de « Préface à la transgression » de Michel Foucault[2] qui est son hommage rendu à Georges Bataille mort en 1962 et du texte « L'expérience des limites » de René Lew[3].

D'abord, en partant du scandale initial et toujours fécond de la psychanalyse — la sexualité, sa place centrale, toujours — il faut dire avec Foucault que « nous n'avons pas libéré la sexualité, mais nous l'avons, exactement, portée à la limite : limite de notre conscience, limite de la loi, limite de notre langage.[4] » Et plus loin il note[5] la contemporanéité de la mort de Dieu et la parole donnée à la sexualité. Si Dieu n'a pas attendu Nietzsche pour que sa mort annoncée — énoncé déjà proféré avant —, la remarque touche cependant juste dans le rapport entre le Père toujours déjà mort et la jouissance *via* la castration. La pratique de la psychanalyse est l'expérience même de cette parole donnée à la sexualité… ceci quand dans le même temps la théorie est elle-même sexuelle (*Cf.* le texte de 1905 *Trois sur la théorie sexuelle* de Freud et non « Trois essais sur la théorie *de la* sexualité »).

La transgression serait alors ici le nom du mouvement de retour des extensions vers l'intension — *intension* avec un s (intension inconsciente) à distinguer de *intention* avec un t (intentionnalité consciente) — pour un redéploiement mais pas sans décalage. Ce mouvement, cette transgression, se supporte de la pulsion de mort comprise en termes de récursivité[6] (et non en terme de destruction).

Le Dieu mort, l'Autre qui n'existe pas (sauf à le faire consister pour s'en soutenir), donc sa castration (S($\bar{A}$)) est la condition de la parole donnée à la sexualité, bref la jouissance qui en retour s'adresse à son absence (le vide intensionnel). Cette transgression qui fait retour vers le vide n'est pas nihiliste ; il n'y a pas à confondre le néant et le vide. Le métalangage est une hypothèse faite depuis le langage, dans le langage. Il n'y a plus dès lors l'intérieur et l'extérieur ; il y a comme une interpénétration où l'extérieur est à l'intérieur. Il n'y a plus non plus

---

[1] R. Lew : *Le paiement en analyse, op. cit.* Le paiement matérialise en extension l'insaisissable pacte éthique en intension.

[2] Michel Foucault : *Dits et écrits I, 1954-1975*, Paris, éd. Gallimard, coll. « Quarto », 2001, p. 261-278.

[3] René Lew : *Imprédicativité de l'acte psychanalytique*, Paris, éd. Lysimaque, 2018, p. 209-241.

[4] M. Foucault : *Ibid.*, p. 261.

[5] M. Foucault : *Ibid.*, p. 262.

[6] *Cf. Place et raison de la pulsion de mort dans le schématisme de la psychanalyse. Cinquième biennale de la psychanalyse à partir du travail de René Lew*, éd. Freuds Agora et Lysimaque, 2022. À paraitre : René Lew : *Pulsion de mort et pulsion de destruction*, Paris, Lysimaque, 2023.

d'au-delà qui vaille ; il y a un autre-côté qui relève du mœbien (*Cf.* à nouveau la biennale précédente où le texte de Freud de 1920 *Jenseits des Lustprinzips* — autre texte fondamental de l'éthique métapsychologique de Freud — fut traduit par « De l'autre-côté du principe de jouissance » et non pas « Au-delà du principe de plaisir »).

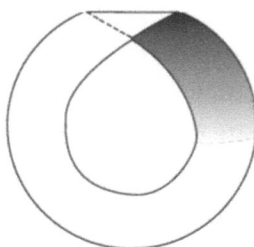

La représentation de la demi-torsion sur la bande mœbienne est un forçage, un artéfact, puisque toute la bande est cette demi-torsion elle-même : d'où la question du passage ou de la limite en terme de transgression. Il n'y a pas d'au-delà de la limite ; il y a rapport à la limite en termes de transgression qui est donc parole donnée à la sexualité.

« L'expérience de la limite[1] » c'est l'expérience dans la cure qu'il n'y a pas d'au-delà du langage et que la sexualité est sa langue. C'est l'expérience qu'il n'y a aucune sexualité normale puisqu'aucune ne peut s'assurer d'un Dieu ou d'un grand Autre qui l'autorise et la valide (n'en déplaise aux intégristes de tous bords, y compris nos nouveaux maitres de l'idéologie du jour qui, non contents de modifier la langue en sus des corps, ne voient pas comment ils reconduisent et participent du religieux par la théorie d'une (erreur d') assignation esprit-corps ; disant cela je ne nie pas la souffrance en jeu, les tragédies et les violences vécues, cependant qu'en substance — imaginaire donc — *le Genre* n'est que de peu de consistance — symbolique donc — au regard de *la Sexuation* ; là comme dans chaque cas il ne s'agit pas tant de répondre à la demande que d'interroger le désir. Il n'y a guère de progrès à combattre la haine de la différence qui se donne dans la hiérarchie des corps, des sexualités et des groupes par la négation des différences dans l'auto-détermination ; ceci sans même parler de la politique qui s'en déduit, à savoir tout simplement la mise en pratique collective de l'Idée).

René Lew dit qu' « une psychanalyse fait vivre cette limite.[2] » Et il ajoute que « la limite de l'acte psychanalytique rencontre là celle de l'analysant.[3] » Ce dernier

---

[1] M. Foucault : « Préface à la transgression », *op. cit.*, p. 264.

[2] R. Lew : « L'expérience des limites », *op. cit.*, p. 228.

[3] *Ibid.*, p. 229.

énoncé est fort heureusement bien différent d'un certain a priori courant dans le champ analytique voulant que la limite de l'acte analytique soit la limite de l'analyste, autrement dit que l'analysant n'ira pas plus loin que l'analyste… Ce qui n'est pas faux c'est que nombre d'analystes ont horreur de leur acte comme dit Lacan (d'où que la résistance dans l'analyse soit d'abord résistance de l'analyste) ; ils ne supportent pas la dissolution de l'analyste (qui est une fonction) dans l'analyse (qui est une pratique) *via* l'acte (qui est éphémère), ce qui les réduit (au final) à une place de déchet de l'opération.

C'est en terme d'objet a — l'analyste étant un semblant d'objet a dans la cure, et non un semblant d'Autre — qu'on « attrape[1] » la limite. L'objet a s'entend donc comme limite entre deux. C'est ainsi que « la limite est productive[2] » ; le passage (voire la passe), le franchissement de la limite qui se joue au niveau de l'objet a n'est pas sans renvoyer à cet autre scandale qu'est le *s'autoriser de soi-même* (qui est une transgression au sens de l'IPA au regard donc de l'institutionnalisation et de l'éthification de la psychanalyse) qui n'est pas sans renvoyer à l'affirmation de Lacan : il n'y a pas de formation de l'analyste, il n'y a que des formations de l'inconscient.

La pratique de la psychanalyse est une expérience de la parole donnée à la sexualité qui théorise en elle-même le lien entre la limite du langage en terme de transgression et la castration de l'Autre. L'expérience de la limite est donc l'expérience de la transgression, au sens où la transgression est la limite (non pas en terme de restriction mais en terme de passage). En référence à la bande mœbienne, je dirais — de manière certes caricaturale mais assumée — que lorsqu'on est mouvement on est, tout simplement, dans la transgression (*Cf.* toute la bande est la demi torsion) et quand on s'arrête on est, tout aussi simplement, dans la trahison.

« La transgression porte la limite jusqu'à la limite de son être[3] », dit Foucault. Énoncé que je tire du côté de la dissolution de l'analyste dans l'analyse via l'acte (d'où l'horreur qui conduit, soit au sublime, soit au tragique). Il ajoute : « encore faudrait-il alléger ce mot [celui de Transgression] de tout ce qui en lui peut rappeler le geste de coupure.[4] » Non, au contraire : la transgression ne fait pas barrage, elle fait lien. La transgression est littorale.

C'est ça la transgression qui fait scandale depuis Lacan : la coupure. Coupure dans la séance du fait de la séance. Coupure qui fait lien entre les séances. Le scandale de la coupure n'est pas sans lien avec cet autre scandale pour l'IPA qu'est

---

[1] R. Lew : « L'expérience des limites », *op. cit.*, p. 228.

[2] *Ibid.*, p. 231.

[3] M. Foucault : « Préface à la transgression », *op. cit.*, p. 265.

[4] *Ibid.*, p. 266. Les [ ] sont de moi.

le désir de l'analyste. Le désir de l'analyste c'est aussi un souhait de transgression de sa propre limite que serait l'impossible être. L'être analyste, analyste en extension, forme hideuse et bavarde qui en vérité n'existe pas… sauf à trahir ~~La~~ psychanalyse qui n'existe pas plus a priori…

4.

Je donne pour finir la solution au problème initial, résultat qui doit se déduire du propos qui précède… Je donne à nouveau la consigne : relier les neuf points par quatre traits sans lever le stylo. Je précise ici : qui a dit qu'on ne pouvait pas sortir du cadre (carré imaginaire que forment les points) ?

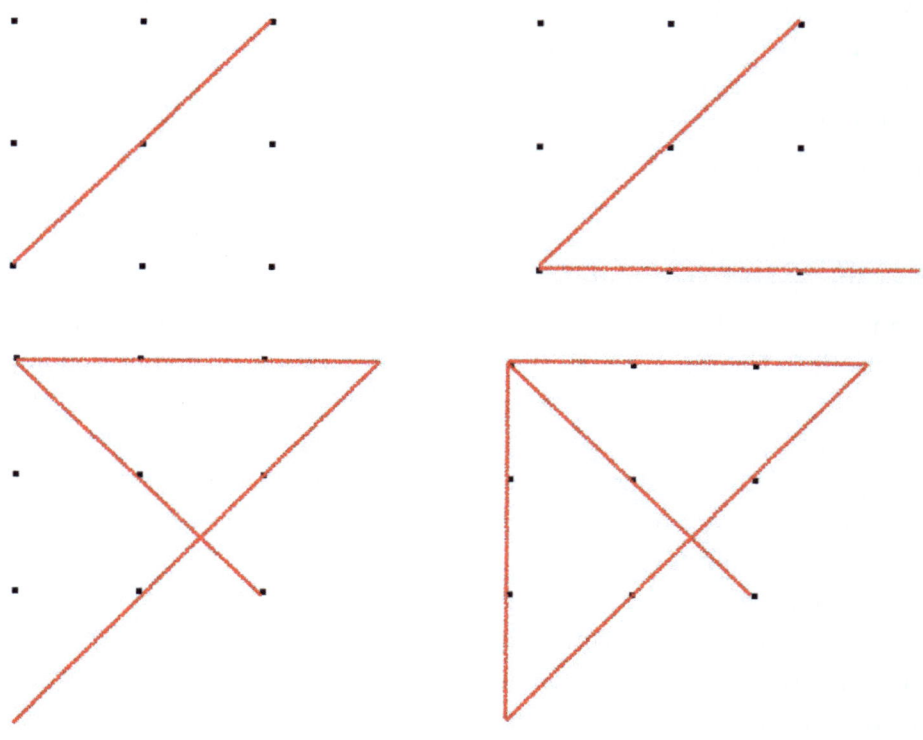

Marseille 2022

*

Discussion.

En réponses aux remarques de Frank Grohmann je confirme deux choses ; la première : s'il n'y a pas de traité éthique chez Freud tout son propos en relève finalement. De même que dès le « premier » séminaire, celui sur *Les écrits techniques de Freud,* Lacan fait entendre que la technique de Freud c'est son éthique. La deuxième : les sept essais manquants de la métapsychologie freudienne (de

1915) sont bien la conscience, la sublimation, l'angoisse, la projection, l'hystérie de conversion, la névrose obsessionnelle et les névroses de transfert. Je pensais retrouver cette liste dans la préface de Ilse Grubrich-Simitis à l'édition de 1986 chez Gallimard mais c'est finalement dans l'édition de Payot de 2023 que cette liste apparait dès la quatrième de couverture.

En réponse à Touria Mignotte, je répète que la trahison consiste à fixer aussi bien les théories que la pratique. Toute la difficulté réside dans une tension entre fidélité à la métapsychologie et la construction dans l'analyse (qui implique une certaine infidélité). Ce qui revient, en extension, souvent à défendre ~~La~~ psychanalyse contre les psychanalystes. Il ne s'agit pas de défendre un mouvement psychanalytique mais une psychanalyse en mouvement. Et quand Freud présente des cas il n'est pas, quant à lui, dans la trahison mais justement dans l'invention. Le plus important dans les présentations de cas de Freud c'est que ce sont des échecs ; c'est ce qui ne va pas qui lui permet de faire le pas suivant. J'ai distingué plus haut théorie et métapsychologie ; chaque analysant.e (de même que chaque analyste) vient en séance avec sa théorie qu'il s'agit de mettre à l'épreuve (de la métapsychologie dans la cure). Des psychanalystes patentés pensent être au-delà de ça, pensent ne pas avoir de schématisme, pensent de bonne foi être neutres. C'est parce que l'analyste n'est pas neutre, parce qu'il a un schématisme, qu'il doit le plus souvent recourir au silence, se taire à propos.

En réponse à Sandrine Aumercier qui reprend la citation de Freud (dans une lettre adressée à Ferenczi) invitant à ne pas faire de théories, et puis de René Lew qui indique qu'une certaine idée de la psychanalyse infiltre le discours des analysant.e.s annonçant « je vais faire des associations » et ont donc plus à déconstruire, je dis maintenant aux personnes que je rencontre et qui me demandent quoi lire (sous-entendu : dans mon cas, vous qui me connaissez, que dois-je lire pour me comprendre et vous en faire part en séance et ainsi bien progresser ?) : lisez de la poésie.

En réponse à Claude Eisenberg qui m'interroge sur l'abondance de mes références ici à Michel Foucault, je dirais tout simplement que de Foucault je m'en fiche ; je ne pense pas comme J. Allouch que la psychanalyse sera foucaldienne ou ne sera pas (de même que je ne pense pas comme René Major que l'avenir est à une psychanalyse derridienne). Foucault ici est contingent, ce qui m'intéresse fondamentalement c'est Bataille. Ce qui m'importe ici c'est Bataille et la transgression, ceci dans son rapport avec la psychanalyse.

Et comme le précise René Lew, ce n'est pas selon le point de vue de J. Nassif qui considère que Lacan n'a rien inventé, que toute la psychanalyse de Lacan est chez Bataille (pour le dire trop vite).

Enfin en réponse à Amin Hadj-Mouri, qui me demande où dans cette dialectique du désir et de la transgression je place l'interdit et la loi — question aussi courte que dense à laquelle je pourrais répondre comme Jeanne Lafont lui a fait remarquer : c'est justement l'exposé qui vient d'être présenté — je réponds : je prends l'interdit en terme d'impossible ; l'interdit est structural et la Loi est toujours celle de la logique signifiante, soit la castration. En me référant à la transgression imaginaire œdipienne, tout ce que je peux avoir en baisant ma mère et en tuant mon père — ou inversement — c'est du néant et non pas du vide fonctionnel. Il n'y aucune transgression qui dépasse l'interdit structural de la Loi signifiante. La transgression ne dépasse ni l'interdit ni la Loi, elle les repousse à la limite (qui n'est jamais sortie du langage) … et les relance à nouveaux frais.

Addenda.

Il m'importe d'ajouter une remarque qui va dans le sens du propos soutenu dans ce texte. Il s'agit d'une remarque que j'ai faite lors de la discussion qui a suivi l'exposé de Frédéric Dahan, exposé remarquable dans lequel me chagrinait pourtant l'idée d'*offre*, l'offre psychanalytique (F. Dahan a été dans mon sens ensuite, il me semble).

J'ai dit, je persiste aujourd'hui et je signe : le psychanalyste n'a rien à offrir, et ceci d'autant plus que le psychanalyste n'existe pas a priori. Sinon, dans quel a priori technique cela le place-t-il ?

Quelqu'un dans la salle derrière moi — mettons que j'ai oublié son nom pour ne pas l'embarrasser — de reprendre : mais si allons ! le psychanalyste a une offre, nous avons quelque chose à offrir !

Ah bon ?! Sans même reprendre une définition de Lacan quant à l'amour et à son usage dialectique dans le transfert, à savoir *offrir ce qu'on n'a pas à quelqu'un qui n'en veut pas*, l'idée d'avoir quelque chose a priori à offrir à l'analysant.e nous ferait basculer au mieux du côté du commerce (où l'analysant.e devient client.e) et au pire du côté de la psychothérapie (où l'analysant.e devient patient.e), nous ferait basculer dans une éthique des biens et services.

Frédéric Dahan

INTRODUCTION À L'HYPOTHÈSE D'UNE INTUITION FREUDIENNE

L'intuition freudienne est une fonction en intension insaisissable

Dans ce qui suit, il ne s'agit pas de chercher dans l'œuvre de Freud s'il y a des coordonnées ou des prémices d'un concept, même implicite, de l'intuition freudienne.

Je soutiendrai que l'intuition de Freud, depuis toujours, est l'agent de sa découverte de la psychanalyse. Agent en retrait de ce qui se lit et s'écrit; metteur en scène de son désir.

Cette intuition en retrait s'exprime dans la psychanalyse qui s'en trouve trouée.

Ce qui fait, qu'à l'instar de son Moïse, l'intuition produit un géant aux pieds d'argile. C'est pourtant avec ses pieds d'argile que des pas se réalisent, traversant les trous d'où Freud commet une écriture du réel.

Enfin, conjecturer sur une intuition (strictement freudienne), c'est énoncer l'hypothèse que l'objet a comme mathème (seule découverte revendiquée par Lacan) consiste aussi en cette intuition à lire entre les lignes et les lettres des textes de Freud. Pour marquer ceci, je parlerais désormais d'«intuision», avec "s".

Lire Freud serait donc, à l'extérieur comme à l'intérieur de la fonction signifiante, impliquer des écritures comme vecteur de l'expression trouée de cette intuision ? S'agirait-il alors d'écritures vecteur d'un rapport exclusivement freudien à l'hypothétique ? En tant que ce rapport freudien à l'hypothétique réalise une dissolution de l'Autre dont il se soutient de façon récursive ?

L'acte freudien tiendrait de cette dissolution de l'Autre.

Et la dissolution de l'Autre tiendrait de l'acte freudien.

Récursivité qui déploie les coordonnées de la dissolution comme passage singulier (infini et fini) de l'analysant à l'analyste.

Mais qui donc pourrait juger de l'existence de cette dissolution comme passage discret et continu ?

À contrario, le passage de l'analysant à l'analyste remet en fonction cette dissolu-tion qui déploie en acte (indéfiniment) l'impossibilité d'un jugement d'existence d'une trace de dissolution. Inanité d'une dissolution d'un sujet prise en objet.

L'intuision de Freud est une fonction en intension de la dissolution continue.

Serait-ce ce que métaphorise cette double hypothèse du meurtre de Moïse et de Moïse égyptien ; hypothèse nouée et dont l'écriture est de destinée testamentaire ?

Serait-ce là nouage de deux Moïse qui dissout l'Autre imaginarisé comme le grand homme ?

Ou encore, écriture testamentaire de l'exil comme « rature d'aucune trace qui soit d'avant » et d'où ce qui se répète de l'acte analytique procède ?

> *« Mais je proteste contre l'interprétation erronée qui me ferait dire que le monde est si compliqué que la moindre thèse que l'on pose doit nécessai-rement toucher quelque part un pan de vérité. Non, notre pensée s'est gardé la liberté de découvrir des dépendances et des corrélations aux-quelles rien ne correspond dans la réalité, et elle apprécie manifestement hautement ce don, tant est abondant l'usage qu'elle en fait à l'intérieur comme à l'extérieur de la science »*[1]

La difficulté de notre travail d'analyste est de tenir la gageure de *l'acte* du littoral qu'implique *l'usage abondant de notre pensée à l'intérieur comme à l'extérieur de la science.* C'est pourtant là un geste de Freud qui traverse toute son œuvre. Un geste pas sans lien avec le poétique.

C'est dire aussi que le *mouvement* littoral est un acte aux dimensions poé-tiques qui contiennent un mouvement politique intrinsèque à l'acte analytique - entre science et pas-science.

Les dimensions du poétique ne sont pas fixables dans le mouvement littoral *à l'in-térieur comme à l'extérieur de la science*, mais ne le sont pas non plus à l'intérieur comme à l'extérieur de la réalité et des jugements dans nos échanges …

Pourtant, coupé de la sphère des jugements, ce mouvement littoral comme acte aux dimensions poétiques est ce que déploie Lacan après Freud avec un geste «mallarméen».

Stéphane Mallarmé, « Notes sur le langage » page 508 de la Pléiade :

---

[1] Freud de Londres en 1939 « Moïse, son peuple et la religion monothéiste »

«Arriver de la *phrase* à la *lettre*, par le mot; en nous servant du *signe* ou de l'écriture, qui relie le mot à son sens.

La Science n'est donc pas autre que la Grammaire, historique et comparée, afin de devenir générale, et la Rhétorique -»

C'est là un inépuisable programme du littoral qui concerne les difficiles questions, toutes reprises par Lacan, du chemin de la *phrase* à la *lettre*, du lien (de hasard) entre mot et sens en se servant du *signe* entendu comme *écriture*, et de la Science comme lien de la Grammaire générale et de la Rhétorique.

Très en deçà de ce programme, mon travail a toujours consisté en ce que la trouvaille de cette difficulté du littoral *puisse* surmonter, dépasser et effacer ma propre recherche de cette difficulté malgré ses raisons. Mais cette possibilité *échoue* du fait de son indétermination ou du hasard qui l'in-conditionne.

Le ressac du hasard sonore des vagues est impossible à circonscrire.

Un sonore qui *ne cesse pas de vibrer* en nous jusqu'aux silences d'où il provient.

Ainsi, pour Mallarmé,

« *N'AURA EU LIEU QUE LE LIEU* »

Parce que le temps de l'écriture est l'espace ; son seul et à chaque fois unique espace : espace de la musique qui lui est intimement extérieur.

L'espace de la musique serait extime au temps de l'écriture de Mallarmé en tant qu'elle se donne à lire dans une *spatialité variable et vibratoire des lettres ?*

Grandeur s'honore des lettres du réel comme dé-mesure du Nombre ?

« Méthode

Conversation — sens des mots diffère, d'abord, puis le *ton*, on trouve du nouveau dans le ton dont une personne dit telle ou telle chose.

—Nous prendrons le ton de la conversation, comme limite suprême, et où nous devons nous arrêter pour ne pas toucher à la science— comme arrêt des cercles vibratoires de notre pensée.»[1]

J'y lis, au titre d'une méthode, *un point de vue strictement poétique* du littoral en tant que *limite suprême* où nous devons nous arrêter pour ne pas toucher à la science située comme arrêt de notre pensée *vibratoire*.

Je filerai bien la métaphore du *vibratoire de notre pensée* en disant que l'analyste est comme le chef d'orchestre responsable de l'existence du *vibratoire* d'une

---

[1] Mallarmé (la Pléiade p.509)

partition qui s'écrit entre l'analysant et l'analyste. Ou encore, c'est du *ton vibratoire* de la singularité de notre *conversation analytique* dont *lalangue s'écrit*.

Ce que je propose n'est donc qu'expression d'hypothèses et est nécessairement ratage.

Ce ratage participe du ratage du poétique, tout en étant différent du ratage poétique. Parce que le poétique *ne cesse pas de ne pas s'écrire* et parce que l'analyste n'est ni un poète (assez) ni un maestro.

J'appellerai *intuition freudienne* la spécificité de ce ratage en mouvement comme écriture de l'acte qui n'est pas écriture poétique et qui rate l'intuision de Freud.

C'est un ratage comme écart qui exprime dans une écriture l'impossibilité que mes intuitions atteignent l'intuision de Freud. C'est un ratage en mouvement (infini) entre ces deux intuitions.

Disons qu'il s'agit du ratage de la quête d'une écriture trouée et congruente à l'acte analytique qui soit dépassée ou se laisse effacer par les trous de l'écriture qui littoralisent.

Cette gageure d'une écriture est écriture tout autant clinique que théorique en tant que c'est l'exercice de l'acte analytique qui *la dicte* après-coup.

S'impose alors cette question : comment *me libérer* du sophisme du temps logique afin de tenir *l'a diction qui s'écrit du temps de l'après-coup* ?

Il en va de l'aporie d'une écriture d'un sujet qui s'efface dans son écriture ?

Cet effacement (re)déploie les coordonnées de l'acte analytique défini comme *passage* de l'analysant à l'analyste, ou le trajet comme passage réversif, *vibratoire* et infini d'un sujet à sa dissolution.

Notre difficulté devient que cet effacement comme passage à l'analyste est une aporie (privation d'un passage) qu'il s'agit d'endurer.

Serait-ce l'aporie d'un *moment de conclure qui ne cesse pas de se répéter afin de désêtre l'analyste comme passeur des trous d'une lalangue* ?

Serait-ce là, en tant que passeur, qu'advient la passion de l'analyste ?

Désêtre comme passion de l'impossible : passion de l'impossible de substantifier le désêtre.

La psychanalyse est intransmissible parce que le désêtre : je ne le suis pas - ni de l'être ni de le suivre (avec quelles traces ?).

L'exercice de la psychanalyse est une addiction

Une *a* diction : soit l'objet *a* auquel se soumet l'analyste, l'objet comme cause de l'exercice de la diction de l'analysant.

Soutenons pour le moment l'énigme de cet objet *a*, son indétermination et son incomplétude fondamentales.

Durant ce moment de suspension d'un sens et d'une signification de cet objet *a*, prenons comme première approximation que ce «*a*» est privatif : *il prive le sujet analysant de toutes ses dictions communes.*

L'objet *a* confronte le sujet analysant au trou que cet *a exerce* comme *«qu'on dise»* impersonnel.

Le sujet analysant exercé par cette fonction signifiante imprédicative devient ponctuel et évanescent. (*le sujet cartésien*)

Du côté du sujet analyste, réduit à une lettre *a*, ce singulier exercice implique un effacement, une dissolution continue.

En dehors des séances, cette dissolution quotidienne du sujet-analyste n'est pas sans conséquences.

Il s'agit de conséquences qui s'inscrivent dans la vie quotidienne de l'analyste et qui se nouent à l'acte analytique.

Cette inscription est à lire comme incorporation de la lettre que produit l'acte dans l'*après-coup* sur le sujet-analyste.

Cet après-coup est écriture de l'oscillation-pulsation *vibratoire* entre le sujet-analyste et sa dissolution.

Ainsi ce nouage des conséquences après-coup de l'acte sur l'acte n'est pas sans passer par les transformations sur le sujet-analyste.

Ce nouage est donc pulsation, trajet de la pulsion : mouvement à l'extérieur comme à l'intérieur de l'acte. Ce qui produit *un singulier* rapport d'un analyste à son objet « *psychanalyse en acte* ».

De ces conséquences de l'acte sur le sujet-analyste, il en reste quelque chose d'éminemment singulier et d'inéchangeable : *ce reste reste* oublié.

Ou encore, il y a du *rester* en fonction verbale, du *rester* du reste comme fonction de l'oubli pour l'analyste.

Le sujet-analyste est pris malgré lui dans les restes oniriques des fragments des «*qu'on dise*» oubliés durant les séances enchaînées.

En dehors des séances ou en dehors de son acte, un analyste redevenu sujet, pourrait-il écrire *de* la fonction de l'oubli ?

Car c'est aussi de cette fonction de l'oubli que se met en fonction son acte d'analyste comme *a diction*. Cette fonction de l'oubli serait comme le pendant du *ton* de Mallarmé ?

« Rature d'aucune trace qui soit d'avant »: telle est l'écriture de la fonction de l'oubli qui est *rature après-coup* de la dissolution du sujet analyste.

Le singulier et le réel de cette *rature* de lettres intrinsèque à l'écriture de l'acte est qu'il y a de la négation qui concerne la substance «*aucune trace*» et qu'il n'y a aucune négation qui concerne la fonction «*qui soit d'avant*».

Cette citation de Lacan est souvent l'occasion d'un lapsus : «*Rature d'aucune trace qui <u>ne</u> soit d'avant*».

Ce «*ne*» fait préexister et essentialise la trace : il soumet la rature à de l'objet trace préexistant.

C'est vrai qu'il est difficile, en dehors de l'acte, de se laisser dissoudre. Et cette difficulté du dehors de l'acte n'est pas sans laisser de trace à l'intérieur de l'acte.

Ce qui s'écrirait alors comme *rature d'aucune trace qui soit d'avant, à l'extérieur comme à l'intérieur de l'acte analytique*, serait illisible pour les poètes comme pour les scientifiques - mais pour des raisons différentes sinon inverses.
Parce que ce qui s'écrit de la fonction de l'oubli comme participant de la fonction de l'acte analytique n'est ni poésie ni science – mais pas sans poésie et science.

Ainsi, ce qui s'écrit est, malgré tout, lisible avec *trous* pour les poètes et pour les scientifiques avec *d'autres trous*. Et ces lectures trouées sont congruentes aussi à l'acte analytique.

Mais de toutes façons, il y faut la contrainte d'un désir du lecteur pour soutenir lire des trous qui expriment aucune trace qui soit d'avant.

En quoi, à suivre Mallarmé, les poètes défont la limite des lectures des scientifiques qui obture le *vibratoire-* hormis certains mathématiciens.

Or ce qui fait le drame de l'irrémédiable absence de communauté d'analystes, c'est que cela radicalise la passion de l'ignorance en déployant une exaltation des petites différences qui font *traces*.

C'est dire qu'il y a là une permanence pathologique de la faculté de juger entre analystes-sujets qui tend à abolir une lecture trouée. Un reste kantien perdure.

Notre rapport à l'objet « *psychanalyse en acte* » qui se déploie dans l'écriture n'est pas échangeable. Parce que ce rapport est un non-rapport en tant qu'il implique une dissolution de ma position de sujet singulière et intransmissible.

Cette dissolution participe de la fonction d'oubli du savoir analytique.
L'objet « *psychanalyse en acte* » est l'agent vide fonctionnel de la dissolution.

S'il y a un invariant du réel de l'acte, c'est bien l'oubli de ce savoir.

La difficulté est que le rapport singulier que tout analyste a à son savoir dément ce réel. Quelles *traces* mon savoir produit ?

La tenue de ce réel de l'acte ne va pas sans la contrainte de reconnaître ses démentis qui font *traces* : ça passe par la fonction de l'oubli échangée entre analysant et analyste.

L'a diction de l'analyste est passion du vide de l'intuision freudienne

Je soutiendrai que cette contrainte de la fonction de l'oubli échangée est passion *a-dictante* de l'analyste.

Il s'agit d'un échange de la fonction de l'oubli comme littoralité qui s'exprime dans la disparité subjective qui constitue cet échange.

Quel est l'écart entre la fonction de l'oubli du côté analysant et du côté analyste ?

Je propose comme lecture du mathème lacanien S_1, que ce S_1 est l'expression de ce qui *reste oublié* de (dans) cette disparité : le trou constitutif de cet écart productif.

«Qu'est-ce que c'est dur d'écrire et de lire !
Il y a de l'arrachement à ce qui me rattache à l'illusion qui perdure étonnamment comme reste pas encore oublié.»

Ainsi (l'oxymore) «l'institution psychanalytique» dans sa dissémination, se soutient de l'existence des nécessaires dispositifs institutionnels (*de l'extérieur comme de l'intérieur à ces dispositifs*) pour métaphoriser cette illusion en savoir apriori.

Cette métaphore symptomatique d'une illusion d'un savoir apriori est résistance à l'oubli. Abolirait-elle ce qu'il en serait *d'une intuision freudienne* comme fonctionnalité *impersonnelle* d'un « *qu'on dise ... qui reste oublié* » ?

Lors d'une séance, un long silence assurément vécu et échangé comme intensif est coupé par ce propos d'un analysant : « *votre silence crée en moi un espace pour parler* » (cet énoncé s'accompagne d'un geste de la paume de sa main plaquée sur son sternum)

Arrêtons-nous sur ce « *votre* ».

Il se soutient de la nécessité pour l'analysant que la présence de l'analyste authentifie que ce dernier est la source et la cause du silence. Ce qui est vrai et faux.

C'est nécessairement vrai, c'est même une certitude subjective pour l'analysant en tant qu'elle fonde un impossible : que ce silence ne soit pas celui de l'analyste.

Si l'analyste est l'inconscient, c'est, comme le dit Lacan, le situer du côté d'un « *se taire* ».

Ce silence (*pur silence comme dire sans dit ou silence d'un dit sans dire*) c'est l'agent qui ouvre le « *qu'on dise* », pour l'analysant, produisant comme reste oublié S_1.

Ce qui justifie le « *on* » impersonnel du « *qu'on dise* » puisque pour l'analysant, il ne sait plus qui, des deux protagonistes, parle à partir du silence.

Car si c'est l'analysant qui assurément parle, c'est d'avoir incorporé un espace créé par le silence de l'analyste.

Je ne saurai pas mieux dire la production de l'acte de l'analyste : *un espace* S_1 comme acte d'écriture du silence — que j'assimile à l'intuision.

S_1 espace qui reste oublié ?

Dans l'après-coup d'une analyse, ne pourrait-on pas écrire *avec* une *tonalité spatiale* « mallarméenne » que :

N'AURA EU LIEU QUE LE LIEU DE L'OUBLI

Ce qui nous ramène au nouage de l'intuition freudienne et de la topologie, pas sans se questionner sur la fonction de l'incorporation comme *vibration sonore de la lettre*...

L'analyste, de se prêter à cette certitude de l'analysant, l'analyste, *seul*, n'en fait que le semblant : le silence ou l'intuision *lui* appartient – à qui ?

Et c'est qui ce « *lui* » ?

Serait-ce la fonction du vibratoire, le TON dont « *qu'ON dise* » *... reste oublié ?*

Ou encore : la chute de l'objet (« *Avec ce seul objet...* ») d'une saisie impossible de cette fonction *vibratoire sonore* comme :

    « *...*

       Aboli bibelot d'inanité sonore,
       (Car le Maître est allé puiser des pleurs au Styx
       Avec ce seul objet dont le Néant s'honore.)

                       ... » [1]

17 mars 2023

---

[1] Sonnets de Mallarmé, page 37 de la Pléiade

Frank Grohmann

LE *JUNKTIM* COMME SYMPTÔME
— ou : « En relisant les "Thèses sur Feuerbach" de Karl Marx ».[1]

Les psychanalystes peinent toujours à s'accorder sur la question de la crise. La réticence de la plupart d'entre eux à prendre position sur les questions brûlantes de leur époque avec les moyens de leur propre enseignement semble inchangée.[2]

On est occupé — pour ainsi dire par tous les moyens — à ne pas glisser dans ce qu'on appelle une vision du monde (une *Weltanschauung*). Mais ce faisant, les psychanalystes oublient que leur propre « vision scientifique du monde » est, dans le meilleur des cas, une « explication unitaire du monde » *différée*, comme le disait déjà Freud.[3]

Cette aversion ne fait pas qu'éluder la question de la place du psychanalyste dans la société. Elle témoigne aussi, dans le pire des cas, d'une conception de sa pratique comme un procédé d'adaptation à l'ordre existant : il s'agit d'immuniser l'individu contre le monde qui l'entoure. Comment ne pas voir qu'il ne résulte alors de cette conception rien d'autre qu'une trahison fondamentale du sens de l'activité analytique ?

Prenons donc le sens de l'activité analytique comme point de départ. La psychanalyse est une pratique sociale. Dans cette pratique sociale s'affirme, selon Freud, un rapport logique de conditionnalité, à savoir : « traiter » et « apprendre quelque chose de nouveau », trouver un « effet bénéfique » et un « éclaircissement », associer « succès » et « connaissance ».[4]

D'une part, la logique qui est ici en jeu n'entraîne pas une prétendue unité immédiate de la théorie et de la pratique. D'autre part, la « précieuse coïncidence » (S. Freud) du rapport de conditionnalité ne signifie non plus

---

[1] Je suis ici une indication de René Lew : « je conseille à tout un chacun d'en relire le texte pour reconsidérer l'optique de Marx, qui se développe selon moi à bon escient. » René Lew, *La civilisation contre la culture*, Lysimaque, Paris, 2019.

[2] Paul Parin avait déjà attiré l'attention sur cette aversion en 1978 : » Warum die Psychoanalytiker so ungern zu brennenden Zeitproblemen Stellung nehmen «, *Psyche — Zeitschrift für Psychoanalyse und ihre Anwendungen*, 29. Jg., 1978, Heft 5/6.

[3] Sigmund Freud, « XXXVe Conférence d'introduction à la psychanalyse », *Nouvelles conférences d'introduction à la psychanalyse*, Galimard, Paris, 1984 [1932-1933].

[4] Sigmund Freud, « Postface de 1927 », *La question de l'analyse profane*, Galimard, Paris, 1985.

(1) qu'il ne peut y avoir de solution théorique à l'analyse — dans la mesure où chacun ne fait que « se construire sa propre psychologie, avancer ses présupposés particuliers sur le contexte et les finalités des actes psychiques »[1] ;

(2) mais en même temps il n´y a pas de solution seulement pratique — car pris isolément, « chaque besoin pratique » ne va que dans une seule direction et se crée « l'idéologie qui lui convient ».[2]

La position du psychanalyste face à la psychologie et à l'idéologie, telle qu'elle est esquissée ici, implique nécessairement que son attitude psychanalytique doive doublement résister : le psychanalyste exclut pareillement de céder à la psychologie et à l'idéologie (S. Freud).

Freud appelle cette « précieuse coïncidence » un *Junktim* entre « soigner » et « chercher », et souligne que celui-ci ne caractérise que le procédé analytique.

Toutefois, le « Junktim » de la psychanalyse ne tombe pas du ciel. Il est apparu au début du vingtième siècle au cœur des rapports de la modernité productrice de marchandise. Est-ce exagéré de dire que nous avons à faire à une crise du « totalitarisme de la socialisation par la valeur »[3] qui va en s´approfondissant ?

La condition sociale de la psychanalyse étant le système moderne de producteur de marchandises, nous ne pouvons pas nous attendre à ce que le divan et le fauteuil du psychanalyste soient exemptés de ce totalitarisme environnant.

Après Freud et avec Lacan

Avec le mot *Junktim*, Sigmund Freud attire donc l'attention en 1927 sur le fait que dans le processus psychanalytique, « traiter » et « apprendre quelque chose de nouveau », « effet bénéfique » et « éclaircissement », « succès » et « connaissance » sont nécessairement liés. Dans le sens où l'un ne va pas sans l'autre.

Ce n'est pas par hasard que cela se produit dans le contexte de la réponse de Freud à la question de l'analyse dite profane.

Cette question est pour Freud celle du fondement de la psychanalyse en tant que discipline autonome.

Et la réponse de Freud à cette question témoigne du fait que pour lui, il est (également) exclu de céder sur l'exigence que la formation du psychanalyste se fasse fondamentalement en accord avec le sens du procédé analytique.[4]

---

[1] Sigmund Freud, *La question de l´analyse profane*, op. cit.

[2] Tiré d´après un passage non publié de Freud de la Postface à *L´analyse profane*. Cité d´après Ilse Grubrich-Simitis, *Zurück zu Freuds Texten. Stumme Dokumente sprechen machen*, S. Fischer, Frankfurt am Main, 1993.

[3] Robert Kurz, *Raison sanglante. Essais pour une critique émancipatrice de la modernité et des Lumières bourgeoises*, Albi, Crise & Critique, 2004.

[4] C'est en ce sens que Freud traduit la question de l'analyse profane : « L'analyste a-t-il acquis la formation particulière dont il a besoin pour exercer l'analyse ? ». Voir Sigmund Freud, *L´analyse profane*, op. cit.

Le mot freudien de *Junktim* représente le sens du procédé analytique. Il désigne ainsi un autre *schibboleth* de la psychanalyse.[1]

Le lien entre la prise de position de Freud sur l'analyse profane et son *Moise et le monothéisme* est le suivant : en 1926, il veut protéger la psychanalyse des médecins ; en 1939, il tente de la sauver des nazis.[2] Mais les deux fois, il veut surtout la sauver des psychanalystes !

Freud pense en effet pouvoir exiger des psychanalystes *qu'ils sachent ce qu'il en est de leur pratique* (J. Lacan). Savoir ce qu'il en est de la pratique de la psychanalyse devient ainsi le noyau de la question de la formation du psychanalyste.

Quarante ans plus tard, le plus rigoureux de ses lecteurs ne se contente pas de rejeter la thèse selon laquelle Freud aurait rompu avec le scientisme de son époque, mais affirme que — bien au contraire — c'est ce scientisme lui-même « qui a conduit Freud à ouvrir la voie qui porte à jamais son nom ».[3]

Une voie sur laquelle Freud s'oppose en même temps de toutes ses forces à l'empreinte de ce même scientisme. Peut-on s'étonner qu'il découvre ainsi « le sujet pris dans une division constituante »[4] ?

Une voie qui conduit Lacan — en quoi il prend la suite — à conclure : que la pratique de la psychanalyse « n'implique d'autre sujet que celui de la science. »[5]

De là vient ce clivage dans la pratique de la psychanalyse, à savoir de devoir « admettre qu'il nous faille renoncer dans la psychanalyse à ce qu'à chaque vérité répond son savoir »[6]. C'est la seule raison pour laquelle Freud peut demander à ses analysants d'en dire plus que ce qu'ils savent.

Mais il en va de même avec la pratique : pour le sujet de la science, dit Lacan, savoir et vérité ne sont que des « ombres » — « mais non pour le sujet souffrant auquel nous avons affaire »[7] : le sujet divisé entre vérité et savoir.

---

[1] Outre, déjà cité par Freud lui-même, (1) le « premier schibboleth de la psychanalyse » : « l'idée d'un psychique qui n'est pas conscient », (2) le rêve ou plutôt la « doctrine du rêve » et (3) le « facteur sexuel inconfortable » sous la forme de l'hypothèse de la « psychosexualité ».

[2] Voir à ce sujet la lettre de Freud à Oskar Pfister du 25.11.1928, dans laquelle il attire l'attention sur « le lien secret » entre son texte *La question de l'analyse profane* et son écrit *L'avenir d'une illusion*, publié un an plus tard : « Dans le premier, je veux protéger l'analyse des médecins, dans l'autre des prêtres. Je veux la conduire à un état qui n'existe pas encore, un état de pasteurs laïques qui n'ont pas besoin d'être médecins et qui n'ont pas le droit d'être prêtres ».

[3] Jacques Lacan, « La science et la vérité », *Écrits*, Éditions du Seuil, Paris, 1966 [1965].

[4] *Ibid.*

[5] *Ibid.*

[6] *Ibid.*

[7] *Ibid.*

Le mot de Sigmund Freud de *Junktim* témoigne du sujet de l'inconscient — et indique ainsi un point de rupture entre la vérité et le savoir, habituellement occulté dans la science.

Une critique de la forme-théorie moderne

Ce point de rupture voilé dans la science s'attaque également à « la dialectique immanente du rapport entre théorie et pratique dans la société capitaliste »[1]. Il est ici dissimulé parce que non seulement l'action pratique, mais aussi la réflexion théorique se meuvent à l'intérieur de l'enveloppe du système moderne producteur de marchandises.

Cela signifie que « la forme de théorie moderne ne peut jamais être qu'une interprétation du lien social ontologiquement présupposé »[2]. Telle est l'interprétation du reproche de Marx aux philosophes par la critique de la valeur-dissociation.

De son côté, Marx a certes touché le point de rupture voilé dans les *Thèses sur Feuerbach*, mais en même temps il n'a pas réussi à le saisir suffisamment.

Car la séparation de la réflexion théorique et de l'action pratique, critiquée selon une compréhension naïve dans la thèse de Feuerbach, « n'est en aucun cas, sous le capitalisme, une séparation absolue et extérieure », mais plutôt : « la reproduction capitaliste est une pratique sociale globale, dans laquelle entre la réflexion théorique. »[3]

C'est pourquoi la réflexion théorique apparaît inévitablement comme une sphère subordonnée à la pratique pratique et, en ce sens, séparée de celle-ci. Et la pratique théorique reproduit en elle-même, sous forme théorique ou en tant qu'expression théorique, les modes d'action des relations sociales et de la production qui sont constitués de manière fétichiste.[4]

Le contraire de l'interprétation (« les philosophes n'ont fait qu'interpréter le monde de différentes manières ») n'est pas la pratique (« ce qui compte, c'est de le transformer »), mais la *critique*. En ce sens, le problème de la onzième thèse de Feuerbach de Marx soulève la question du critère de distinction entre théorie affirmative-interprétative et théorie critique ou critique théorique.

Voici le critère de cette distinction dans « l'optique de Marx » (R. Lew, voir ci-dessus) et du côté de la critique de la valeur-dissociation : la critique ne devient

---

[1] Robert Kurz, *Gris est l'arbre d'or de la vie, verte est la théorie*, Albi, Crise & Critique, 2022 [2007]

[2] *Ibid.*

[3] *Ibid.*

[4] *Ibid.*

radicale que par un tournant dans la critique elle-même, qui la fait devenir critique *catégorielle*[1]. La critique catégorielle — comme « ontologie négative », comme critique de l'ontologie capitaliste — vise en ce sens la rupture avec « l'ensemble du champ historique de la modernité capitaliste »[2].

Le « point de rupture de la science » (J. Lacan) est voilé, car la science fait elle-même partie du voile dans ce champ et ne peut donc pas avoir de concept (positif) de la « rupture ontologique »[3] nécessaire (R. Kurz).

L´analyse d´une formation de compromis

Les *Thèses sur Feuerbach* indiquent seulement que la critique de l'économie politique de Marx se transformera par la suite en une « révolution théorique »[4] : plus la théorie de Marx se développe, moins elle « se laisse enfermer dans le schématisme de l'entreprise académique » et plus elle « se situe épistémiquement en travers de la soi-disant compréhension scientifique des méthodes »[5].

Marx a donc effectué une « rupture paradigmatique »[6], mais la révolution théorique qui a accompagné cette rupture reste *inachevée*, et ce jusqu'à aujourd'hui. Cette appréciation est en contradiction ouverte avec les représentants du « marxisme », qui considèrent la révolution théorique comme *achevée* depuis longtemps.

L'histoire de l'interprétation marxiste elle-même a donc besoin d'être expliquée. Elle témoigne du refoulement non seulement « du caractère idéologique et métaphysique de son propre positivisme (bourgeois) », mais aussi du refoulement « du caractère métaphysique réel de la société fétiche capitaliste »[7].

Le reproche que Marx adresse aux philosophes s´adresse donc également aux marxistes : les fondements catégoriels de la critique de l'économie politique sont « seulement *interprétés différemment* par les marxistes, mais pas développés plus avant »[8].

Au cours du vingtième siècle, plus les rapports capitalistes imposés réclament une critique radicale, plus les voix marxistes se font discrètes et leur critique se

---

[1] *Ibid.*

[2] Ibid.

[3] Robert Kurz, « Der ontologische Bruch », 2004. *www.exit-online.org.*

[4] Robert Kurz, »Die unvollendete theoretische Revolution«, introduction à *Geld ohne Wert. Grundrisse zu einer Transformation der Kritik der politischen Ökonomie*, Horlemann, Bad Honnef, 2012.

[5] *Ibid.*

[6] *Ibid.*

[7] *Ibid.*

[8] *Ibid.* Souligné par moi.

montre de plus en plus paralysée. A la fin du vingtième siècle, à la « rupture paradigmatique » de Marx répond la « paralysie du paradigme » marxiste[1].

Surmonter cette paralysie présuppose la « prise en compte du point de vue catégoriel »[2]. Cela ne peut signifier que : aller avec Marx au-delà de Marx.

Une telle poursuite de cette révolution théorique inachevée ne peut toutefois — si elle veut rester fidèle à « la rupture paradigmatique » de Marx — qu'être « fondamentalement critique à l'égard de la science » du point de vue épistémique et doit « en finir avec toute compréhension positiviste du capital »[3].

Et la psychanalyse alors ?

Le *Junktim* freudien extrait de sous son voile, au début du vingtième siècle, le point de rupture de la science (J. Lacan, voir ci-dessus).

Au sens d'une « précieuse coïncidence », la pratique de la psychanalyse et la pratique de la théorie de la psychanalyse se conditionnent mutuellement : l'une ne va pas sans l'autre. Ici, la brèche s'ouvre sur une réflexion théorique qui ne serait *pas* dérivée de la pratique et donc subordonnée à celle-ci.

Toutefois, cette brèche ne s'est ouverte que temporairement. Déjà chez Freud lui-même, elle commence à se refermer autour de son propre idéal scientifique. Et après Freud, on a préféré, au cours du vingtième siècle, céder à un refoulement de la radicalité de ce « paradigme » qui caractérise uniquement la psychanalyse. Un curieux parallèle avec l'histoire de l'interprétation marxiste (voir ci-dessus).

Le *Junktim* reste donc un symptôme !

Sans l'intervention de Jacques Lacan, la « rupture paradigmatique » freudienne aurait sans doute été complètement enterrée. En reconnaissant le « sujet de la science » comme le sujet de l'inconscient de la psychanalyse, Lacan pose en même temps la question de savoir quelle serait la science qui serait capable de porter (en elle) l'hypothèse freudienne de l'inconscient.

Nous ne pouvons pas dire que cette question ait trouvé une réponse aujourd'hui. Mais nous trouvons notre point de départ chez Lacan : « Il n'y a pas de science de l'homme, parce que l'homme de la science n'existe pas, mais seulement son sujet. »[4]

---

[1] *Ibid.*

[2] Il s'agit du « niveau catégoriel du rapport de forme social fondamental ». En d'autres termes, l'« analyse du caractère fétiche de la socialisation capitaliste ». *Ibid.*

[3] Robert Kurz, « Die unvollendete theoretische Revolution », *op. cit.*

[4] Jacques Lacan, « La science et la vérité », *op. cit.*

Ce défi *pour* la psychanalyse au vingt-et-unième siècle se pose au moment même où « le capitalisme s'est développé jusqu'à la conscience de sa nature fétichiste et de sa maturité de crise »[1]. Cela résonne comme la célèbre ironie de l´histoire. Une histoire dans laquelle Marx et Freud ne se rencontrent qu'à travers un fossé. C'est pourquoi les traces de cette rencontre seront les nôtres.

19 mai 2022

---

[1] Robert Kurz, « Die unvollendete theoretische Revolution », *op. cit.*

Amîn Hadj-Mouri

COMMENT SE SOUMETTRE POUR MIEUX S'INSOUMETTRE ?
OU L'HÉRÉSIE DU DÉSIR.

« Le capitalisme est la célébration d'un culte sans trêve et sans merci. » « L'inouï du capitalisme sur le plan historique réside dans le fait que la religion n'est plus réforme de l'être mais sa dévastation. »

(Walter BENJAMIN.
Le capitalisme comme religion.
Payot &Rivages. 2019)

« Certains avaient même loué les vertus de cet empire capitaliste où se voyait offerte la paix du libre-échange. Nous les avions vus sanctifier l'ordre du Grand Marché, justifier les déchaînements de la finance et de ses banques, et consentir à ce qu'une vie -nos existences entières ! - puisse se retrouver confite sous la fascine du Caddie débordant et du « pouvoir d'achat ». Ils avaient chanté les fastes d'une quiétude épicière où le désir se sublime dans ce que l'on consomme, se réalise et se déréalise, s'épuise ainsi mais sans se consumer, telle une persistance hostile au devenir ».

(Patrick CHAMOISEAU.
Frères migrants.
Seuil. 2017).

« Seulement, la paix capitaliste et financière n'est pas la Paix. Elle est fourrière d'une barbarie qui domestique les barbaries anciennes sous l'arche des « mœurs douces » où fricotent les banquiers, les affairistes et les marchands »

(P. CHAMOISEAU. Ibid.)

« …Comme si le Rêveur voulait bousculer notre inertie invétérée, nous secouer, nous crier à tue-tête : « Eh ! espèce d'endormi, réveille-toi pour une fois et fais attention à ce que je suis en train de te dire ! »

(Alexander GROTHENDIECK.
La clef des songes ou Dialogue avec le Bon Dieu.)

Lorsque l'intelligence (lecture entre les lignes) est défaite, une débilité débridée, associée à une redoutable paranoïa, occupe le devant de la scène et donne lieu à des conceptions idéologiques de plus en plus univoques, d'autant qu'elles s'appuient sur des savoirs dotés, d'une part d'un pouvoir illusoire de suturation de la « béance causale » du sujet, et d'autre part de stratagèmes visant la scotomisation et la dissimulation des méfaits de la domination des rapports sociaux de production capitaliste. L'impossible obturation de cette béance, par quelque moyen prédicatif que ce soit, conduit à des errements funestes, qui démentent le savoir fondamental commun, ce savoir textuel qui, en l'occurrence, émerge de la constitution de l'Autre. L'altérité intime, propre à chaque être parlant, entre en résonance avec le « manque à être » commun qui, comme facteur de création et d'invention, assure la singularité de tout « être parlant ». Cependant, cette singularité ne tient que parce qu'elle repose sur le partage, par tous les êtres parlants, du primat du signifiant.

Toute conception peut être définie comme idéologie lorsque la raison qui la détermine et la soutient, tient à l'épurer et à la sauver de ce qui la trouble, à savoir la signifiance qui induit l'équivocité et le malentendu comme marques de l'échappement du signifié. C'est ce qui confère au discours analytique sa spécificité et sa fécondité, dans le sens où il est le seul à « traiter des énoncés faux et irréfutables » (LACAN). Toute fiction, assise sur le signifiant, devient dès lors incomplète et inachevée en raison de ce qui l'excède, lui échappe et témoigne de l'inconscient en tant qu'il met en jeu une altérité qui menace le fétichisme xénopathique de nombreuses et diverses théories, dont l'humanisme qu'elles mettent en avant, lequel consiste très souvent à exclure le sujet. Aussi, combattre la xénophobie, l'antisémitisme et toute forme de ségrégation, sans s'appuyer fermement et résolument sur le sujet, revient-il à terme à renforcer les idéologies qui répandent ces dérives intellectuelles. Le sujet et toutes les conséquences qu'il commande font échec à toute « cause finale » ou ultime, dont la maîtrise pourrait laisser croire que le colmatage de la faille, responsable de l'échappement, serait enfin dominé.

La subjectivité se structure et s'organise sur fond de subversion de l'Homme, de sorte qu'il devienne sujet dans le sens où l'altérité qu'il gagne, le décentre définitivement de ce qui semble constituer son être, dont le moi reste nostalgique (cette nostalgie participe à l'identification du moi au phallus imaginaire) : elle lui soustrait sa substance « naturelle » ou son essence en le dotant d'une négation : le sujet, qui l'enrichit en l'inscrivant et en l'insérant une fois pour toute au sein de l'ordre symbolique, auquel s'opposent pourtant farouchement (même si c'est vain) de nombreuses forces sociales, dont le regroupement en masse peut à un moment donné appeler à la mise à mort de tous ceux et de toutes celles qui rappellent cette altérité implacable et inaltérable, propre à la structure du sujet.

Déposséder les êtres parlants de leur « défaut ontologique », indéfectiblement lié à la subjectivité, représente le mode de pervertissement privilégié des idéologies, qui s'acharnent à faire triompher l'aliénation sociale au détriment du sujet et de l'Autre. Le pire se réalise toujours au nom du « mâle » qui ne veut rien savoir de la féminité en tant qu'elle procède de la castration symbolique, c'est-à-dire de la dépendance irréversible de l'ordre symbolique. Ainsi, ces temps derniers, l'extrême-droite française a réussi un coup de force spectaculaire : elle a trouvé son « bon » « sale youpin » pour mettre définitivement aux oubliettes l'affaire DREYFUS. Elle l'érige en laquais et/ou en larbin, à la mesure de son immense servilité, pour qu'il masque et voile son antisémitisme congénital d'une part, et l'identifie comme l'incarnation de la « civilisation » et de la « modernité » d'autre part, notamment en travestissant celles-ci afin de les ravaler au rang de causes, qui nient et contreviennent à l'inconscient, au profit de la seule raison prédicative, univoque et grosse de barbarie et d'obscénités obscurantistes.

La folie de la prédicativité, nourrie par la quête ontologique de type paranoïaque de tout un chacun, cimente l'aliénation sociale représentée par tous les discours qui, à l'image de celui du maître, induisent des limitations et des dérives intellectuelles, dans lesquelles l'inhibition, faisant écho à une censure polymorphe, tient une place importante. Ainsi, même le rêve cesse d'être considéré comme une formation de l'inconscient, c'est-à-dire la manifestation d'une altérité, pourtant indubitable.

L'Histoire nous a pourtant appris que les actes les plus pervers, destinés à obturer le défaut radical d'ontologie et à faire échec à la négation, propre au « non-rapport », finissent un jour ou l'autre par confirmer cette faille essentielle pour le sujet, que la « débilité » s'efforce d'exclure, alors qu'elle est fondatrice du progrès, défini dès lors comme ce qui en procède et la confirme en la développant. La perversion, partagée par tous ceux et toutes celles qui ne veulent rien savoir de la « béance causale », les soumet à la passion du pouvoir et de la toute-puissance qu'il octroie. Elle entretient, malgré tout ce qui a pu être mis au jour, des illusions autour desquelles s'organise et se solidifie un consensus, qui ne cesse de multiplier les figurations défigurant le réel, en vue d'imposer une réalité dite objective, qui n'en demeure pas moins une construction ou une fiction. N'en déplaise aux apôtres de la prédicativité, les « érudits », élevés au rang d'experts du déni de l'échappement, qui fonde le savoir et conditionne son développement, se heurtent in fine à un obstacle infranchissable, révélateur de l'impossibilité qu'ils refoulent : la béance qui donne naissance au sujet. Le déni de celle-ci se solde généralement par un acharnement forcé quant à son obturation et par un dévoiement de la structure subjective, générateur de pathologies diverses. Ces dernières révèlent en fait le bafouement de la béance à laquelle correspond l'imprédicativité.

Le consensus, réalisé autour du rejet de cette imprédicativité, est dicté par «la « norme mâle » (LACAN). Absolutisée, celle-ci incite à une « hommosexualité » qui ne saurait souffrir la négation qu'elle inclut, et qui renvoie à la féminité. Il ampute la jouissance phallique de la négation qui la constitue et la fonde, en référence à la subversion du corps par le signifiant. Le consensus, ainsi cristallisé, renforce toutes les conceptions qui dégradent et dévaluent la scientificité, désormais identifié à un moyen de lutter contre l'imprédicativité et le « mi-dire » de la vérité. Cependant, la congruence de celui-ci et de celle-là avec le désir et son hérésie, témoigne de l'évanescence du sujet et de ses « épiphanies ». L'avènement du sujet incite à la transgression de la « norme mâle » qui censure le désir et dévoie sa loi interne. Non écrite mais inscrite et incrustée définitivement dans le corps, cette dernière s'impose sous forme d'un défaut, celui du « rapport sexuel », qui met un terme à l'illusion de « faire un » par pervertissement de « l'a-mur » (LACAN). Ainsi le « défaut de rapport sexuel » va de pair avec le désir qui mobilise des objets pour finir par mettre en évidence « l'objet a » comme dernière instance. Ce dernier fait écho au « dire » ou au « qu'on dise (qui) reste oublié derrière ce qui se dit dans ce qui s'entend » (LACAN).

L'imprédicativité, constitue la substance implicite de toutes les prédicativités qui ne manquent pas de la concrétiser et de la mettre au jour, à travers des énoncés explicites lui conférant une consistance particulière. Elle procède de ce qu'aucun « signifiant ne peut se signifier lui-même ». Ainsi, en spécifiant et en caractérisant l'intension, l'imprédicativité s'avère indissociable de tous les énoncés produits par un sujet. Elle donne donc leur consistance aux fictions prédicatives, qui correspondent aux extensions, tout en les excédant toujours. C'est ainsi qu'elle favorise leur dépassement : si elle fait échec à leurs prétentions totalisantes ou totalitaires, elle ne conteste pas leur nécessité, de laquelle elle émerge, procède et advient enfin. Elles les métaphorisent donc, et sans elles, l'imprédicativité reste inaccessible.

Rompre, conformément au consensus, avec le principe de « l'une pas sans l'autre », qui est à la base de la littoralité, participe de et à la mise en péril du « pas tout ». La structure du sujet et son assise : le « troumatisme », support et porteur de la lettre en tant qu'elle inscrit définitivement le corps dans l'ordre symbolique, se voit compromise. Et l'aliénation qui met en place une altérité nécessaire à l'avènement du sujet, est refoulée, voire forclose par l'aliénation sociale, qui tend à amplifier la grégarité et l'organisation en masse, pour censurer tout ce qui peut rappeler la lettre et le signifiant, comme traces de la construction ou de la structuration du sujet. Le « motérialisme » (LACAN) et la matérialité du signifiant qui se concrétise dans la chaîne S1----S2, se traduit dans les rapports entre les extensions et l'intension, dont l'inaccessibilité immédiate conduit inévitablement à des médiations qui, tout en la concrétisant, tendent à la passer sous silence, à la refouler, voire à la forclore. Ces rapports sont combattus et battus en brèche par le savoir en tant qu'il est « marchandisé » selon les lois du marché, en vue d'obtenir une « valeur d'usage » supérieure, dont la fonction est de laisser accroire que les extensions -surtout si elles sont scientifiques et objectives- ont le pouvoir d'obturer la béance, que rappelle toujours l'intension en tant qu'elle est à la base de « la présentification du vide », productrice d'effets indiscutables. Ceux-ci matérialisent le vide en le métaphorisant, alors que lui opère sans cesse en restant infiniment implicite et tacite. C'est ainsi que sa continuité est assurée, et que la temporalité qui en procède, transcende la chronologie. Le processus de sa présentification soutient et entretient la signifiance comme antidote à la « norme mâle », autour de laquelle se cristallise le consensus qui rivalise de subterfuges et de supercheries idéologiques pour mieux bafouer et refuser le sujet, et partant l'inconscient. C'est ce qui caractérise la politique lorsqu'elle rejette catégoriquement l'ordre symbolique qui l'autorise pourtant, et lui donne sa consistance en tant qu'il subvertit tout ordre « naturel » : les besoins qui ressortissent à ce dernier, se voient surdéterminés par le désir, qui bouleverse les relations objectales oublieuses du sujet et de sa division. Une altérité libératrice de la « nature » s'impose avec la mise en évidence d'un ratage implacable, qui évoque et renvoie à une démarcation et une différenciation des besoins d'avec le désir et ses diverses manifestations et expressions. Elle concrétise l'inconscient et consacre la fin de toute quête ontologique en articulant le « manque à être » irréversible, à « l'objet a », qui « cause le désir » et préserve la « béance causale », partagée par tous les êtres parlants, et par chacun d'eux, chacun (e) l'exprimant à sa manière. Elle s'oppose radicalement au consensus qui a pour objectif de déposséder le sujet de son désir et de l'amputer de son « manque à être », compromettant ainsi gravement son existence. Les différentes pathologies, procédant de l'adaptation à ce consensus qui maltraite le sujet, s'aggravent de plus en plus avec le sens que leur donnent actuellement la psychiatrie et la psychologie. Alors que la structure du sujet rend impossible toute identification des besoins avec le désir, sa continuité et sa transcendance parviennent à faire voler en éclats, à certains moments, le consensus érigé sur la « norme mâle » et sa prédilection pour la prédicativité, élevée au rang de gage exclusif de l'ontologie, dès lors qu'elle se trouve déliée de l'imprédicativité. (Or, pas de moi sans sujet et pas de sujet sans moi).

Profaner ce consensus qui outrage le sujet et accroît le malaise social, revient à promouvoir un dissensus, une hérésie que le désir – « causé » par l'objet a, en tant qu'il subvertit l'ordre « naturel » et confirme le « non-rapport » qui induit une dialectique dont la spécificité repose-en opposition avec tout idéalisme- sur la préservation du vide qui n'opère que par le biais de son absence. L'hétérogénéité fait désormais partie intégrante de l'homogénéité : elle ne lui est plus étrangère même si elle s'en distingue. Elle motive cette dialectique si particulière qu'est la moebianité, que la parole soutient et met en circulation, rappelant ainsi ce principe : les choses ne sont pas en elles-mêmes porteuses de sens. Aucun sens ne leur est immanent. Elles s'imposent grâce à leur nomination qui leur permet de recevoir des significations différentes, et partant, d'être affectées de valeurs d'usage les rendant opérantes.

L'« infrastructure » signifiante a le mérite d'offrir des possibilités quant à la mise en continuité, fondée sur l'absence d'essence, de ce qui se donne comme différences et/ou oppositions. Leur subsomption par la fonction signifiante ne les dissout ni ne les élimine dans aucune synthèse totalisante et unificatrice. Elle les articule au contraire selon une dialectique qui les noue et les leste définitivement au vide, lequel préserve la signifiance en même temps que la littoralité qui protège les différences en tant qu'elles restent arrimées et déterminées par une identité partagée, celle qui procède de la perte définitive de toute essence immanente. Le vide opère en identifiant les oppositions qui sont toutes confrontées à l'impossibilité de le dépasser, quels que soient les artifices dont elles se parent, et quels que soient les savoirs auxquels elles recourent pour obturer définitivement le « trou » du « troumatisme », qui marque la structuration du sujet du sceau de la lettre. Désormais, le corps est placé sous la houlette de l'ordre symbolique, qui consacre le défaut irrémédiable de « rapport sexuel » en tant qu'il fait écho au désir. Cette loi de la subjectivité n'empêche pas les idéologies, férues et passionnées de prédicativité, de continuer à entretenir l'illusion qu'un jour, le savoir scientifique trouvera une solution miraculeuse, qui viendra enfin suturer le « défaut de rapport sexuel » sur lequel repose l'existence subjective.

Il n'y a d'inconscient que parce l'ordre symbolique implique une incomplétude irréductible, qui est récusée par l'aliénation sociale et toutes les idéologies ontologiques qu'elle porte au pinacle, qu'elles soient de droite et/ou de gauche. Toutes ne sont animées que par cette passion de la suturation de la béance, pour éviter d'avoir affaire à l'inconscient et toutes ses conséquences, ruineuses pour la prédicativité la plus aboutie à laquelle elles prétendent.

La politique-au sens de la gestion des rapports sociaux issus de l'exploitation capitaliste qu'il s'agit de perpétuer- a beau vouloir y échapper, elle reste tributaire de cet ordre symbolique dont elle procède et dont elle combat l'incomplétude en mettant sur pied des parades de type ontologique, dont la persistance et le renouvellement incessant provenant d'idéologies différentes, témoignent de ce qu'elles ne veulent rien savoir de ce qui les détermine et les engendre. Elle finit par mettre en échec ces projets ontologiques, et manifester au grand jour sa dépendance essentielle de l'ordre symbolique, au-delà de toutes les méconnaissances dont elle fait preuve.

Celles-ci conduisent à des impasses dans lesquelles elle se fourvoie, entraînant l'existence de quantité d'individus dans des aventures et des errements chroniques et mortifères qui, faute de « compactifier » la béance et d'intensifier l'imprédicativité, participent à la dégradation de l'intelligence et à celle des lectures intelligibles de situations cliniques, institutionnelles et sociales. Ainsi, « le dire » qui renvoie à ce qui échappe, et dont l'inaccessibilité conditionne son audibilité à partir de ce qui est énoncé, reste inaudible pour les tenants du consensus. Ils déjouent la parole et ses pouvoirs d'évocation concernant ce qu'ils savent, oublient et ce dont ils ne veulent rien savoir, qui reste pourtant à leur portée.

Le désir est indissociable des pulsions

L'hérésie du désir tient à la Loi qui le constitue et fait son assise pour subvertir les relations d'objets à partir du « défaut de rapport sexuel » instauré dès le « troumatisme » inhérent à l'incorporation du Père en tant qu'elle induit une logique spécifique, bafouée par les conceptions du monde qui ne cessent de ma méconnaître pour mieux exclure la structure du sujet. Le désir concrétise le « non-rapport » en assurant le ratage objectal : l'objet voulu, qui détermine et dirige la demande n'est pas disqualifié, mais il sert à mettre au jour sa « valeur d'usage ». Les liens de causalité, mécaniques et unilatéraux, qui semblent caractériser les relations d'objets sont perturbés au point d'ébranler la raison classique qui les autorise, notamment à travers le discours du maître. Cette dernière qui ne jure que par le bilatère et le sphérique, exclusifs de la fonction signifiante, induit des troubles dans la subjectivité qu'elle qualifie d'irrationnels et de déraisonnables, s'avouant dès lors incapable d'aider à leur élucidation. D'où le foisonnement des théories qui en procèdent et entravent leur intelligence. Aussi, se conformer et s'adapter à ces idéologies revient-il à abandonner son désir, et surtout, transgresser sa loi interne au point de risquer de s'abîmer dans une pathologie, de plus en plus aggravée par les prétendus progrès que ces dernières mettent en avant pour mieux refouler, voire forclore la structure subjective et la négation qui la mobilise.

Le désir préserve et s'allie à l'imprédicativité pour mettre un terme aux prétentions perverses d'idéologies dont la prédicativité s'impose de façon quasi absolue et totalitaire, à la grande satisfaction du moi, prêt à toutes les compromissions possibles, comme celle qui porte à son paroxysme la confusion entre besoins et désir, dont la loi intrinsèque garantit la pluralité des objets qui le métaphorisent, sans combler la béance qui le nourrit. Et ce, malgré les promesses séduisantes des idéologies fallacieuses, auxquelles la soumission de tout un chacun est facilitée et favorisée par les impératifs issus de son moi.

Quant aux pulsions, elles mettent au grand jour la loi du désir qui se manifeste par le ratage de la complétude ou de la jouissance phallique, et subvertit à jamais le « vitalisme » -attribué à la toute-puissance de la nature-, en mettant fin à toute identification du désir avec le besoin. Le manque qui l'anime et l'active sans arrêt, implique et induit l'échange en tant qu'il met en jeu l'érogénéité du corps. Le désir procède de ce manque et le confirme par la lettre qui « érogénéise » ce dernier, et le soutient de la béance qu'elle ne cesse de consolider afin que la pulsion, fondée sur le désir, aboutisse au ratage qui peut assurer alors le « plus de jouir » (LACAN). Aussi, évoquer le désir implique-t-il indubitablement le sujet, et partant la féminité qui lui donne sa consistance, en le soustrayant à toute conception unitaire ou unificatrice de l'Homme, afin qu'une identité sexuelle advienne et finisse par correspondre au sexe anatomique. (Pas de sexuation sans féminité, c'est-à-dire sans la castration symbolique qui renvoie au Père).

La féminité rend compte de l'inscription de la lettre et de son incorporation définitive et irréversible. Malgré ses diverses remises en question par les différentes pathologies-, elle consacre aussi bien l'avènement de la sexualité -sous la forme du « défaut de rapport sexuel- que la perte de toute essence ou substance originelle ainsi que la subversion de la nature en apportant à l'existence le désir et le « plus-de-jouir » (LACAN) qui « couronne » les pulsions en préservant la négation qui les fonde (équivocité du plus dans le « plus-de-jouir).

Parce que le désir met en évidence « l'objet a » qui définit et limite la jouissance phallique, il met en valeur par là même l'omniprésence et la continuité de la pulsion de mort. Consubstantielle à toute pulsion de vie, dans le sens où elle l'oriente vers ce « plus-de-jouir », elle la libère en fait de tout impératif de complétude qui tend à bafouer l'ordre symbolique. Dans toute pulsion de vie gît la pulsion de mort qui l'anime en lui rappelant le ratage qui lui donne sa consistance, laquelle procède de l'incomplétude du symbolique et du caractère radicalement indépassable du « manque à être » : l'oblativité mise en jeu dans l'objectalité pour complémenter et compléter, est ratée au profit de la confirmation du « manque à être » et de la castration symbolique. En d'autres termes, la pulsion de mort, métaphorisée par l'imprédicativité excède toute pulsion de vie : l'interdépendance qui les lie et les articule, engendre nécessairement des constructions prédicatives, propices à leur évidement grâce à la mise en évidence des objets qui métaphorisent ce qui « cause le désir ». Ainsi, tout objet convoité et « désiré », en vue de réaliser la jouissance phallique, cesse d'entretenir l'identification et la confusion entre plaisir, satisfaction et suture de la béance, qui soutient et préserve le sujet. Le ratage, qui renvoie au « manque à être » (dénominateur commun de tous les « êtres parlants »), est inclus dans la convoitise(imaginaire) que la pulsion organise sur la base d'une incomplétude essentielle, indispensable et inhérente au désir. Il « s'extrait » de la jouissance phallique en mettant un terme aux illusions de recouvrement de la complétude imaginaire par violation de l'interdit de l'inceste, c'est-à-dire de la fonction signifiante. Le ratage impose quoi qu'il en soit une impossibilité structurale : il rappelle ce lien si particulier entre l'objet et le sujet, que LACAN dénomme « rapport d'exclusion interne », à partir duquel se profile à mon sens, la littoralité. Le ratage, congruent du désir, perturbe et bouleverse la prédicativité lorsque sa propension hégémonique tend à « étouffer » l'imprédicativité qui la fonde, et sans laquelle elle n'aurait aucune consistance. (Cf. la clinique des psychoses quant aux rapports prédicativités/imprédicativité). Le rejet du désir, ne se-rait-ce que par son identification confuse avec le besoin, procède de certaines formes de prédicativité, qui, face à la mise au jour de leur aporie intrinsèque, ag-gravent l'inhibition intellectuelle et censurent davantage encore les formations de l'inconscient. La raison sphérique qui fait la prédicativité et le consensus qui l'es-sentialise, risque de s'abîmer dans un fanatisme groupal n'ayant de cesse de ba-fouer le primat de l'incomplétude, inhérent à l'ordre symbolique. Ainsi, le consen-sus qui s'appuie sur l'addition de savoirs qui ne veulent rien savoir de la négation et de ses effets, monopolise la sphéricité, privilégiée par la prédicativité, et vire au totalitarisme exclusif de toute autre raison ou rationalité, favorable à l'expression d'un dissensus ou d'une hétérodoxie, faisant valoir le primat du signifiant. Ainsi, le « troumatisme » peut être réactualisé et ravivé, notamment à travers les diverses formations de l'inconscient qui deviennent les supports et les soutiens de la mise en évidence de l'imprédicativité, en tant qu'elle subvertit toute quête ou conquête ontologique à partir de la nouvelle rationalité qu'elle libère.

Mais briser le consensus en s'appuyant sur le discours analytique exige une éthique à toute épreuve, qui consiste à cesser d'idéaliser la psychanalyse en l'inté-grant par exemple à un tableau thérapeutique hiérarchisé, qui instaure une con-currence et une compétition abjectes autour du projet implicite d'exclusion du sujet, notamment en suturant ce défaut qui le définit et le fonde. Ainsi, tout en prenant fait et cause pour la psychanalyse, certains analystes rejoignent le con-sensus et contribuent à outrager la signifiance, à violer la lettre et aggraver le ma-laise en tenant aux impératifs ontologiques, instillés par des idéologies dites dé-mocratiques. La victoire, voire le triomphe écrasant sur le « non-rapport » et « l'a-mur », deviennent les objectifs majeurs du progrès qui fait consensus.

Tout dissensus ne mène pas à l'imprédictivité

Si des intérêts divers sont accordés au dissensus, cela ne signifie aucunement qu'ils ouvrent voie à une autre raison et à une autre logique, fondées et nourries par le vide, inhérent au « troumatisme ». Autrement dit, le souci de l'imprédicativité n'est jamais structuralement inclus dans une manifestation « dissensuelle ». Cela me semble perceptible dans maintes théories philosophiques, comme celle de Jacques RANCIERE, par exemple. Il a certes rompu, à mon sens, avec la dialec-tique synthétique et totalisante de HEGEL qui contaminait aussi bien celle du marxisme, « idéologisé » par des institutions politiques et leurs « apparatchiks », qu'ils soient intellectuels ou non. La dimension essentielle que met en œuvre l'im-prédicativité, à partir de conceptions inévitablement prédicatives, concerne es-sentiellement celle qui se réfère au vide et son potentiel opératoire. Malgré les effets manifestes qu'il engendre et qui portent sa marque implicite, son intégra-tion reste problématique en raison de ce principe qu'il met en œuvre et qui lui permet de n'être présent que grâce à son absence. La fonction signifiante met en jeu, en creusant un écart irréductible avec le signifié qu'il est censé désigner, la fonction signifiante le met concrètement en jeu. Ainsi, il peut être nommé : Alexandre GROTHENDIECK me semble-t-il l'appelle dans « La clef des songes ou Dialogue avec le Bon Dieu », « le Bon Dieu » : comme « signifiant du manque dans l'Autre » (LACAN), il matérialise l'éternité du vide (condensation de la continuité et de la transcendance). Il est loin d'être irréel tant ses évocations et ses invocations s'avèrent capables d'engendrer des effets plus ou moins heureux, selon qu'elles respectent ou refusent son impossible accessibilité.

L'échappement essentiel que la présentification de l'absence met en évidence, caractérise la fonction signifiante dont la lettre se charge de transmette l'irréparable, né de « l'érogénéisation » du corps qui consacre la sexualité humaine en tant qu'elle est définitivement placée sous le sceau du « non-rapport ». La perte qu'elle comporte, qu'elle inclut et subsume, produit en fait un gain : « le plus de jouir », inhérent au « manque à être » qu'il consacre définitivement. La conjonction entre le « manque à être » et le « plus de jouir » constitue un pivot essentiel de la subjectivité : le « non-rapport » articule ceux-ci et anime la littoralité, laquelle, grâce à la mise en œuvre de la lettre, met en valeur le « mi-dit » de la vérité en tant qu'elle fait échec au tout (« pas tout » = négation), et à tout subterfuge imaginaire pouvant devenir un facteur de totalitarisme. Elle pare efficacement à la débilité et à l'indigence théorique qui s'accommodent fort bien de la « camelote idéologique ontologique », laquelle, soucieuse de fétichiser davantage le virilisme et la toute-puissance imaginaire, ne veut rien savoir de la dépendance irréductible du signifiant.

La féminité qui résulte de cette structuration du sujet, assure l'évanescence de ce dernier et participe à la protection du moi contre l'aggravation de la paranoïa et de la débilité qui accompagnent l'aliénation sociale en tant qu'elle est « nourrie » de toutes les illusions ontologiques que les idéologies diverses proposent en vue de se « libérer » du désir et de la Loi qu'il concrétise, et à laquelle il donne corps. Cette dernière mobilise et anime une logique inédite.

La négation, paradigmatique du sujet, est constamment à l'œuvre grâce au moi qui n'a de cesse de transgresser les limites qu'elle impose et de pousser à des dérives paranoïaques. Les formations de l'inconscient sont omniprésentes : elles contrecarrent et font valoir quoi qu'il en soit, et quelles que soient les circonstances, l'altérité intrinsèque, propre à la structure du sujet, dont aucun être parlant ne peut se départir. Pourtant, « faire la sourde oreille » aux expressions des formations de l'inconscient qui évoquent le sujet, est « monnaie courante » de la part de ceux que la subjectivité dérange en raison de l'imprédicativité qu'elle induit, et qui fait échec aux divers projets ontologiques que des idéologies, apparemment antagoniques, ne cessent d'imposer en recourant, si besoin à des savoirs dits scientifiques. Ces savoirs sont utilisés par des idéologies dont les discours visent à rendre fondamentalement et définitivement incompatible la raison bilatère avec son fondement unilatère.

Établi sur la lettre, l'unilatère reste inclus dans toutes les conceptions. Même celles qui ne veulent rien en savoir, ni l'entendre en le « couvrant » par une adaptation forcenée à un ordre social, libéré des contraintes et limites de l'ordre symbolique et de la castration qui le caractérise, ne peuvent entraver les manifestations subjectives. Même sous la forme de symptômes plus ou moins ambigus, elles présentifient le sujet comme négation du moi.

L'unilatère ouvre la voie à la littoralité qu'il induit grâce à la dialectique qu'il instaure avec le bilatère. En favorisant et en soutenant une dialectique moebienne, il promeut un nouage opéré par le vide, dont les effets sont manifestes et probants en tant qu'ils ne cessent de produire des rencontres (bons heurts) avec « le manque à être » et l'objet a qui lui fait écho et lui correspond. Toute fiction, comme extension, est indubitablement spéculative, et par là même hypothétique. Elle ne doit en aucun cas être réduite définitivement à une production destinée à taire et à « étouffer » l'intension, consubstantielle au « troumatisme ». Cette part ou cette dimension spéculative, qui ressortit à l'imaginaire, n'est donc pas péjorative a priori. Elle ne peut l'être qu'à partir du moment où elle s'inscrit et s'insère délibérément et résolument dans un discours idéologique visant à démentir le symbolique qui la détermine et met en jeu par là même le réel. C'est à mon avis, par cette seule voie qui met en œuvre le nouage des trois dimensions, que la vérité, attachée indéfectiblement à la lettre qui la confirme comme « mi-dite », peut gagner son droit de cité.

Si LACAN tient à ce qu'il ne faille « pas céder sur son désir », c'est à mon avis pour que les manifestations et les expressions désirantes, aussi transgressives soient-elles, restent au service de la mise en évidence de l'impossibilité de s'affranchir de la loi de la prohibition de l'inceste, qui constitue le désir et lui donne sa consistance. Grâce à la négation que l'interdit comporte et porte, le désir permet de « paradoxer » (Littré) la « norme mâle », pathognomonique du « discours du maître » en tant qu'il insiste à méconnaître ce qu'il inclut nécessairement, en accusant certains aspects imaginaires pour tenter de nier la féminité, corrélative de la signifiance, et matérialisée par la plurivocité et l'équivocité à l'œuvre dans tout énoncé. Cette norme, consolidée et amplifiée par les idéologies, exclusives du refoulement primordial, met tout en œuvre pour que la lettre soit forclose de tout discours qu'elle détermine quoi qu'il en soit, dès lors qu'elle s'oppose radicalement à ce qu'« un signifiant puisse se signifier lui-même ». Elle introduit ainsi à une impossibilité qui favorise l'émergence de l'asphérique, non sans prendre en compte l'articulation toutes les dimensions que met en valeur et en exergue cette dialectique spécifique, qui intègre la faille ou le défaut en tant qu'il métaphorise le « non-rapport ».

Cette structure, ainsi élaborée, détermine en fait la politique qui est l'effet de la dépendance de tous les êtres parlants de l'ordre symbolique et de son inexorable incomplétude, quels que soient les savoirs qu'on peut lui opposer, et qui en procèdent immanquablement. L'incomplétude qui résulte de l'aliénation signifiante ou symbolique, implique le réel comme la dimension qui détermine l'échappement, face auquel l'imaginaire tente des parades explicites, dont la vanité confirme le nouage borroméen en tant qu'il est assuré par le vide, implicitement omniprésent grâce à ses effets et conséquences.

Redonner et confirmer sa place à l'ordre symbolique, en ayant foi dans la parole, revient à réactiver la négation que le bilatère tend à « étouffer », alors qu'elle y est incluse, et à ce titre, garantit le nouage borroméen des dimensions mises en jeu dans et par tout discours. La différenciation et la distinction de celles-ci qui confèrent à chacune sa spécificité (localement), n'exclut pas leur identité qui procède de l'incomplétude du symbolique et du « troumatisme ». Cette incomplétude finit par faire échec à la domination écrasante de la raison bilatère ou sphérique, qui est à l'œuvre dans les fictions tendant à écarter la négation présentifiant l'inconscient. Elle réactive et réanime une rationalité qui instaure une conflictualité apaisante, dès lors que la « norme mâle » perd son hégémonie et ses illusions de complétude phallique. Elle induit aussi bien des effets socio-politiques en libérant la politique des batailles redondantes et mortifères qui mettent aux prises les adeptes, apparemment opposés, mais tous passionnés de paranoïa, et au service de la vanité hégémonique du moi. Or, il ne saurait y avoir de moi sans sujet, et inversement. Aussi, est-ce l'un et l'autre qui représentent l'inconscient. Rappeler ce principe fondamental de la raison de l'inconscient, participe du sauvetage du moi des inhibitions intellectuelles qu'il s'inflige, d'autant plus que les idéologies à la solde de l'aliénation sociale s'avèrent de plus en plus toxiques, mettant en avant le prétexte fallacieux qu'elles détiennent les moyens de libérer de l'Autre, c'est de l'altérité inhérente à l'inconscient, et nécessaire à l'« ex-sistence », placée sous l'égide du désir et de sa loi.

Ce savoir de base, inhérent à l'advenue du sujet, permet à tout un chacun de participer à la politique et à la démocratie, qui ne saurait être confisquée par les détenteurs et dépositaires de savoirs qui n'ont de cesse de refouler, voire de forclore la structure subjective, liée à la condition indéfectible d'être parlant, et de toutes les conséquences qu'elle commande. Contre cette dernière, l'alliance de la débilité et de la paranoïa, au service du moi et du rejet du sujet, marque tous les discours qui ne veulent rien savoir du primat du signifiant, et encore moins de la lettre en tant qu'elle procède de l'inscription dans le corps du « troumatisme » inhérent à l'ordre symbolique. Ainsi, la signifiance rompt définitivement avec toute théorie de la reproduction et du reflet de « l'extérieur », identifié à l'objectivité. Paul KLEE n'hésite pas à dire à ce propos que « l'art ne reproduit pas le visible, il rend visible ».

La logique de l'inconscient est « déraisonnable » : elle met en danger la « raison raisonnante » dont le caractère bilatère lui confère une nécessite certaine, mais non hégémonique.

Promouvoir et renforcer la « déraison », celle qui procède de l'ordre symbolique et de la structure subjective, pour déconstruire les constructions et les fictions inspirées par la raison classique qui ne jure que par le bilatère, ne signifie nullement anéantir la nécessité qui la caractérise. C'est à partir de ce qu'elle engendre et suscite comme conceptions, que le travail d'évidement (déconstructif) peut avoir lieu, en vue de mettre en évidence le vide constitutif qui traduit le ratage contenu dans ses effets, et qui vient concrétiser la faille inhérente à la fonction signifiante et à l'incomplétude du symbolique, matrice de la féminité indispensable à la sexuation. Ainsi, à partir de prémisses théoriques issues de la prise en compte des dimensions propres à la subjectivité, la remise en question établie sur le primat de la lettre que met en jeu le signifiant, devient possible. Cette remise en question, suscitée par des symptômes individuels, peut avoir des effets subversifs sur la raison bilatère que des idéologies, aussi opposées soient-elles, adoptent aussi pour « museler » le sujet. En dépit de catastrophes sociales et collectives qui ne sont d'aucunes façons reconnues comme formations de l'inconscient, les lectures et les élucidations admises par la logique sphérique, ne peuvent pas faire appel à la même méthode que celle qui met en évidence la logique contenue et implicitement à l'œuvre dans les pathologies individuelles.

Comment se libérer du radotage idéologique qui consolide l'inhibition intellectuelle imposée par la seule raison bilatère dominant les idéologies, même si elles semblent foncièrement opposées entre elles, voire antagoniques ? Ce n'est pas par manque de savoir et par ignorance que ce radotage a lieu. Il est dominant même dans les sociétés évoluées, voire civilisées et présentées comme les paradigmes idéaux des « Lumières », qu'il faut imiter à défaut d'incorporer leurs idéologies dominantes pour s'identifier à elles et les « singer » de façon hystérique. L'hystérie pousse aux comportements simiesques, sans crainte du ridicule. Elle alimente à foison les discours des « diseurs et diseuses de bonnes aventures », ainsi que les « coaches » et autres thérapeutes de tout acabit. L'enfermement dans le « discours du maître », soutenu par celui de l' « Université » qui entretient le discours hystérique , incite à multiplier les arguments, dont l'apparente nouveauté dissimule mal des redondances aussi stériles les unes que les autres, tant la conception du savoir qu'elles véhiculent et qui l'identifient à un dogme scientifique, reste prégnante et dominante. A cela s'ajoute ce jugement qui consiste à croire que ce dogme est incompréhensible par le commun des mortels. Victime de son aliénation à l'idéologie dominante, il ne dispose pas des moyens intellectuels lui permettant de prendre conscience de son état et de sa situation. Mais l'essence révolutionnaire, recelée par de telles victimes, dotées naturellement d'un potentiel appelé à se réaliser un jour, en fonction de certaines conditions historiques, finira par se réaliser selon un sens préétabli de l'Histoire. Viendra inévitablement le jour où cette prise de conscience adviendra, et la jouissance phallique cessera de relever de l'impossible ! Cette piètre conception du « matérialisme historique » qui constitue la vulgate marxiste, continue d'exercer sa « magie » et de dégrader des mouvements de révolte qui tombent sous son emprise, sous prétexte que le savoir qui la sous-tend est, malgré sa stérilité et le désespoir qui s'ensuit, de nature scientifique et hors de portée de la majorité de ceux et celles qui souffrent et se plaignent des méfaits de l'exploitation capitaliste. Comment associer la logique que MARX a élaborée pour lire de manière féconde les rapports sociaux de production capitaliste, et partant tâcher de contribuer à la levée de la méconnaissance du « troumatisme » ? Comment s'affranchir de la récusation, voire de la forclusion de ce dernier, et abandonner par là-même l'asservissement à la « norme-mâle », qui engendre non seulement des traumatismes et des dégâts subjectifs majeurs, mais aussi des catastrophes collectives ? Comment étayer les questions et problématiques de quêtes identitaires en rappelant le « défaut radical de rapport sexuel » qui fait écho à la béance ontologique, dont le rejet et l'exclusion bafouent et dégradent violemment le sujet qui n'a plus que l'angoisse à présenter, lorsque le « manque à être », qui le soutient et lui permet d'« ex-sister », est mis gravement en danger ? Ainsi, toutes les idéologies prônant la suture de ce défaut, représentent des facteurs d'aggravation de l'aliénation sociale, qui peut mettre en péril le sujet et la loi qui le soutient, celle du désir en tant qu'il procède de l'interdit de l'inceste, lequel confirme et consacre la faille ou le manque irréductible correspondant aussi bien à la « béance causale » qu'au « défaut de rapport sexuel ».

Quel(s) entendeur (s), porteurs de discours fondamentalement différents, sont-ils prêts à élucider ces différents aspects d'une problématique chronique ? Quelles lectures nouvelles et/ou inédites pourront en rendre compte ? De quelles façons seront-ils lus lorsque l'on sait les involutions insidieuses de théories considérées initialement comme prometteuses ? Quelle place y occupe le discours analytique ? Quelle place y prendra-t-il et à quelles conditions ?

Si ces questions peuvent être plus ou moins bien formulées, c'est grâce au discours analytique qu'il s'agit de préserver en ne cessant pas de se référer au sujet. Il implique une trame narrative qui s'affranchit de la « norme mâle » sans pour autant chercher à l'anéantir. Elle lui est nécessaire pour qu'il la déconstruise dès qu'elle le gagne, et risque de compromettre son éthique en tant qu'elle est protectrice du vide et de ses conséquences, même si les idéologies dominantes dévaluent celui-ci en l'identifiant au néant ou à l'irréel, mais jamais à un défaut actif et opérant, issu de la dépendance de tous et de chacun de l'ordre symbolique, duquel émerge la négation qui bouleverse et fait basculer la « norme mâle ». Cette « norme mâle », paradigmatique du « discours du maître », fait prévaloir l'aliénation sociale en la clivant de celle qui procède de la soumission à l'ordre symbolique. Elle induit une haine du sujet qui se double de celle qui est vouée à l'Autre en tant qu'il fait échec à toute conception identitaire à caractère ontologique. Ainsi, elle accroît d'autant plus ses effets xénopathiques néfastes qu'elle refoule l'hétérogénéité incluse nécessairement -primat du signifiant oblige- dans les discours qu'elle détermine. De ce fait, elle participe grandement à l'effondrement de la moebianité inhérente au signifiant, lequel permet la mise en évidence et l'articulation de différences locales, particulières et spécifiques d'une réalité, avec l'identité globale transcendant toutes les réalités.

Mettre à l'épreuve son moi pour lui faire connaitre et reconnaître le sujet, grâce à l'élucidation de son désir, implique et commande des effets certains sur la manière de concevoir sa citoyenneté et son intégration dans des rapports sociaux, générés par l'exploitation capitaliste.

26/04/22

Jeanne Lafont,

LA CHAINE A 6 ET LA CLINIQUE SOCIALE

Thélémythe est une pratique sociale.

Historiquement, certainement dans l'esprit du créateur, Serge Beaugrand, il y a l'illusion de pouvoir contrôler les analystes. Vous le percevez dans un rapport à la vérité historique. Mais l'institution Thélémythe n'en est plus là, elle est « instituée », c'est la réussite de Norbert Ligny… elle a reçu l'agrémentation…et elle a changé de directeur. On est dans le temps suivant. Thèlème, c'est « fait ce qu'il te plait », l'idée de Rabelais, mais voyer l'inconscient, je ne crois pas qu'il savait que le critère important de l'abbaye de Thèlème, c'était la mixité. Rabelais à rêver d'un couvent mixte !

Thélémythe n'a pas de théorie assurée,

c'est une institution traversée par des courants différents, des théories différentes, des analytiques ou autres… le pari est de les faire travailler ensemble comme un lieu où ces conflits, sont à l'image de la société, et offrent une certaine scène pour les déchirures, divisions, délires, conflits des adolescents… c'est une des raisons pour lesquelles cette institution est spécifique aux adolescents, ou jeunes hommes et femmes dans le passage entre l'enfance, protégée (ou pas) par la famille, (réunie autour d'une unité familiale) et l'age adulte : avec une théorie sous jacente : devenir adulte c'est prendre pied dans un monde conflictuel, non monolithique… dans une réalité traversée de milles contradictions. Y trouver sa place, voire sa révolte, dans une forme policée d'affrontements !

Le tandem entre parrain thérapeutique et parrain administratif, travaille dans cette tension. Attention j'ai dit administratif, pas éducatif.

C'est du coté de l'importance dans nos vies de l'administratif, les papiers d'identité, les déclarations de revenus, l'inscription à la sécurité sociale et aux mutuelles, les assurances, le permis de conduire, dossiers médicaux… On n'est pas chômeur aujourd'hui quand on n'a pas de travail, on est chômeur quand on s'est inscrit à l'agence pour l'emploi et il y a des agences particulières pour les jeunes… la mission locale pour l'emploi… les politiques ne se rendent même pas compte qu'à faire des agences spéciales « à destination des jeunes », ca les exclut un peu plus … c'est sans espoir et pour ceux qui sont des lacanophiles, je renvoie à la fin sur « Ubu » du texte « Kant avec Sade »

Le problème c'est l'universel de ces règles administratives, elles sont pensées comme universelles à la Kant, alors qu'elles ne sont qu'actuelles (à la Freud) : Lacan sur le sujet est plus violent dans sa critique que personne ne l'a encore été, marxiste compris ! …. Le sadisme de l'administration. Dans cette optique, Thélémythe est un vrai lieu de subversion, dans son idée de permettre l'affrontement des théories, de se vivre comme un lieu de conflits où les réunions sont créées pour se disputer dans un souci de politesse (au mieux), sans refus de la version sadique de tout contrôle, et en laissant à chacun le choix de sa posture ; de son point de vue.

Certainement la topologie est un plus théorique, c'est à dire l'idée que la parole provoque un certain nombre de places (au minimum 4, cf. le schéma L) mais dans le schéma R, il y a 6, et si on passe au plan projectif, version surface de BOY, il y en a une infinité) ; ces places sont « un discours sans parole » : elles méritent une élaboration à part entière, au delà du signifiant… mais pas sans rapport. J'avais fait une intervention sur la supervision, comme un lieu d'affrontement des discours … pas de contrôle des transferts. Je tiens que dans la cure, l'humain qui soutient le transfert de son désir, est le seul à savoir de quoi il retourne, et quand il en parle pour s'aider à un moment ou à un autre, il ne dit « pas tout » … donc il faut toujours lui faire confiance dans un premier temps, toujours reconnaître le point de vue spécifique à sa place, qu'il ne connaitra véritablement que dans l'après coup de ce qu'il aura dit.

Il est certain que si l'on ne prend pas en compte dans la modernité de cet aspect administratif de nos vies, à part entière, on rate un des pôles de la prise en charge que propose Thélémythe. Le parrain administratif est plus « un tuteur de papier » que « éducatif ». Ce serait presque l'idée de Thélémythe : de l'éducatif ; on en fait pas… les enfants sont à l'hôtel, ils se débrouillent pour être propres, pour manger…. Pour occuper leur journée… le parrain administratif ne les attrape, que quand leur « inscription sociale » est en jeu : ils sont renvoyés de l'hôtel, les voisins se sont plaints…. Ils sont vraiment sales…

Au niveau théorique, je dirai même que la discussion sans fin entre homme et femme, de l'œdipe et de la coque familiale, devient dans la prise en charge de Thélémythe une discussion entre le subjectif d'une vie psychique privée, et sa part d'inscription sociale… Évidement plus ou moins sublimatoire, inhibitrice ou au contraire moteur d'un engagement citoyen…Notez alors, pour les psychanalystes que cette discussion renvoie aussi la question du sexe dans le privé, privé d'une cure, ou du moins d'une conversation sur le sexuel (comme toute cure) mais qui ne devient pas pour autant l'enjeu de la discussion avec le parrain thérapeutique. (ce qui n'est pas tout à fait le cas si l'on se réfère à de l'éducatif. Et c'est un des atouts de Thélémythe de refaire un lieu privé autour du sexe, à rebours de l'impudeur de nos sociétés

Grace à la manière dont Thélémythe pose la question de la prise en charge des jeunes, se recrée pour eux, de notre point de vue bien sur, **un lieu où le sexe redevient « privé ». Car ce n'est pas demandé dans les papiers de contrôle !**

Pour ouvrir à mon deuxième point :

Ça vient de la séance du Séance de 13 décembre 1977, selon Hervé Coster dans « Les cahiers du lycée logique n°3, p 17 à 26, avril 1988. **à partir de la chaine à 6.**

Lacan propose de faire un nœud borroméen, avec trois couples de deux :

- Inhibition / pulsion ;
- Principe de plaisir / savoir inconscient ;
- Fantasme / réel.

Hervé Coster proposait une autre présentation, qui ouvre une des consistances du couple à l'infini d'un cercle, dont le nouage (sur lui-même) est repoussé à l'infini… mais dont le noeud central reste :

Il y a donc un triskel avec les trois éléments suivants : pulsion, savoir inconscient, Réél, qui définirait trois espaces la Lavie, la Lalangue, l'âme à tiers, dont le bord se pense en relation avec le nouage central, avec des effets de littoralité !

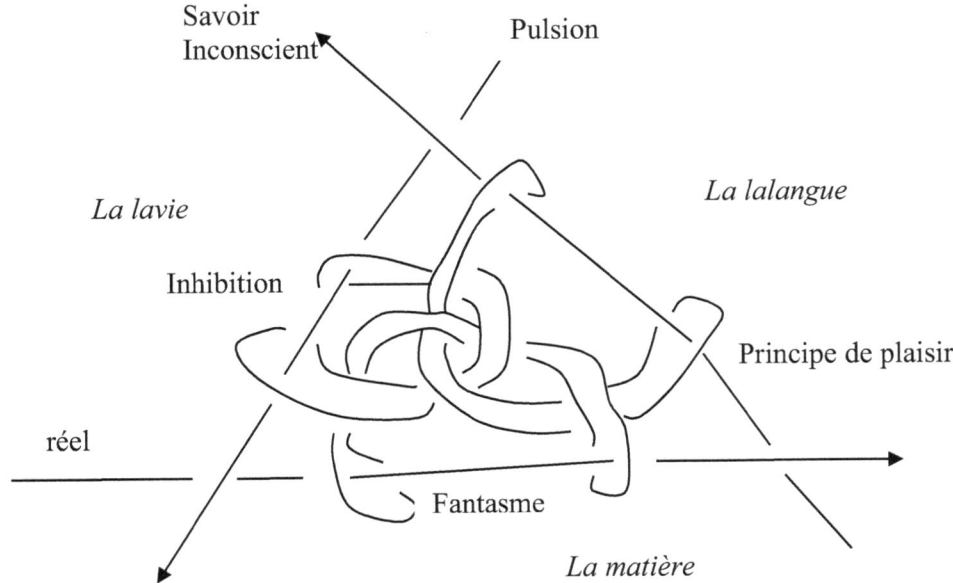

L'intérêt majeur pour moi de ce schéma ! qui organise les réflexions cliniques précédentes, réside surtout dans la ligne « réel ». Au fond ce que dit ce schéma concerne l'administration, les papiers et « aujourd'hui le pass » (pourquoi donc l'écrit-on en anglais ?) Il s'agit de reconnaitre comme réel, peut-être conséquence du réel plutôt, la prise en « écrit », « papier réel » de nos identités ! La construction subjective en découle, elle ne la provoque pas !

Ainsi, peut-être, peut-on penser la discussion aujourd'hui sur les psychiatres qui font des feuilles de sécu, à partir de ce réel de la feuille de remboursement, comme pensée et assumée par la posture fantasmatique de chacun !

janvier 2022

Sandrine Aumercier

CRITIQUE DU SUJET ET CRITIQUE DE L'ÉCONOMIE POLITIQUE : REMARQUES DE MÉTHODE

A la recherche d'un concept politique de la psychanalyse

Pourquoi est-il si difficile de parler en psychanalyse d'économie politique ? J'apporterai quelques considérations de méthode là-dessus. Freud ne s'est jamais posé la question de savoir si la psychanalyse devait éviter de parler de société, de civilisation ou de phénomènes collectifs : pour lui, cette chose allait de soi et constitue une part très importante de son œuvre. Il est même sidérant à quel point il n'a jamais cessé de remettre cette question sur le tapis. Son problème était plutôt de savoir si les concepts issus de la cure individuelle étaient appropriés à cette théorisation. Il n'était pas satisfait des analogies qu'il a dû produire, ni de certaines élucubrations transculturelles. Il faut relever chez lui une aporie autour de l'autonomisation du développement culturel qu'il est obligé de renvoyer ultimement à un phénomène organique. Il reste par là tributaire d'une vision historiciste, impérialiste et lamarckienne de son temps. Pour cette raison, les termes de Freud ne sont plus les nôtres, même s'il pose les jalons d'une théorisation psychanalytique des processus de culture.

Si Lacan rompt avec l'héritage des Lumières, sa théorisation du collectif ne s'implique pas non plus de manière approfondie dans la critique de l'économie politique. L'écho fantastique de quelques références de Lacan à Marx ne sauve pas l'affaire. Lacan n'a, soit dit en passant, jamais développé ses intuitions et elles semblent aujourd'hui exemptées d'une relecture de Marx par ceux qui les répercutent, comme si le nom de Lacan était une garantie. Cela donne le thème flou de « l'équivalent général », de « l'homologie entre plus-value et plus-de-jouir », du « discours du capitaliste », de « l'invention du symptôme par Marx », ou d'un Marx qui s'est fait le parangon de la lutte des classes (comme s'il n'y avait pas aussi un autre Marx à découvrir). Tout ceci ne constitue dans l'œuvre de Lacan qu'une poignée d'allusions, reposant sur une lecture sommaire de Marx. Cela n'invalide pas l'apport de Lacan dans le champ de la psychanalyse, mais cela ne saurait constituer la base d'un discours psychanalytique articulé sur les catégories marxiennes.

Les conséquences de ceci se font sentir jusqu'à aujourd'hui dans les positions politiques des psychanalystes. On y trouve une dénonciation des « élites » à partir d'une identification au bon « peuple » ; une conception du néolibéralisme comme fomenté par une idéologie et une politique qui auraient, semble-t-il, la puissance de façonner le monde ; l'anathème tous azimuts contre le « discours capitaliste » dont personne ne sait d'où il sort ; l'appel à rénover les valeurs de l'humanisme ravagées par les politiques néolibérales ; la dénonciation d'une décadence de la « fonction paternelle » ou de la « jouissance sans limites », etc. Ces positions constituent à mon sens de la psychologie ou de la morale, mais pas de la psychanalyse[1]. Elles sont toujours assorties de l'idée que la psychanalyse a un rôle positif à jouer et une expertise au-dessus de la moyenne *face* à la civilisation mortifère (comme si elle n'en était pas elle-même un élément et un effet). On trouve aussi des personnes de la vie publique affublées par un psychanalyste de renom d'un profil psychopathologique[2] ; des phénomènes collectifs analysés avec des concepts issus de l'analyse individuelle sans s'expliquer sur la médiation entre les deux ou à partir d'une homologie considérée comme évidente[3] ; une typologie psychanalytique du « sujet contemporain » qui devient vite un mauvais sociologisme ; ou carrément un diagnostic de civilisation qui peine à articuler les niveaux d'analyse, comme si on pouvait sauter à pieds joints de l'individuel dans l'universel. Freud s'est cassé la tête sur ce dernier point parce qu'il s'efforçait de construire une médiation théorique (par exemple avec la notion d'un « surmoi culturel »[4]) ; mais il s'est quelquefois fourvoyé dans ce qu'il faut bien appeler un mauvais culturalisme.

La grande question des freudo-marxistes fut justement celle de la médiation, en quoi ils avaient bien perçu le nœud du problème. Mais ayant souvent raccourci Freud pour les besoins de la critique sociale, et par ailleurs repris sans critique des

---

[1] La psychanalyse comme science « imprédicative » développée par René Lew ne définit pas, tel que je la comprends, le rayon d'une pratique qui serait hors du commun des objets. Nous ne faisons donc en permanence rien d'autre que de la psychologie et il n'y a aucun purisme à défendre sur ce point. Sans ce consentement au plus commun des errements, que Lacan appelle la nécessité d'être dupe (dans *Les non-dupes errent*), on verse dans un logicisme sans rapport avec l'expérience. La critique de la psychologie est ici une critique du *psychologisme*. Le psychanalyste doit se rappeler qu'il vise un au-delà de la psychologie, mais certainement pas non plus au sens de se mouvoir dans le pur éther de la « signifiance ». C'est ainsi en tout cas que je comprends l'intention de R. Lew.

[2] Dernier exemple en date : Jacques-Alain Miller, « Jean-Luc Mélenchon sur le divan », *Le Point*, 8 juin 2022.

[3] Fût-ce l'homologie d'un schématisme, *qui prend les traits isomorphes dans leur état final*, c'est-à-dire dans l'état où ils sont trouvés, sans s'expliquer sur la constitution génétique de cette forme commune, laquelle constitue pourtant le véritable défi théorique, sous peine de verser dans l'imaginarisation de ressemblances.

[4] Je remercie René Lew pour sa mise en garde concernant la notion inappropriée de « surmoi collectif ».

poncifs du marxisme traditionnel – telle la croyance de Marcuse dans une libération permise par le développement des forces productives – ils ont eux aussi fini par faire du « freudisme appliqué » ou du « marxisme appliqué ». Additionner un présupposé freudien acritique avec un présupposé marxien acritique nourrit soit un pessimisme culturel, soit un optimisme révolutionnaire sans tranchant – finalement le contraire d'une théorie critique radicale, qui était pourtant l'ambition de cette génération d'auteurs. Certaines questions sont donc entièrement à reprendre. Pourquoi une telle proposition aujourd'hui passe-t-elle si souvent pour déterrer de vieux dossiers, alors que les mêmes problèmes sont toujours aussi peu résolus et aussi urgents ?

Enfin dans les expressions « politique de l'inconscient », « politique de la psychanalyse » ou « politique du signifiant », le génitif objectif insinue l'idée de « la politique qu'on fait » (*interne*, c'est-à-dire comment on organise la transmission de l'expérience analytique ; *externe*, c'est-à-dire comment on défend son affaire dans le champ social ; ou *logique*, c'est-à-dire en ramenant la politique à des discours qui seraient des émanations de choix signifiants) et le génitif subjectif implique une politique qui serait en quelque sorte induite par l'inconscient lui-même, par la psychanalyse, par le signifiant, etc.[1] Lacan s'est contenté de dire pour sa part que « l'inconscient, c'est la politique ». Il donnait là une définition *de l'inconscient et non de la politique*. Il introduit dans cette séance du 10 mai 1967 une dialectique de l'« être-refusé » où le névrosé essaie de faire surgir, en s'offrant, la demande de l'Autre – pour s'y refuser, par *désir d'être rejeté*. Le psychanalyste s'égale à cette structure en tant qu'avec une offre, il crée de la demande – et se refuse à la satisfaire, non par désir d'être rejeté, mais pour que l'analyse ait lieu. L'aphorisme de Lacan a une portée restreinte : il s'agit de positions subjectives articulées dans la névrose et la position de l'analyste. Mais il y a aussi dans la même séance une allusion à la guerre du Vietnam : « Il s'agit de convaincre certaines gens qu'ils ont bien tort de ne pas vouloir être admis aux bienfaits du capitalisme ! »[2]. S'il mentionne l'intégration forcée dans le capitalisme, ce séminaire est toutefois plus que confus sur une possible articulation avec le capitalisme. À son habitude, Lacan annonce un développement… qui ne viendra jamais. Sachons lui donner une suite dans les termes qui sont les nôtres aujourd'hui.

D'où vient le capitalisme ?

Or il n'y a pas de chose plus répandue que de dénoncer le capitalisme. Cette dénonciation couvre même l'ensemble du spectre politique, chacun y allant de son

---

[1] Je remercie encore René Lew pour sa remarque sur le génitif objectif et le génitif subjectif qui m'a aidée à préciser ce point.

[2] Jacques Lacan, *La logique du fantasme*, séance du 10 mai 1967, inédit.

« diagnostic de crise ». *De quoi parle-t-on lorsqu'on accuse le capitalisme ?* Sort-il, comme on le présente souvent, d'un désir de domination porté par une certaine classe sociale ? Sort-il de déterminations idéologiques repérables dans tel et tel discours de ses porteurs de fonction ? Est-il l'expression d'une nature humaine calculatrice et insatiable ? La psychanalyse est habituée à de telles questions dans son propre champ, avec la question du désir, du corps, du fantasme, du souvenir-écran, etc. Jamais toutefois ces repérages ne donnent la clé « du » sujet de l'inconscient, qui doit plutôt *produire son objet* dans une parole singulière permise par un dispositif artificiel de transfert. La critique sociale est, de son côté, toujours en reste de produire son sujet et ne fait donc que le supposer grossièrement.

La question de l'origine, historique ou biographique, se brise sur l'impossibilité d'y répondre – puisque le sujet est absent du commencement – mais elle *contraint* aussi à fabriquer des théories (que Freud appelle des théories sexuelles infantiles). Subordonner ces théories à la vérifiabilité par les preuves ou par le calcul entérine le paradigme scientifique. Mais inversement, la critique de ce paradigme ne fait pas de l'invérifiable une vertu, ce pourquoi Lacan dit qu'il y a du savoir dans le réel. Qu'il y a du savoir : cela est vérifiable. La pensée postmoderne s'est arrêtée à mi-chemin et ne cesse, hypnotisée, de nous entretenir du trou de l'origine. Elle ne veut pas faire la deuxième partie du chemin, qui est *le risque d'une théorie*. L'hypnotisation par l'absence de preuve (que Lacan appelle « mystagogie du non-savoir ») rend ce trognon de théorie inattaquable.

La question de l'origine se pose donc, qu'on le veuille ou non. D'où je sors ? Du ventre de ma mère, de son désir ou d'une histoire collective ? Ces aspects sont indissociables, *bien qu'à des étages logiques distincts*. Il n'est pas possible d'« isoler » – comme sous une lentille de microscope – le désir maternel du reste de l'histoire familiale et collective. Il est intéressant pour la psychanalyse de noter que la constitution d'une sphère publique (masculine) et d'une sphère privée (féminine) est très récente historiquement[1]. Il peut être pareillement intéressant d'apprendre qu'il ne serait pas venu à l'idée de ceux-là même qui ont, à la Révolution française, mis en place ce régime de représentation, de l'appeler « démocratie »[2]. Et d'où sort donc l'argent, puisqu'il ne pousse pas dans les champs et que son rôle dans l'économie capitaliste n'a rien à voir avec, par exemple, son rôle au Moyen-Âge[3] ? D'où sort la marchandise enfin ? Quant apparaît historiquement le travail abstrait (c'est-à-dire rien moins que ce que chacun de nous

---

[1] Voir notamment Heidemarie Bennent, *Galanterie und Verachtung*, Francfort, Campus, 1985.

[2] Voir Francis Dupuis-Déri, *Démocratie : histoire politique d'un mot aux États-Unis et en France*, Paris, Lux, 2013.

[3] Voir notamment Jacques Le Goff, *Le Moyen Âge et l'argent*, Perrin, Paris, 2010.

fait plus ou moins toute la semaine) ? On remarque tout de suite que la psychanalyse ne dispose pas *sui generis* de tels concepts. Elle ne dispose que d'un concept (critique) du sujet, qui doit être mis en relation avec les autres catégories de la modernité. Il n'est pas possible de déduire de son expérience seule une conception affûtée de l'économie politique ; elle ne peut donc pas aborder ce champ en « terrain conquis ». Transposer les concepts de la psychanalyse dans le champ social aboutit aux impasses mentionnées plus haut. Parallèlement, transposer une conception acritique du sujet dans les luttes sociales produit son lot d'impasses correspondantes.

Comment se fait-il donc que la psychanalyse puise depuis ses débuts dans un spectre aussi large de références théoriques (art, littérature, psychiatrie, mathématiques, linguistique, logique, anthropologie, etc.) mais ne se plonge justement *pas* dans l'étude sérieuse de ce qui constitue la dynamique matérielle de la civilisation dans laquelle elle est apparue ? Comment se peut-il que ni Freud ni Lacan ni leurs successeurs ne se soient impliqués dans la critique de l'économie politique alors que le mode de production capitaliste détermine tendanciellement la totalité de l'existence planétaire, et qu'il provoque un faisceau de crises de plus en plus patentes, ainsi qu'un mécontentement social croissant (et ce, jusque dans les séances d'analyse)[1] ? N'y a-t-il rien de plus à en dire que de ressasser 90 ans après le *Malaise dans la civilisation* ou telle formule – finalement anecdotique – de Lacan sur le discours du capitaliste ? Peut-on continuer à ignorer cette problématique *grosse comme l'éléphant dans la pièce* ?

De fait, les emprunts à la littérature, à la linguistique ou à la logique affinent les concepts de la psychanalyse, mais n'en menacent pas les fondements ; ils *l'enrichissent et en affermissent le discours*. La critique de l'économie politique, au contraire, touche aux fondements historiques non seulement de la pratique et de la théorie analytique, mais du sujet de l'inconscient en tant qu'identique à ce que Lacan nomme « le sujet de la science ». Pourquoi donc est-elle à ce point négligée, si ce n'est parce qu'elle sape les assises d'une psychanalyse trop imbue de sa position par ailleurs socialement dérisoire ? La théorie analytique doit maintenant prendre acte du fait qu'il n'y a pas de *sujet de la science* sans un *sujet de la marchandise* (et donc du fétichisme de la marchandise) : le rapport entre accumulation moderne de savoirs partiels, production de marchandise, règne de l'abstraction et valorisation de la valeur est un rapport de nécessité interne. La fuite en avant technoscientifique et la financiarisation ne sont pas seulement des idéologies maniées par des gens peu scrupuleux. Elles sont des modes de compensation de la dévalorisation de la valeur, induite par la diminution de la quantité globale

---

[1] On objectera ici un grand nombre de contributions « politiques » des psychanalystes qui, comme je l'évoquais au début, à mon sens ne témoignent pas d'un traitement sérieux des catégories de l'économie politique.

de travail productif depuis les années 70, qui fait que le système n'arrive plus à financer ses propres coûts et doit recourir à des expédients dont les ficelles sont toujours plus grosses. Pas davantage que d'indépendance des instances politiques il n'y donc indépendance des idéologies de crise ni des productions scientifiques sur fond d'approfondissement de la « contradiction en procès » (Karl Marx). Ceci ne saurait être sans rapport au sujet qui nous occupe, le sujet de l'inconscient.

De la théorie sexuelle infantile à la théorie tout court

La psychanalyse n'a pas d'objets prédéterminés. Par définition, la sexualité in-fantile y est considérée comme ouverte à tous les objets et comme le point nodal de toute théorie. C'est l'objet produit dans la parole qui requiert et justifie l'ana-lyse – et non la psychanalyse comme théorie constituée qui irait chercher tel ou tel objet. La psychanalyse se laisse donc questionner – ou non – par la variété des objets (ou des « extensions » selon le terme de René Lew) qui apparaissent dans son champ. Tout le monde se fait une théorie sexuelle, c'est-à-dire « une théorie de quelque chose » – de quelque chose qui le préoccupe. La cure analytique, en ce sens, rouvre un dossier classé, repose une question apparemment traitée. L'asso-ciation libre n'est pas une célébration de l'irrationnel. Il y a une visée précise qui est la levée du refoulement, soit la production de nouvelles connections. Les ana-lysants font très bien la différence entre *tourner autour du pot* et dérouler un fil associatif, qui comporte sa propre rigueur mesurée à des effets de surprise. Pas toute parole n'est effective : on peut « parler pour ne rien dire ». Une parole qui, comme on dit, « en vient aux faits » vaut un acte qui « s'égale à la structure qui le détermine »[1].

La subversion analytique est donc de méthode, pas de contenu. Au lieu de se demander si la psychanalyse remplit les critères de la recherche scientifique – ce qu'elle ne fait pas – on est parfaitement fondé à inverser la requête et demander si les théories scientifiques remplissent, elles, les critères de la psychanalyse : une recherche va-t-elle poursuivre sa question jusqu'au bout ? Va-t-elle trier devant l'apparition de nouveaux « faits » ? La science se focalise sur les faits qu'elle dé-crète pertinents et justement écarte ceux qui font du « bruit », qui débordent le cadre. Je me rappelle d'un chercheur en biotechnologies que j'interrogeais sur les implications éthiques de ses objectifs de recherche et qui me dit sans ciller : « Ce n'est pas mon affaire, il y a des comités éthiques pour ça. » Une question qui se laisse de la sorte extérieurement compartimenter en « domaines » étanches ne

---

[1] Voir Jacques Lacan, « La méprise du sujet supposé savoir », dans *Autres écrits*, Paris, Seuil, 1967, p. 338 : « Or c'est bien dans la pratique d'abord que le psychanalyste a à s'égaler à la structure qui le détermine non pas dans sa forme mentale, hélas ! c'est bien là l'impasse, mais dans sa position de sujet en tant qu'inscrite dans le réel : une telle inscription est pro-prement ce qui définit l'acte. »

risque pas de se confronter à sa propre contradiction. Or il faut bien cette exigence de dépassement des frontières disciplinaires pour que la question la plus singulière devienne une question universelle, c'est-à-dire, en termes freudiens, pour qu'elle constitue un apport culturel.

Freud a souvent décrit son attrait irrésistible pour les énigmes de ce monde (baptisé « passion de l'ignorance » par Lacan). Lorsqu'elle suit les critères de la science, la question est reçue comme un objet soumis à des protocoles « falsifiables » (Karl Popper). Mais si elle est reçue psychanalytiquement, alors, une fois posée, ce n'est pas « moi » qui la traite comme un objet posé en dehors, mais c'est elle qui suit son cours en m'imposant ses relances ; et au cours de son déploiement, elle entraîne nécessairement l'éclatement de son noyau initial. La rigueur de cette méthode-là ne peut que tenir à la prise en compte des obstacles survenus à la faveur de moments inassimilables par les présupposés de départ. Une telle démarche théorique n'est donc pas étrangère au cheminement d'une psychanalyse. La théorie freudienne de l'inconscient est en ce sens consubstantielle à l'analyse par Freud de ses propres rêves. C'est cela qui fait qu'elle est par endroits infiniment plus avancée que l'homme Freud, qui était plutôt conservateur. La « question Freud » a emporté Freud beaucoup plus loin que lui-même : c'est là sa part d'universalité.

Les *habitus* universitaires imposent une méthode fragmentée, instrumentale et orientée, là où la méthode analytique se refuse à « faire le tri », car aucune question latérale, aucune idée incidente, aucune contradiction ou autocritique ne devraient être écartées (même s'il n'y a rien au bout, c'est-à-dire même si le détour n'est pas « rentable » en termes de gain de savoir). Elle ne cède pas sur la rigueur interne de la chose examinée. C'est ce qu'Adorno appelle le « primat de l'objet »[1]. Ce n'est pas un primat objectif, avec un objet posé en face de moi ; c'est un objet toujours déjà là, qui précède le sujet, mais qui cependant ne peut être que recréé – et non pas retrouvé. En tant que tel, il est donc pulsionnel aussi ; il est impossible de produire cet objet en l'absence de *nécessité*. La production théorique est de ce fait à la fois production d'un objet (supposé déjà là) et transformation du sujet (lui aussi supposé) qui accueille cette question dans le mouvement pulsionnel de le recréer. Le mouvement d'une psychanalyse est, en ce sens, un mouvement théorique. Cette forme de la théorie – qui est une forme *critique*, parce qu'elle dément par avance tout objet et tout sujet préconstitué – découle de la dichotomie sujet-objet moderne.

Parfois, une personne demande en analyse : « Et est-ce que je dois vous parler de mon enfance maintenant ? » « Est-ce que je dois vous raconter mes rêves ? » Il y a ce cliché que les rêves ou les souvenirs d'enfance seraient en soi des objets

---

[1] Theodor W. Adorno, *Dialectique négative*, Paris, Payot, 1992.

délivrant la clé de l'inconscient. Or la psychanalyse *traite tous les faits, et donc aussi les faits politiques, comme s'ils étaient des rêves,* c'est à dire qu'elle les traite *à la fois comme une formation de l'inconscient, comme une énigme qui impose sa question, et comme une chose dont il faut faire la théorie.* Les rêves ne sont que la manifestation idéal-typique des formations de l'inconscient.

Si la question *vient de l'objet,* si elle s'impose (comme un symptôme nous harcèle, comme un rêve nous turlupine), alors il n'est plus possible d'*appliquer* un corpus de concepts psychanalytique à un quelconque objet extérieur, par exemple « la politique » comme champ séparé. Le grand Autre est énigmatique et veut quelque chose, mais, au sens propre, il ne pose pas de question. La psychanalyse théorise, avec le mythe d'Œdipe, l'avancement d'une recherche qui ne recule pas devant la mise en cause de ses présupposés de départ. La Sphinx pose en revanche une question parfaitement « pipeau », digne d'un examen de recrutement. La vraie énigme de l'histoire est le tracas de l'objet dans le sujet. C'est pourquoi l'inconscient n'est pas *extérieur* à la politique et pourquoi la psychanalyse ne peut que se laisser imposer la question politique, qui lui vient de sa propre inscription sociale et de sa théorie du sujet de l'inconscient. Mais elle ne peut s'y engager dans l'ignorance des déterminations catégorielles de l'économie politique, qui la façonnent de l'intérieur, et qu'elle n'est pas en mesure d'expliciter à partir de ses seuls moyens. De même que les philosophes qui se piquent de parler de l'inconscient sans l'articuler à l'expérience des processus psychiques risquent de transformer l'inconscient en métaphysique, de même parler du capital sans articuler ce concept à l'ensemble des catégories du procès de production réel risque de le transformer lui aussi en concept métaphysique. Si nous déplorons que tant de philosophes soient passés à côté de l'inconscient, ne cultivons pas la même méconnaissance par rapport à la logique du capitalisme.

La question une fois posée touche alors forcément à toutes les questions ; c'est là sa différence essentielle avec les problèmes de la recherche publique appliqués à la résolution d'un point de détail et à ses applications techniques et commerciales. Cette méthode que pratique la psychanalyse fait éclater le cloisonnement des disciplines (qui n'est lui-même rien d'autre qu'un symptôme de la division moderne du travail) et elle aborde par des voies négatives l'opposition formelle sujet-objet dont procède le mode de production capitaliste. Il s'ensuit qu'il n'y pas de « question politique » au sens d'un « thème à traiter parmi d'autres », il y a *les catégories de l'économie politique,* qui exigent un traitement théorique à la hauteur des détermination formelles du capitalisme, dont le sujet de l'inconscient est un effet. Cela impose à la psychanalyse de repenser les conditions historiques de son apparition et de son exercice d'une manière qui ne saurait se satisfaire d'un opportunisme pour assurer sa place au soleil, car il y va de sa pertinence et de son épistémologie.

L'*homo politicus* suit le cirque des élections, la guerre en Ukraine, la crise énergétique, la crise sanitaire, la crise climatique, la crise migratoire ou la crise économique, d'une manière aussi évitante que ses propres symptômes névrotiques – *pour n'en rien savoir*. C'est par réflexe qu'il se juge « de gauche », s'identifie à une classe, un discours, une cause. Mais le fonctionnement réel de la politique n'est pas donné par ces identifications qui, au contraire, le masquent. Pourquoi donc les déterminations du capitalisme seraient-elles moins intéressantes pour la psychanalyse que, par exemple, les célèbres « formules de la sexuation » ? Au sens freudien, les unes ne sont pas moins sexuelles que les autres. Il ne s'agit pas de prôner un subjectivisme au sens d'examiner seulement « mon rapport personnel aux phénomènes politiques » (par exemple les états d'âme de l'électeur). *Il s'agit d'accueillir psychanalytiquement la question de l'économie politique, pour la tirer du refoulement où la maintient l'accommodement ordinaire avec le pire – ce qui implique d'entrer dans ses articulations théoriques.* Égarée par ses tentatives foirées de « psychanalyse appliquée à la politique », la psychanalyse n'a pas encore réussi à remonter le fil de sa constitution commune avec la critique de l'économie politique – bien qu'elle passe son temps à le pressentir, par exemple en répétant à qui mieux-mieux que « l'inconscient, c'est la politique » – et qui a à voir avec la formation du sujet moderne.

Le préjugé individualiste

Un obstacle théorique énorme se dresse à cet endroit, c'est la croyance spontanée dans le fait que la société est constituée de la somme des comportements individuels et qu'on pourrait donc modifier la société de proche en proche, en partant du sujet. Cette croyance est celle propagée aussi bien par la psychologie comportementale que la théorie économique néoclassique, qui enjoint pour tous les problèmes de leur donner un prix et d'agir ainsi sur la demande des consommateurs. Cet individualisme méthodologique obstrue la confrontation entre psychanalyse et critique de l'économie politique, bien que la psychanalyse dispose intrinsèquement des moyens conceptuels de l'éviter. L'individu n'est pas davantage un point de départ théorique adéquat que le capitalisme pris seulement comme totalité abstraite ; aucun de ces points de départ ne va boucler l'aporie du double fondement réel institué par la dichotomie sujet-objet : cette double limite est donc aussi à théoriser.

Ce qui se passe dans la cure *ne permet pas* d'analyser correctement le mouvement objectif de l'argent et de la valeur. Ce mouvement ne peut pas être abordé par la seule porte d'entrée de son traitement subjectif. Ce dernier peut fonder une position *éthique* mais il ne fonde pas une compréhension d'ensemble ni une transformation sociale. La « propagation littorale » ou la « dérive littorale » (René Lew) de la parole se heurte brutalement au bord invisible de la forme sociale. La question doit donc *surmonter sa propre limite et se libérer de son préjugé de méthode* (le préjugé individualiste) pour entrer dans l'étude de ce qui lui barre le chemin tout en étant en son propre cœur. Si c'est la question qui impose sa méthode, alors une telle question ne peut que se dessaisir de sa propension à vouloir traiter tous les problèmes à partir d'un seul corpus de concepts et d'une seule technique. Pour cela, le niveau d'exigence théorique doit être maximal de chaque côté – du côté de la psychanalyse comme du côté de la critique sociale. Dans les faits, il semble le plus souvent être maintenu au *minimum* – on pourrait même parler ici de « minimum syndical » dans la mesure où s'y joue une formation de compromis qui maintient le confort respectif de champs d'interventions bien séparés, respectant la division du travail prescrite par le capitalisme et ses pseudos-radicalités.

Comment donc éviter de reproduire une fois de plus cette division du travail sans céder à la tentation de séparer soigneusement les « facteurs subjectifs » et les « facteurs objectifs » ? La psychanalyse aurait son domaine d'intervention et la critique sociale aurait le sien et les vaches seraient bien gardées. Dans ce schéma, tout rapprochement d'un côté avec l'autre est perçu respectivement comme *idéologie*. Pourtant, il crève les yeux que l'idéologie consiste ici à vouloir « sauver » un côté du risque de sa confrontation avec l'autre. Cela revient à une pure et simple apologie de l'ignorance.

L'examen par la psychanalyse des catégories du capitalisme lui fait ainsi perdre quelque chose, notamment l'illusion de disposer d'une théorie qui se suffise à elle-même. La crise est au capitalisme ce que la clinique est à la psychanalyse : la rencontre forcée avec les processus qui imposent leur question et une élaboration afférente. Si la crise d'hystérie a nécessité que fussent élaborés les concepts permettant de l'analyser, la crise de la valeur exige sa propre théorie. Notons surtout que l'une n'est pas sans rapport historique avec l'autre, puisque les femmes sont aussi tombées malades de leur claustration domestique et de leur assignation aux activités de reproduction (comme Freud le remarque de nombreuses fois) – dans un espace social dissocié de la logique masculine de la valeur.

Le psychanalyste est un sujet de la marchandise comme un autre, déterminé comme les autres par la mise en concurrence universelle des intérêts privé et la limite interne absolue de la « contradiction en procès ». La psychanalyse est mise au pas de cette lame de fond civilisationnelle *comme tout le reste, ni plus ni moins.* C'est donc de *cela* dont il lui faut rendre compte en l'absence de toute idéalisation de sa place dans la culture. Le discours analytique ne saurait devenir un discours affirmatif conférant à la psychanalyse une place éminente, y compris pour proposer un « diagnostic » spécial ou une théorie sur tout. La psychanalyse conduite jusqu'à ses ultimes conséquences, comme la théorie critique, approche et supporte, par l'examen de ses conditions immanentes, *le point de sa propre suppression*. Elle n'a rien à défendre sous peine de ne rien obtenir de mieux que son intégration dans cette dynamique destructrice.

La dichotomie sujet-objet – problématisée par la psychanalyse – implique de reconduire les deux termes à une même constitution, des termes qui sont maintenus artificiellement séparés par la voie des concepts. Faute de pouvoir tenir ensemble les moments séparés de ce processus commun de constitution historique (car la dichotomie n'est pas seulement cognitive mais *réelle et opérante*), l'élaboration théorique est *contrainte* de remonter plusieurs fois jusqu'au noyau logique de cette constitution sans jamais parvenir cependant à le transcender de cette manière (seul l'avènement d'une nouvelle forme sociale y parviendrait). La théorie est ainsi, de tous les côtés, empêtrée dans ses propres limites de méthode ; la psychanalyse n'y fait pas exception. Mais il ne lui est pas impossible de remonter, par une approche négative, en direction de la constitution formelle dont elle procède elle-même.

La reconnaissance de ce fait peut prémunir la théorie d'une rechute dans les apories de l'holisme et de l'individualisme qui menacent sans arrêt la psychanalyse d'un côté et la critique sociale de l'autre. En ce sens, la psychanalyse est invitée, au bout du chemin, à se dessaisir de son préjugé méthodologique – individualiste – et d'une certaine manière, à se supprimer elle-même (entendu : *une suppression logique*). Elle est aussi peu le fondement d'une révolution que la lutte des classes ne l'était dans son genre. Une psychanalyse qui se défend, qui cherche à se conserver et à se faire reconnaître est contraire à son propre concept. Elle n'est pas un bien culturel à inscrire au patrimoine de l'UNESCO (ceci n'est pas une plaisanterie, la proposition a déjà été faite). Elle est une pratique fondée sur la « destitution du sujet supposé savoir » – pour parler à la suite de Lacan – qui est une *destitution subjective*, et cette figure logique de la fin d'analyse ne concerne pas que la cure individuelle mais aussi la psychanalyse comme produit historique. La psychanalyse doit tenir rigoureusement sa spécificité jusqu'à son propre point de destitution.

La question traverse les frontières

Si c'est la question qui « fait sa loi », alors la rigueur de Freud dans le développement de sa question – qui le conduit si souvent au-delà de lui-même – sera aussi la nôtre. Cette rigueur implique de suivre inflexiblement la trace des *faits* (*Tatsachen*) propres à déployer la question jusqu'au bout. Elles prennent à l'occasion la forme d'une objection, mais se signalent aussi par un affect désagréable : nous perdons pieds. Freud n'aurait jamais inventé la psychanalyse s'il n'avait transcendé les frontières académiques et conceptuelles existantes. La méthode analytique se confond avec le parcours d'une question qui nous oblige à rejoindre le râle de la modernité et qui finalement bute sur sa propre limite méthodologique. *Plus la psychanalyse est rigoureuse avec sa propre méthode, plus elle approche le point de sa propre suppression comme discipline imaginairement auto-consistante.*

Cet effort de rigueur signifie que la psychanalyse ne peut aborder l'économie politique qu'en s'astreignant au même effort d'antipsychologisme qu'elle poursuit dans son propre champ[1]. La segmentation individualisante et identitaire des savoirs participe de ce psychologisme où chacun s'identifie à sa discipline et en défend bec et ongles la priorité sur les autres. Mais une position antipsychologique entraîne d'autres conséquences. Sous la domination impersonnelle du capital, on ne peut plus comprendre la structure moderne du pouvoir à partir de l'aspiration personnelle au pouvoir des dirigeants, tout comme on ne prend jamais les motivations extérieures d'un analysant au pied de la lettre. Le capitalisme dans sa structure ne s'explique pas non plus par la quête du profit ou l'exploitation de certains par d'autres, ni par l'appropriation de survaleur ; ce qu'il faut expliquer, c'est pourquoi la création de valeur et l'accumulation d'argent est une obligation absolue de ce mode de production – et ce qui se passe quand ça ne marche plus. De même, la critique du capitalisme financier est aussi peu pertinente pour la compréhension du capitalisme que d'aborder un symptôme clinique à partir de la dénonciation de ses excès, sans remonter à la structure. La critique de l'hédonisme n'a pas non plus d'intérêt théorique si elle n'est rapportée à la constitution de l'*homo economicus*, qui est toujours d'abord un travailleur avant d'être un consommateur. Enfin, on ne peut pas expliquer le néolibéralisme à partir de l'idéologie managériale ; le « discours néolibéral » ne tient pas seul sur ses pattes. Lacan articule le fantasme à partir de la coupure entre le sujet divisé et le « prélèvement corporel » (de l'objet *a*) : l'idéologie, pareillement, ne peut être abstraite du terreau des rapports de production matériels fondés sur une séparation structurelle du producteur avec le produit de son propre travail – la *marchandise*, qui prend alors une existence indépendante. La psychanalyse est habituée à ne traiter les « idées » ou les « signifiants » que dans leurs rapports étroits avec le corps de la pulsion (qui n'est pas le corps naturalisé de la science mais celui dont Lacan dit dans la même séance du 10 mai 1967, déjà citée : « l'Autre, c'est le corps »). Pourquoi devrait-il en aller autrement lorsqu'on traite de l'idéologie ? Nous n'accusons jamais un patient de ses abus, mais nous nous efforçons de faire apparaître la structure. Il n'en va pas autrement lorsqu'on est confronté aux abus des personnalités publiques. Il est un fait que ces personnalités

---

[1] Les contributions de David Pavón Cuéllar sont précieuses sur ce point. Voir son blog : https://davidpavoncuellar.wordpress.com/ Voir aussi la conférence de Fernando Tapia Castillo du 30 avril 2022 à l'université Montpellier III : « Le voile fétichiste de notre civilisation. Marx avec Lacan. Analyse critique de la critique lacanienne fondée sur la plus-value »

portent la responsabilité des positions qu'elles choisissent d'occuper et s'exposent de la sorte à la critique ; mais cette critique ne saurait les *identifier* à la structure qu'elles reproduisent, comme si elles en étaient la cause – pas davantage que la psychanalyse n'identifie le moi au sujet de l'inconscient. Il est *impossible* à un homme politique d'être autre chose que le ventriloque du système de rapports matériels qui lui a permis d'être élu ; n'attendons donc pas davantage de lui, et ce, d'autant plus si, en bon lacanien, on a en permanence la bouche pleine de « l'inexistence de l'Autre ». Inversement, on ne peut pas non plus critiquer l'efficace des « discours » comme s'ils n'avaient pas un ancrage bien matériel, donc chacun participe à son corps défendant dans le système des rapports sociaux.

Il n'est d'aucun intérêt de psychologiser les rapports de production à partir des places occupées par les « masques de caractère » au sein de la totalité fonctionnelle. Ce n'est pas parce que nous sommes environnés d'idéologies légitimatrices que celles-ci expliquent le fonctionnement du capitalisme ; elles expliquent tout au plus comment chacun se raconte et justifie sa place dans une situation objective, mais *elles n'expliquent pas cette situation*. De même que Freud a renoncé à expliquer la névrose à partir de sa première théorie du trauma, de même le capitalisme ne s'explique pas à partir de l'exploitation de certains par d'autres à l'intérieur du rapport capitaliste. De même que le conflit psychique inconscient ne peut être confondu avec les conflits actuels (par exemple la dernière dispute conjugale), de même le capitalisme ne peut pas être interprété à partir des antagonismes visibles (par exemple la dernière vague de grèves), qui ne sont que la forme empirique d'un rapport formel qui enveloppe tous les sujets de la marchandise et qui, *lui*, doit être explicité. « L'intérêt de classe » du prolétariat n'est que l'un des multiples antagonismes concurrentiels immanents à la forme-marchandise, préformé par elle, qui ne peut donc se réclamer de sa position pour transcender le capitalisme[1] ; c'est bien pourquoi il a réussi, au mieux, à y parachever son intégration au prix du déplacement de la même contradiction vers les périphéries du capitalisme mondial. Pour finir, dénoncer le capitalisme du point de vue de ses manquements à satisfaire nos besoins fondamentaux est également insuffisant – tout comme il ne suffit pas de dénoncer la mauvaise mère pour en être quitte de son propre symptôme. Dans le mode de production capitaliste, aucune marchandise n'est fabriquée dans le but d'améliorer nos vies mais dans le but de nourrir un processus de valorisation qui dépasse les intentions de chaque acteur individuel. Les valeurs d'usage ne sont, dit Robert Kurz, que des « déchets à l'intérieur du processus de valorisation du capital »[2]. (On retrouve ici, par un autre abord, la fonction du déchet mise en avant par Lacan…) La psychanalyse

---

[1] Voir Robert Kurz, Ernst Lohoff, *Le fétiche de la lutte des classes*, Albi, Crise & Critique, 2021 [1989].

[2] Robert Kurz, « "Unnützer" Gebrauchswert », *Neues Deutschland*, 28/05/2004.

doit donc s'appliquer à élucider les lois de la forme-marchandise dont elle n'est pas moins tributaire que les autres. Faute de quoi elle se résume à une mauvaise idéalisation philosophique qui prétend s'excepter du cours des choses.

Parler d'économie politique d'une manière psychanalytique exige donc une mise en question radicale des identifications spontanées à l'un des pôles du spectre « politique » (par exemple cette idée répandue selon laquelle, puisque la psychanalyse ne peut pas être pratiquée dans un régime despotique, alors elle doit nécessairement défendre la démocratie libérale), mais plus encore à la forme politique moderne en tant que telle. Ces identifications ne font que décliner l'éventail des rationalisations que la forme sociale capitaliste – aussi bien dans ses versions fascistes et néofascistes, que libérales, écologistes ou sociale-démocrates – se donne à elle-même pour ne rien savoir de ce qui préside à sa reproduction globale : elles se positionnent sous une forme apologétique à l'intérieur du champ existant et de la forme-État qui en constitue le bord. « L'État et le capital, dit Robert Kurz, se sont développés à partir d'une même racine, se conditionnant l'un l'autre, comme les deux faces d'un même rapport. »[1] Sur cette base, le spectre politique ne représente que la somme des programmes d'aménagement du capitalisme se proposant, *comme une collection de mauvaises thérapies*, de résoudre tel ou tel symptôme du malaise capitaliste sans jamais toucher à sa matrice. S'il existe au moins 400 types de thérapies[2] (dont la psychanalyse, notons-le, prétend se distinguer), le capitalisme comme civilisation est la somme des idéologies qui promettent de soigner ses propres crises pour ne jamais toucher à sa structure fondamentale. C'est ce qui explique que la critique sociale y a un statut qu'elle n'a eu dans aucune société antérieure, mais dans la mesure même où cette critique est toujours en reste, « enchaînée à la métaphysique moderne de l'argent »[3] et compromise avec elle.

Cette forme sociale ne sait porter la critique à la pointe qu'exige sa rationalité négative, bien qu'elle soit aussi la première de l'histoire à ne cesser de se plaindre de ses propres effets. Il faut prendre au sérieux *le bruit de fond incessant de cette plainte et l'empressement suspect de ses officiants à venir fournir la solution, par exemple en se faisant élire ou en proposant une marchandise de substitution*

---

[1] Robert Kurz, *L'État n'est pas le sauveur suprême*, Albi, Crise & Critique, 2022, p. 31.

[2] Sarah Chiche, « Les grandes familles de psychothérapies », *Sciences humaines*, 2013/6, n°31. En ligne : https://www.cairn.info/magazine-les-grands-dossiers-des-sciences-humaines-2013-6-page-13.html

[3] Voir Robert Kurz, « La fin de la théorie – vers une société sans réflexion », extrait de *Weltkrise und Ignoranz. Kapitalismus im Niedergang*, Tiamat, Berlin, 2013. En ligne en français: https://grundrissedotblog.wordpress.com/2022/02/18/robert-kurz-la-fin-de-la-theorie-vers-une-societe-sans-reflexion/

(structure redoublée de l´empressement militant à proposer de meilleures alternatives). En ceci, Lacan a vu juste en attribuant à Marx « l´invention du symptôme » : Marx a été à la hauteur de cette plainte en déployant les catégories logiques de la société productrice de marchandises qui nous conduisent à la catastrophe. La structure capitaliste ne peut s´analyser qu´avec la même abstinence politique que le psychanalyste oppose à la demande de solution immédiate, *ce qui ne vaut pas renoncement à une transformation*, au contraire. Si la guérison vient « de surcroît », disait Lacan après Freud[1], il n´en va pas autrement pour la critique sociale, dont la tâche est de remonter rigoureusement à ses présupposés historiques – avant que la transformation sociale ne se produise « de surcroît ».

Un auteur de la critique de la valeur a pu écrire que « le marxisme traditionnel, tout au long de son existence, a fait sienne l'illusion bourgeoise sur le sujet »[2]. Une autocritique équivalente issue de la psychanalyse pourrait se formuler ainsi : « La psychanalyse a jusqu´ici fait sienne l´illusion subjectiviste sur la politique, qu´elle récuse pourtant pour le sujet de l´inconscient. » Ces deux illusions bourgeoises ne sont bel et bien qu´*une seule illusion scindée en deux*, celle d´un sujet de la conscience maître de ses actes, et celle d´un *homo economicus* ou d´un *homo politicus* agissant dans la sphère publique par l´effet d´une volonté identifiable. Les deux illusions – qui n´en sont qu´une – se complètent et se renforcent de leur ignorance réciproque. La psychanalyse et le marxisme n´ayant chacun pris en charge qu´un seul côté de l´analyse, leurs idéologies respectives ressortent finalement indemnes d´une méthodologie segmentée. « L'objectivisme et le subjectivisme ne peuvent pas se libérer l'un de l'autre. L'objectivisme exige nécessairement, selon sa propre logique, d'être complété par son contraire immanent ; ce qui se produit alors effectivement, tant que nous n'examinons pas le problème de la constitution, dissolvant ainsi le faux contraste entre objet et sujet ; le pendant de l'objectivisme, c'est-à-dire le sujet absolu, reste le secret de sa propre image déformée. »[3] Ce constat repose un problème de méthode : comment surmonter ce qui est scindé à la source, c´est-à-dire au cœur de l´agir social ?[4] La théorie ne peut effectuer ce dépassement ; elle ne peut qu´en donner des indications négatives, car ce n´est pas *en idée* que quelque chose sera surmonté, tout comme, en

---

[1] Sigmund Freud, « "Psychanalyse" et "Théorie de la libido" », dans *Résultats, idées, problèmes*, II, Paris, PUF, 1985 [1923], p. 69 : « L´élimination des symptômes de souffrance n´est pas recherchée comme but particulier, mais, à la condition d´une conduite rigoureuse de l´analyse, elle se donne pour ainsi dire comme bénéfice annexe. »

[2] Ernst Lohoff, *La fin du prolétariat comme début de la révolution*, Albi, Crise & Critique, 2022, p. 73.

[3] *Ibid*, p. 72.

[4] C´est aussi la question posée par Theodor W. Adorno dans « A propos du rapport entre psychologie et sociologie », dans *Société : Intégration, désintégration*, Paris, Payot, 2011, [1955].

psychanalyse, ce n´est pas avec des explications éclairées ni des plans thérapeutiques qu´on produit une modification subjective, mais en ne cédant pas sur la rigueur interne de la question que pose la névrose.

Le réel nous étant inconnaissable[1], on peut préconiser – à l´encontre d´un certain rengorgement lacanien – la formule de Wittgenstein : « ce dont on ne peut parler, il faut le taire. »[2] Les paradoxes du langage et l´impossibilité de dire l´origine ne sauraient recouvrir les contradictions spécifiques et structurelles du capital, qui exigent d´être traitées à leur propre niveau, c´est-à-dire en reconstruisant les catégories qui président à leurs formes phénoménales, comme Freud l´a fait avec la pulsion, le désir, le fantasme, le narcissisme, etc. La psychanalyse n´a rien à dire sur l´essence de l´homme et devrait se garder de toute tentation de cette sorte. (Le structuralisme a indéniablement alimenté cette tendance avec sa recherche d´invariants universels.) Lorsqu´un analysant nous entretient des problèmes de l´être ou de l´homme pour justement ne rien dire de son problème, nous appelons cela des *rationalisations*. Il en va de même lorsque la critique sociale se réfugie dans des considérations sur la nature humaine. C´est notre forme sociale, celle qui a enfanté la psychanalyse, que nous avons la tâche de comprendre, et non l´être ou l´homme abstrait. La variabilité historique des organisations sociales rappelle que la situation présente n´est pas une fatalité liée à l´espèce humaine. Pour l´histoire collective vaut quelque chose d´équivalent au concept freudien, si acéré, de « choix inconscient » ; mais de ceci, il est vrai, nous n´avons pas encore un concept adéquat.

La psychanalyse ne peut donc pas examiner les présupposés historiques de sa propre doctrine seulement avec ses propres instruments conceptuels, *de la même façon qu´on ne s´analyse pas tout seul.* L´unique homologie qu´entretient la méthode analytique avec la théorie critique est donc le mouvement qui conduit à leur commun point de destitution. En ce sens, la psychanalyse n´est que l´une des multiples portes d´entrée sur la critique de la « métaphysique réelle » (Robert Kurz) du progrès qui est à son principe. Son apparition historique correspond à une nécessité objective qui dépasse la thérapeutique, comme Freud et Lacan n´ont cessé de le dire. De même qu´on ne juge pas la psychanalyse d´après la somme considérable des errements qui se sont propagés en son nom, de même on ne saurait réduire la critique de l´économie politique à la somme des horreurs qui ont ponctué son histoire, sauf si l´on n´en veut rien savoir. Comme toujours, la responsabilité de cette rectification incombe à l´auteur d´une accusation. Mais comment se dédouaner de l´analyse d´un ordre social dont les symptômes trans-

---

[1] Sigmund Freud, *Abrégé de psychanalyse*, Paris, PUF, 1975 [1938].

[2] Ludwig Wittgenstein, *Tractatus logico-philosophicus*, Paris, Gallimard, 1961, p. 107.

pirent de tous les côtés, et dont nous recueillons comme psychanalystes les formations singulières ? La crédibilité de la psychanalyse dépend désormais de cette avancée, afin de la tirer de la privatisation théorique où elle s'est enlisée, clivée des prises de position politiques intempestives des psychanalystes. Disons-le de façon aussi crue que nécessaire : la tutelle de Marx, de Freud ou de Lacan, on s'en fout. *Il n'y a rien ni personne à sauver.* Nous n'avons pas besoin de maîtres à penser. Il s'agit uniquement de savoir dans quelle mesure ils font avancer la question et à quel endroit ils y font obstacle, ceci afin que la psychanalyse soit élevée à la hauteur de son concept critique, qui induit sa propre suppression logique. La crise fondamentale du capitalisme et ses plaintes afférentes impliquent un tel traitement théorique. Je comprends ce traitement théorique comme l'analyse critique de la théorie implicite (soit le fantasme inconscient) qui est toujours déjà impliquée par le symptôme et sa question. Une telle analyse, rejetant tout « programme de guérison », est déjà intrinsèquement transformatrice.

Philippe Chaillou

Aurait-il fallu juger Œdipe ?[1]

Cet exposé est la suite de trois autres textes : "Morts ou vifs"[2], "Mayday vs Médée"[3], " Imprévisibilité du passage à l'acte, imprédictibilité de la justice"[4] dans lesquels je m'interrogeais sur la délinquance juvénile, la mythologie et le crime, la psychanalyse et le crime, la psychanalyse et la justice. Dans le dernier de ces textes, je relevais combien Oreste, de la dynastie des Atrides, qui avait tué sa mère, sera libéré par un jugement qu'il avait lui-même sollicité et finira ses jours, dans la cité, apaisé. Destin, ô combien différent de celui d'Œdipe, le Labdacide, autre grand criminel mythique, qui, au moins dans les tragédies de Sophocle, va finir sa vie, errant, banni de Thèbes et les yeux crevés. D'où ma question : aurait-il fallu juger Œdipe ? Le fait d'être jugé, comme Oreste, lui aurait-il évité ce sombre destin et notamment cette automutilation ?

Pour tenter de répondre à cette question, reprenons rapidement l'histoire d'Œdipe telle qu'elle nous est contée par Sophocle dans *Œdipe roi* puis dans *Œdipe à Colone*. Laïos - mais cela ne nous est pas raconté par Sophocle - devait être le dernier descendant des Labdacides puisqu'en raison de sa transgression des règles de l'hospitalité en agressant sexuellement Chrisyppos, le fils de son hôte, il avait fait l'objet, par son hôte, Pélops, d'une malédiction. Malédiction renouvelée par Apollon : si un fils venait à naître des œuvres de Laïos, ce fils labourerait le champ maternel et tuerait son père avait mis en garde le dieu. Ainsi, lorsque Jocaste enfante un fils des oeuvres de Laïos, ordre est donné par ses parents à un serviteur de supprimer le nouveau-né, dont les chevilles ont, à cette fin, été entravées par une agrafe ou un croc. Mais, pris de pitié, le serviteur, arrivé sur le mont Cithéron, remet l'enfant à un vieillard originaire de Corinthe. Ce dernier confie le nouveau-né à ses souverains, Polybe et Mérope, qui se lamentaient de n'avoir pas de descendant. Œdipe sera ainsi élevé à la cour de Corinthe comme le fils du roi.

---

[1] Texte présenté à la Biennale internationale de la psychanalyse à partir des travaux de René Lew. Marseille, 2022.

[2] Intervention à la conférence annuelle portant sur la justice des mineurs à la cour d'appel de Paris le 20 mai 2019, repris in *Les Cahiers de la justice*, n° 2021/4, p. 693 à 700.

[3] Texte présenté le 5 octobre 2019 au colloque de Dimensions de la psychanalyse.

[4] Intervention à la Lysimaque le 25 avril 2020.

Jusqu'au jour où une parole jetée dans le vin au cours d'un banquet (v. 779 et s.)[1] confronte Œdipe au poison du soupçon concernant la légitimité de ses privilèges de fils de roi. Miné par le doute, Œdipe part, en cachette de ses parents, consulter l'oracle à Delphes (v. 787 et s.). Mais, Apollon, sans répondre à la question d'Œdipe concernant son origine, lui décrit l'horreur qui l'attend : l'inceste, une progéniture monstrueuse, le parricide. Œdipe ne veut pas en savoir davantage et s'enfuit loin de Corinthe et de ceux qu'il croit être ses parents. Pendant ce temps-là, à Thèbes, Laïos, sans que l'on sache très bien pourquoi, a abandonné son peuple et est parti en voyage. C'est, au lieu-dit des trois-routes, qu'a lieu la rencontre fatale entre Œdipe et Laïos, sans qu'Œdipe, d'ailleurs, ne connaisse en rien l'identité de celui qu'il va croiser. Selon Sophocle, la scène se déroule de la manière suivante. Œdipe chemine à pieds lorsqu'il se trouve face à un équipage composé d'un char et de cinq personnes dont un conducteur qui, sans ménagement, repousse Œdipe sur le côté du chemin. Œdipe s'en prend alors à ce cocher et le tue. Le maître de l'attelage, qui n'est autre que Laïos, frappe Œdipe sur la tête avec un bâton. Œdipe riposte et tue le vieillard qui roule dans la poussière ainsi que deux autres de ses serviteurs. Un seul membre de l'équipage parviendra à échapper à la vindicte d'Œdipe (v. 800 à 813).

Sur ce, Œdipe arrive à Thèbes où la Sphinge fait régner la terreur. En résolvant l'énigme que lui pose le monstre, Œdipe va libérer les Thébains, devenir le sauveur de la ville et épouser la reine Jocaste. Œdipe devient donc roi de Thèbes. Mais la peste s'abat sur la ville, et les Thébains demandent à leur nouveau roi de les délivrer de ce malheur. Consultés, les oracles indiquent à Œdipe que, pour venir à bout de la peste, il faut chasser de Thèbes les assassins de Laïos. Œdipe voue alors celui qui a commis le crime à une vie de déshérité (v. 246 à 248).

Dans la pièce de Sophocle, Œdipe[2] mène donc l'enquête pour découvrir l'auteur d'un crime qu'il a lui-même commis. Quand, vers la fin de la pièce, Œdipe prendra conscience que c'est lui l'auteur du meurtre de Laïos, se révèlera du même coup son second crime : ses épousailles avec sa mère à laquelle il a fait quatre enfants. Ce qu'il pressentait, un dernier messager va le lui confirmer. De son côté, Jocaste a compris. Elle s'éclipse dans sa chambre et se pend à son lit. Dès qu'Œdipe a confirmation de ses crimes, il cherche une épée - sans doute pour tuer Jocaste mais ce n'est pas dit dans la pièce -. Après avoir fracturé la porte, il se rue dans la chambre et trouve la reine morte, suspendue à une corde. Il relâche la corde puis,

---

[1] Toutes les références des vers d'*Œdipe roi* sont tirées de la traduction effectuée par Jean Bollack dans *La naissance d'Oedipe,* Gallimard, 1995.

[2] Selon Jean-Pierre Vernant, le nom d'Œdipe relie "je veux savoir et pied". *Oedi* vient de *oiden*, enflé, mais aussi de *oida*, voir, savoir, et *pus* c'est le pied. J.-P. Vernant et P. Vidal-Naquet, *Mythe et tragédie en Grèce ancienne*, La Découverte, 1972.

" *Lui arrachant les broches d'or*
De ses robes, qui formaient sa parure,
Il lève le bras et frappe les globes de ses yeux.
On l'entendait parler, dire qu'ils ne le regarderaient
Ni subir le mal qu'il subissait, ni faire le mal qu'il faisait,
Mais regarderaient dans la suite des temps,
Du fond des ténèbres, ceux qu'il n'aurait pas fallu
Qu'il vît et ne reconnaîtraient pas ceux qu'il demandait à connaître.
Il chantait ainsi cet hymne, tandis qu'à coups redoublés, plus d'une fois,
Il se frappait, levant le bras. Et continûment, les prunelles
Sanglantes baignaient sa barbe ..." (v. 1268 à 1278).

Scène d'horreur inouïe sur laquelle Sophocle ne se prive pas d'insister.

Sur le sujet qui nous intéresse, quels enseignements tirer de ce drame ?

De très nombreuses lectures ont déjà été faites du mythe et de la tragédie de Sophocle : Freud bien sûr, mais aussi Lacan, sans parler de Paul Ricoeur ou de Jean-Pierre Vernant. Tous en ont fait des lectures différentes. Pour ma part, j'en propose une insistant sur le versant délinquant, criminel d'Œdipe, qui ne se réduit pas, comme on a pu le dire, au parricide et à l'inceste. N'oublions pas que c'est quasiment tout l'équipage de Laïos qu'Œdipe a massacré, au prétexte qu'un cocher, sur le chemin, l'aurait bousculé, et, ensuite, qu'il aurait été frappé avec un bâton par le vieillard qui commandait l'attelage. Le seul qui a pu échapper à sa vindicte, à son déchaînement de violence, n'a dû son salut qu'à la fuite. Et ce n'est pas son automutilation ni son bannissement qui ont été de nature à le faire quitter cette position de délinquant dans la structure. Puisque, dans *Œdipe à Colone*, Œdipe est à nouveau dans la transgression en entrant " *dans le bois interdit des Vierges Invincibles dont nous tremblons de prononcer le nom et près desquelles nous passons sans regard, sans voix, sans parole en n'usant que d'un langage, celui du recueillement. Et l'on vient nous dire aujourd'hui qu'un homme est là qui ne respecte rien*", nous dit le chœur des citoyens (p. 356)[1]. Et tout de go, Œdipe l'admet ; il le revendique même :" *Je suis un hors-la-loi* " (p. 356)[2]. C'est donc par rapport au hors-la-loi qu'Œdipe lui-même se définit. Mais, comme tout hors-la-loi, comme tout délinquant, comme tout criminel, Œdipe est aussi, et avant tout, justicier. Justicier de lui-même puisqu'il n'a laissé à personne d'autre qu'à lui-même le soin de faire justice de ses transgressions. Ce qui est la définition même du

---

[1] Concernant *Œdipe à Colone*, j'ai travaillé sur la traduction de Paul Mazon, Les Belles Lettres, 1962, traduction reprise dans la collection Folio des éditions Gallimard, Paris, 1974.

[2] Même si la traduction de Robert Pignarre, GF, Paris, 1964 est la suivante :" *Je vous en supplie, ne me considérez pas comme un hors-la-loi*".

justicier qu'il faut bien distinguer du juge. Le justicier en effet fait justice tout seul, sans débat public, généralement de manière violente, et en dehors de toute procédure judiciaire. Il ne s'embarrasse pas des autres, de tiers ; il rend une sorte de justice privée, du côté de la vengeance. Alors que ce qui caractérise la justice, ce n'est pas un résultat mais un processus : le débat public et contradictoire.

Œdipe, justicier donc de lui-même par son automutilation, qui est un véritable passage à l'acte, passage à l'acte qui n'est d'ailleurs que la suite de ses passages à l'acte précédents au lieu-dit des trois routes. Automutilation qui se "réalise" par ces yeux crevés, seconde blessure qui ne peut qu'évoquer sa première blessure : les pieds percés sur le mont Cithéron.

Mais, justicier, 0edipe, l'est aussi et d'abord par ses actes délinquants ou criminels eux-mêmes. N'oublions pas que, comme tous les délinquants, Œdipe, se situant dans le droit fil de la malédiction de Pélops, reprise par Apollon[1], occupe la place réelle du mal venu, de l'indésirable, du "né-damné", selon l'expression de Jean Bollack, en un mot, la place du mort. Et c'est cette place du mort dans le désir de ses parents, qui, de n'être pas dite, "parle" dans les actes criminels d'Œdipe, marqués par l'hubris, la démesure, démesure qu'il transmettra d'ailleurs à sa fille Antigone. Qu'est-ce qui "parle" si fortement dans ces actes criminels symptomatiques et hautement symboliques d'Œdipe, c'est le retour d'un fils mort pour assurer la vengeance de ce désir de mort de ses parents. Œdipe vient faire justice - une justice de justicier certes, une loi du talion, "oeil pour oeil, dent pour dent", oserai-je, - d'avoir été voulu mort dès sa naissance. Les actes criminels d'Œdipe ne sont inconsciemment qu'un acte de justicier dont "la fonction est la reconnaissance d'un droit de vivre, afin que, par cette reconnaissance, soit reconnu comme criminel le désir de mort dont il fut frappé à sa naissance par ses géniteurs"[2].

Cette position de justicier d'Œdipe dans la structure est celle de tout délinquant, tout criminel dont l'acte est symbolique d'un désir inconscient qu'il rend manifeste et dont il charge les autres, ses semblables, de découvrir à sa place quel en est le motif et le sens. Car le délinquant, de ce que son acte est symbolique, il n'en veut rien savoir. Pas plus que la société et son surmoi social n'en veulent rien savoir non plus. De cette volontaire méconnaissance, le résultat en est catastrophique : le passage à l'acte délinquant est si inconsciemment justicier que son jugement et la condamnation qui s'ensuit n'apporte encore que plus d'eau au moulin du sentiment inconscient d'injustice de son auteur. La récidive s'alimente ainsi indéfiniment de cette implicite demande qu'il soit fait justice d'un injuste désir

---

[1] Malédiction en fait ancestrale et qui s'attache à la dynastie tout entière des Labdacides. Ainsi, étymologiquement, les noms propres de Labdacos, de Laïos, d'Œdipe signalent tous une difficulté à marcher droit.

[2] G. Balbo. *Comment n'être pas justicier ?* Revue *Surgence*. Automne 2019, n° 11.

mortifère subi à la naissance. Cela n'empêche pas le délinquant de faire inconsciemment alliance avec sa mère, contre son père afin que son père seul soit rendu responsable du désir de mort de son fils. C'est ce qu'on retrouve si souvent dans l'attachement du fils délinquant à sa mère, attachement symbolique d'un désir de la restaurer des avanies qu'elle aurait subies de la part de son époux, devenant ainsi son héros, encore une fois justicier.

Parlant de la mère du délinquant, comment ne pas évoquer Jocaste ? Tout dans la pièce de Sophocle nous laisse penser en effet qu'elle savait qu'Œdipe, dont elle partageait la couche, était son fils, ce fils qu'elle avait voulu supprimer et qu'elle se réincorporait ainsi. Lorsque Œdipe lui demande quelle était la stature, l'âge et la force de Laïos, Jocaste lui répond innocemment : *"D'allure, il n'était pas très différent de toi"* (v. 744). Et quand Œdipe, comme inconsciemment tout enfant adopté, lui fait part de sa crainte du lit de sa mère, Jocaste tente de se montrer rassurante et de stopper sa quête de vérité :

"Pour le mariage avec la mère n'aie pas peur !
Combien d'autres aussi dans leurs rêves, n'ont-ils pas déjà
Couché avec leur mère ? Qui compte pour rien
Ces fantasmes traverse la vie avec moins de peine !" (v. 984)

Et plus Œdipe avance dans son enquête, plus Jocaste veut entraver ses recherches. Quand Œdipe lui dit vouloir rencontrer le bouvier à qui il avait été confié, elle l'interrompt sèchement :

"Cesse de t'occuper de cela."

Et quelques vers plus loin :

"Ô maudit ! Si tu pouvais ne jamais savoir qui tu es !" (v. 1069)

Non seulement Jocaste savait qu'Œdipe était son fils mais elle savait en outre que le désir de savoir d'Œdipe provoquerait sa mort et était donc un désir matricide. Mais tout désir de savoir n'est-il pas un désir matricide ? Car, comme l'écrivait Freud :"La domination du principe de plaisir ne peut véritablement prendre fin qu'une fois totalement accompli le détachement psychique d'avec les parents"[1].

Tout cela va dans le sens de Lacan, qui, prenant les choses sous un angle différent de Freud qui affirmait que la mère était l'objet du puissant désir incestueux de l'enfant, a été conduit à insister sur l'autre versant du désir incestueux, à savoir que c'est l'enfant qui est le point de visée de la jouissance incestueuse de la mère.

---

[1] S. Freud. *Résultats, idées, problèmes. Principes du cours des événements psychiques* (1911). PUF. 2007. p.137, note en bas de page.

Revenons à Œdipe. Le mythe en effet ne s'arrête pas avec la tragédie d'*Œdipe roi*. Car, jusque-là, malgré ses actes criminels, qui sont, comme je l'ai dit plus haut, tentatives d'échapper à son destin mortifère, Œdipe, dans son enfermement solitaire et orgueilleux, reste dans la malédiction qui le frappe, dans la mort. Ce en quoi sa mutilation est " un acte apollinien, c'est-à-dire de mort conformément à l'une des "étymologies" du nom d'Apollon, qui fait de lui le "Destructeur" comme le relève justement Jean Bollack[1]. Le mythe se poursuit donc dans une seconde tragédie *Œdipe à Colone*.

A Colone, ça avait aussi bien mal commencé. Œdipe, mutilé, entré dans le sanctuaire des Vierges, guidé par sa fille, est à nouveau de plain-pied dans l'interdit. Et le Chœur, le trouvant là, se demande s'il faut le lapider tout de suite ou lui donner une chance. C'est la seconde solution qui est retenue. Le Coryphée, comme une sorte de président de tribunal, médiation tierce qu'a toujours jusqu'ici évité Œdipe, lui tend la main : *"Si tu as quelque propos dont tu veuilles m'entretenir, quitte ces lieux interdits, et, lorsque tu seras où chacun peut parler, alors, tu parleras"* (p. 356/357). Œdipe hésite mais finit par quitter le lieu interdit et met alors des mots sur son destin inconscient : *" Mon seul nom vous fait peur. Car ce n'est pas ma personne ou mes actes. Mes actes, je les ai subis et non commis (…) Mais au vrai, c'est sans rien savoir que j'en suis venu où j'en suis venu, tandis qu'ils savent, eux, ceux par qui j'ai souffert et qui voulaient ma mort"* (p. 360). Il aura fallu tout ce temps, toute cette vie à Œdipe pour, à la demande de la cité, sortir de l'interdit et dire que ses actes criminels sont des actes justiciers, seul dit de nature à éviter la récidive. Œdipe, enfin allégé de ses chaînes signifiantes, peut donc, lui aussi, comme Oreste, mourir en paix.

Pas de salut donc dans le repli, la fermeture sur soi. Cette fermeture sur l'agressivité, qui est au centre de la structure, ne peut produire que du pareil au même, de la répétition, de la culpabilité, de l'auto-punition, de la mutilation. Pas d'autre solution donc que l'ouverture, la confrontation de cette agressivité du sujet à l'agressivité de l'Autre, des autres, dans un littoral qu'est le procès. Dans ce littoral, les choses de l'agressivité seront nommées. C'est la qualification des faits à laquelle procède le juge. Cette nomination, cette qualification va donner forme aux actes commis par Œdipe, et, en retour, le constituer différent, le créer, grâce à un en-plus qui est un en-moins de culpabilité.

Car, au fond, si Œdipe avait souhaité et accepté d'être jugé par ses pairs, et si nous avions à le juger aujourd'hui, de quoi serait-il reconnu coupable ? De parricide ? Sûrement pas. Puisqu'il ignorait que Laïos était son père. Manque en effet un des trois éléments constitutifs de l'infraction, l'élément moral, même si les éléments matériels et légaux sont constitués. D'inceste non plus. Œdipe ne savait pas

---

[1] J. Bollack. *La naissance d'Œdipe*. ibid. p. 234.

que Jocaste était sa mère. Pas plus d'élément moral donc concernant l'inceste. D'autant que l'élément légal n'existerait pas non plus puisque, en droit français, l'inceste entre adultes consentants n'est pas réprimé.

S'il avait accepté d'être jugé, Œdipe aurait donc été acquitté des crimes pour lesquels il s'est mutilé : le parricide et l'inceste. Tout comme d'ailleurs, dans *Œdipe à Colone*, il est acquitté par Thésée. Sur le plan pénal, Œdipe n'aurait donc eu à rendre des comptes que du massacre auquel il s'est livré au lieu-dit des trois routes. Massacre qui n'est, comme tout acte criminel, que le rejeton de son agressivité, de son désir inconscient de vengeance du désir de mort dont il fut marqué à sa naissance par ses géniteurs. Lacan ne nous invite pas à une autre lecture de l'acte criminel lorsque, dans *L'acte psychanalytique*, il affirme : " C'est précisément aux niveaux prégénitaux que nous avons à reconnaître la fonction de l'Œdipe. C'est en cela que consiste essentiellement la psychanalyse"[1].

*

À ce texte qui date de février 2021, j'ai ajouté deux remarques.

En septembre de l'année dernière, je suis allé écouter *Œdipe* d'Enesco. Quelle ne fut pas ma surprise de constater qu'au livret original, le metteur en scène, Wajdi Mouawad, avait ajouté un prologue resituant la tragédie d'Œdipe dans toute sa généalogie, depuis les noces sauvages de Zeus avec la nymphe Europe ! Et je me suis dit que Wajdi Mouawad avait eu bien raison. Que la violence d'Œdipe et son sentiment de culpabilité ne pouvait s'expliquer par la seule ontogénèse, le mythe familial, mais qu'il devait être adossé à la phylogénèse, et à l'autre grand mythe freudien : le meurtre du Père de la Horde. Cela permet de mieux entendre cette phrase de Freud tirée de *Considérations actuelles sur la guerre et la mort* de 1915 :" Nous provenons d'une série infiniment longue de générations de meurtriers qui avaient dans le sang, comme nous-même sans doute encore, le désir de tuer."[2]

Ma seconde remarque concerne la guerre.

---

[1]   J. Lacan. *L'acte psychanalytique*. Inédit. Leçon du 21 février 1968. Mais aussi, *La relation d'objet*. Seuil. p. 399 : " Entre cette relation primitive (à la mère) et le moment où se constitue à proprement parler l'Œdipe, il peut se produire toutes sortes d'accident, qui ne tiennent à rien d'autre qu'à ce que différents éléments d'échange de l'enfant viennent jouer leur rôle dans la compréhension de l'ordre symbolique. Bref, le prégénital peut être intégré au niveau œdipien, et venir compliquer la question de la névrose."

[2]   S. Freud. *Essais de psychanalyse*, Petite Bibliothèque Payot, p. 41.

Dans sa réponse à Einstein, *Pourquoi la guerre ?* en 1932, Freud écrivait :"Se prémunir contre la guerre de manière sûre n'est possible que si les hommes s'unissent. Ce qui, à l'évidence, réunit deux exigences : créer cette instance de rang supérieur, et la doter de la puissance requise."[1]

Alors faudra-t-il juger Poutine et les auteurs de crime de guerre, comme on l'entend de toutes parts ? Ou bien plutôt, devant la catastrophe militaire, écologique et sociale qui nous guette, l'urgence n'est-elle pas de mettre en place un tiers impartial, une sorte de juge de paix, comme le proposait Freud, dont nous aurions la certitude qu'il trancherait les différends avant qu'ils ne s'enveniment comme au lieu-dit des trois-routes ?

mai 2022

---

[1] S. Freud. *Pourquoi la guerre ?, Anthropologie de la guerre,* Le livre de poche, 2011, p.260.

Pierre Pitigliano

L'AMOUR INTELLECTUEL DE LA PAROLE

L'amour intellectuel de la parole : c'est un jeu avec la théorie spinoziste de l'*amor intellectualis dei*. C'est une interrogation de la méthode de Spinoza, « l'ordre philosophique », tendue entre l'inouï d'une pure mise en œuvre de la parole (poésie et logique) et la permanence du fondement onto-théologique. Il apparaitra qu'il est bien illusoire de vouloir s'affranchir du dilemme entre les deux, et que la théorie spinoziste de la pensée (sa logique, sa méthode et son épistémologie) nous laisse, au contraire, devant une immense énigme : énigme qui, je pense, propose des pistes pour envisager le rapport entre la théorie et la pratique, dans la mesure où « l'idée adéquate » chez Spinoza implique l'immanence entre théorie et pratique.

En envisageant le concept central de ce colloque —la concomitance qui lie la théorie à la pratique en psychanalyse, leur indiscernabilité— j'ai fini par me dire que seule la parole, seule une théorie de la parole pouvait être dans un tel rapport avec son « objet ». J'ai parallèlement associé sur Spinoza, son épistémologie immanente : « *Les yeux de l'Esprit, par lesquels il voit et observe les choses, ce sont les démonstrations* [de l'Ethique] *mêmes* »[1]. Je pense que la question du rapport théorie/pratique ne peut que gagner à être envisagée au prisme de la théorie spinozienne de la connaissance. L'avantage est de faire valoir un mode de la connaissance qui n'entre pas dans les rapports d'analogie et d'éminence de la rationalité classique (scolastique et scientifique) qui « *installent entre la pensée et ce qu'elle pense une relation extérieure de convenance ou de conformité.* »[2]

Mais qu'est-ce qu'une théorie *immanente* ? Certainement pas la science, qui divise le monde entre observateur et observé, même en physique quantique, pourtant largement dialectique et imprédicative. Mon hypothèse - elle peut paraître triviale - est qu'un discours théorique qui dirait l'effectivité même de la parole, est *nécessairement* dans un rapport immanent à la parole. Autrement dit, une théorie de la parole est nécessairement immanente, comme l'expression de l'effectivité de la parole, parole dont la structure intrinsèque s'exprime telle quelle à travers la logique, la conceptualité et la texture même de cette théorie. La théorie

---

[1] Spinoza, *Ethique,* 5ème partie, Proposition 23, scolie

[2] P. Macherey, *Spinoza* 1968 : Guéroult et/ou Deleuze, « *Le moment philosophique des années 1960 en France* », P.U.F. 2011

de la parole ne peut donc être rien d'autre que le développement même de la parole, d'où le rapport immanent entre théorie et pratique de la psychanalyse : « praxis » de la parole.

La philosophie de Spinoza présente l'intérêt de proposer un type de rationalité inédit qui échappe au modèle scientiste qui oppose massivement la connaissance et son objet en les essentialisant l'un extérieurement à l'autre, entretenant le mythe de l'objectivité. La rationalité spinoziste elle, est immanente et assume l'indistinction de la théorie et de la pratique, comme de la connaissance et de l'objet de la connaissance : « *l'ordre et l'enchainement des idées est le même que l'ordre et l'enchainement des choses* »[1]. La connaissance rationnelle, "*connaissance adéquate* » et « *science intuitive* » est donc immanente et immédiate, l'objectivité n'a ici aucun sens.

Le fait est que ce mode de rationalité est resté en friche et la conception spinoziste de la connaissance est restée lettre morte. Il est toujours utile de se remémorer la singularité (et aussi, donc, la solitude) radicale de l'entreprise philosophique de Spinoza (, qui la distingue et la rend « *incommensurable à toute tradition identifiable, donc la rendent littéralement extraordinaire* »[2]. Or, je pense que la principale difficulté que l'on rencontre face à la théorie spinoziste de la connaissance est qu'elle semble trop reposer en dernier ressort sur un fondement onto-théologique : « *Dieu comporte un attribut dont toutes les pensées singulières enveloppent le concept, et par lequel aussi elles se conçoivent.* »[3]. Alors de deux choses l'une : soit le discours de Spinoza consiste à fonder la connaissance de l'homme dans son lien immanent à l'omniscience divine et alors, me semble-t-il, cette conception n'a d'intérêt que métaphysique et religieux, mais n'est pas « praticable ». Guéroult disait que « *le rationalisme absolu, imposant la totale intelligibilité de Dieu, est donc pour le spinozisme le premier acte de foi* ».[4] Et bien je n'ai pas envie d'un acte de foi pour lire Spinoza.

Soit il y a un espace pour penser l'immanence de la pensée humaine qui soit vivable, rationalisable, sans recours ultime à la substance absolument infinie. Sans pouvoir apporter aucune réponse à cette question, il m'a paru juste opportun de poser les termes, avec Spinoza, d'une élaboration possible d'une rationalité non scientifique, et d'une indiscernabilité entre l'acte du sujet connaissant et la chose connue.

---

[1] *Ethique*, 2de partie, Proposition 7

[2] P. Macherey, Spinoza 1968 : Guéroult et/ou Deleuze, in *Le moment philosophique de années 1960 en France*, P.U.F. 2011

[3] Il s'agit de la définition de la pensée (comme attribut divin) : Spinoza, *Ethique, 2de Partie, 1ère définition*.

[4] M.Guéroult, *Spinoza. Dieu*, t.1, Aubier Montaigne, 1968, p.12

I — Le *dieure* de Spinoza

> *« Descartes, lui, ne s'y trompe pas : Dieu, c'est le dire.*
> *Il voit très bien que dieure, c'est ce qui fait être la vérité,*
> *ce qui en décide, à sa tête. »*
>
> J. Lacan, *La troisième.*

Le point de vue « poétique » sur le spinozisme est que le discours de l'*Ethique* est l'*expression* de la *puissance* (potentia) du verbe divin, mettant en jeu, au cœur de sa structure logique et dans ses thèses métaphysiques le *dire* comme tel, sous les divers modes de l'exprimer : énoncer, dire, penser, envelopper, développer... Avant même d'être un *concept systématique (Deleuze)* - un concept avec une profonde histoire en philosophie - l'expression est d'abord un signifiant de l'énonciation. Mais il faut aussi considérer à quel point le spinozisme est une méditation explicite sur le langage et notamment sur la langue et la grammaire : latine et hébraïque en l'occasion. « *Quels que soient les effets contextuels de sens, c'est une diffusion de signifiance qui opère dans tout le texte.* » « *Il ne s'agit pas là des marqueurs logiques attendus dans leurs effets de symétrie, (...) mais d'une rythmique et d'une prosodie de la pensée.* »[1]

S'appuyant sur ces phrases d'H. Meschonic, R. Lew argumente : « *la signifiance, en tant que poétique, transparait de la prosodie comme Dieu de la nature* » ; « *Autrement dit, rien de psychologique là-dedans, mais une poétique du concept...Il y a ainsi des modes de notation qui impliquent effectivement des modes de coordination qui ne sont pas directement conceptuels et dont l'aspect et le poético-prosodique, le prosodique poétique apparaît essentiel dans cette différence liée à la confection du texte, et bien au-delà dans l'organisation des rapports à ce qui échappe en tant que Dieu ».*[2]

II — Le vrai est immanent à l'idée vraie

Contrairement à ce qu'une lecture trop hâtive de l'immanence dans le spinozisme laisserai penser, l'esprit humain n'est pas pour Spinoza, "un empire dans un empire », une part de l'esprit divin. L'immanence de l'être unique semble paradoxale : certes il n'y a qu'un seul être, la Nature, dont les choses singulières ne sont pas distinctes réellement (substantiellement), autrement dit les choses finies ne sont pas distinctes réellement (c'est-à-dire ontologiquement), de l'absolument infini. Elles n'en sont pas pour autant elles-mêmes absolues : elles sont immanentes à l'absolu, c'est à dire dans un certain rapport de l'absolu à lui-même.

---

[1] Henri Meschonic, « Poétique de la pensée, : le latin de Spinoza », & 161, dans *Et le génie des langues ?, Presses universitaires de Vincennes,* 2000.

[2] R. Lew, *Lacan avec Spinoza,* Actes du colloque organisé par l'association de la lysimaque à Paris, les 21 et 22 Mai 2016.

L'immanence n'est pas une identité massive entre l'absolument infini et les choses finies : c'est un rapport intrinsèque de l'absolument infini à lui-même qui se produit en tant que mode fini. Ainsi, l'homme est une modalité de Dieu, l'homme est un mode de rapport de Dieu à lui-même. Cependant, Dieu en tant qu'on l'envisage absolument, hors point de vue, n'est pas l'homme (Dieu en tant qu'il s'exprime d'une certaine manière finie). Par exemple, Dieu, « *non pas en tant qu'il est infini, et non pas en tant qu'il est affecté d'idées de choses singulières fort nombreuses, mais en tant seulement qu'il constitue l'essence de l'Esprit humain* »[1]. Ce n'est pas l'être de l'homme et celui de Dieu qui sont réellement différents : l'absolu et l'homme sont deux modes de rapports différents de Dieu à lui-même. L'homme n'est concerné que par la chose singulière, même si celle-ci est une dimension de l'absolu. « *A l'essence de l'homme n'appartient pas l'être de la substance* »[2], autrement dit, l'homme n'existe pas nécessairement.

De tout ce qui précède découle la position « philosophique » de la connaissance humaine. En effet (Éthique II, Prop.11), ce qui constitue, en premier lieu, l'être actuel de l'esprit humain n'est rien d'autre que « l'idée d'une chose singulière », un mode du penser en général et non la pensée divine comme telle. Alors que la grande tradition philosophique (platonicienne, aristotélicienne et médiévale) pense que l'essence de l'homme est constituée de l'essence de Dieu (théorie de la participation), Spinoza affirme que l'essence de Dieu est la cause de l'essence de l'homme : il n'y a pas d'identité des essences, mais entre elles un rapport immanent de causalité, d'être de puissance d'exister. Ce n'est donc pas le contenu d'une idée singulière, d'un bonhomme singulier, qui est d'essence absolue : ce contenu appartient en propre à la nature humaine. Ce qui est absolument infini, divin, dans l'idée de l'homme, c'est son existence comme telle. Et en ce sens l'idée vraie est vraie par le simple fait qu'elle existe : la vérité spinozienne est d'ordre purement performatif, et ce situe en-deçà de la logique. Considéré dans l'absolu, l'ordre des choses n'est pas logique : il est existentiel. Le sage n'est en aucun cas celui qui possède l'omniscience : il n'est que celui qui sait se caler sur la primauté existentielle du monde, avant toute idéation proprement dite. En cela il suit « l'ordre du philosopher » (ordo philosophandi) :

« *Tous doivent certes accorder que rien, sans Dieu, ne peut ni être ni être conçu. Car tous reconnaissent que Dieu est l'unique cause de toutes choses, tant de leur essence que de leur existence ; c'est-à-dire que Dieu n'est pas seulement la cause des choses quant au devenir, comme on dit, mais encore quant à l'être. Toutefois, la plupart disent que cela appartient à l'essence*

---

[1] Spinoza, Éthique II, Prop.40

[2] idem, Prop.10

*d'une chose, ce sans quoi la chose ne peut ni être ni être conçue ; et par con-
séquent ils croient ou bien que la nature de Dieu appartient à l'essence des
choses créées, ou bien que les choses créées peuvent être ou être conçues sans
Dieu, ou bien, ce qui est plus certain, ils ne sont pas suffisamment d'accord
avec eux-mêmes. Et la cause de ce fait, c'est, je crois, qu'ils n'ont pas observé
l'ordre du philosopher ».*

"*Je dis expressément que l'esprit n'a ni de lui-même, ni de son corps, ni des
corps extérieurs une connaissance adéquate, mais seulement une connaissance confuse et mutilée, toutes les fois qu'il perçoit les choses suivant l'ordre
commun de la Nature, c'est-à-dire toutes les fois qu'il est déterminé de l'extérieur, à savoir par la rencontre fortuite des choses, à considérer ceci ou cela,
et non pas déterminé de l'intérieur, à savoir parce qu'il considère plusieurs
choses en même temps, à comprendre leurs convenances, leurs différences
et leurs oppositions. Chaque fois, en effet, que c'est de l'intérieur qu'il est
disposé de telle façon ou d'une autre, alors il considère les choses clairement
et distinctement.* »[1]

L'esprit « *déterminé de l'intérieur* », c'est la méthode réflexive décrite dans
le *Traité de la Réforme de l'entendement :* son but est d'avoir « *des idées qui proviennent de la pure pensée et non des mouvements fortuits du corps* ». Autrement dit, sur le plan ontologique, c'est la dimension logique a-priori de l'idée qui
fait sa vérité, indépendamment de son lien à un quelconque objet dont elle serait
l'idée : l'idée en tant qu'être de pensée, plutôt que l'idée comme représentation.
Et sur le plan de la forme de l'idée vraie, cette détermination intrinsèque, place le
vrai au niveau d'une qualité propre à l'idée à elle-même, donc sans égard à aucun
critère externe (de l'objet, des circonstances, etc). En une formule, on pourrait
dire que le vrai est immanent à l'idée vraie. Pour Deleuze[2], Spinoza ne conçoit
pas la connaissance comme une opération qui resterait extérieure à la chose (sur
le mode scolastique ?), mais comme une réflexion (au sens optique), d'une expression de la chose dans l'esprit. C'est en ce point précis que la rationalité logique se confond avec l'onto-théolologie, car l'immanence spinozienne est l'indistinction absolue entre Dieu et la nature : « *Pour être dite parfaite, la définition
devra rendre explicite l'essence intime de la chose* »[3], « *Elle exprime la cause efficiente* » (lettre de Spinoza à Tschirnhaus).

---

[1] Spinoza, Éthique II, Prop.29

[2] G.Deleuze, *Spinoza et le problème de l'expression,* éd. de Minuit, 1968

[3] Spinoza, *Traité de la réforme de l'entendement,* & 95.

L'idée adéquate, forme de la connaissance parfaite, exprime la cause pro-chaine de la chose dont elle est l'idée, autrement dit elle exprime l'essence de cette chose. C'est à dire que l'idée adéquate d'une chose est celle qui exprime sa puis-sance d'exister, autrement dit son « *effort pour persévérer dans l'être* ». De ce point de vue, la vérité est question de jouissance. Ainsi, la « logique » de Spinoza (son *Traité de la réforme de l'entendement*) est expressive, c'est la logique du dire (dieure), étrangère à celle des logiciens au sens ordinaire. Et bien, le critère in-terne de l'idée vraie, c'est donc sa dimension existentielle comme telle. Si on laisse de côté la connaissance vulgaire ou selon l'imagination sensible, il nous reste à distinguer entre la connaissance rationnelle qui procède des » *idées adéquates des propriétés des choses* » et la science intuitive qui, elle, procède de l'idée adéquate de « *l'essence formelle de certains attributs de Dieu à la connaissance adéquate de l'essence des choses* ».[1]

De la connaissance rationnelle à la science intuitive, qui est celle du sage, on change de plan de la vérité : on passe du vrai selon les propriétés des choses, au vrai selon l'essence de la chose, c'est-à-dire selon la puissance d'exister (jouis-sance) de cette chose, comme telle. Ce rapport du sage à la jouissance de l'Autre constitue son propre rapport à la vérité : « *Le sage en tant que tel est conscient de soi, de Dieu et des choses par une sorte de nécessité éternelle, jamais il ne cesse d'être.* »[2]. Cette position du sage soulève pour moi la grande énigme du spino-zisme : la frontière insaisissable entre l'onto-théologie et une logique de l'énon-ciation (entre mysticisme et ordre philosophique). Cette question se ramène à celle-ci : quel est le sens de l'immanence dont parle l'*Éthique* ? C'est sur ce point qu'il faut à présent discuter avec Deleuze de ce qu'il appelle le « plan d'imma-nence » du spinozisme. Car Deleuze, s'il éclaire la lecture de Spinoza par une « lo-gique expressive », l'obscurcit selon moi par son silence sur l'acte de foi, que de vrai avoir le lecteur de Spinoza, en un absolu qui s'engendre lui-même à travers cette logique. Les trois sections suivantes de mon propos veulent donner corps à ce débat.

III — La position de Deleuze sur la « logique de l'expression »

Je m'intéresse à l'épistémologie de Spinoza, autrement dit, à sa théorie de l'idée : et en particulier, en tant que cette épistémologie se présente comme immanente. Or précisément, Deleuze est celui qui a particulièrement théorisé, interprété, le « plan d'immanence » dans le spinozisme. C'est donc avec lui que j'aimerais dis-cuter, dans le sens de sa lecture de l'immanence, mais aussi pour lui renvoyer quelques questions (critiques) de ma part sur sa position concernant l'apriori onto-théologique, et notamment son silence à ce sujet. Deleuze repérait trois

---

[1] Spinoza, Ethique II, Prop. 40

[2] Ethique V, Prop. 42

« dimensions » dans la philosophie de Spinoza : l'ontologie (théorie de la substance, de l'être considéré dans l'absolu), l'épistémologie (théorie de l'idée) et « l'anthropologie politique » (théorie des modes particuliers - de l'être particulier, fini - des passions et des actions). Il pose la question du « rapport » entre ces trois dimensions de l'être spinozien. Et ce qui m'importe en particulier : quel est le rapport entre l'épistémologie et l'ontologie ? Quel rapport entre une idée particulière et la « pensée « dans l'absolu ? Et bien il dit que ces trois dimensions « s'ordonnent » : voilà le premier terme de sa réponse, qu'il faut souligner pour son importance propre, me semble-t-il[1]. Elles s'ordonnent « *suivant un concept systématique, celui d'expression* »[2].

Il pensait que la philosophie de Spinoza pouvait entièrement s'interpréter en termes d'expression, voire d'*expressionnisme philosophique*, « thème fondamental », « concept systématique » dit-il (avec Kant on parlerai de schématisme expressif) qui organise et dynamise l'ensemble de l'*Ethique*. L'idée d'expression, disait Deleuze, « *résume toutes les difficultés concernant l'unité de la substance et la diversité des attributs* ». Cette idée est corrélative du « plan d'immanence » : la Nature est expressive, elle exprime et est exprimée à la fois, ce dont rend compte déjà la définition préalable de Dieu[3]. Expliquer, impliquer, développer, tous ces termes présents dans l'*Ethique* sous de multiples formes mettent en avant l'univers sémantique de l'énonciation, ce qui va dans le sens du mot de Lacan sur le « Dieure ». Pour Deleuze, l'expression ordonne (met en rapport) l'ontologie, la théorie des idées et la politique, suivant un schématisme énonciatif commun : « *la substance s'exprime dans les attributs, les attributs s'expriment dans les modes, les idées sont expressives* »[4].

Le fil conducteur de l'analyse deleuzienne de l'épistémologie de Spinoza est donc que les idées sont expressives. Ce commentaire s'appuie principalement sur la démonstration de la première proposition du *De Mente* (Ethique II) : « *Les pensées singulières, autrement dit telle et telle pensée, sont des manières*[5] *qui expriment la nature de Dieu de manière précise et déterminée. Donc Dieu comporte un attribut dont toutes les pensées singulières enveloppent le concept, et*

---

[1] On sait combien l'ordre importe à Spinoza : sur la forme (l'ordre géométrique) et sur le fond (l'ordre philosophique, Cf. Ethique 2 P. 10). L'expression, le verbe, comme ordre philosophique ?

[2] G.Deleuze, *Spinoza et le problème de l'expression,* éd de Minuit, 1968, quatrième de couverture.

[3] Spinoza, *Ethique*, Partie I, 6è déf. : « *Par Dieu j'entends un être absolument infini, c'est à dire une substance consistant en une infinité d'attributs, dont chacun exprime une essence éternelle et infinie* ».

[4] Deleuze, idem

[5] *[modi : des modes]*

par lequel aussi elles se conçoivent. Donc la Pensée est un parmi les attributs de Dieu, qui exprime l'essence éternelle et infinie de Dieu, autrement dit, Dieu est chose pensante ».[1]

Je cite Deleuze lisant ce passage de l'*Ethique* : « *L'idée de Dieu s'exprime dans toutes nos idées, comme leur source et leur cause, si bien que l'ensemble des idées reproduit exactement l'ordre de la nature entière. Et l'idée, à son tour, exprime l'essence, la nature ou perfection de son objet : la définition ou l'idée sont dites exprimer la nature de la chose telle qu'elle est en elle-même. Les idées sont d'autant plus parfaites qu'elles expriment d'un objet plus de réalité ou de perfection; les idées que l'esprit forme absolument expriment l'infinité.* »[2] « *Il ne suffit pas de dire que le vrai est présent dans l'idée. Nous devons demander encore : qu'est-ce qui est présent dans l'idée vraie ? ».*[3]

L'idée adéquate se définit comme *idée expressive :* c'est la loi d'une pensée autonome vis à vis de tout autre genre d'existence. L'idée vraie exprime l'essence de la chose dont elle est l'idée, c'est à dire qu'elle exprime la cause prochaine de cette chose, la cause de son être : « *Seule l'idée adéquate, en tant qu'expressive, nous fait connaitre par la cause, ou nous fait connaitre l'essence de la chose* ». Cette adéquation *ne se signifie jamais la correspondance de l'idée avec l'objet qu'elle représente ou désigne, mais la convenance interne de l'idée avec quelque chose qu'elle exprime.* »[4] Comme je le disais en introduction, nous ne sommes absolument pas dans la situation d'équivocité de la rationalité scolastique ou scientifique, dans laquelle les rapports d'analogie et d'éminence installent entre la pensée et ce qu'elle pense une relation extérieure de convenance ou de conformité.

IV — Immanence et réflexivité

Pourquoi est-il si difficile de départir la logique spinozienne de son fondement théologique, alors même que Spinoza veut nous donner une méthode rationnelle de la connaissance ? Bien plus : pour lui, le cartésianisme même était encore sujet de superstitions et très insuffisamment rationalisé. C'est pourtant bien la méthode cartésienne qui fonde la rationalité standard jusqu'à nos jours. Alors que signifiait pour Spinoza la rationalité ou la méthode rationnelle ? Et pourquoi Deleuze soutient-il que « *la philosophie de Spinoza est une logique* » ?

En lisant le commentaire deleuzien, il m'a semblé que chez Spinoza, la pensée - et donc la théorie de l'idée (que Deleuze appelle « logique ») - avait un statut

---

[1] Éthique II, Prop. 1

[2] Deleuze, p.11

[3] Idem

[4] Deleuze, p.118

métaphysique tout à fait à part au regard des autres attributs divins. Il faut repartir des bases métaphysiques du spinozisme : il y a la substance (Nature) unique, immanente, absolument infinie, qui s'exprime dans une infinité d'attributs qui sont autant de genres d'existence, la pensée étant l'un d'eux (le seul, avec l'étendue, qu'il est donné à l'homme de connaître). Mais Deleuze remarque que la structure de l'être est encore plus complexe, car la Nature implique également deux « *puissances* » ou nécessités : puissance (nécessiter) d'exister et puissance (nécessiter) de penser. Tous les attributs de l'être, y compris la pensée, ont en commun la même puissance d'exister. Mais la puissance de penser, elle, est spécifique, propre à la pensée.

Tel que je peux comprendre cette théorie, la difficulté est qu'entre les deux puissances de l'être, Spinoza introduit une différence tout en l'effaçant, de plusieurs manières et pour plusieurs raisons :

1. Pour commencer, si l'on ne considère pas l'être absolument un, mais qu'on l'envisage selon des points de vue que sont chaque attribut, et a fortiori sur le plan de la finitude des modes particuliers d'exister, puissance de penser et puissance d'exister sont différentes. Mais, comme s'exprimait Spinoza, il ne s'agit que d'une différence de raison et non d'une différence réellement ontologique, car si on envisage cette fois l'être comme un, pris absolument, les deux puissances ne font qu'un : en Dieu être et penser ne font qu'un, Dieu existe comme il se conçoit lui-même et il se conçoit comme il existe. Pour Spinoza : « *Dieu agit par la même nécessité qu'il se comprend lui-même, c'est à dire, de même qu'il suit de la nécessité de la nature divine que Dieu se comprend lui-même, il suit également par la même nécessité que Dieu fait une infinité de choses d'une infinité de manières.* »[1]

Autrement dit, dans l'absolu, se produire soi-même est immanent à se penser soi-même. Ce que la pensée (comme attribut divin) a donc d'exceptionnel, c'est qu'elle participe à tous les genres d'être que sont l'infinité des attributs, et que de surcroit elle est le mode d'auto-production même de l'Être absolu, et de toutes ses extensions attributives.

2. Mais alors, si se produire c'est se penser soi-même indistinctement, pourquoi Spinoza a-t-il besoin de justement évoquer deux termes ? Pourquoi distingue-t-il, dans l'énoncé même de leur immanence en Dieu, deux formes de nécessités ? Je pense qu'il s'exprime ainsi car il introduit ici plus que l'immanence de la pensée et de l'être : il met en œuvre une dimension essentielle de l'immanence, la réflexivité de la forme logique. Autrement : l'immanence des formes d'être n'est pas une réalité massive, mais elle se produit continûment dans le rapport réflexif du « se penser » et du « se produire », concomitamment différenciés

---

[1] Ethique II, Prop.3

et indifférenciés. La méthode philosophique réflexive trouve ici son effectivité absolue en même temps que son fondement logique et ontologique. Dans l'absolu, et sur le plan métaphysique, la puissance de penser exprime l'essence divine, ce qui ne fait qu'un avec le fait de produire le monde (l'infinité des attributs divins) comme expression de cette essence : c'est le « modèle » de ce que Spinoza appelle une « idée adéquate ». L'idée adéquate exprime l'essence du réel, réel qui s'exprime en cette idée simultanément : l'adéquation d'une certaine idée est donc du côté de l'auto-expression de la puissance d'exister d'un certain réel, qui lui-même n'existe qu'en s'exprimant par cette adéquation de l'idée. C'est pourquoi Deleuze peut dire que la logique de l'expression, telle que Deleuze la lit dans Spinoza, est donc une logique de l'immanence.

V — Logique ou théologie ?

Mais comment passer, de l'immanence entre la puissance de penser divine au le réel qu'elle produit, à la « méthode » philosophique que l'homme, dans sa finitude, est en droit de rechercher ? Tout le problème de la méthode nous dit Deleuze se ramène à « *comment arracher au hasard nos pensées vraies ? C'est à dire, comment faire d'une pensée vraie une idée adéquate, qui s'enchaine avec d'autres idées adéquates ?* »[1] Ici, on dira qu'une idée vraie, c'est par exemple que tous les points d'un cercle sont situés à équidistance d'un point appelé centre : c'est un premier niveau de « vérité », au sens ordinaire du terme, mais non encore philosophique pour Spinoza. Toutefois, la méthode consiste à commencer à partir de ce genre d'idées et de vérités car ce sont celles qui sont à notre disposition communément : pour commencer à philosopher, « *nous avons même avantage, en fonction de notre dessein, à choisir une idée vraie, claire et distincte, qui dépende en toute évidence de notre puissance de penser, n'ayant aucun objet dans la nature, par exemple l'idée de sphère ou de cercle* ».[2] Je souligne le fait que Spinoza précise ici s'agit ici de « notre » puissance de penser qui produise cette vérité : le philosophe ne peut pas partir d'autre chose que de lui-même. Autrement dit, la méthode ne peut pas partir du principe d'immanence, mais seulement de la puissance de penser rationnelle de l'homme.

Mais, si l'on veut suivre l'ordre philosophique, cette idée vraie, il va falloir « la rendre adéquate », c'est à dire absolument immanente. J'ai proposé de considérer qu'au plan métaphysique, l'immanence de la puissance de penser et de la puissance de produire est au principe de l'adéquation de l'idée. Mais Spinoza, lui, n'emploie le terme d'adéquat qu'au niveau de la méthode. Comme le rappelle Deleuze, « *le terme « adéquat », chez Spinoza, ne signifie jamais la correspon-*

---

[1] Deleuze, p.120

[2] Spinoza, *Traité de la réforme de l'entendement*, § 72.

dance de l'idée avec l'objet qu'elle représente ou désigne, mais la convenance interne de l'idée, mais la convenance interne de l'idée avec quelque chose qu'elle exprime. Qu'est-ce qu'elle exprime ? Considérons d'abord l'idée comme la connaissance de quelque chose. Elle n'est une vraie connaissance que dans la mesure où elle porte sur l'essence de la chose : elle doit « expliquer » [c'est à dire exprimer] cette essence. Mais elle n'explique l'essence que dans la mesure où elle comprend la chose dans sa cause prochaine : elle doit exprimer cette cause même, c'est à dire envelopper la connaissance de la cause. »[1]

C'est à dire que l'idée adéquate exprime la chose comme elle est produite dans le réel : il y a donc bien continuité entre le principe d'adéquation et l'immanence de la Nature, autrement dit, l'unité de la puissance de penser et de la puissance de produire au niveau de l'Être parfait : « …Concevoir les choses en tant qu'elles se conçoivent par l'essence de Dieu comme des êtres réels »[2]. Ceci est la méthode que propose Spinoza. Mais je pose la question : à quelles conditions une telle méthode, consistant à rendre notre puissance de penser « adéquate », est elle possible ? Pour Spinoza, la méthode ne devient parfaite, suivant l'ordre philosophique, qu'à, partir du moment où nous posséderons une certaine idée bien précise : l'idée de l'Etre parfait. « Dès le début donc il nous faudra veiller à ce que nous arrivions le plus rapidement possible à la connaissance d'un tel être » ; « il faut que nous commencions, aussitôt que faire se peut, par les premiers éléments, c'est à dire par la source et l'origine de la Nature » ; « conformément à l'ordre, et pour que toutes nos perceptions soient ordonnées et unifiées, il faut que, aussi rapidement que faire se peut et que la raison l'exige, nous recherchions s'il y a un Etre, et aussi quel il est, qui soit la cause de toutes choses, afin que son essence objective soit aussi la cause de toutes nos idées. »[3] On voit bien l'intention de Spinoza : l'idée de Dieu, c'est l'idée qui exprime le principe même de l'immanence métaphysique, autrement dit de l'adéquation logique, et qui en même temps enveloppe la continuité entre elles. Deleuze exprime sa compréhension de ce point du spinozisme en ces termes :

« A partir de l'idée de Dieu, nous déduisons toutes les idées dans « l'ordre dû ». Non seulement l'ordre est maintenant celui d'une synthèse progressive ; mais, prises dans cet ordre, les idées ne peuvent plus consister en êtres de raison, et excluent toute fiction. Ce sont nécessairement des idées de « choses réelles ou vraies », des idées auxquelles correspond quelque chose dans la nature. A partir de l'idée de Dieu, la production des idées est en elle même une reproduction des chose de la nature : l'enchainement des idées n'a pas à copier l'enchainement des

---

[1] Deleuze, p.118
[2] Éthique, V, 30
[3] Spinoza, *Traité de la réforme de l'entendement*, § 49, 75, 99.

choses, il reproduit automatiquement cet enchaînement, dans la mesure où les idées sont produites, elles-mêmes et pour leur compte, à partir de l'idée de Dieu » ; « l'idée de Dieu s'affranchit de l'hypothèse dont nous étions partis pour nous élever jusqu'à elle, et fonde un enchaînement des idées adéquates identique à la construction du réel. Donc la seconde partie de la méthode ne se contente pas d'une théorie de la définition génétique, mais doit s'achever dans la théorie d'une déduction productive. »[1]

Je tiens les termes de cette citation pour le coeur même de la conception deleuzienne du plan d'immanence, et de sa lecture de Spinoza. C'est peut être une compréhension très fine du texte spinozienne : en tout cas c'est une lecture qui fait autorité depuis bientôt soixante ans. Un auteur actuel comme Pierre Macherey s'en revendique : « Concevoir la réalité comme « nature » au point de vue de l'expression, c'est s'enfoncer au plus profond de son ordre et ainsi s'unir absolument à elle, suivant une démarche dont les enjeux ne peuvent être seulement spéculatifs, puisque l'expression, inséparable de l'élan qui correspond au fait de s'exprimer, est un acte, et ne peut se concevoir qu'en acte, sur le modèle de l'élan vital bergsonien. «[2]

Ce qui me pose problème est que tout ici repose sur un certain concept de l'absolu, même si ce n'est pas celui de la théologie officielle, et même dans l'hypothèse où s'il s'agirait d'une structure logique de l'énonciation, comme le laisse entendre en filigrane Deleuze : cette structure de la méthode géométrique synthétique, dans laquelle les choses, et « Dieu » notamment, se construisent au cours de la progression du raisonnement de l'*Éthique*, en devenir permanent. Dans un compte-rendu daté de 1969 sur le « *Spinoza* de Martial Guéroult », Deleuze dit la chose suivante : « *Il est faux littéralement que Spinoza parte de l'idée de Dieu, dans un procès synthétique supposé tout fait. Déjà le* Traité *de la réforme nous convie, en partant d'une idée vraie quelconque, à nous élever aussi vite que possible à l'idée de Dieu, là où cesse toute fiction, et où la genèse progressive relaie et conjure en quelque sorte, mais ne supprime pas l'analyse préliminaire. Et l'Éthique ne commence pas davantage par l'idée de Dieu, mais, dans l'ordre des définitions, n'y arrive qu'à la sixième, et dans l'ordre des propositions, n'y arrive qu'aux neuvièmes et dixièmes. Si bien qu'un des problèmes fondamentaux est …qu'est-ce qui se passe exactement dans les huit premières propositions ?* »[3] ; « *Il n'y a pas seulement dans le spinozisme une genèse des modes à partir de la subs-*

---

[1] Deleuze, p. 124

[2] Macherey, Spinoza 1968 : Guéroult et/ou Deleuze, « *Le moment philosophique des années 1960 en France* », P.U.F. 2011

[3] Deleuze, *Spinoza et la méthode générale de M.Guéroult*, Revue de métaphysique et de morale oct. 1969, repris dans *L'île déserte et autres textes (2011)*, p.204 et 209

tance, mais une généalogie de la substance elle-même, et les huit premières pro-positions ont précisément pour sens d'établir cette généalogie... Par-là apparait l'unité méthodologique du spinozisme comme philosophie génétique ».

L'argument de Deleuze, appuyé sur ceux de Guéroult, est que l'idée de Dieu serait une nécessité logique de la méthode synthétique-génétique, et cette idée est extrêmement argumentée et fort séduisante. Et il fallait probablement produire cette lecture du spinozisme. Mais le problème, selon moi, est qu'elle ne s'accom-pagne jamais, ou pas assez clairement, d'aucune interrogation du penchant théo-logique de cette conception que je dirais, logique et poétique, de l'absolu. Deleuze ne dit rien là-dessus et c'est un problème. Ce silence est un problème par ce qu'on en arrive à des lectures comme celle de Macherey, qui fait quand même autorité aujourd'hui dans le milieu universitaire, qui prend en quelque sorte au pied de la lettre la lecture de Deleuze, et va même selon moi, trop loin et trop vite, au-delà de ce que Deleuze pouvait lui-même dire de cette logique spinozienne : « *Dieu et son concept ne sont pas donnés au début de l'Éthique, comme des entités mas-sives, ni non plus posés comme des hypothèses susceptibles de n'être admises que formellement. Mais si on sait bien les regarder, avec les yeux de l'esprit que sont les démonstrations, on y voit Dieu et son concept se produire, en vrai en quelque sorte, suivant un processus d'autoconstitution simultanément idéel et réel qui ré-sout l'alternative traditionnelle de la structure et de la genèse. Prendre rigoureu-sement connaissance de la structure argumentaire déployée à travers les huit pre-mières propositions de l'Éthique, ce serait donc refaire le mouvement par lequel Dieu lui-même, c'est-à-dire l'être absolu ou la substance constituée d'une infinité d'attributs, suivant la définition complexe qui en est initialement proposée, se fait être, on serait presque tenté de dire, en forçant la langue, « s'est », au lieu simple-ment d'être, comme quelque chose qui se contente d'être là, un Dasein, un « étant » à côté des autres».[1] « Par là, le spinozisme échapperait définitivement aux dilemmes de l'onto-théologie ».[2]*

C'est là qu'il y a un dérapage, car si en effet le « concept » de Dieu s'engendre logiquement dans les huit premières propositions de l'Éthique, l'être absolu « lui-même » n'est pas engendré, ni ne s'engendre par ces énoncés ; ce qui, soit dit en passant, n'est pas non plus ce que dit Deleuze. Lui, il s'en tient au plan de l'abs-traction et évite les envolées lyriques mêlant la mystique aux faits de la langue. Mais je le répète, je pense que c'est le silence de Gilles Deleuze sur l'onto-théolo-gie qui sous-tend, en partie, la logique spinoziste, qui permet des dérapages de la pensée comme ceux de Macherey, qui nous font rêver que le texte de Spinoza soit « magique ». Je conclurai que le spinozisme n'échappe pas à l'onto-théologie :

---

[1] Macherey, op.cit. p.311

[2] Idem, p.312

mais il est « autrement » théologique : une théologie logifiée et poétisée. Mais ce qui doit en émerger, et ce qui se produit, ce n'est pas Dieu, mais le philosophe.

« Je passe maintenant à l'explication de cet ordre de choses qui ont dû résulter nécessairement de l'essence de Dieu, l'être éternel et infini. Il n'est pas question de les expliquer toutes ; car il a été démontré (dans la Propos. 16 de la première partie), qu'il doit y en avoir une infinité, modifiées elles-mêmes à l'infini, <u>mais seulement celles qui peuvent nous mener, comme par la main à la connaissance de l'âme humaine et de son souverain bonheur.</u> » [1]

[1] Spinoza, *Ethique*, préambule de la Seconde Partie

Touria Mignotte,

Repenser les "fantasmes originaires" de Freud en termes de "zones de criticité étendue" qui conditionnent l'émergence du vivant.

À la suite d'un commentaire d'Osvaldo Cariola, en mars 2021, sur le texte de Giuseppe Longo et Maël Monteville (2011), intitulé : *De la physique à la biologie par l'extension de la criticité et des ruptures de symétrie*, j'avais proposé ce titre pour le projet de la biennale de Marseille fixé à juin 2022, autour du thème suivant : « De la praxis de la théorie à la pratique de la psychanalyse — et inversement ». Il m'a semblé en effet que la pratique de la psychanalyse contemporaine pouvait nous conduire à reconsidérer la praxis de la théorie à la lumière des processus d'extension de la criticité sans laquelle le vivant ne peut émerger ni le signifiant ne peut advenir. Dès la conception, ces processus conditionnent l'apparition de la vie sous la forme d'un vide physique central, un champ quantique qui est ensemble connecté de points définis par des forces et représentant des propriétés invisibles de l'espace. Cette ontologie minimale qui semble s'adapter à l'énergie du vide, structure l'organisation embryologique, dans les conditions de criticité favorable à l'indétermination propre à ontologie de vide qu'est la vie.

Tout d'abord je vais essayer d'éclairer cette notion de « criticité étendue » en partant d'un autre texte plus récent (Août 2021) de Giuseppe Longo et Francis Bailly, intitulé : *Situations critiques étendues : la singularité physique du vivant*.

La criticité est déterminée par la gravité potentielle d'un risque et par sa probabilité de se produire. Elle implique le maintien d'un environnement dans lequel s'entretient à un niveau constant l'extension d'une situation critique, pour permettre le développement en son sein de la vie dont cet environnement est paradoxalement le principe générique primitif. En effet, le risque que fait encourir cet environnement est relatif au fait qu'il est pétri et tissé de vide physique, lequel est défini comme un système de champs quantiques, soumis à des fluctuations en fonction des interactions électromagnétiques et de l'apparition ou de la disparition de matière.

Ce qui m'amènera dans un second temps à évoquer un modèle cosmogonique du vide dont Gérard Crovisier nous a déjà parlé, mais dont je tirerai avantage pour vous proposer, dans un troisième temps, une nouvelle lecture de la question de l'origine chez Freud ainsi que des fantasmes qu'il appelle originaires. En effet, ces fantasmes sont pour Freud indissociables du thème du meurtre du

Père primitif qui correspond, selon mon hypothèse à la dynamique du vide/environnement, lequel est le principe générique primitif de chaque nouvelle vie. Or de même que Freud pense qu'il est possible que ces fantasmes originaires « aient été jadis, aux phases primitives de la famille humaine des réalités, et qu'en donnant libre cours à son imagination, l'enfant comble seulement, à l'aide de la vérité préhistorique, les lacunes de la vérité individuelle (p.350) » ; de même pouvons-nous avancer que ces fantasmes originaires recouvrent la vérité préhistorique des processus impliqués par le maintien dans le vide/environnement de phases de criticité étendue qui sont nécessaires à l'évolution du vivant.

Or, nous allons voir que dans le passage du physique au biologique, ces processus sont des processus de dissipation et d'épuration des éléments chaotiques du vide primitif et qu'ils impliquent la mise en œuvre d'une interpénétration de forces qui, du point de vue psychique, correspond à une sexualité primitive basée sur un meurtre et un inceste sans traces. Ce qui m'amènera, dans un cinquième temps, à faire un détour par la lecture que fait Jean Bollack dans son livre *La naissance d'Œdipe,* de la tragédie de Sophocle où les thèmes du meurtre et de l'inceste sont au cœur des processus de contrôle du déferlement de la violence qui se déchaîne à la naissance d'Œdipe. Cette violence est une menace d'annulation de la génération au sens où Œdipe est lui-même un être de vide inengendré impliquant sa propre zone de criticité dégagée de celle de son Père primitif. Freud a retenu une autre lecture du mythe. Et pourtant, les fantasmes originaires sont une tentative d'élaboration de ces thèmes que j'illustrerai avec l'Homme aux loups.

I- La zone de criticité étendue

Je vais donc commencer par vous résumer brièvement quelques points du texte de Longo et Bailly, intitulé : *Situations critiques étendues : la singularité physique du vivant.*

1er point : Par opposition à la physique où un état critique est une singularité dans un processus, une singularité qui peut être vue comme une bifurcation par exemple ou bien comme une catastrophe dans le sens de René Thom, en particulier quand ce changement est irréversible, il semble bien, selon ces auteurs, que le vivant évolue dans une "zone critique étendue", qui dure dans le temps.

2ème point : La criticité de cette zone est représentée par la transformation de l'environnement en un espace de phase constitué d'un ensemble dense, voire continu, de points critiques définis par des rapports de force. Cette transformation serait rendue possible à la fois par la clôture organisationnelle de cet espace mais aussi par l'autonomie homéorhésique du vivant. Qu'est-ce que l'homéorhésie ? Le mot est forgé par le biologiste Conrad Hal Waddington à partir du grec ancien *homoïos* « semblable » et *rhésis* qui signifie parole, non pas d'emblée au sens du signifiant mais d'abord du vide clos sur lui-même, lieu "anasémique" d'où la parole émerge. L'homéorhésie de la dynamique du vivant est sa capacité à revenir à l'état de potentialité de sa trajectoire avant la perturbation de la zone critique, ce qui distingue le vivant des systèmes dotés d'homéostasie les maintenant dans un état particulier. Dans ce premier point, remarquons que la parole fonctionne comme souffle d'impulsion du vivant, souffle dont la dynamique homéorhésique implique une récursivité autonomique qui ignore la dépendance – pourtant absolue - aux conditions nécessaires à cette homéorhésie

3ème point : Pour illustrer ce que ces auteurs veulent dire en rapportant la criticité du vivant à un ensemble dense, voire continu, de points critiques dans l'espace de phase, ils utilisent l'image suivante : « si on représente la causalité efficiente de la physique comme une flèche allant d'un point initial à un point final, sur une ligne, la ligne en question serait infinie et formerait ainsi un support non compact ; la causalité du vivant, qui s'ajouterait à la causalité physique, pourrait alors être représentée par une même flèche mais sur une ligne fermée, cette fois, formant un support compact ».

Cette image rappelle le schéma sur lequel René ne cesse de revenir représentant le vide comme Père par la flèche S1 de la représentance et les boucles de retour des enstasies que sont les S2. Mais il me semble que le schéma proposé par Longo et Bally concerne l'agencement du vide comme Père qui révèle sa nature chaotique dès sa genèse donnant lieu à la singularité de vide qui constitue l'ontologie minimale du vivant. D'où la criticité de l'environnement où se trouve plongé le vivant et la nécessité d'aménager des zones de criticité étendue, permettant l'évolution propre au vivant sur la base de son homéorhésie.

Car la question que pose l'émergence du vivant à partir de sa fusion dans le vide comme Père, est celle de l'éclatement de ce vide en dimensions supplémentaires aux quatre dimensions de l'espace-temps ordinaire. Et ce qu'il faut peut-être d'emblée souligner, mais j'y reviendrai plus loin, c'est que le vide étant un système de champs quantiques, les dimensions supplémentaires correspondent à des forces dont l'énergie est positive et dont l'impulsion est négative, et sont donc dotées de deux flèches de temps orientées dans des directions opposées. C'est cet état chaotique qui, selon de Longo et Bailly, est au cœur de la criticité de l'environnement où se trouve plongé le vivant. En effet, ce dernier ne peut déployer sa propre structure de vide à travers l'organisation du corps où il est appelé à prendre vie durable et visible, que parce qu'il est jumelé par une matière gémellaire (tel que le placenta) dont la dynamique emprunte le moteur et l'horloge du vivant mais dont la flèche du temps part dans le sens opposé à celle du vivant. La fonction de ce corps gémellaire est de créer une « criticité auto-organisée » qui dure le temps nécessaire à l'évolution du vivant conformément à son homéorhésie.

C'est ce que semble indiquer le 4ème point que je retiens de ce texte. Je le cite : « la formation d'une telle zone critique étendue, associée aux conditions de possibilité du vivant, pourrait provenir de la convergence de deux processus d'origines opposées : d'un côté (première limite de la zone), à partir de l'équilibre, la suite de bifurcations critiques qui pourraient être engendrées par un écart de plus en plus important aux situations d'équilibre (cf. Nicolis) [actualisant la criticité du vide comme Père] et, de l'autre côté (deuxième limite de la zone) la criticité auto-organisée provenant de la stabilisation d'états originairement chaotiques. »

Longo et Bailly continuent ainsi, je cite : « ce second type de manifestation causale (celle de la criticité auto-organisée) se manifeste sur des fibres internes constituant des dimensions supplémentaires compactifiées. Les deux structures causales sont bien évidemment compatibles et "simultanées", car le vivant est immergé dans les champs physiques. » Si la matière gémellaire du vivant est composée, comme pour le placenta d'éléments indifférenciés mais également totipotents, nous pouvons valablement la concevoir comme une structure fibrée qui traverse les paquets d'ondes pour allier ses forces gravitationnelles aux dimensions supplémentaires de ses derniers.

En effet, cette situation critique étendue n'existe et ne peut donc se maintenir, précisent les auteurs, qu'en présence active d'échanges de matière, d'énergie et d'information avec l'environnement, impliquant la constitution de ce qu'ils appellent des structures dissipatives.

Je suis allée chercher sur internet qu'entend-on par *structure dissipative* et j'ai trouvé une thèse en chimie biologique quantique, intitulée : *Dynamique et contrôle des systèmes quantiques ouverts* (Juillet 2014 Paris). Dès l'introduction, l'auteur, Aurélie Chanel, écrit ceci : « Pourquoi étudier la mécanique quantique ? deux réponses peuvent être données : 1) l'étude de la mécanique quantique explique le comportement de la matière à l'échelle microscopique. Des processus quantiques sont également à l'œuvre dans les systèmes biologiques. 2) L'étude de la mécanique quantique joue aussi un rôle dans une quête plus profonde, une quête de sens … car elle aide à mieux appréhender la logique et les lois physiques internes des univers où notre existence s'origine ».

La stabilisation d'états originairement chaotiques serait donc relative aux processus quantiques que provoque l'apparition du vivant dans un environnement forcément pétri et tissé de vide. De cette thèse, j'ai retenu deux points :

Le premier point est que, je cite : « le contrôle utilise des impulsions provenant de matrices auxiliaires et qui obéissent à différents impératifs et suivent différents schémas de contrôle des paquets d'ondes. On parle de contrôle cohérent, de contrôle pompe-sonde... Toutes ces méthodes de contrôle reposent sur des *simulations* (je souligne) qui doivent prendre en compte le plus grand nombre de degrés de liberté. Les dynamiques dissipatives répondent à ce modèle de contrôle » (p. 31). Je souligne le mot *simulation* que j'entends au sens de la « production de paires » dont parle les physiciens, impliquant « la participation d'une sorte de noyau d'atome qui ne joue que le rôle d'accoucheur[1] ».

Le second point qui m'a particulièrement intéressée est le suivant, je cite : « la condition finale de ce contrôle décrit un système qui va évoluer dans le temps pour former un état pur, *l'état cible désintriqué de l'environnement*. Ce processus est un processus de purification, qui est l'inverse du processus de dissipation. En pratique cette étape ne peut être effectuée qu'en remontant dans le temps... et en propageant en sens inverse les fonctions nécessaires (p. 36) ». L'espace de phase qui permet l'évolution du vivant dans une zone de criticité étendue est déterminé à partir des deux processus de dissipation et de purification, définissant ce qui est appelé des « matrices densité » (p. 36).

Selon ma compréhension toute relative, les dynamiques dissipatives, notamment à travers le contrôle pompe-sonde par exemple sont addictives : elles consisteraient en une interpénétration de forces de manière à apparier le plus grand nombre des plus et des moins, à les équilibrer rigoureusement. De cette manière toute trace d'altérité est niée et remplacée par un élément de cohésion et de similitude. Tandis que les dynamiques d'épuration sont soustractives : elles se rétractent en sens inverse en compactifiant les éléments préalablement obtenus tout en les réduisant aux fonctions nécessaires au vivant.

Ces dynamiques sont dites fonctorielles car elles construisent une compatibilité entre des espaces initialement non compatibles et permettent ainsi l'établissement d'invariants caractérisant ces espaces. Elles impliquent un corps massif composé d'éléments purement fonctionnels et dont l'énergie gravitationnelle les dispose à *effectuer* le plus grand nombre de motions positives ou négatives du vide/environnement tout en disparaissant dans leur produit. Le résultat final : *l'état cible désintriqué de l'environnement* pourrait être envisagé comme un topos où, comme dit Alain Connes, « chaque point est un foncteur d'image inverse... ce foncteur est le foncteur de réalisation géométrique. Ce foncteur d'image inverse, préserve non seulement les colimites arbitraires, mais aussi les limites finies, il préserve en particulier les produits ! » Comment dès lors interroger la fonction littorale de cet état cible ou de la zone de criticité étendue qui conditionnent, non pas le rapport à l'Autre, mais avant tout l'auto-engendrement du vivant ?

---

[1] M. Cassé, *Du vide et de la création,* Odile Jacob, 1993, p. 93.

II-   Modèle cosmogonique du vide de J.P. Petit

La nécessité de remonter dans le temps en propageant en sens inverse les fonctions nécessaires au vivant, est une dynamique qui pourrait faire appel à un schématisme semblable au modèle Janus de J.P.Petit dont nous a parlé récemment Gerard Crovisier. Pour construire la surface de Boy à partir du modèle cosmogonique de Sakharov, Petit part de l'univers fermé sur lui-même sur un plan spatial, soit une sphère avec un big bang figuré au pôle nord de la sphère et un big crunch, effondrement terminal, figuré au pôle sud. Or ce qui m'a paru intéressant dans ce modèle, c'est la structure tubulaire qu'introduit J.P.Petit. Ce tube rejoint par l'intérieur de la sphère, le pôle nord et le pôle sud. En se rétractant, cette structure tubulaire se réduit au maximum par la mise en coïncidence des deux pôles de la sphère initiale, ce qui fait disparaître l'instant zéro, le big bang n'est plus discernable du big crunch.

Ce modèle m'a d'autant plus intéressée qu'il reprend justement le modèle de Sakharov d'une cosmogonie du vide qui donne naissance à deux univers jumeaux, l'un d'entre eux où nous vivons serait constitué de matière donnant forme à la vie, et l'autre d'une « matière gémellaire » d'une nature inconnue. Et ce qui est remarquable, c'est que partant de la singularité de vide qui les relie, ces deux univers possèdent des flèches du temps pointant vers des directions opposées. Or, l'éclatement du vide à chaque genèse —soit la répétition du Big bang—, est source de forces chaotiques dont l'énergie positive et l'impulsion négative sont des flèches du temps également orientées vers des directions opposées

L'image que nous pouvons facilement avoir de ces deux matières générées par l'éclatement du vide, est celle de l'œuf fécondé qui est constitué de la matière qui donne forme à l'organisme où il est appelé à vivre et d'une seconde matière, une matière gémellaire de nature indifférenciée formant le placenta. Ces deux matières possèdent également des flèches du temps pointant vers des directions opposées, la matière placentaire remonte le temps pour jouer son rôle fondamental d'inhibition des réactions de rejet du vide structurant l'organisme maternel.

Ces réactions de rejet représentent le pôle du big bang de la sphère gestationnelle. Tandis que la « matière gémellaire » placentaire représente les « matrices auxiliaires » requises pour les processus de dissipation et d'épuration aboutissant à la création d'un état pur, *l'état cible désintriqué de l'environnement*. État qui offre les conditions de stabilité et de compatibilité (mais aussi de résistance), dans lesquelles le vivant, représentant le pôle d'effondrement, est maintenu dans une situation de criticité étendue où il peut déployer sa propre ontologie de vide.

Cette matière gémellaire représenterait la structure tubulaire du modèle Cosmogonique Janus, en opérant une mise en coïncidence des deux pôles : le pôle du big bang et le pôle d'effondrement. Par superposition des flèches qui s'orientent dans des directions opposées, elle crée un état où le temps devient inorientable. Cette inorientabilité du temps ne signifie pas une atemporalité, mais plutôt une indétermination intrinsèque au vivant. Le fait que cette matière soit animée par la même singularité de vide que le vivant, lui permet de « supposer » la structure évolutive de ce dernier pour établir cette coïncidence des deux pôles en réduisant le paquet d'ondes du premier pôle aux seules « trajectoires génériques » compatibles avec les conditions d'évolution du vivant. « Dès lors, écrit de longo et Bailly, on pourrait comprendre la *situation critique étendue* comme l'expression de cette généricité... En même temps cela permettrait de relier "naturellement" le biologique à la variabilité considérable dont il est le siège puisque cette compatibilité générique autoriserait l'existence d'un grand nombre de "trajectoires" possibles. » Cette variabilité est l'expression « d'une indétermination intrinsèque au vivant ... comparable aux chemins possibles et indéterminés de la physique quantique, mais concernant l'espace des phases lui-même. »

« Courir sur une corde tendue, écrit Longo, est une bonne image de l'état progressif du vivant ». Je dirais que, à l'instar du tube de J. Petit joignant les deux pôles en se rétractant, la corde tendue est bien plutôt l'image de la dynamique globale assumée par la matière gémellaire qui est sans cesse à hue et à dia pour maintenir la compatibilité des deux pôles de l'auto-engendrement du vivant, d'un espace de phase à l'autre malgré l'indétermination foncière des paramètres et objets de l'espace de phase qui suivra l'instant présent.

*

Quelques remarques avant d'aborder la question des fantasmes originaires :

1- En fait l'enjeu de cette zone de criticité étendue est de faire disparaître l'instant zéro antérieur au big bang provoqué par l'émergence du vivant et orchestrer les dynamiques de dissipation et de purification transformant la probabilité et la gravité du risque de disjonction exclusive entre le vivant et le vide comme Père en une disjonction inclusive qui non seulement maintient leur union sans confusion (identification sans écrasement dans un être unique), mais oriente cette unicité en faveur du vivant en tant que singularité de vide prétendant à son autonomie temporo-spatiale.

2- Le temps inorientable est le signifiant du "Un″ de la « solitude essentielle [1]», concept que Winnicott avance en réponse à la question qu'il pose : « Quel est l'état de l'individu humain quand l'être émerge du non-être ? » « Au départ, répond-il, il y a une essentielle solitude et cette solitude ne peut que se mettre sous la dépendance d'un maximum de conditions. » Il définit cette essentielle solitude comme « un état paisible de non-vie ... un premier état *d'avant l'animation*

---

[1] D. W. Winnicott, *La nature humaine*, Gallimard, 1990, p. 173.

141

de la v i e (souligné par l'auteur) ». « Cet état est bien antérieur à la pulsion », ajoute-t-il autrement dit, un état de vie non encore orientée, ce qui rejoint l'indétermination intrinsèque au vivant et donne une valeur métapsychologique nouvelle à la zone de criticité étendue. Il est ainsi donné au vivant de vivre son état de non vie, sa négativité - autrement dit d'éprouver son ontologie de vide foncièrement imprédicative -, avant de vivre sa vie. Soit un commencement de la vie qui s'origine non directement à partir de l'origine zéro antérieure au big bang, donc à partir de l'Autre, mais à partir de son propre vide central. Pour le dire à la manière de Derrida « c'est (cette) non origine qui est originaire[1] » et demeure le nœud central d'articulation des autres nouages.

3- Enfin on peut concevoir cette matière gémellaire comme l'« âme-à-tiers », comme l'écrit Lacan, qui administre le réel de manière à ce qu'il partage avec le vivant ce qui a disparu, c'est-à-dire la part de négativité ou de « vie immortelle » que le vivant emporte au moment où il fuse et fait irruption dans le monde concret en « laissant un trou dans la mer des négativités ». En effet, ce qu'il faut souligner c'est que même au niveau biologique, c'est la dimension métaphysique qu'il est d'abord nécessaire d'établir. Car les processus de dissipation et d'épuration sont comme des cribles qui re-densifient le vide primitif suite à son éclatement à chaque genèse, de manière à en extraire les propriétés particulières abstraites qui constituent « l'alphabet de l'être », comme dit Donald C. Williams, l'inventeur de la théorie des tropes et faisceaux. « Ces propriétés abstraites, écrit-il, constituent un faisceau où la coprésence et la similarité (ressemblance exacte) sont les relations constitutives qui se maintiennent dans le temps. »

III- La pensée de l'originaire chez Freud

1- *Les Urworte, mots primitifs*

Je vais rappeler là des notions bien connues de tous pour situer l'émergence de la question de l'origine chez Freud. Je me suis appuyée sur l'ouvrage remarquable de Lina Balestrière qui s'intitule : *Freud et la question de l'origine.*

Après s'être détourné de la théorie de la séduction et remis en cause la réalité des Urszenen, « les vraies scènes » ou « scènes d'époques primitives », Freud, en donnant à ces scènes le statut de scènes fantasmatiques, est amené à se reposer la question : la psychanalyse est-elle une science ? Tout en privilégiant le contexte associatif du patient, Freud tente de promouvoir la phylogenèse comme matrice de schèmes fondamentaux et universels :

---

[1] J. Derrida, *L'écriture de la différance*, Seuil, 1967, pp. 302-303.

A- D'abord sur la scène théorique du rêve avec la notion de *Urworte*, « mots primitifs ». Dans le chapitre de l'*introduction à la psychanalyse* consacré au travail du rêve, vous connaissez sa thèse : « La manière de procéder dont est coutumière l'élaboration du rêve (le rêve ignore le "non") est également propre aux plus anciennes langues connues[1]. » Ce qui l'amène à écrire en 1910 le bref article intitulé « des sens opposés dans les mots primitifs » portant le même titre que le texte d'Abel, un philologue allemand. Mais, au-delà de l'inexactitude qui s'est avérée de la thèse du philologue qui a inspiré Freud, il importe de cerner l'enjeu que représente pour Freud l'hypothèse d'une langue fondamentale (*Ursprache*), comme fondement de la « langue » du rêve. Freud s'en explique lui-même à la fin du chapitre « le symbolisme dans le rêve ». Son argumentation repose sur les points suivants :

- Le premier point est que les rapports symboliques établis par le rêve sont universels. « Ils ne sont pas effectués chaque fois pour les besoins de la cause », mais correspondent à des schèmes établis une fois pour toutes et toujours prêts. « Nous en avons la preuve, explique Freud, dans le fait qu'(ils) sont identiques chez les personnes les plus différentes, malgré les différences de langue ? » (p.151).

- Dans le second point, Freud pense que les processus d'élaboration du rêve (condensation, déplacement, transformation des idées latentes en images) sont les mêmes que ceux du symbolisme des mythes et des contes, des proverbes, des chants et de la poésie. Il parle d'une langue archaïque et, chose frappante, la comparaison qui vient sous la plume de Freud est celle avec la langue fondamentale de Schreber.

- Enfin 3ème point : Freud remarque que ce qui est propre à l'élaboration du rêve, est le caractère exclusivement sexuel. Il écrit : « dans les rêves, les symboles servent presqu'exclusivement à l'expression d'objets et de rapports sexuels ». Mais de quelle sexualité s'agit-il ? Freud s'appuie sur les travaux du linguiste M.H. Sperber sur l'origine sexuelle de la langue. « C'est ainsi, affirme Freud, que le mot lancé au cours du travail en commun avait deux sens, l'un exprimant l'acte sexuel, l'autre le travail actif qui était assimilé à cet acte (p. 152). » Les Urworte ne seraient donc pas uniquement des mots à sens opposé, qui affirment et nient à la fois, mais aussi des mots à double sens signifiant le lieu sulfureux de la sexualité du Père primitif et la mise au travail qu'elle induit et qui implique des forces collectives pour, disons, la dissipation et l'épuration de son excédent sexuel. Ce travail est semblable au travail d'élaboration du rêve qui ne cesse de déplacer remplacer condenser, unifier et permet au rêveur d'être au centre de la scène que

---

[1] S. Freud, *Essais de psychanalyse appliquée*, gallimard, 1976, p. 60.

ce travail produit et dont la « langue archaïque » tente de restaurer la non-sépa-rabilité des opposés - disons les deux pôles du vide, celui du corps primaire et celui du corps subjectal appelé à fonctionner en tierce personne.

B- La langue fondamentale de Schreber

Arrêtons-nous un moment à la langue fondamentale de Schreber. Elle a la parti-cularité d'opérer en plein jour et non dans le sommeil de la nuit comme la langue archaïque dont les Urworte informent le rêve et témoignent de « l'enfant préhis-torique toujours vivant avec ses impulsions », ainsi que Freud le démontre. Pour Schreber, cet infans a été tué, au sens du « meurtre d'âme ». On peut peut-être avancer que, pour Schreber, une faillite s'est produite au niveau des dynamiques de contrôle des systèmes quantiques ouverts, dynamiques incarnées par les géné-rations antérieures. Le résultat est une défaillance de la crypte inviolable et invi-sible que ces dynamiques construisent et qui donnent lieu aux zones de criticité étendue. Cette crypte où s'instaure l'état de solitude essentielle, d'isolement ab-solu, où prend place une communication fondamentalement silencieuse dans la-quelle se constituent les ressources féminines de l'omnipotence infantile, semble avoir été, sinon absente, du moins répétitivement empiétée par les débordements chaotiques du vide/envi–ronnement qui s'actualisent à chaque naissance. Les ré-actions à ces empiètements sont des interruptions de la continuité d'être (onto-logie du vide central), comme l'affirme Winnicott. Ce sont ces violations que Schreber appelle « meurtres d'âme ». La pire des violations est en effet celle qui modifie les éléments centraux de sa propre structure, l'obligeant à une commu-nication constante à travers les défenses.

À la place de la langue archaïque composée des Urworte tenant ensemble le sexuel et l'activité collective qui apparie les besoins érotiques de ce dernier, la langue fondamentale de Schreber dévoile l'excédent sexuel du vide comme Père dont l'éclatement a « disjoint les pièces maîtresses de son univers », comme il dit, et le confronte à la satisfaction de son urgent besoin de dissipation et d'épuration. C'est une langue du discontinu qui a haché-menu la pensée de Schreber, a rendu caduque son propre langage, en violant l'aire de son omnipotence infantile qui en est la source. Il ne s'agit pas d'une castration mais bien d'une émasculation de sa virilité potentielle. Schreber parvient à cette « éviration » de ses éléments mas-culins qui le transforme en une sorte de creux de recel, « un écheveau de vibra-tions », comme dit Artaud, pour être en résonnance permanente avec les besoins érotiques manifestés par les multiples rayons de Dieu. Il parvient ainsi à « exercer, écrit-il, une certaine attraction sur ce Dieu qui n'y consentait que contre son gré et cherchait constamment à échapper à l'attraction ». Tant que Schreber assure cette fonction d'attracteur « Dieu, écrit-il, se tient en quelque sorte pour satisfait, et il ne manifeste pas son penchant à refluer de moi » (p. 256).

Ce qui se signale derrière le symptôme paranoïaque, n'est pas une angoisse de castration mais un effondrement de l'institution du statut unitaire du sujet infantile, effondrement relatif à la défaillance prématurée de la fonction d'attracteur de « la femme ». Fonction qui consiste à se faire le matériau de capture de l'impulsion négative du Père (son « penchant à refluer ») et sa transformation en potentialité de l'infans (comme si elle était déjà accomplie). Schreber se substitue à son insu à cette fonction de « la femme » dans l'espoir de parvenir à cette construction cryptique d'une scène primitive où il serait à nouveau inclus.

2- La Scène primitive et les fantasmes originaires.

C'est dans l'élaboration des grands comptes-rendus cliniques que Freud rencontre la nécessité de penser un enracinement de l'activité fantasmatique au-delà de tout scénario particulier, individuel ou familial.

L'expression « *fantasme originaire* » apparaît pour la première fois dans le *Commentaire d'un cas de paranoïa contredisant la théorie psychanalytique* (2015) où Il affirme la position des fantasmes originaires comme se rapportant à quelque chose de nécessaire, « devant immanquablement s'imposer », dit-il, derrière l'incident fortuit, l'accidentel ou le factuel. Ainsi, le bruit entendu par la patiente, tel un déclic d'un appareil photographique la prenant en photo dans l'intimité avec son ami, est donc le facteur accidentel qui n'a d'autre fonction que d'activer le fantasme originaire de la scène primitive, à savoir « l'imagination typique d'épier que comporte le complexe parental », précise Freud ou encore : « la fantaisie typique de l'écoute contenue dans le complexe parental » (p.314 de PUF, œuvres complètes, vol XIII). Le fait que Freud rapproche ce déclic d' « une sensation de battement, ou d'élancement du clitoris » m'autorise à pousser plus loin son hypothèse.

En partant des considérations préalables sur le vivant comme ontologie minimale de vide, je dirais que le fantasme originaire active le besoin de l'infans que la scène primitive ou le complexe parental réalise sa toute-puissance comme déjà accomplie, comme de « se voir dans son propre membre sexuel ». Je prends le risque d'aller plus avant dans cette hypothèse : dans le cas de la patiente, la scène primitive est schématisée par la rencontre qu'elle fait en descendant l'escalier, de deux hommes dont l'un cachait un appareil photographique ; Elle inclut le sujet épiant une scène de laquelle il est exclu. Ce faisant, le sujet tente de réparer par son délire l'atteinte de la scène originelle qui l'incluait à son insu comme s'il en était lui-même le créateur, autrement-dit, comme si la scène le regardait avec son propre regard, et qu'il s'y voyait comme dans son propre phallus.

Le fait que ce regard surgisse sous la forme d'un déclic entre deux hommes n'est pas sans évoquer le rapport hommosexuel que Lacan écrit avec 2m, quand il parle de la femme qui fait l'homme quand elle s'abîme dans la jouissance de l'Autre. Les deux hommes ne figurent-ils pas ce rapport sexuel entre deux hommes dont l'un dispose de sa vision (appareil photographique), tandis que l'autre en est châtré ? La différence cependant entre cette scène primitive et celle produite par le rapport dans lequel s'abîme "la femme", réside dans la nature du regard qui en émane : dans le cas de paranoïa, le regard/déclic est un rapt de l'intimité du sujet – soit un viol de son omnipotence infantile –, alors que dans le second cas, le regard est une affirmation de cette omnipotence comme si elle était déjà accomplie.

En 1917, un pas supplémentaire est franchi par Freud dans *Introduction à la psychanalyse,* où il affirme que : « tout ce qui nous est raconté au cours de l'analyse à titre de fantaisies, à savoir le détournement d'enfants, l'excitation sexuelle à la vue des rapports sexuels des parents, la menace de castration, ou, plutôt, la castration, il est possible que toutes ces inventions aient été jadis, aux phases primitives de la famille humaine des réalités, et qu'en donnant libre cours à son imagination, l'enfant comble seulement, à l'aide de la vérité préhistorique, les lacunes de la vérité individuelle. » (p.350).

Ainsi pour ce qui est de la question de savoir si la scène originaire de l'Homme aux loups est un fantasme ou un évènement réel, Freud écrit : « il n'est au fond pas très important que cette question soit tranchée », car de toute manière, chacun porte en soi une scène primitive, qu'il ait pu réellement l'observer ou non. Chaque enfant, en naissant, porte en lui des schémas phylogénétiques : telle est l'affirmation que Freud pose à la fin de ce compte-rendu clinique. Ces schémas, écrit-il, « semblables à des "catégories" philosophiques, ont pour rôle de "classer" les impressions qu'apporte ensuite la vie » (p. 418). Et parmi ces catégories, c'est le complexe d'Œdipe que Freud cite en tant qu'« exemple le mieux connu ».

Les fantasmes originaires constitueraient, dit Freud, « le patrimoine instinctif » (p. 419) de l'homme, comparable au savoir instinctif des animaux, patrimoine qui se rapporte tout particulièrement à la sexualité du Père primitif.

À la fin de sa vie, Freud reparlera des fantasmes originaires et du complexe d'Œdipe en leur réservant le même ancrage, comme dans ce passage de *L'homme Moïse et la religion monothéiste :* « Le comportement de l'enfant névrotique à l'égard de ses parents dans le complexe d'Œdipe et dans le complexe de castration surabonde en réactions qui semblent injustifiées du point de vue individuel et qui ne peuvent être comprises que phylogénétiquement, par rapport à l'expérience vécue de générations antérieures » et plus loin : « ceci étant posé, je n'hésite pas à affirmer que les humains ont toujours su – de cette manière particulière - qu'ils ont possédé un jour un père primitif et qu'ils l'ont mis à mort. » (Gallimard, 1986, p. 197)

IV- La naissance d'Œdipe

C'est peut-être la préhistoire de ce meurtre du père que Freud ne prend pas en compte, et qui fait que ce qu'il appelle « le père de la préhistoire personnelle » se confond souvent avec le père mort. Or c'est cette préhistoire qui est déterminante dans la tragédie de Sophocle lue par Jean Bollack, préhistoire qui éclaire autrement le meurtre et l'inceste exécutés par Œdipe-Roi. Bien que Bollack ne parle pas de la dynamique d'un vide au sens de la physique quantique, il développe néanmoins sa lecture de la tragédie de La naissance d'Œdipe autour du thème central de ce qu'il appelle « l'expansion procréatrice d'un génos », c'est-à-dire d'un père ou principe générique fondateur. De son point de vue, c'est en tant que la naissance d'Œdipe constitue une transgression d'une puissance représentée mythiquement par la puissance royale des Labdacides, qu'elle entraîne dans son sillage le meurtre et l'inceste sans rivalité avec le père ni désir de la mère.

C'est la saturation du vide primitif dont l'expansion procréatrice, représentée par la prolificité et la plénitude d'une race, antérieurement à la naissance d'Œdipe, qui condamne cette dernière. L'oracle annonce cette naissance et exprime la nécessité du destin qui s'ensuit : le déchaînement des forces oraculaires en même temps que la violence qui entraîne Œdipe à contre-courant de sa propre vie et de la vie de sa descendance. Œdipe prend donc le relève de la fonction de la matière gémellaire disparue en incarnant le manque réel comme relai à la plénitude du genos (la race royale). Cette fonction consiste à unir le pôle de l'éclatement de cette violence au pôle d'effondrement représenté par Œdipe aux pieds ligaturés et jeté à l'abîme. Œdipe relève le défi de son destin qui est d'abolir sa naissance pour naître de lui-même. Il lui faut donc remonter le temps en concentrant en lui l'extériorité, en étant le point central de récursivité où se croisent les parallèles de l'expansion maximale du genos (du vide primitif) et les méridiens de la temporalité qui détermine son destin.

« *Jamais Freud ne put admettre – ou ne devait simplement supposer –,* écrit Bollack, *que le meurtre du père aussi bien que l'union avec la mère étaient des événements qui recevaient, pour Sophocle, et, avant lui, dans le mythe, un sens spécifique…, dans la logique* d'une *annulation de la génération – de l'expansion (je souligne) procréatrice d'un genos, sans rivalité avec le père, malgré le meurtre, et sans désir de la mère, malgré le lit, indépendamment de la signification dont les mêmes mythologèmes peuvent être ailleurs chargés, en soi ou par leur insertion dans une autre structure*[1]. »

La logique de l'annulation de la génération n'est compréhensible que si l'on considère le père fondateur, l'Urvater, comme un vide en tant que systèmes de

---

[1] J. Bollack, *La naissance d'Œdipe*, Gallimard, 1995, p. 318.

[3] M. Cassé, *Du vide et de la création,* Odile Jacob, 1993, p. 93.

champs quantiques dans lequel le surgissement de la vie, sortant des limbes et faisant irruption dans le monde concret, « laisserait un trou dans la mer des énergies négatives », comme dit l'astrophysicien Michel Cassé. « Et la disparition d'une charge moins apparaîtrait, poursuit-il, comme la création d'une charge plus, que nous pourrions appeler positon... Si l'état duquel l'électron est extrait se caractérise par une impulsion P et une énergie E, le positon apparaît comme un électron réel d'énergie E et d'impulsion -P, et donc de vitesse inversée[1]. *» Les physiciens parlent alors d'antiparticules qui remontent le temps.*

Je cite encore Michel Cassé : « Bien que le couple (électron et positon) se matérialisent à partir du vide, de rien, apparemment, le processus de création ne peut se produire dans l'espace nu car la conservation simultanée de l'impulsion et de l'énergie requiert la participation de quelque autre promeneur, disons un noyau d'atome qui, ne jouant que le rôle d'accoucheur (je souligne), se retrouve intact au bout du compte. Ce phénomène est appelé production de paires (souligné par l'auteur Ibid.) »

Les impulsions provenant du noyau d'atome fonctionneraient comme les impulsions provenant de matrices auxiliaires dans le contrôle des systèmes quantiques ouverts. Ce sont, écrit-il ailleurs, « les jeux de l'être atomique et du non-être du vide, sans quoi le mouvement est impossible, (qui) induisent la génération et la mort (Ibid. p. 178)». Les processus d'annihilation, appelés «production de paires », évoqueraient également ces méthodes de contrôle qui reposent sur des simulations.

De même que le surgissement d'un électron se matérialisant à partir du vide est un acte de transgression impliquant des processus compensatoires, de même chaque naissance est un acte de transgression qui renouvèle le meurtre du vide primitif comme Père et implique le redoublement de ce meurtre à travers des processus d'apppariement. La lecture de Bollack me paraît confirmer cette hypothèse. Il écrit : « Œdipe est fils, et son père, père ; père d'un fils qui le tue parce qu'il est son père, et non parce qu'il est lui-même, avant de tuer, cet Œdipe mort-né, ou né-mort, fils d'un père qui ne devait pas l'engendrer et croyait l'avoir jeté à l'abîme. » Ce que veut dire Bollack, me semble-t-il, c'est qu'il ne s'agit pas de la simple et sainte famille père-mère-et-enfant, mais d'une cosmogonie de l'Urvater qu'est le vide, cosmogonie dans laquelle Œdipe est cet enfant mort-né non parce que son père a cru le jeter dans l'abîme, mais parce qu'il est lui-même un vide qui porte en lui le désir du dépassement.

Or, ce désir ne peut se réaliser qu'en effaçant les traces de sa naissance. Et pour cela, il lui faut devenir lui-même l'agent de la mise en acte du meurtre du

Père, meurtre provoqué par cette naissance en tant que transgression de la logique d'indivisibilité intrinsèque à la nature du Père. Le premier meurtre est un éclatement de la violence d'un vide hyper-saturé qui se déchaîne comme le retour sur lui-même d'un ressort tendu à l'extrême. Œdipe est le dépositaire de cette puissance, mais dans la logique qui fait revenir cette puissance sur elle-même pour se détruire. « Toute sa vie, écrit Bollack, aura pour fin d'abolir sa naissance, de détruire le générateur dans sa personne et dans son œuvre génératrice en le substituant au père. D'abord comme souverain ; avant d'être parricide, il est régicide… Puis dans le lit de Jocaste comme engendreur, se reproduisant lui-même comme s'il était le père. »

Ailleurs, il écrit : « Œdipe tue son père une deuxième fois, par un meurtre symbolique, en se substituant à lui dans l'acte de la génération, et en annulant sa paternité. » « L'inceste est donc la conséquence et la reproduction du parricide » il a pour fonction de fabriquer des « pères-frères-et-fils, meurtre du sang (p.229) », écrit Sophocle. Ce que Bollack entend au sens, « de reproduire une descendance identique que l'altérité n'a pas touchée (p. 207) » pour apparier les traces de l'éclatement du père. « Il en sort un chaos, non par excès, mais par effacement des différences (p. 207) ». « C'est ainsi, conclut Bollack, que l'inceste est finalement chez Sophocle un sacrifice humain » (p. 212).

À la lumière de la lecture de Bollack, on peut avancer que le meurtre et l'inceste sont dans la tragédie de Sophocle, l'équivalent au niveau mythologique, des processus physiques de dissipation et d'épuration qui contrôlent les systèmes quantiques ouverts et qui se passent dans le « flou » de la décohérence quantique. Le meurtre et l'inceste correspondent en effet aux processus d'annihilation ou de production de paires qui font passer le vide de l'état de turbulence chaotique, excluant l'émergence de la génération (c'est-à-dire d'une nouvelle ontologie de vide), à un état « de chaos, non par excès, mais par effacement des différences », donnant forme à l'indétermination propre à la génération. Le meurtre et l'inceste rétablissent en effet la coprésence et la similarité des deux vides (Père et fils) comme des relations constitutives qui se maintiennent dans le temps sous la forme d'une zone de criticité étendue qui potentialise l'autopoïèse de la vie émergeante et qui, dans la tragédie, fait d'Œdipe l'ordonnateur de son destin.

Les fantasmes originaires montrent que ce désir de dépassement est la quête fondamentale de l'infantile en tant qu'ordonnateur de son destin, non pas réellement, mais dans l'accomplissement des potentialités de l'enfant tout puissant que chacun porte en lui. Accomplissement non pas réel, mais réalisation dans un registre représentatif de sa toute-puissance supposée accomplie, à la manière dont l'« état cible désintriqué de l'environnement » potentialise le non-encore manifesté du vivant. D'où la proximité structurelle du fantasme originaire et de « l'âme-à-tiers » dans la mise en œuvre de processus d'effacement du meurtre du Père en vue de la reconstitution symbolique de la figure du père immortel, établissant la primauté du père comme attribut du fils[1]. *La toute-puissance infantile étant d'unir virtuellement en soi le principe et la fin de toute chose et de s'accomplir dans l'être inengendré qui dit : « je suis, qui je suis ». L'enjeu de cette toute puissance imaginaire et symbolique est de se constituer, à son tour, « l'âme-à-tiers » qui rend, alors seulement, le sujet réel – c'est-à-dire capable de se diviser pour fabriquer les répliques qui lui permettent de gérer son rapport à l'Autre au-dedans et au-dehors de lui-même.*

V- *L'Homme aux loups*

La « scène primitive » reconstruite à partir du rêve concerne l'observation par l'enfant d'un « coïtus a tergo ». Plusieurs fois, Freud remet à plus tard le dévoilement de quelque chose : « l'enfant interrompit le rapport sexuel de ses parents en ayant une selle, ce qui lui permit de se mettre à crier ». Le sexe anal constitutif de la scène a valeur d'un schéma universel ou d'une catégorie donnant la forme et le contenu de l'expérience de la jouissance de l'Urvater. Le sexe anal exhibe l'"'igno-minie"', comme dit Sophocle, d'une sexualité générique qui soustrait d'Œdipe la puissance dont il était préalablement investi par l'Urvater, pour servir les processus d'annihilation intrinsèques à la satisfaction de la jouissance de ce dernier. Dans la scène primitive reconstituée à partir du rêve de l'Homme aux loups, c'est l'infans qui se vide de cette matière. Mais, à la différence d'Œdipe, la matière dont se vide l'infans par son anus est inapte à produire les éléments totipotents - ces « pères-frères-et-fils, meurtre du sang » -, qui sont des éléments de la puissance libidinale dont Œdipe est l'héritier comme l'est la mère du début de la vie (« la femme »). Ces éléments masculins ont été doublement niés, une fois par l'Urvater, et une deuxième fois par Œdipe - et il en est de même pour la mère (« la femme ») -, pour devenir des étron-phalles fonctionnels (des quanta d'action) prêts à se rajouter ou se retrancher à toute motion érotique négative ou positive de la jouissance de l'Urvater. Tandis que la merde/jouissance dont l'infans est vidé - en étant, à son insu, totalement soumis à la compulsion de la jouissance de l'Urvater -, signifie un élément d'effondrement ou de meurtre d'âme.

Les rares éléments que l'on sait sur la mère de l'Homme aux-loups, au travers du récit de ses analystes, et notamment, celui de R. M. Brunswick[2], donnent à penser que, bien avant que le patient ne fût hanté par les personnages de sa sœur et de son père au travers de la séduction que celle-ci exerçait sur son petit frère et

---

[1] Conrad Stein, Le monde du rêve, le monde des enfants, 2011, pp. 328-329.

[2] N. Abraham et M. Torok, *Le verbier de l'Homme aux loups*, Flammarion, 1999, p. 93. « Cette période de l'analyse, note-t-elle, mit à jour un matériel nouveau et de grande portée, des souvenirs oubliés jusque-là, se rapportant aux liens complexes de la fillette préschizo-phrène avec son petit frère. »

qu'elle aurait elle-même subie de la part de leur père, il a déjà pâti de la fonction défaillante de la mère face aux débordements des flux et reflux de la jouissance de *l'Urvater*. Cette mère était apparemment incapable de tout conflit et dénuée de toute capacité de haine susceptible d'incarner en elle la matière totipotente qui donne corps à cet excédent sexuel qui s'actualise à chaque naissance. Il se déchaîne comme un « vent violent », un « vent de naissance » dont parle Freud et qu'il assimile à la *malaria* dont l'enfant souffrait et qui donnait lieu à des crises d'angoisses vespérales auxquelles Freud associe la fameuse scène primitive.

L'intérêt de la zone de criticité étendue dont la production conditionne l'émergence du vivant - c'est-à-dire, comme dit Freud, de « l'enfant vivant avec toutes ses impulsions » -, mais sans le mettre à contribution, l'intérêt donc de cette zone est d'interroger la situation toute aussi paradoxale inhérente à la problématique psychanalytique. Comment en effet, tenir compte dans un discours, quel qu'il soit, de cela même qui, pour en être la condition, lui échapperait par essence ? De Longo et Bailly, tentent de rendre compte d'une construction cryptique comme menée par un « deus ex machina », où l'extension des situations critiques, conjointement à l'intrication des niveaux d'organisation et leurs effets de "résonance" réciproque, s'articulent miraculeusement dans un environnement physique intrinsèquement incompatible avec l'émergence du vivant. Ils proposent une intelligibilité des "champs" du vivant et ses dynamiques qui se baserait sur des modèles de physique quantique qui s'adjoignent des concepts et structures mathématiques autonomes (les matrices auxiliaires en lien avec les processus de dissipation et d'épuration).

De Même la psychanalyse devrait être concernée dans tout discours à cette construction cryptique sans laquelle aucun signifiant, aucun discours, ne saurait advenir et qui impliqueraient nécessairement le meurtre et l'inceste comme les mythologèmes fondamentaux. Le meurtre et l'inceste sont des termes qui saisissent par le langage la source même dont le langage émane. À savoir la crypte produite par l'interpénétration de forces mise en œuvre et impliquant un versement de « sang », pour effacer l'instant zéro. Comme l'écrit J. Bollack, « le sang n'est pas seulement celui qui coule dans les veines ; il est proprement aussi celui qui se transmet par le sperme dans le genos. » Ce sang profond est transmis par la genèse du vide primitif et correspond à la matière gémellaire nécessaire à la production des paires qui ensevelissent les traces de l'instant zéro de sa genèse, l'instant de son éclatement donc, et du déferlement de la jouissance réelle (libido sadique) de cet Urvater. Il nous faudrait changer de paradigme et entendre l'Urvater, non comme le père mort, mais comme le paradigme du « Père qui appartient à la catégorie des "piqueurs de filles" ("*Mädchenstecher*"), pour qui les blessures sanglantes sont un besoin érotique[1] ». Comment comprendre cette phrase énigmatique de Freud dans la même lettre à Fliess où il s'interroge sur « la provenance de nos mots d'action, à partir de ces termes originellement copro-érotiques » et où il est surpris de « tout ce qui se résout pour moi (nouveau Midas !) en … merde (Dreck). Cela concorde tout à fait avec la doctrine de la puanteur interne… (*Drekkologie* : merdologie) » ?

De quelle doctrine s'agit-Il ? Je propose de l'aborder en considérant le meurtre et l'inceste comme les éléments de « la puanteur interne », ou de l' « ignominie » qu'évoque Sophocle, faisant partie intrinsèque des dynamiques libidinales conçues en termes d'éléments d'énergie quantique. Considérer donc que la jouissance de l'Urvater impose, en effet, une redistribution des genres obligeant « la femme » à renoncer à la jouissance féminine dont elle est investie au cours de sa grossesse et à « faire l'homme », comme dit Lacan. « Faire l'homme » serait pour "la femme" un renoncement à ses propres éléments masculins (hérités du Père), et leur neutralisation par leur propre consumation en eux-mêmes, comme des particules qui seraient à elles-mêmes leur anti-particules. Ainsi recourbés, bouclés sur eux-mêmes, ils sont rendus purement fonctionnels et sont compactés en une matière de vide très dense, un corps libidinal massif, doué de forces gravitationnelles. Nous connaissons le concept lacanien de ~~La~~ femme, pas-toute, mais en se réduisant à cette sorte de « matière noire » (matière anale), "la femme" « fait l'homme » au sens où elle devient un trou de recel des ressources fonctionnelles (la pluralité des éléments masculins châtrés "-φ") propres à satisfaire la jouissance phallique de l'Urvater. Ou autrement-dit, elle devient un système d'attraction et de précipitation des « loups » ou éléments de la jouissance vorace de l'*Urvater*.

Le meurtre et l'inceste sont donc à penser en termes d'une double négation. La première négation, relative au reniement des éléments masculins, en lésant ainsi la vie, fait de telle sorte que la libido ainsi « retenue dedans » est bien du côté de la mort. La deuxième négation favorise l'identité au détriment de l'altérité et représente un inceste sans traces : en effet, cette libido (composée donc des éléments hérités de l'Urvater et doublement niés, par lui et par "la femme", son héritière) devient le système fonctoriel d'induction et d'inversion des besoins érotiques de l'Urvater, au travers du rapport hommosexuel (schématisé par le coitus per anum) qu'il induit. C'est cet inceste sans traces, en tant que sacrifice de "la femme", qui recouvre les processus de dissipation et d'épuration de la jouissance de l'Urvater. Processus d'une écriture cryptrographique de cette jouissance ainsi

---

[1] S. Freud, *Lettres à Fliess 1887-1904*, lettre du 22 décembre 1897. PUF, 2007, p. 362.

réduite à un faisceau de propriétés particulières abstraites qui qualifient « l'alphabet de l'être[1] ». Ces propriétés constituent un faisceau où la coprésence et la similarité (ressemblance exacte Urvater/infans) sont les relations constitutives qui se maintiennent dans le temps, permettant l'extension de la criticité propre à l'indétermination de l'être vivant. D'où le paradoxe d'une toute-puissance infantile supposée accomplie, une toute-puissance qui *s'accomplir dans l'être inengendré développant peu à peu « un modèle d'agressivité personnelle qui fournit la trame d'un fantasme inconscient (permanent) de destruction[2] ».*

Dans le cas de l'homme aux loups, il y a lieu de supposer la défaillance de la fonction de crypte de "la femme" plurielle, défaillance qui expose l'infans, dès sa naissance, à « un savoir instinctuel », comme dit Freud, de la tendance de l'Urvater de soutirer le supplément de jouissance qui lui est impérieusement nécessaire, au travers d'un sexe anal qui signifie « des blessures sanglantes » au sens du mot sang qui signifie l'énergie quantique source de la vie. Le rêve vient ranimer ce « savoir instinctuel » en actualisant l'impulsion qui avait entraîné l'ouverture de l'anus. C'est la même impulsion que le rêve met en scène : « J'ai rêvé qu'Il faisait nuit et que j'étais couché dans mon lit. Tout à coup la fenêtre s'ouvre d'elle-même ». De cette ouverture, Freud dit qu'elle est la seule action, déchirant la nuit qui l'enveloppait dans son lit, faisant donc voler en éclats la scène primitive et, avec elle, la crypte cachée qui maintenait l'ajustement de l'Urvater aux impulsions vivantes de l'infans. Cette ouverture fait éclater la jouissance sauvage et vorace du vide primitif, ce « vent de naissance » qui manifeste sa nécessité explosive et se déchaîne tout prêt, de l'autre côté de la fenêtre. Il s'éparpille en autant d'éclats que de loups, plantés tout droit, vibrant comme la flèche lancée par la corde inflexible de l'arc qui construisait la crypte englobant la vie et lui servant de contre-appui. Leurs regards-pines raidies devant l'œil signifient le pouvoir de siphonage du vide et font voir à l'infans sa terreur d'annihilation. De même que leurs oreilles dressées font entendre la voix assourdissante du fracas de ce gouffre abyssal qui se hurle en silence. Mais parallèlement à la terreur, il y a l'intimation à « une jouissance par lui ignorée », comme dit Freud à propos de l'Homme aux rats. En s'immobilisant sur le grand noyer comme sur une proie, les loups signifient au rêveur, assimilé à ce grand étron, l'injonction semblable, en définitive, à celle qu'avait suscitée la scène dite primitive, où comme le dit Freud, le loup/père soumettait le loup/mère, « *mis la tête en bas* », au coït anal, injonction à laquelle l'enfant avait été mis à contribution en se vidant par l'anus. Le rêveur prend donc cette modalité de jouissance où les blessures sanglantes sont un besoin érotique, pour la réalité de ce qui devrait être sa propre impulsion agressive.

---

[1] Donald. C. Williams, *Opus. Cit.*

[2] D.W. Winnicott, *La crainte de l'effondrement et autres situations cliniques*, Gallimard, 2000, p. 261.

Telle est « l'invivable contradiction du moment zéro » autour duquel N. Abraham et M. Torok avance une métapsychologie de la crypte construite par le *Verbier* de l'Homme aux loups. Ce n'est pas ici le lieu de commenter cette métapsychologie, mais toute la crypto*nymie* reconstituée par le Verbier n'aurait aucun ressort sans l'initialité de la crypte assurée par "la femme" comme le symbole de la dissolution de tout nom, à partir de laquelle advient le nom. « La femme » comme la Chose qui se tait et n'appelle aucune représentation mais dont « la structure testamentaire organise la pompe de tout fonctionnement cryptique[1] »

À ce titre, Le rêve des loups, la scène primitive qui en est induite, ainsi que les « fantasmes originaires » sont à entendre comme les répondants ou les tenants-lieu de ce fonctionnement cryptique qu'ils tentent de restaurer à tout prix dans l'espoir de restituer la zone vitale de criticité étendue où les deux pôles coïncident : le pôle de l'effondrement que redoute le sujet alors que cet effondrement a déjà eu lieu, et le pôle explosif du vide primitif qui est à la fois redouté et compulsivement recherché.

Texte revu le 30 avril 2023
de la communication faite à la
Biennale de Marseille en juin 2022.

---

[1] J. Derrida, *Fors, Les mots anglés de Nicolas Abraham et Maria Torok*, Flammarion, 1999, p. 66.

Bernard Hubert

INTERROGATIONS AUTOUR DU CAS ARTAUD : SORTIR DU DÉLIRE PAR L'ÉCRITURE ?

Comment expliquer qu'après avoir séjourné dans différents lieux psychiatriques pendant neuf ans, Artaud ait pu retrouver un équilibre suffisant pour quitter le milieu asilaire sur proposition du médecin chef de l'hôpital de Rodez, dernier lieu où il fut hospitalisé, rejoindre Paris et surtout reprendre l'écriture interrompue pendant toute cette période, et produire des textes majeurs qui gardent jusqu'à aujourd'hui toute leur originalité et leur force poétique, comme par exemple « Van Gogh le suicidé de la société » ou « Pour en finir avec le jugement de Dieu » ? Rappelons que toute son histoire psychiatrique s'est déroulée avant l'apparition des neuroleptiques puisqu'il meurt en 1948. Quels facteurs peut-on repérer qui aient pu jouer dans cette évolution ? Pour pouvoir saisir quelque chose de cette évolution, je vais commencer par un bref rappel biographique.

Né en 1896 à Marseille où il passe toute son enfance, il est issu d'une famille de négociants, sa mère est originaire du Levant, son père est marseillais. Il part très souvent en vacances dans sa famille maternelle au Levant, où il retrouve sa grand-mère maternelle à laquelle il est très attaché. Ses problèmes nerveux commencent tôt, dès l'adolescence. Ses parents le confient aux médecins psychiatres les plus réputés de l'époque, dont Édouard Toulouse qui devant sa symptomatologie faite d'anxiété, d'angoisses insupportables, de troubles du sommeil, lui prescrit des morphiniques dont il restera dépendant toute sa vie. Reconnu très jeune comme poète, il fréquente le milieu intellectuel parisien. Après un premier refus, il est publié à la NRF chez Gallimard. Il fonde avec Roger Blin une troupe de théâtre, joue comme acteur dans de nombreux films, notamment dans le *Napoléon* d'Abel Gance où il interprète le rôle de Marat. Très vite il crée sa propre troupe de théâtre, publie *Le Théâtre et son double* qui contient de nombreux textes sur le théâtre, notamment l'article célèbre sur le théâtre de la cruauté. Il y développe une conception originale du jeu d'acteur, conception très exigeante tant sur la diction que sur la scansion du texte et également sur le jeu lui-même. Il ne ménage ni la sensibilité du spectateur ni les autres théoriciens de l'époque. D'une manière générale il refuse tout ce qui peut lui apparaître comme compromission. En 1925 il rejoint le mouvement surréaliste au sein duquel il est très vite choisi comme secrétaire, mais il se trouve rapidement en conflit au niveau politique avec le groupe, dont Breton, Aragon, Eluard, qui veulent se rapprocher du parti communiste. Exclu en même tant que Vitrac, traité de traître, quoique très affecté, il ne cède pas. Un peu plus tard il crée *Les Cenci*, pièce de sang, d'inceste, de meurtre, qui se passe à Florence sur fond de décadence, de guerre civile, de complots, etc. Mal reçu par le public, peut-être en raison de sa violence et de sa cruauté, elle déchaîne une critique haineuse, ce qui l'affecte particulièrement. Ses relations féminines sont également très difficiles et aboutissent régulièrement à des ruptures. Bien que pouvant compter sur des amitiés fidèles, comme celle de Jean Paulhan, directeur de la NRF ou d'écrivains comme Adamov, Gide, Marthe Robert, il se sent de plus en plus seul, incompris dans sa recherche de la Vérité.

Aigri, plein d'amertume, il décide en 1936 de faire un voyage au Mexique à la recherche d'une nouvelle civilisation, origine pour lui de toutes les autres. Dès son arrivée à Mexico, il prend des contacts avec l'intelligentsia, donne plusieurs conférences dont les journaux se font l'écho. C'est un succès. Il décide alors de prolonger son séjour pour se rendre chez les Tarahumaras, peuplade indienne qui a gardé ses rites ancestraux. Il participe à un rituel initiatique où il absorbe du peyotl, initiation dont il fera la narration plus tard, en décembre 1943, dans un texte écrit à l'hôpital de Rodez sous forme de lettre au docteur Ferdière, texte qu'Henri Parisot souhaitait alors publier. Il ne paraîtra finalement qu'en 1947 après la sortie d'Artaud de l'hôpital, dans une version considérablement remaniée où sont supprimées les allusions au docteur Ferdière et à la religion, dans le numéro 12 de la revue *L'Abalète*, comme le signale une note d'Evelyne Grossman. Voici comment il raconte avoir vécu son l'initiation :

« Nul au Mexique ne peut être initié, c'est-à-dire recevoir l'onction des prêtres du Soleil et la frappe immersive et régénératrice de ceux du Ciguri, qui est un rite d'anéantissement, s'il n'a été auparavant touché par le glaive du vieux chef indien qui commande à la paix et à la guerre, à la Justice, au Mariage et à l'Amour[1]. »

Il décrit ainsi le rituel :

« C'est un dimanche matin que le vieux chef indien m'ouvrit la conscience d'un coup de glaive entre la rate et le cœur : 'Ayez confiance, me dit-il, n'ayez crainte, je ne vous ferai aucun mal' et il se recula très vite de trois ou quatre pas, et après avoir fait décrire à son glaive un cercle dans l'air par le pommeau et en arrière, il se précipita sur moi, en avant, et de toute sa force, comme s'il voulait m'exterminer. Mais c'est à peine si la pointe du glaive me toucha la peau et fit jaillir une toute petite goutte de sang. Je n'en éprouvai aucune douleur mais j'eus en effet l'impression de me réveiller à quelque chose à quoi jusqu'ici j'étais mal né et orienté du mauvais côté, et je me senti rempli d'une lumière que je n'avais jamais possédée[2]. »

---

[1] Artaud, *Œuvres*, Gallimard, coll. Quarto, 2004, p. 1679.
[2] *Id.*, p. 1680.

Il eut alors le sentiment d'avoir enfin touché aux racines de son être. Ce récit laisse penser que la décompensation délirante d'Artaud, survenue un an plus tard, a commencé à ce moment-là.

De retour en France après avoir séjourné presque un an au Mexique, il décide, pour poursuivre sa quête, de se rendre en Irlande, toujours à la recherche de l'origine et du sens des choses, de la pureté originelle, voyage qui tournera à la catastrophe. Il effectue ce voyage à nouveau seul. Il emmène avec lui une canne qui a treize nœuds et qui est ferrée à son extrémité inférieure, canne offerte par un ami qu'il identifie comme ayant appartenu à Saint Patrick l'évangélisateur de l'Irlande et son saint patron. Une échauffourée éclate auprès d'un édifice religieux. La police intervient et l'arrête. Devant ses propos incohérents et son agitation, il est maîtrisé et embarqué sur un paquebot en partance pour la France. Il gardera de cet épisode le souvenir d'une profonde injustice et le sentiment d'avoir été l'objet d'une tentative d'assassinat de la part de ceux qui voulaient le maîtriser. Transféré à Paris, il est hospitalisé à Sainte-Anne où Lacan, alors chef de clinique du service, aurait déclaré à Roger Blin, venu rendre visite à Artaud, que ce dernier ne voulait parler à personne, qu'il était perdu pour la poésie, fixé dans son délire. En l'absence d'amélioration après un an à Sainte-Anne, Artaud est transféré à Ville Evrard. C'est Lacan qui établit le certificat de transfert le 22 février 1939 où il est mentionné : « Syndrome délirant de structure paranoïde. Idées actives de persécution, d'empoisonnement, de dédoublement de la personnalité », etc. Un infirmier de cet établissement, à partir du récit d'un autre infirmier qui était en activité lorsqu'Artaud y était hospitalisé, a rapporté dans un livre ce récit sur l'état d'Artaud à Ville Evrard. Artaud, selon lui, se liait très peu avec les autres patients. Quand il se retrouvait dans la cour de l'hôpital, il invectivait sans arrêt des personnages imaginaires qui ne cessaient de le harceler, il les insultait, leur crachait dessus, etc., personnages qu'il désignait comme des « initiés ». On ne peut s'empêcher de penser à son propre parcours, ce parcours qu'il avait connu lors de son initiation chez les indiens Tarahumaras.

Devant la dégradation de l'état physique d'Artaud à Ville Evrard, la situation alimentaire dans les hôpitaux psychiatriques de la moitié nord de la France devenant catastrophique, ses amis, en accord avec sa famille, cherchent à le faire hospitaliser dans la zone sud où les conditions sont moins dures. Le médecin directeur de l'hôpital d'Uzès, le docteur Gaston Ferdière, alors connu comme un des psychiatres ayant introduit dans les hôpitaux psychiatriques l'Art-thérapie, donne son accord. Artaud y est transféré en 1943. Les conditions d'hospitalisation s'améliorent alors pour lui. Progressivement, il reprend l'écriture, d'abord sous l'instigation du Docteur Ferdière qui lui confie des traductions, puis rapidement il renoue avec la création. L'accès à cette nouvelle position subjective, la réappropriation de son rapport à l'acte de création va avoir un impact important sur sa production délirante. C'est une période où il renoue, dans un premier temps, avec une adhésion aux croyances religieuses de son enfance, avant d'évoluer, après sa sortie de Rodez en 1946, vers un nouveau rejet de la religion, radical cette fois, qu'il exprime dans un de ses derniers textes : « Pour en finir avec le jugement de Dieu ». Le rapport qu'il entretient avec son délire se transforme. Ce n'est pas une disparition brutale, mais une évolution significative. Au début de sa maladie, il est confronté à une destruction apocalyptique du monde comme on peut le voir dans les lettres qu'il écrit alors au docteur Fouks qui s'occupe de lui à Ville Evrard.

Ce qui paraît plus important que la description des idées délirantes qui envahissent Artaud, c'est le rapport qu'il entretient avec elles en tant que sujet et dans sa lutte contre ses persécuteurs. Dans un premier temps, il est complètement envahi par le délire. C'est le cas à Ville Evrard, lorsque éclate la seconde guerre mondiale, comme on peut le constater dans cette lettre au docteur Fouks à qui il demande de lire au peuple cet « Avis aux masses » :

« Je suis votre irréconciliable ennemi, j'ai fait un million sept cent mille morts dans Paris au cours des cinq semaines écoulées ; et les journaux de Daladier la Boniche et de Longeron le Croupion vous l'ont caché, etc. »

À la suite de cet « Avis », il demande que lui soient livrés les initiés qui le persécutent. Ce thème des initiés court pendant toute son hospitalisation à Ville Evrard, persiste lors de l'hospitalisation à Rodez, tout en n'étant plus prédominante. Après sa sortie de Rodez, Artaud, comme le rappelle Evelyne Grossman[1], avait formé le projet d'une conférence pour témoigner à la face du monde des souffrances endurées durant ces neuf années d'internement. Il entendait crier sa révolte, demander des comptes à la société, mais aussi affirmer avec éclat son retour sur la scène publique. Précisons, dit-elle, qu'il n'existe pas de texte à proprement parler de cette conférence. Antonin Artaud note d'ailleurs en décembre 1946 dans un de ses cahiers : « Je ne vais pas faire une conférence élégante et je ne vais pas faire une conférence. / Je ne sais pas parler, / quand je parle je bégaye parce qu'on me mange mes mots. » Paule Thévenin dit qu'elle a regroupé les extraits lui paraissant avoir un rapport avec le thème de la conférence, en plus des trois cahiers qu'Artaud avait apporté avec lui mais qu'il ne parvint pas à lire. Les thèmes qu'il développe dans ses cahiers sont ceux qu'il reprendra inlassablement jusqu'à la fin de sa vie et dont on retrouvera l'écho dans son dernier recueil : « Suppôts et supplications ». Antonin Artaud, un moment après avoir commencé sa conférence, perd pied, ne se retrouve plus dans le texte qu'il a dans les mains, bafouille ; l'angoisse gagne la salle ; à ce moment-là, Gide monte sur scène et

---

[1] *Id.*, p. 1172.

prend Artaud dans ses bras, le félicite. Artaud finit par se calmer. La soirée s'achève ainsi. Gide relate cette soirée de la conférence au Vieux-Colombier le 13 janvier 1947 dans un article d'hommage publié après la mort d'Artaud :

« Je connaissais Artaud depuis longtemps, et sa détresse et son génie. Jamais encore il ne m'avait paru plus admirable. De son être matériel plus rien ne subsistait que d'expressif. Sa grande silhouette dégingandée, son visage consumé par la flamme intérieure, ses mains de qui se noie, soit tendues vers un insaisissable secours, soit tordues dans l'angoisse, soit le plus souvent enveloppant étroitement sa face, la cachant et la révélant tour à tour, tout en lui racontait l'abominable détresse humaine, une sorte de damnation sans recours, sans échappement possible que dans un lyrisme forcené dont ne parvenait au public que des éclats orduriers, imprécatoires et blasphématoires. Et certes l'on retrouvait ici l'acteur merveilleux que cet artiste pouvait devenir : mais c'est son personnage même qu'il offrait au public, avec une sorte de cabotinage éhonté, où transparaissait une authenticité totale. La raison battait en retraite ; non point seulement la sienne, mais celle de toute l'assemblée, de nous tous, spectateurs de ce drame atroce, réduits au rôle de comparses malévoles, de jeanfoutres et de paltoquets. Oh ! non, plus personne, dans l'assistance, n'avait envie de rire ; et même, Artaud nous avait enlevé l'envie de rire pour longtemps. Il nous avait contraints à son jeu tragique de révolte contre tout ce qui, admis par nous, demeurait pour lui, plus pur, inadmissible[1]. »

Le lendemain de cette conférence, Artaud écrit une lettre à André Breton dans laquelle il lui explique les raisons pour lesquelles il a eu « ces horribles silences qui entrecoupèrent ses paroles, et qu'il s'était heurté à je ne sais quel barrage obscur qui a empêché, physiquement empêché les mots de sortir de sa bouche. » S'interrogeant sur ce qui a pu l'empêcher de parler, il lui écrit :

« Cette société qui ne veut pas entendre parler d'envoûtements et de magie, et qui ne cesse de perfectionner et de mettre au point certaines armatures psychiatriques pour décourager les lucidités, est née d'un tour de passe magique, d'une immonde opération qui lui a donné droit de cité dans les choses qu'elle continue à maintenir envers et contre tout à coups d'envoûtements. Et ses institutions n'ont jamais été établies que pour défendre le grand secret. »

On assiste bien à un glissement voisin de tout le délire antécédent autour des initiés. Brusquement Artaud change de registre :

« Je suis, moi, Artaud, le crucifié du Golgotha, qui ne fut pas crucifié comme le Christ mais comme athée et ennemi-né de Jésus-Christ. Comme étant toujours né de lui-même et non comme Jésus-Christ de dieu[2]. »

---

[1]   Article de Gide, *Combat*, 19 mars 1948, Artaud, *Œuvres, op. cit*, p.1191.

[2]   Lettre à André Breton, Artaud, *Œuvres, op. cit*, p. 1327.

Ces paroles résonnent comme un acte de réappropriation de soi comme sujet, devant un témoin, ici Breton, avec qui il s'est réconcilié. Artaud continua à avoir une correspondance avec Breton qui lui avait demandé de participer à une exposition qu'il organisait, en lui écrivant un texte et en exposant ses dessins. Artaud refusa, en lui montrant que lui, Breton, se trouvait dans une contradiction par rapport aux idées qu'il défendait, car la fondation où devait se tenir l'exposition était financée par de grands groupes privés et que lui, Artaud, ne voulait pas de ces compromissions. Ce trait de caractère avec lequel il renoue a toujours été présent chez lui.

Dans une lettre à Breton le 1ᵉʳ mars 1947, il écrit :

« C'est ici que toute ma physiologie se rebelle car je ne vois pas qu'il y ait au monde quelque chose à quoi on puisse être *initié*[1]. Toute expérience est résolument personnelle, et l'expérience d'un autre ne peut servir hors lui à qui que ce soit sous peine de créer ces poudroiements sordides d'*alter ego* qui composent toutes les sociétés vivantes et où tous les hommes sont frères parce qu'assez lâches. (…) Les initiations n'ont jamais abouti qu'à nous renfermer donc ces ignobles ersatz. (…) d'explicitation d'une mécanique cosmique qui n'existe pas, et de révélation d'un soi-disant secret de polichinelle enfoui jalousement sous les défécations de quelques solennels esbrouffeurs qui n'ont vécu que de leur mensonge et de la naïveté des gogos qui les suivaient[2]. »

Artaud prend ainsi ses distances avec l'initiation et les initiés en ces termes « (…) qui ne veut pas s'initier à lui-même ce n'est pas un autre qui l'initiera[3]. »

À sa sortie de Rodez il est hospitalisé dans la clinique privée d'Ivry, ce qui était la condition de sa sortie, puisqu'il refusait la tutelle de sa famille. Il avait demandé au médecin de la clinique d'occuper au fond de la propriété un pavillon inoccupé du XVIIIe siècle qui était inconfortable car sans chauffage, mais où il se sentait chez lui. Le médecin chef accepta, lui donnant par ailleurs les clés du portail du jardin en lui disant : « Monsieur Artaud, vous êtes libre. »

Paule Thévenin rapporte qu'Artaud avait coutume de déclamer ses textes sans risquer de gêner qui que ce soit. Il avait l'habitude de les dire en détachant chaque mot, chaque syllabe, s'arrêtant particulièrement sur les lettres qui composaient les mots, mais en détachant chaque lettre, l'une de l'autre, en s'accompagnant d'un gros baton qu'il frappait en même temps sur un tronc d'arbre à peine équarri que le médecin chef de la clinique lui avait fait livrer à sa demande. C'est lors de ces exercices que jaillissaient les glossolalies qui étaient pour lui des essais de langage, à propos desquels il écrit :

---

[1] Les italiques sont de notre fait.

[2] P. 1209.

[3] *Id.*, p. 1910.

« Mais on ne peut les lire que scandés, sur un rythme que le lecteur lui-même doit trouver pour comprendre et penser :

> ratara ratara ratara
> atara tara ran
> otara otara katara

(…) mais cela n'est valable que jailli d'un coup ; cherché syllabe à syllabe cela ne vaut plus rien, écrit ici cela ne dit rien et n'est plus que de la cendre ; pour que cela puisse vivre écrit il faut un autre élément qui est dans ce livre qui s'est perdu[1]. »

Cette remarque rejoint ce qu'Artaud déclarait le 29 décembre 1946. « Pendant les trois ans que j'ai passées à Rodez, le docteur Ferdière, médecin directeur de l'asile, ne laissa pas passer une semaine sans me reprocher au moins une fois dans la semaine ce qu'il appelait mes chantonnements, mes reniflements, mes exorcismes, mes tournoiements. Or il y a dans *Le Théâtre et son double* un texte intitulé l'athlétisme affectif qui concerne les diverses manières d'appliquer le souffle humain, d'utiliser la respiration : inspiration et expiration, comme un creuset, à quoi se trouve attaché tout un système d'attitudes et de gestes, de placements et d'émissions de voix, de multiples façons de scander un texte *non seulement phrase par phrase ou mot par mot, mais syllabe par syllabe et lettre par* lettre ; ceci dans le but non de former un acteur mais de former un personnage d'homme, de *recomposer mon organisme d'homme sur un plan du dessus non du théâtre, mais de la vie jusqu'ici et depuis toujours engoncée dans une fausse conscience*, dans cette sordide parodie de conscience qui forme le monde où nous vivons. L'entreprise est à longue échéance et il lui faut une patience sans nom[2]. » Dans « Un athlétisme affectif », auquel se réfère ici Artaud, il mène toute une réflexion sur l'utilisation du souffle chez l'acteur. Il écrit :

« L'effort aura la couleur et le rythme du souffle artificiellement produit.

(…) Ce que le souffle volontaire provoque c'est une réapparition spontanée de la vie. (…) Ainsi par l'acuité aiguisée des souffles l'acteur creuse sa personnalité.

Car le souffle qui nourrit la vie permet d'en remonter par échelons les stades. Et un sentiment que l'acteur n'a pas, il peut y repénétrer par le souffle, à condition d'en combiner judicieusement les effets ; et de ne pas se tromper de sexe. Car le souffle est mâle ou femelle ; et il est moins souvent androgyne. Mais on peut avoir à dépeindre de précieux états arrêtés.

Le souffle accompagne le sentiment et on peut pénétrer dans le sentiment par le souffle à condition d'avoir su discriminer dans le souffle celui qui convient

---

[1]   Paule Thévenin, *Antonin Artaud ce désespéré qui vous parle*, Seuil, coll. « Essais », 1993, p. 64 (citation issue du tome IX des œuvres complètes chez Gallimard, page 172).

[2]   Artaud, *Œuvres, op. cit*, p. 1180. Ici aussi, les italiques sont de notre fait.

à ce sentiment. (…) et ce souffle nous le localisons, nous le répartissons donc des états de contraction et de décontraction combiné. Nous nous servons de notre corps comme d'un crible ou pas c'est la volonté et le relâchement de la volonté[1]. »

Toute l'évolution d'Artaud se fait autour du thème de l'initiation : être initié, c'est recevoir de l'autre sa vérité, ce qui équivaut être forclos de cette vérité, d'où le pullulement des initiés qui le persécutent. En renouant avec ses découvertes sur le travail de l'acteur, et particulièrement sur ce qu'est la diction, l'utilisation du souffle dans son rapport au corps, Artaud vient occuper une place différente dans son rapport à lui-même. C'est de toucher à ce rapport intime de la lettre au souffle et au corps que va s'établir un rapport de littoralité qui redonne une place à un intérieur par rapport à un extérieur, ce qu'il exprime admirablement en disant : « qui ne veut pas s'initier à lui-même ce n'est pas un autre qui l'initiera. » On pourrait même ajouter : et qui le persécutera. C'est ainsi qu'Artaud, par une sorte de processus que l'on pourrait qualifier d'auto-initiation a réussi de lui-même à sortir de la folie.

---

[1] Artaud, « L'athlétisme affectif », *Le Théâtre et son double*, Gallimard, coll. idées, 1964, p. 200-202.

Osvaldo Cariola

Pour la biennale à Marseille.[1]

> *Qu'y renonce donc plutôt celui qui*
> *ne peut rejoindre à son horizon la subjectivité*
> *de son époque.*
>
> Jacques Lacan,
> *Écrits*, p. 321.

En l'occurrence il s'agit pour le sujet englué dans cette situation de renfermement sur soi de renoncer à s'engager dans la pratique de la psychanalyse. Lacan disait même que le refus de la psychanalyse reposait moins sur son prétendu « pansexualisme » que sur le fait qu'elle apparaisse trop « intellectuelle », trop « compliquée ». Et il est vrai que dès le début Freud a fait preuve d'une inventivité sans égale dans son effort pour rendre compte des fondements de sa découverte.

En faisant appel non seulement à des « hypothèses auxiliaires » (la libido, par exemple), mais aussi à l'élaboration d'un appareil conceptuel novateur (le refoulement, les pulsions, le narcissisme…), il ne reculait pas à échafauder ce que lui-même appelait « des spéculations » (le refoulement primordial, le parricide originel…), c'est-à-dire des propositions conjecturales, qui visaient à faire état de l'articulation logique propre à la *conditionalité irréelle* dont l'inconscient dépend. D'où la panoplie des questions, des hypothèses et des concepts dont nous avons l'héritage : que ce soit en termes de catégories cliniques, au regard du maniement de la cure, ou dans l'ordre métapsychologique qui en découle et qui oriente la direction de la cure. En corollaire viennent les discussions sur la formation des analystes, la conception du savoir qui la soutient et jusqu'à la reconception de l'histoire (*Geschichte*) des civilisations qui s'ensuit.

Les psychanalystes eux-mêmes, et dès son époque, ont eu des difficultés à suivre la démarche épistémologique de Freud, car sa rupture avec la théologie-politique qui régnait dans son temps impliquait aussi de se démarquer d'une psycho-ontologie millénaire, dont la modernité encore aujourd'hui a du mal à se déprendre. Ainsi le sujet produit par la science a été de préférence conçu selon les critères de l'idéologie des *human ressources* promue par le capitalisme et donc traité suivant les accommodations changeantes de son mode de production : le

---

[1] N'ayant pas pu faire mon intervention pendant le colloque par manque de temps, je donne ici ce qui était ma proposition d'argument, comme texte préparatoire, en 2020.

sujet est en effet considéré d'abord comme producteur (ce dont Freud a discuté des avatars dans ses dits *Kulturschriften*), puis en tant que consommateur (ce à quoi Lacan a assurément été assez attentif), et aujourd'hui, dans notre temps de « capitalisme de surveillance »[1], en tant que fournisseur de matière première. Le problème n'est évidemment pas tant ce qu'on peut dire de ces processus historiques, que de savoir comment on saisit véritablement ce qu'il en est de la subjectivation dans ces conditions.

Or, en s'égarant face aux élaborations sur la *Massenpsychologie* promue par Freud et en réduisant ainsi la praxis de la psychanalyse à un horizon, dans le fond, purement médical, les psychanalystes successeurs de Freud n'ont pas seulement amputé l'élan de l'intervention freudienne dans la culture, mais aussi hypothéqué la possibilité même offerte au sujet de dépasser l'objectalisation à laquelle le capitalisme et le discours de la science le confinent.

Lacan parlait, lui, d'un tout autre horizon. D'où son effort pour rendre compte de la raison freudienne dans un formalisme conséquent, qui vise à donner son statut dans la science à la structure que Freud avait ainsi découverte. Cet effort, d'une certaine façon, se résume à ce qui selon l'avis de Lacan lui-même était son seul apport à la psychanalyse freudienne, à savoir l'objet dit « petit *a* ». Objet à vrai dire tout-à-fait étrange, et par sa matérialité irréductible et par son caractère spéculatif majeur (au sens freudien), qui le situent au carrefour du travail pratique et du travail théorique : carrefour qu'il convient d'appeler « la praxis psychanalytique ».

Mais cette praxis est masquée par la dite « expérience », à laquelle tous font appel (surtout quand les arguments manquent), et l'on n'est quitte à n'amener que par la suite le trait, le concept, voir l'injonction qui viendraient compléter ce qu'elle, l'experience, aurait montré de défaut ou par défaut (voir, dans le meilleur des cas, comme définition ostensible). De là vient aussi l'argument d'autorité qui englobe « le fait clinique », lequel, par son aura d'évidence avérée, nous fait mollement oublier ce que la psychanalyse depuis le début ne cesse pourtant de nous faire entendre, à savoir qu'il n'y a pas de « fait empirique » qui ne soit déjà sollicité par une hypothèse. Ce dont on pouvait espérer que les psychanalystes fussent plus avertis, puisqu'il s'agit quand même de l'assise propre à l'inconscient.

Étant donné qu'on n'a néanmoins pas pu nier la place de Freud dans la psychanalyse, la solution pour garantir l'honorabilité des psychanalystes face aux exigences du maître de service a été de réduire la praxis psychanalytique a une technique particulière dans le registre de la psychopathologie (avec éventuellement des fonctions prophylactiques dans le champ de la pédagogie), en se débarrassant ainsi de tout ce qui par ailleurs pouvait présenter de relevance dans la conception

---

[1] Comme Shoshana Zuboff l'appelle dans *The Age of Surveillance Capitalism : The Fight for a Human Future at the New Frontier of Power*, 2019.

freudienne du dit « fait clinique ». Et puisque l'empiricité postulée de celui-ci est ainsi stipulée comme déterminante pour la pratique psychanalytique, le travail théorique promu par Freud ne pouvait pas être entendu autrement que comme résiduel. Ce qui a beaucoup d'égards n'est pas faux, bien sûr, sauf que tout dépend de ce qu'on entend par « clinique » (et donc de la définition qu'on en donne), c'est-à-dire aussi bien de l'idée qu'on se fait de ce qu'on appelle « théorie » (et du coup évidemment de ladite « théorie de la clinique »).

La mutilation de la production théorique de Freud (mutilation dans le sens où l'on a considéré de bon goût de faire la part entre son « œuvre clinique » et « le reste » selon des critères strictement médicaux) se fonde ainsi sur la promotion de la thérapeutique comme *nec plus ultra* de la psychanalyse, en dépit de ce qu'était la position de Freud à cet égard, qui considérait cette immixtion relevant, bien entendu, mais seulement en tant qu'elle s'inscrit dans une démarche plus générale, qui mobilise un désir de savoir. C'est dans ce sens, je pense, qu'il faut entendre la déclaration qu'il produit à notre égard en 1927 (c'est presque un cri), quand il dit : « *Ich anerkenne das, gestehe es zu, ich will nur verhütet wissen, dass die Therapie die Wissenschaft erschlägt* » (*G.W.* XIV, p. 291).[1]

Car toute la question est là. Dans ce déplacement, ce changement d'axe qui va de la *Therapie* à la *Wissenschaft*, que Freud entend nécessaire à la reconduction de sa découverte. Il s'agit d'affirmer, en effet, que si la psychanalyse a à voir avec un phénomène psychopathologique quelconque, ce ne peut être que dans la perspective d'une position subjective, ce qui change radicalement le statut du symptôme lui-même, puisqu'il n'est plus —dans cette nouvelle perspective— signe (d'une maladie), mais un signifiant qui représente un sujet. Freud nous l'a en fait déjà dit assez nettement depuis sa *Psychopathologie de la vie quotidienne* (de 1901), mais il tient à nous le rappeler 30 ans après, car les psychanalystes ont eu beaucoup de difficulté à l'assumer (*L'ordre médical* de Jean Clavreul est ici sûrement à relire pour en repenser les raisons) : « *Streng genommen*, nous dit ainsi Freud en 1933, *gibt es ja nur zwei Wissenschaften, Psychologie, reine und angewandte, und Naturkunde* » (*G.W.* XV, p. 194).[2]

Il y a donc la science que la psychanalyse implique et qui est à produire (« Psychologie » veut dire pour lui « *Psycho-analyse* », en tant qu'elle porte, mais subsumées sous elle, comme *Grundwissenschaft* (science fondamentale), autant les sciences sociales que les sciences humaines) et puis celle qui s'occupe des choses dont l'histoire naturelle fait état. Mais au fond il n'y a qu'une science —ici

---

[1] "J'admets cela, je l'avoue, je veux seulement être sûr qu'on empêchera la thérapeutique de tuer la science" (La question de l'analyse profane, Nrf Gallimard, p. 147).

[2] "À strictement parler, il n'y a en effet que deux sciences, la psychologie, pure et appliquée, et la science de la nature" (*Nouvelles conférences d'introduction à la psychanalyse*, Folio, p. 240).

au sens de : discours accroché au réel (la voix faible de l'intellect, dont Freud parle en 1927[1]), engagé dans des champs différents, mais non nécessairement opposés (sauf par forçage idéologique et maladroit comme ça a été le cas jusqu'à maintenant). C'est la position des Lumières, bien entendu, dans laquelle Lacan s'engage à son tour (mais pas sans circonspection — *cf.* son « Kant avec Sade »), en se questionnant sur les conditions que la science devrait remplir pour être capable de cogiter les données de la psychanalyse. Et les restituer *en raison*, comme on dit.

Or la subversion ici, c'est la constatation que parmi les sujets dont la psychanalyse s'occupe il y a cette donnée majeure qu'est le psychanalyste lui-même. C'est-à-dire le fait qu'il y a *du psychanalyste*, et donc que le discours psychanalytique se produit de fait, avant même d'être formulé. Ou plutôt, ce discours, en s'écrivant dans son acte même, appelle, par des lectures progressives, à son déchiffrage. C'est toute la question de la formation de l'analyste comme formation de l'inconscient qui se déploie ainsi.

Voilà le renversement voulu par Freud et que Lacan accomplit : amener l'analyste, de la place d'où Freud était parti, à savoir la psychopathologie, à un dépassement de celle-ci sur le mode que Lacan en montre, de sorte que, de là où l'on se questionnait sur le rapport entre *praxis* et théorie en termes de « symptôme-signe-de-maladie-face-au-médecin », on passe (c'est le cas de le dire) à une interrogation sur l'analyste et le discours qui le produit. La question devient donc celle-ci : « De quoi le psychanalyste est-il le nom ? », et du coup toute notre conception de la pratique (voire de la clinique) est à revoir.

On comprend donc l'intérêt de Lacan pour *la passe* (échec inclus), car le problème était déjà pointé par Freud dans sa distinction entre *reine* et *angewandte psycho-analyse* (psychanalyse pure et appliquée), où la question de « la *praxis* » est au moins dédoublée. Parce que comment sinon comprendre la pratique qui se fait jour dans *die reine psycho-analyse* ? Ou encore : Comment entendre le rapport entre analyse pure et analyse appliquée (à savoir ce qu'on appelle souvent « pratique clinique », sans trop y réfléchir), si cette dernière cesse d'être le *summum* de la psychanalyse, sans pour autant être classée simplement comme sublimation ratée. À moins que — question ! — on se penche sur l'affaire de la sublimation autrement que jusqu'à maintenant. Ce qui, après tout, ne serait pas aussi mauvais qu'il pourrait sembler *a priori*.

Le changement de perspective est en tout cas assez remarquable. Car il laisse à « l'analyse didactique » (*die reine Analyse*) la charge de fonder « l'analyse thérapeutique » en raison (et en tant que *angewandte Analyse* à proprement parler) et

---

[1] In *Die Zukunft einer Illusion:* « *die Stimme des Intellekts ist leise, aber sie ruht nicht, ehe sie sich Gehör geschafft hat. Am Ende, nach unzählig oft wiederholten Abweisungen, findet sie es doch* » (*G.W.* XIV, p. 377).

pas l'inverse. Non pas que la pratique propre à la thérapeutique désormais disparaisse, mais sa condition est à trouver ailleurs. À savoir chez l'analyste et notamment dans les modalités de sa formation. D'où l'intérêt de Lacan pour établir les principes qui organisent la direction de la cure. Puisque, comme il le précise, c'est la cure et non l'analysant qui est à manier, à moins qu'on considère la psychanalyse en termes de rééducation. Or le questionnement de la position de l'analyste dans l'expérience (question considérée jusqu'à Lacan comme plutôt scandaleuse : Ferenczi lui-même fut déclaré tout simplement fou en amenant pareille interrogation), pris autrement que comme fortuit, implique bien entendu d'aborder et la clinique et la technique différemment de ce que la tradition freudienne, contre Freud, l'a voulu.

Contre Freud puisqu'il est avéré qu'au fur et mesure de l'avancée de sa pratique, la clinique freudienne se définissait de moins en moins en fonction d'une casuistique aux modalités toujours changeantes, que d'un effort pour cerner « l'équation personnelle » (Freud) de celui qui s'aventure dans l'enquête proposée par l'analyse. Il s'agit ainsi moins de morbidité que de position subjective. Et notamment de la position subjective de l'analyste, car celle-ci est déterminante pour le devenir des cures qu'il ou elle puisse mener.

Or celle-ci n'est pas seulement tributaire de « l'analyse personnelle », comme on dit, mais aussi de l'idée que l'analyste se fait de ce qui détermine sa tâche et donc de la théorie (formulée ou pas) qui la justifie. D'où, dans la perspective freudienne, la responsabilité de l'analyste d'élaborer autant qu'il peut la théorie qui le soutient et de la présenter à la discussion avec ses pairs. Le travail théorique devient ainsi une nécessité interne, qui n'est pas loin des *inneren Entwicklungsmöglichkeiten der Psychoanalyse*[1] dont Freud nous parle (*G. W.* XIV, p. 286).

Nous trouvons donc ici, à nouveau, la distinction entre science et thérapeutique dont Freud faisait état, mais maintenant assez nettement en tant que pratiques adjointes (et non nécessairement opposées), et en tout cas dans une approche qui peut être lue dans le sens où la science dont il parle est celle qui cherche à rendre compte du fait qu'*il y a du psychanalyste*.

C'est là que Lacan relève le défi de la question que Freud pose sur le rapport entre la pratique et la théorie dans la psychanalyse, à partir du problème du *désir de l'analyste*. Question qui en quelque sorte fait aboutir la grande enquête menée par Freud tout au long de sa réflexion concernant la nature du transfert, mais la relance en même temps en ce que le transfert, comme mise en acte de l'inconscient, est tributaire du rapport entre pulsion et fantasme. Ainsi, c'est dans le con-

---

[1] « Les possibilités de développement inhérentes à la psychanalyse » (*La question de l'analyse profane*, Nrf Gallimard, p. 140).

texte d'une reformulation du statut du transfert dans les coordonnées que le concept de « désir de l'analyste » apporte, que Lacan redouble en quelque sorte la donne en liant *die reine* et *die angewandte Analyse* aux questions que la psychanalyse, en intension et en extension, engage. Ces deux problématiques sont certes fortement attachées ensemble, mais elles ne se recouvrent pas tout à fait puisque, pour Lacan, la psychanalyse en intension correspond à la pratique de la psychanalyse en tant que telle (c'est selon lui la psychanalyse pure au sens propre), tandis que chez Freud le rapport théorie – *praxis* est encore imprégné de positivisme. Toujours est-il que la seule psychanalyse appliquée possible est celle qui se produit en extension, et que la théorie de cette *praxis* en intension comme en extension (la théorisation de la pratique donc) ne s'effectue quoi qu'il en soit qu'extensionnellement.

Il n'en reste pas moins qu'à cette définition extrinsèque de la théorie (puisqu'elle évolue en termes extensionnels) s'ajoute un aspect strictement intensionnel et intrinsèque à cette même théorie (soit ce que la psychanalyse nomme, entre autres, en termes de « théories sexuelles infantiles »), dont on ne peut faire fi. Car celle-là, disons la théorie extensionnelle (scientifique, si on veut), est tributaire de celle-ci (fantasmatique). Et de la même façon que, comme Albert Einstein le disait, on n'observe que ce que la théorie permet, il faut se faire à l'idée que dans ce qu'on théorise extensionnellement il y a pas mal de contraintes liées à la production intensionnelle de théories que le *parlêtre*, selon l'expression de Lacan (à revoir sans doute), ne cesse de ravitailler sa vie durant. Ceci donne à la notion d'expérience une coloration particulière. Ce qui est la moindre des choses. L'introduction par Lacan de la *passe* et du *cartel* dans le rang de l'expérience propre à la psychanalyse va dans ce sens.

*

Il va donc s'agir de l'expérience en psychanalyse et de ses avatars, en tant que points d'achoppement entre intension et extension. Ceci réactualise évidemment aussi bien le problème de la raison depuis Freud que les apories de la formation des analystes.

On a donc là de quoi parler et débattre. Je propose de travailler sur six séances. Chacune sous le chef d'un intitulé général pour ordonner le traitement des différents aspects du problème posé. On peut par exemple démarrer avec une question assez « simple », mais néanmoins complexe : « De quoi parle-t-on quand on parle d'« expérience » ? » Il peut être utile de nous attarder un moment sur ce que la philosophie et l'histoire des idées nous disent à cet égard, pour s'attaquer à partir de là à la question de savoir si la « clinique », voire ladite « psychopathologie », serait une expérience.

Cela nous mettrait sans doute en bonne position, pour aborder ce que peut être une « clinique du sujet » en tant qu'expérience et renouveler ainsi avec les raisons freudiennes en jeu dans la paire « association libre »/« attention flottante », voire les fondements topologiques qui les justifient.

De là on ne peut que rentrer dans la question du transfert et donc de l'amour. « La traversée du fantasme » serait-elle une question encore valable pour nous ? Du coup on se rend compte qu'on est là au plus vif du problème du « désir de l'analyste » (est-ce là une expérience ça ?) et donc, d'une certaine manière, de la passe.

On arrive ainsi aux problèmes posés par « le social », « le collectif », « le groupe » — voire « la foule ». Affaire de temps logique, bien entendu, mais aussi (dans nos contrées) de position de l'analyste (comme Lacan parlait de « position de l'inconscient »). Car la psychanalyse dépend de ce que les analystes sont en mesure de supporter. Le cartel, l'agora, les biennales et encore d'autres façons de travailler sont à discuter, en tant que dispositifs valables pour ce que Lacan appelait « un déplacement de discours » — « sans quoi, les convulsions de l'histoire restent énigmatiques ».

Ce qui nous amène inexorablement à reprendre le rapport compliqué entre culture et civilisation, aujourd'hui vivement actualisé par le questionnement de la mainmise néo-libérale sur les questions de société. Et c'est là d'autant plus une opportunité de se pencher sur les particularités du discours universitaire et sur sa participation au « sacrifice au Dieu obscur ».

le 24 avril 2020

Abdou Belkacem

L'AMOUR DE LA LETTRE

Le silence, la solitude et l'angoisse dans ma pratique avec le patient m'ont éclairé sur le rapport intime entre l'affect et le lettrage à l'œuvre dans l'inconscient avec un reste en suspens : que devient l'affect détaché de sa représentation ? Dans son schématisme, René Lew aborde avec originalité l'affect en disant qu'il se quotifie. Ainsi, mettre en valeur l'affect relève non seulement de l'écriture mais aussi de l'amour de la lettre.

La psychanalyse met en valeur l'amour de la lettre

A partir des travaux de Freud et de Lacan, René Lew donne un nouvel abord du concept de la pulsion. Insaisissable, la pulsion peut s'écrire selon une écriture logico-mathématique qui rend compte de la récursivité de la parole. René Lew écrit le destin de la pulsion en paire ordonnée

(Der reprasentant → (die Reprasentanz → die Vorstellung))

(pulsion → (représentance → représentation))

(inconscient → (preconscient → conscient))

La pulsion reste proprement inconsciente et son passage à la conscience se fait sous forme de représentations par la fonction de la représentance qui correspond au préconscient chez Freud.

Il y a des passages (les flèches) qui peuvent mettre en place des clivages qui peuvent faire barrage. Par exemple, un des clivages est l'oubli comme celui de Freud à propos du nom propre Signorelli. Freud reconstruit tout le chemin jusqu'au souvenir et qui met en jeu la lettre et surtout, le rapport de la lettre au signifiant. Car la lettre est en soubassement du rapport entre deux signifiants binaires. L'écriture renvoie aux modes d'organisation de la représentation en termes de mots, d'image et d'objets. L'accès à la représentation dans les mots se fait par les syllabes, et dans et entre les syllabes, par la lettre. La lettre fait coup d'arrêt dans le fil des représentations et chemin faisant, le lettrage correspond à l'enchaînement rigoureux des lettres. Cette cheminité du lettrage faite de trace et de signe se présente comme une coupure qui va articuler le flux continu de la signifiance.

Si la représentance ou signifiance est détachée de la représentation, il n'en reste que l'affect qui ne se donne en terme saisissable, prédicatif qu'en terme de valeur. Quantifier les valeurs de l'affect en psychanalyse n'a pas la même portée que l'écriture de la quantification au sens logico-mathématique. Elle est une figuration possible de l'affect chez Freud.

Dans *La civilisation contre la culture*[1], René Lew dit *« En mathématique, quantifier signifie passer d'une proposition élémentaire et représentative focalisant sur un point particulier (= une représentation chez Freud) à la fonction propositionnelle qui la sous tend et la généralise en l'abstractisant comme proposition générale, et de là quantifier signifie passer à une représentation complexe. Il s'agit du passage de la position extrinsèque à la position intrinsèque de la fonction et inversement. »*

En psychanalyse, quotifier se retrouve chez Freud dans la fonction de jugement entre attribuer et exister et, chez Lacan avec les modalités de la sexuation.

Dans *la dénégation* de Freud, la fonction de jugement a deux abords possibles, l'attribution et l'existence.

"Attribuer une propriété à une chose (Ding), c'est mettre en jeu ce prédicat dans sa généralité. Cette action définit une syntaxe de la chose où seule compte sa position référentielle dont le sujet fait acte d'attribution dans la fonction de prédication [...]

Avec le jugement d'existence, l'objet n'est plus la chose dans son réel généraliste mais s'avère être sa représentation : à savoir si elle peut servir de modèle pour aller la reconnaître dans la réalité extérieure. Avec l'épreuve de réalité, il s'agit donc d'un système mettant en jeu la vérité, dont l'articulation au sujet se donne en termes sémantiques à partir de l'adéquation de ce système représentatif à la chose."

Quand Freud parle d'*Affektbetrag*, c'est généralement traduit par valeur affective ou quantum d'affect mais ces traductions passent à côté de ce que René Lew note déjà chez Freud et Lacan, à savoir l'opération de cotation de la valeur. Cotation comme à la bourse, d'où il emploie le terme de quotité. Certes, Lacan n'a pas théorisé la cote mais dans Scilicet p 70, elle apparait quand il dit *« La métonymie opérant d'un métabolisme de la jouissance dont le potentiel est réglé par la coupure du sujet cote comme valeur ce qui s'en transfère »*.

Lorsque Frege parle de la transformation de l'intension en extension de la fonction, il parle de *parcours* de valeurs de vérité. Marx en parle en termes de

---

[1] Rene Lew dans *La civilisation contre la culture*, Chapitre 3: la quantification freudienne, Lysimaque p.135

formes de valeurs et René Lew ajoute la mise en *rapport* de ses valeurs. Ainsi, il réussit à schématiser l'affect objectalisé en extension selon les 3 registres R,S,I.

Selon la paire ordonnée,

(fonction intension → (fonction intension → fonction extension))

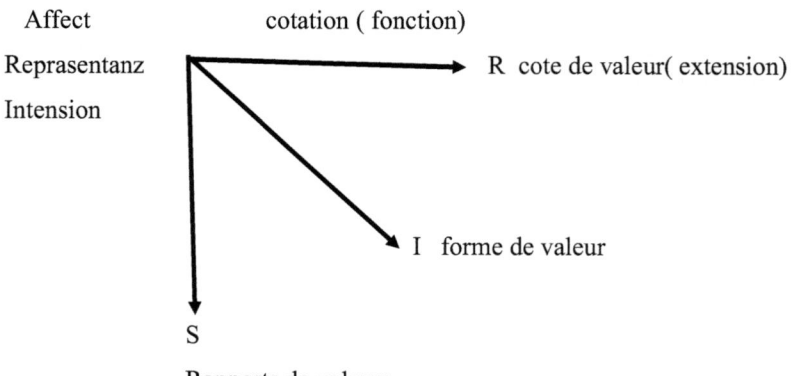

Rapports de valeurs

René Lew situe chez Freud la cote d'affect entre attribuer et exister, entre la syntaxe et la sémantique. La cote d'affect est sur le versant intensionnel.

Lacan reprend les fonctions œdipiennes père, mère, masculin et féminin en fonction de ce qui cesse ou pas de s'écrire du non rapport sexuel. Il substitue ainsi, à sa façon, une quantification avec les formules de la sexuation. Chaque quanteur de la sexuation se situe à un poste de structure sur la quadrangle modal oedipien. René Lew les appelle des modes de cotation et il les situe sur le versant extension-nel. Il lie l'ensemble et l'écrit sur son schéma borro-projectif en plaçant le jugement du côté de l'intension et les positions de la sexuation en extension.

La quotité spécifie l'unarité de la représentance de la pulsion prise dans la dualité de la représentation (vorstellungsrepresentanz) et de l'affect. La cote de valeur a un lien objectal[1] littoral avec la fonction de représentance

---

[1] « Cette structure d'objet trouve son assise dans la négation comme forclusion (*il n'y a pas de tel objet...*) selon une orientation de la forclusion qui appelle la discordance comme son inducteur (*...pour rendre plausible que la fonction n'opère pas)*: s'il n'y pas un tel objet pour assurer qu'il forclose l'opérativité de cette fonction, c'est que cette fonction est à priori aléatoire, hasardeuse parce qu'arbitraire; mais de là cette fonction est contingente en ses effets comme en son opération. Cette contingence rend discordantielle la fonction (impli-quant un porte à faux) vis à vis de l'assurance forclusion : ainsi il existe au moins un individu pouvant faire opérer cette fonction, puisqu'il en existe pas qui la mette en panne (versagung, défaillance chez Freud, dédit de l'Autre). Cette existence fonde une axiomatique toute em-preinte d'hypothétique. Aussi comprend-on que la récursivité fonctionnelle de l'existen-tielle rende celle-ci imprédictible a ne pas s'asseoir sur un objet, et imprédicative a ne s'étayer cependant que d'un objet qui soit son extension propre. » (R . Lew, *La civilisation contre la culture* ; p 141)

La quotité de l'affect s'étaye sur le lettrage qui ordonne (poético-chaotiquement) les lettres selon une logique du sexuel. Le lettrage désigne, en toute ambiguïté, à la fois la production de lettres caractère et leurs modes d'organisation entre elles. Dans *le séminaire sur la lettre volée*, p.43, Lacan fonde ce lettrage sur l'hypothétique, sur « *ce qui n'était pas* » quand il dit *"plutôt que de rien du réel, qu'on se croit en devoir d'y supposer, c'est justement de ce qui n'était pas que ce qui se répète procède"*. L'insu sert de cadre au savoir pour que le texte produit au fil du lettrage cote comme valeur l'amour de la lettre.

Don Juan a la cote

En 1922, dans son essai sur *Don Juan*, le psychanalyste Otto Rank (qui fût proche un temps de Freud) retrace l'histoire de l'écriture du mythe du fameux séducteur. Don Juan est la figure mythique de l'homme qui compte (sur) les femmes et qui nous interroge encore sur ce qui cause le désir.

À commencer par son origine perdue qui structure tout mythe (et pas #metoo), nous ne pouvons pas attribuer certainement la paternité du récit. Est-ce le moine (Tirso de Molina) ou le seigneur (le grand Calderon) ? Don Juan paraît pour la première fois dans la littérature mondiale à la fin du 16 éme siècle dans une comédie espagnole probablement perdue. La première version peu modifiée se trouve dans le burlador de Séville.

Rank commence son article par une analyse des divers personnages de Don Juan et il en dégage ce qu'il appelle l'évolution poétique de l'œuvre. En effet, Don Juan fait du chemin depuis le séducteur scélérat en passant par l'amant romantique jusqu'au bourgeois amoureux.

Dans la deuxième version écrite par Don Miguel de Marana, Don Juan est né en 1926 à Séville, le héros de légende ne mène plus comme avant seulement une vie de luxure et d'impiété mais il va se convertir à la fin de sa vie et faire vœu de pénitence. *« En opposition absolue avec l'insatiable séducteur de femmes, le Don Juan historique nous présente un cas de fidélité à son épouse qu'on pourrait qualifier de pathologique. Nous trouvons donc dès le début dans la tradition du folklore de Séville, deux personnages de Don Juan qui vont être confondus partiellement de sorte que dans des ouvrages ultérieurs les différences entre ces deux héros disparaissent et que leur sort devient identique. »*

Selon Rank, le Don Juan de Mozart dépasse les autres versions car *« Nulle part dans la littérature jusqu'à Mozart, nous ne trouvons dans le sujet de Don Juan le motif poétique de la séduction, cependant attrayant pour l'imagination populaire, mais au contraire et comme du fait d'une nécessité énigmatique nous y rencontrons partout le motif tragique de la culpabilité et du châtiment depuis longtemps transmis par la tradition »*. Mozart a composé *Don Giovanni* juste après la mort de son père à partir du texte du librettiste Da Ponte (qui d'ailleurs servira aussi à Molière). Dans l'opéra de Mozart, il ne s'agit pas du tout d'un aventurier heureux dans ses prouesses amoureuses mais plutôt du pauvre pécheur qui a tué le Commandeur et qui en fin de compte attend l'expiation dans l'enfer chrétien.

La musique, l'écriture musicale offre selon Rank, *« la faculté d'exprimer parallèlement différents mouvements affectifs soit particulièrement (d'être) capable de représenter et de déterminer les conflits ambivalents…cette dualité est entre crainte de la mort et joie de vivre. Il n'y a que la musique qui du fait de la souplesse de ses moyens d'expressions puisse traduire si parfaitement la simultanéité de ces deux sentiments contradictoires…une sensualité comme on la cherche en vain dans toute la littérature si riche du Don Juan. »*

Rank soutient que les essais d'explication que les poètes ont donnés du caractère de Don Juan correspondent en réalité à ceux des psychanalystes.

Don Juan jouit et ses modes de jouissances se quantifient. Rank parle de motifs poétiques qui font trace dans l'histoire de l'écriture du mythe de Don Juan. Ce lettrage de la pulsion se donne en terme de cote d'affect :

Il y a d'abord le schème fondateur du meurtre du père lorsque Don Juan tue le Commandeur. Des « réactions affectives ambivalentes » s'en produisent avec la crainte de sa propre mort et la joie de vivre illimitée. Don Juan craint la vengeance par le Convive de pierre. Rank parle d'une projection de son double dans la conscience du héros. Ce double juge et critique les tendances primitives (tuer, baiser, manger) que le héros va réaliser et devoir payer. Nous voyons là en creux la trace de la castration et l'angoisse de la menace de castration. Sur l'autre versant, Don Juan désire une joie de vivre illimitée en accumulant les conquêtes amoureuses féminines. Au fur et à mesure des écrits, cette tendance va se renverser. Après avoir commis l'irréparable, Don Juan devient l'homme fidèle à vie à son unique épouse.

Ces deux tendances correspondent à la mise en rapport entre la fonction père et celle de l'interdit de la mère.

Un autre schème apparaît dans ce mythe, celui du rapt âmoureux. Il donne un des modes d'abord possibles de la pulsion, celui de la faille représentée dans le mythe par le rapt de l'âme.

L'ancienne croyance religieuse veut que l'homme possède une âme immortelle. Mais il doit aussi « féconder » la femme qui peut lui ravir son âme. De ce rapt âmoureux naîtra l'enfant. Soit l'homme veut garder son âme soit alors, féconder la femme c'est accepter de perdre son âme dans celle de l'enfant à venir. La reproduction implique la logique de l'impossible rapport sexuel. Dans les premières versions de Don Juan, le mari était celui qui acceptait de laisser son épouse au séducteur pour ne pas risquer de perdre son immortalité. Rusé, Don Juan serait celui qui outrepasse cette loi de la castration. Il veut « féconder » la femme c'est à dire la posséder mais sans y perdre son âme. Puis Rank reconnaît le complexe de ces rapports entre l'homme et la femme et les mouvements mêmes qu'ils produisent dans l'écriture du mythe. Car bientôt, le rôle passif et silencieux de la femme ne tient plus, ne serait-ce que logiquement. La bascule actif/passif gagne à se produire entre le masculin et le féminin. Da Ponte n'y manque pas en créant le fameux personnage de Donna Anna qui de son désir vient mettre fin à la croyance du rapt de l'âme. Elle met à bas l'idéologie égoïste de l'immortalité défendue par l'homme et l'idéologie de l'Eglise. La femme prend progressivement la valeur du double bienfaisant du moi c'est à dire une tendance vers l'âme immortelle du Père ! Ce passage de l'amour masculin (pour l'objet interdit maternel) à l'amour féminin (décrit comme une version vers le Père par Lacan) fait littoral. Deux siècles après, en 1844, Lenau réinvente un Don Juan qui cherche l'âme dans la femme *« mon Don Juan n'est pas l'homme sanguin éternellement occupé de la chasse aux femmes. En lui vit le désir de trouver l'unique femme qui incarne la féminité, dans laquelle il pourrait jouir de toutes les femmes de la terre puisqu'il ne pourrait pas les posséder toutes individuellement l'une après l'autre ».* Du prédateur qui fait la chasse, Don Juan est devenu celui qui nous pose cette question fonctionnelle « Que veut une femme ? ».

Mais l'écriture musicale de Mozart dépasse l'écrit de Da Ponte, elle noue littéralement le son au caractère pour en produire du sens, offrant ainsi encore une autre dimension au lettrage de la pulsion. La musique laisse un ouvert entre le son et le sens. (\\ dans le schéma)

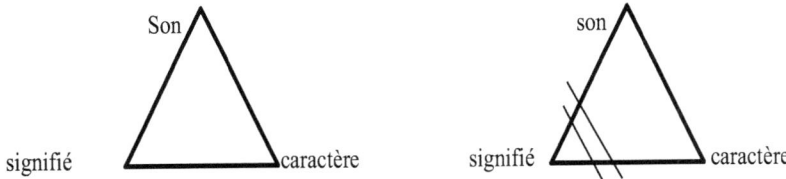

En musique (schéma à droite), le son est détaché du signifié et il possède un caractère écrit qui est la note musicale. La lettre caractère se représente alors comme une figure vocale. La musique se prête bien à mettre en valeur la cote d'affect qui elle-même est détachée de sa représentation. L'art musical permet un enchaînement littoral des figures vocales prêtes à être liées, reçues, entendues par le sujet.

Rank finit son chapitre sur le rôle de la femme en reconnaissant dans le récit de *Don Juan* le mouvement subversif entrepris par la femme pour changer le discours amoureux. Selon lui, ce mouvement connaîtra son apogée poétique dans l'amour romantique. Pourtant, Lacan repère ce discours dès l'époque féodale quand il nous parle de l'amour courtois. Dans le séminaire *Encore*, séance du

20/02/1973, Lacan dit « *l'amour courtois est une façon tout à fait raffinée de suppléer à l'absence de rapport sexuel en feignant que c'est nous qui y mettons obstacle. L'amour courtois, c'est pour l'homme, dont la dame était entièrement, au sens le plus servile, la sujette, la seule façon de se tirer avec élégance de l'absence de rapport sexuel.* » Cette forme d'amour est une allégorie du discours du maître, et le maître n'est rien d'autre que la parole. L'amour, c'est feindre et il faut y mettre obstacle au sens de l'enstasis. Par la suite dans cette séance, Lacan aborde l'enstasis comme l'instance de la lettre au service de l'amour. Le non rapport sexuel ne cesse pas de s'écrire… jusqu'à nos jours. En 2014, l'auteur contemporain Haruki Murakami a intitulé son recueil de nouvelles *Des hommes sans femmes*, 女のいない男たち. Chaque nouvelle est la mise en scène d'un homme qui évoque sa femme perdue notamment dans *Drive my car*[1] où celle-ci est morte. Murakami donne l'occasion à chacun de ces hommes fictifs de décrire cette absence de l'être aimée et d'écrire à leur insu l'amour de la lettre.

La passe touche au cœur de lalangue

Dans *Le temps de l'inconscient*[2], René Lew définit le temps de l'intension comme « *le noeud de la signifiance est constituée par le présent unaire de la triple distension temporelle que chacun des concepts freudiens du signifiant S_2 rappelle en tant qu'action du signe, de la trace et de la representation* ». Le temps intendu se distend et il informe l'espace dans un rapport entre eux littoral. Signe, trace et souvenir sont les objets saisissables en extension.

Pour vivre ce temps de l'intension, Yoka Tawada nous invite à traverser les sept portes inscrites par effacement dans les poèmes de Celan.

Paul Celan a écrit un recueil de poèmes *De seuil en seuil* en 1955. Écrivain et traducteur, il parle l'allemand, le russe, le roumain, l'hébreu, le yiddish, le fran-

---

[1] *Drive my car* a inspiré le réalisateur japonais Ryusuke Hamaguchi pour son film qui a reçu la palme du meilleur scénario à Cannes en 2021 et oscarisé en 2022. Il a adapté la nouvelle de Murakami à l'écran en respectant notamment le nom de famille du héros Kafuku qui d'emblée ouvre à l'équivoque. Prononcé à voix haute, on entend Kafka, nom du célèbre auteur cher à Murakami. Et la femme du héros qui lui souffle le texte se prénomme Oto. Kafuku Oto s'écrit 家福音 la paire de kanji 家福 signifie la famille, la maison et l'autre paire de kanji 福音 signifie la bonne parole, l'évangile. Ainsi le nom de la femme perdue représente-t-il la bonne parole à venir en soi, la sérendipité du féminin. Hamaguchi a ajouté sa touche en créant de nouveaux personnages interprétants *Oncle Vania* de Tchekov sur scène. Chaque acteur parle une langue différente dont une femme qui signe avec la langue des signes. Cette rencontre des langues étrangères dans un même texte à interpréter est belle car elle met en jeu du localement distinct mais globalement en continuité dans l'échange de la parole.

[2] Chapitre *Intentionnalité du temps*, p. 59.

çais et l'anglais. La poésie de Paul Celan est constamment entre les langues, intensément littorale car orientée par la lettre. Sa position littorale oblige le lecteur à un choix. Par exemple, *Schibboleth, Strette, Die Neige, Gras* sont autant de mots qu'il emploie pour nous faire voyager d'une langue à l'autre et nous faire éprouver la jouissance plaisible de la traduction. Tawada propose de lire Celan entre les lignes, d'écouter l'air[1].

Yoko Tawada est née en 1960 au Japon. Elle étudie la littérature à Tokyo puis à Hambourg et elle vit désormais à Berlin. Écrivain et poète, elle parle et écrit en japonais et en allemand. C'est dans un temps de l'après coup qu'elle a pu produire son texte *« La porte du traducteur ou Celan lit le japonais »*[2] où elle affirme que Celan fait aussi de la poésie en japonais (sans même le savoir). Elle a d'abord lu les poèmes de Celan en japonais sans connaître l'allemand et, elle a l'intuition que Celan parle au cœur de la langue japonaise sans trop pouvoir en dire plus. Des années plus tard, installée en Allemagne, elle traduit en allemand pour un ami le recueil de poèmes *De seuil en seuil* à partir des textes en japonais de Mitsuo Iiyoshi. Donc il y a un retour à la langue allemande des poèmes de Celan après un passage dans la langue japonaise.

L'ami allemand de Tawada la remercie pour son travail de traduction et, lui même lecteur en japonais, il lui fait remarquer la répétition de la clé ou encore appelé le radical porte 門 dans la traduction en japonais. Soudainement, Tawada est saisie car après coup, elle peut dire en quoi Celan touche au cœur de la langue japonaise. Elle dit *« une idée me traversa la tête comme un éclair : c'est justement ce radical qui incarnait la traductibilité de la littérature de Celan. »* et elle rappelle la fonction de l'oubli dans le *Qu'on dise* quand elle dit de la langue japonaise *« lorsqu'on lit, on ne réfléchit pas aux significations des divers éléments d'un signe graphique mais on appréhende le signe tout entier comme tel. C'est pourquoi je n'aurais pas eu moi même l'idée de réfléchir sur un radical à propos de Celan ».* C'est donc bien dans un rapport d'identification à son ami et donc avec la mise en jeu de la structure de la tierce personne qu'elle a pu faire cette trouvaille.

Elle formule alors cette question *« Comment est il possible dans ce mince recueil de poème que les idéogrammes à radical porte 門 fassent toujours retour en un point décisif ? »* qui n'est pas sans rapport, à mon avis, avec l'aphorisme de Lacan

---

[1] En japonais, lire entre les lignes se dit 空気を読む kûki o yomu que l'on peut traduire par lire l'air. Mais dans *Politique de la lettre en période de pandémie*, René Lew fait de la rime en japonais sans le savoir dans son chapitre psychopédagogie de la politique de la lettre en période d'épidémie. En effet, il traduit cette expression par écouter l'air soit 空気を聴く kûki o kiku .

[2] *La revue Europe, jan-fév 2001, n°861-862.*

« c'est justement de ce qui n'était pas que ce qui se répète procède » (p 43 des Ecrits.)

Que se passe-t-il pour le lecteur en japonais ? D'abord, dans le titre *De seuil en seuil* apparaît deux fois le radical porte 門 dans l'idéogramme 閾. Puis, dans le premier poème apparaît l'idéogramme entendre 聞. Dans le troisième poème, le radical apparaît dans le titre luire 閃. Dans le poème suivant intitulé *« Jouant avec les haches »*, ce sera dans l'idéogramme signifiant l'heure 間 qu'il apparaît. Dans le dernier vers décisif du poème *« Un grain de sable »*, ce sera dans l'idéogramme 開 qui signifie ouvrir. Enfin, dans le dernier poème *« Sept roses plus tard »* Tawada dit qu'elle traverse la dernière porte avec le kanji 闇 qui signifie obscur (et qui apparaît également dans les poèmes *D'obscur en obscur* et *l'hôte*.), Ainsi, sur le chemin tracé par sa poésie, Celan a placé une série de sept portes successives à traverser par le lecteur : 閾, 閾, 聞, 閃, 間, 開, 闇.

A chaque passage, le lecteur rencontre sur le seuil de la porte un signe qui ouvre aux interprétations.

Le premier signe rencontré 或ある signifie la présence. Selon Tawada, sous cette porte, le lecteur ne franchit pas une limite mais il chemine d'une limite à l'autre. Puis, il voit une oreille 耳, une oreille sur le seuil de la porte. Entendre signifie se tenir comme une oreille sur le seuil. Le signe 人 se trouve sous la quatrième porte et il signifie l'homme. Tawada l'interprète comme l'homme sur le seuil est apte à recevoir une lueur d'un monde invisible. Et justement le signe suivant 日 c'est le soleil qui se trouve sous la porte et il marque le temps. Lors du franchissement de la porte suivante 開, le lecteur s'attend alors à l'ouverture qu'il trouvera au bout du chemin justement qui se termine dans l'obscur et mystérieuse porte 闇. Le signe du son 音 nous attend au seuil de cette porte. Tawada s'explique cet énigmatique idéogramme ainsi :

« le linguistiquement non représentable, l'obscur, se trouve derrière la porte mais on ne peut pas regarder à travers la porte parce qu'un son fait barrage(carrément sous la porte). En même temps surgit la crainte qu'on pourrait ne plus avoir aucun accès à l'obscur s'il n'y avait plus de son. Le son bouche la porte mais il est aussi le médium qui relie ce côté de la porte à l'autre. Il faut l'entendre alors il n'empêche pas la vue ».

L'écriture de Celan se fait en allemand tout en anticipant les traductions possibles dans les autres langues, cet hypothétique surgit comme le point d'origine inaccessible à mesure que se produit le conséquent à savoir la traduction dans une autre langue. En soubassement est mis en jeu le passage d'un non rapport direct à la lettre caractère à la lettre comme rapport signifiant. Et même si Tawada insiste sur l'originalité du caractère Kanji qui fait saillir le figuratif de la lettre caractère, la passe procède d'une seule et même logique, celle de lalangue. Voilà pourquoi Tawada ose dire que Celan lit le japonais et il touche au cœur de la langue japonaise.

On a tout intérêt à continuer à produire des traductions notamment entre les kanjis et les alphabets. Le kanji offre au traducteur un choix possible de syntaxe qui passe par le figuratif. C'est d'ailleurs le principe de la poésie Haïku où l'empan de signifiés d'un caractère kanji est saturé, offrant au lecteur la vision d'un véritable tableau composé de traits noirs entremêlés aux blancs entre les caractères.

Dans un autre commentaire à propos du poème *Zweihäusig ewiger* de Celan, Tawada s'autorise une nouvelle fois à le lire avec des yeux aveugles et d'y voir, dit-elle, un véritable jardin botanico-poétique. Le double tt dans le mot *Bettstatt* (qui signifie cadre de lit en allemand) produit sur elle un effet visuel particulier du fait de la répétition de la lettre t qui ressemble au radical herbe en japonais. Elle lit le figuratif du radical herbe en japonais et elle va le pister, elle lie alors au fil du poème les idéogrammes contenant le radical herbe. Elle trouvera alors la feuille 葉, la fleur 花, la tige 茎, l'herbe 草 mais aussi écrire 著 et amer 苦. Elle sera surprise car dès le titre du recueil de poèmes intitulé *Die Niemandsrose*, deux idéogrammes apparaissent avec l'herbe, 薔薇 ばら bara , c'est le mot qui veut dire rose. 薔薇 est rare, peu de mots japonais se composent de deux idéogrammes avec le même radical herbe.[1]

Dans son séminaire sur Paul Celan et Meschonic, René Lew dit à propos des traducteurs « *Chacun y voit midi (mi-dit) à sa porte* » car leur choix de traduction notamment de *Strette* met en évidence des choix poétiques de politiques de la lettre. René Lew choisit de traduire Strette depuis le mot allemand *Entführung* comme le goulot d'étranglement, le rétrécissement qu'il associe jusqu'au crématorium d'Auschwitz. À partir des notes de Jackson, un des traducteurs du poème de Celan, René Lew remarque que Celan fait beaucoup allusion aux brins d'herbe dans ces poèmes. Effectivement, on retrouve le double tt dans *Strette* que Tawada voit comme de l'herbe. René Lew, depuis sa porte, y voit les brins d'herbes qui poussent entre les rails de chemins de fer qui mènent à Auschwitz. *Strette* est devenu une « herbe désécrite » pour l'un, et un jardin fleuri pour une autre. Les bouts d'herbe sont des bouts de lettres. Celan déconstruit le lettrage qui chemine comme le dit Lacan dans *Lituratterre* « *selon une rature qui ne soit d'aucune trace d'avant* » et il s'en produit un autre lettrage et autant de passages que le lecteur voudra bien réinventer.

6 juin 2022

---

[1] Mathias Verger, *Lire Paul Celan entre les langues, dé-celer la traduction* disponible sur le site web *Loxias*.

René Lew,

« Tirer un dire autre du texte »

Introduction

Commençons par parler de structure. Sur la structure, je pense que l'article de Marc Barbut est très explicite ; c'est pour cela que je l'ai republié dans les *Cahiers de lectures freudiennes* en son temps, avec l'accord de Marc Barbut, bien sûr. C'était paru dans le numéro des *Temps modernes* sur *Le structuralisme*, en 1966.[1] Lacan l'a utilisé dans le séminaire de l'année, c'est-à-dire *La logique du fantasme*[2], en ne s'intéressant qu'à l'exemple que prend Barbut, le groupe de Klein, et dont il ne retient que la représentation. Car ce que dit Barbut en substance c'est que précisément la structure en elle-même est inaccessible. Je le rappelle, parce que c'est un bon point de départ pour mon propos.

Je peux partir d'un rond blanc et aller vers un rond noir, comme d'un rond blanc à un carré blanc, et d'un carré blanc à un carré noir. Je peux donc aussi passer directement d'un rond blanc à un carré noir : tous les axes ou trajets sont possibles. Si je donne des appellations à ces axes, j'aurai alpha α et alpha inverse, je l'écris à la manière mathématique α^{-1}, vous aurez donc tous ces axes, β, β^{-1}, et c'est pareil de l'autre côté du carré, sans parler de γ, γ^{-1}. Donc j'ai déjà deux représentations de la structure minimale qui s'appelle un groupe de Klein. Je peux en donner une autre, mais je l'ai déjà marquée, alors que c'était en trop à ce moment, car c'est le pas suivant : une représentation sagittale.

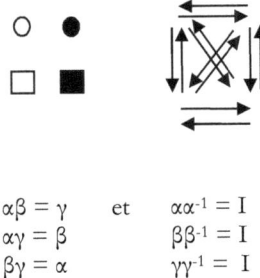

$$\alpha\beta = \gamma \qquad \text{et} \qquad \alpha\alpha^{-1} = I$$
$$\alpha\gamma = \beta \qquad\qquad\qquad \beta\beta^{-1} = I$$
$$\beta\gamma = \alpha \qquad\qquad\qquad \gamma\gamma^{-1} = I$$

---

[1] M. Barbut, « Sur le sens du mot structure » en mathématiques », *Les Temps Modernes* n° 246, novembre 1966 ; republié dans les *Cahiers de lectures freudiennes* n° 10, Lysimaque, 1985.

[2] Le 14 décembre 1966.

J'ai donc α, α^{-1}, ainsi je reviens au point de départ, cela donne l'identique I. Et de même pour β, β^{-1}, avec retour à l'identique, et γ, γ^{-1} et l'identique. Et αβ donne γ, βγ donne α, et αγ, donne β. Ce sont déjà trois représentations, une spécifique en termes d'objets, une sagittale, et une en lettres. Mais dans cet article, qui mérite d'être relu, il y a ensuite une fuite en avant de Barbut qui donne 25 ou 30 représentations possibles de plus en plus larges, en tableaux, ou diagrammes, etc., de la structure dite groupe de Klein, avec des exemples : Dupont de Nemours, Durand de Boussingen, et d'autres exemples qui sont tirés de *La structure de la parenté* de Lévi-Strauss, ceci pour dire qu'un groupe de Klein, c'est la vie courante.

Barbut en vient à ne prouver qu'une seule chose, c'est que la structure est inaccessible, qu'on n'en connaît que des représentations. Il y en a même une qui n'est pas retenue, car je me suis contenté de faire figurer le groupe de Klein noir sur blanc, visuellement — cette représentation invisible, c'est mon discours oral, qui est assurément aussi un élément de représentation de la structure, et qu'il faut adjoindre aux autres, même si Barbut ne parle pas ainsi, et que c'est moi qui l'ajoute. Mais Lacan n'a pas été attentif au fait que la structure est inaccessible, il s'est contenté d'utiliser les carrés du groupe de Klein. D'ailleurs, il en a fait beaucoup là-dessus, ce qui n'est pas sans intérêt, mais ce n'est pourtant pas l'essentiel. Je dis qui plus est qu'à mon avis la structure est inaccessible, parce que c'est une affaire fonctionnelle et que les fonctions en intension sont inaccessibles. Donc l'insaisissable, c'est l'inaccessible, invisible et autres sensorialités comme l'intangible. Mais ce qui en transparaît se limite aux représentations dont je fais des praticables de la fonction. Or il nous reste un travail à effectuer qui est de passer réversivement de la fonction en intension à ses représentations extensionnelles, et *vice versa*, selon les différents modes (possibles) des extensions et (nécessaires) de l'intension.

Aussi je n'ai pas tendance à parler de structure sans précision, je parle plutôt de schématisme en prenant le mot chez Kant et Humboldt. *A priori* l'on a trois niveaux dans le schématisme : les concepts, et cela retrouve la logique de Kant ; à partir des concepts, la structure, c'est-à-dire le mode d'organisation ou d'agencement, d'architectonique des concepts entre eux, ou encore, chez Thom, c'est de morphologie qu'il s'agit. En troisième lieu, vient la représentation figurée de cette structure — exactement comme Freud en parle en termes de *Darstellbarkeit*, de figurabilité, comme on traduit. À tout cela j'ajoute la nomination des concepts, de la structure et de la représentation. Les trois niveaux indiqués précédemment sont noués par la nomination, et ce peut être borroméen. Ce me semble être un point essentiel avec lequel compter.

1. Dynamologie du dire

Je veux aborder maintenant cette dynamologie (c'est un terme que met en avant Bachelard, et qui me semble assez important), aussi en ce qui concerne la théorie du chaos adaptée au signifiant. C'est toute la question du changement qui intervient dans cette dynamique, et que j'ai déjà pointé comme « pousse-au-change », *Wechselwirkung*, qui est bien entendu supposé par l'intitulé de cet exposé, qui est une citation de Lacan[1], « Tirer un dire autre du texte ».

1.1. De la lettre au schématisme

Il y a beaucoup à discuter concernant le texte. Certaines fois je parle du Texte comme assurant la psychanalyse, je l'écris alors avec un T majuscule. C'est un Texte qui entraîne des effets psychanalytiques qui subsistent au-delà de son écriture : textes de Freud, textes de Lacan, sûrement d'autres encore. On peut en parler ainsi. Mais ce qu'il faut souligner déjà dans une telle phrase qui peut sembler banale, « tirer un dire autre du texte », c'est qu'*il y a du dire dans le texte*, ce dire a à voir avec l'écrit. Lacan[2] considère que la lettre sert d'appui au signifiant. Je m'étais posé beaucoup de questions sans trop les résoudre, dans un des premiers livres que j'ai publiés, *Politique de la lettre et de l'écriture,* quant à savoir ce qui serait premier de la lettre ou du signifiant. Il y a assurément de la lettre dans le texte, mais cette lettre vaut essentiellement comme appui du signifiant ; j'utilise plutôt le terme de « soubassement » du signifiant, qui traduit le *Niederschrift* de Freud. Je traduis ainsi ce *Niederschrift*, qui veut dire banalement « prendre des notes », c'est-à-dire mettre noir sur blanc quelque chose sur du papier, alors que je le prends strictement dans son étymologie, selon la constitution du mot, soit : « une écriture qui vient en dessous ». Je dis que la lettre vient sous le signifiant pour lui servir d'appui, mais du coup elle vient en soubassement du signifiant pour en organiser aussi la spécificité d'articulation. Lacan dit quant à lui « concaténation », mais je pense que ce n'est pas seulement à une chaîne signifiante linéaire qu'on a affaire, mais à tout un réseau multidimensionnel et relativement complexe dont peut être donné non seulement la teneur en des termes dicibles, mais aussi l'organisation structurale en des termes qui pour en proposer des représentations sont déjà aussi un déplacement. J'ai tendance à appeler l'ensemble de ces transcriptions selon la terminologie utilisée pour les nœuds et la mobilité dans les nœuds, et pour ce faire j'ai utilisé le terme anglais *template*, traduit bêtement en français par « gabarit » car pour moi un gabarit est d'abord une mesure volumique, dès lors je trouve que ça ne convient pas. Et surtout que *template* en anglais est issu du français « templet ». On ne trouve pas fréquemment ce terme dans les dictionnaires, mais, d'une manière technique, c'est une règle droite, et comme toujours rectangulaire comme l'est un temple *a priori* chez les Grecs et les Romains ; donc un templet, c'est ce qui est de l'ordre de la règle, c'est une règle utilisée pour disposer selon une ligne bien droite les caractères en typographie,

---

[1] J. Lacan, *Autres écrits*, p. 428.

[2] J. Lacan, « Lituraterre », *Autres écrits*, p. 19.

ou pour resserrer les fils sur une machine à tisser. Mais là aussi, la dernière fois que j'étais à Lyon pour voir encore fonctionner des machines à tisser et plutôt la soie, les tisserands ne savaient pas ce qu'était un templet, et pourtant ils utilisaient une réglette.[1] *Template* est simplement décalqué du français. On peut donc revenir au français tout simplement sans traduire l'anglais encore d'un autre mot. Cette règle n'est d'ailleurs pas faite pour calibrer, mais pour resserrer, pour avoir une présentation topologique correcte des fils de soie ou en ce qui concerne les caractères, pour composer des mots et des phrases. Donc « calibrer » signifie, tout comme le gabarit, déjà présenter les choses sous forme de quantité. À tout prendre je préfère « templet », car « templet » signifie que fonction et structure, puisqu'on ne peut pas les saisir, ne peuvent être prises en compte qu'au travers de représentations, comme disent les mathématiques, pour suppléer l'inaccessibilité fonctionnelle de la structure. Car les concepts eux-mêmes n'y suffisent pas.

Dans le séminaire du lundi de cette année, débuté l'an dernier, je parlais effectivement à partir de la *Logique* de Kant, de la fonction de la marque et donc du caractère, c'est-à-dire de la lettre, avant d'aborder la question de la trace chez Freud, et tout autant de la marque, chez Freud et chez Lacan.[2] Ce qui est traduit par « caractère », c'est *Merkmal* chez Kant, qui signifie bien une marque. Freud utilise ce terme aussi, d'ailleurs c'est un terme courant en allemand. C'est dire qu'il y a des marques qui sont des indicateurs, ou des index, sinon des indices de structure signifiante, et pour Kant ce sont des indices de concepts, des caractères qui organisent toute la structure logique. Je fais là état de la traduction actuelle de la *Logique* de Kant qui donne « caractère » ; mais la traduction de Tissot en 1862 disait « marque ». On voit donc bien de quoi il s'agit dans le rapport de la lettre comme caractère en tant que marque à ce qu'il peut en être d'un passage à la conceptualisation, à la structuration et à la figuration de la structure.

Le templet est un mode de figuration de la structure qui est de l'ordre d'un modèle, un templet est un modèle, terme qui me semble le plus adéquat dans les deux sens du mot « modèle », et Girard insiste aussi là-dessus. Jean-Yves Girard — un logicien qui me semble très important et qui a été pas mal travaillé un temps autour de moi —, Jean-Yves Girard insiste sur deux sens, un sens de compte-rendu (un modèle rend compte de quelque chose, en tout cas il rend compte de l'inaccessibilité de la structure ou plutôt de la structure en tant qu'inaccessible). Mais aussi un modèle au sens des couturières (comme s'exprime Girard), c'est un patron. Un templet est à la fois formaté en rendant compte de ce qui a déjà été opératoire et de là du résultat des opérations, et il est formatant, c'est dire qu'il rend compte de ce qui est encore possiblement induit par un certain nombre de

---

[1] Voir le complément en fin de texte.

[2] Lire R.L., *L'économie littérale de la jouissance*, Lysimaque, 2022, qui est la reprise des temps forts de ce séminaire.

choix logico-conceptuels et structurants, et qu'en même temps il en impose pour certains choix.

Je ne réitère pas ici l'explication d'ensemble sur la structure et le schématisme, mais cela mériterait de se faire. Car, assurément, l'on n'est pas tous d'accord sur les modes de schématisme, et il faut mettre tout ça à plat pour pouvoir en discuter pièces à l'appui. Les termes de « formaté » et de « formatant » sont des termes de logique girardienne. Lisez *Le Fantôme de la transparence*[1], c'est très accessible et ça nous donne une idée des enjeux au sein de la logique, lesquels sont pour moi des enjeux politiques entre le retour à Kant qu'il prône, et il a bien raison, en termes de transcendendalisme — et je dis tout de suite que depuis que je comprends le transcendental de Kant comme récursivité, j'arrive à lire *La critique de la raison pure* sans trop de difficulté — et le logico-positivisme dont on devrait avoir toutes les raisons de se méfier.

Cette alternative se situe entre le transcendentalisme et, à l'opposé, tout ce qui a été induit à partir des choix de prédicativité des constructeurs de la logique des ensembles, à partir des dialogues entre Poincaré, Russell, Peano, Zermelo et autres, donc entre 1906 et 1913, date de la mort de Poincaré. Cela conduit à l'éviction de tout ce qui est de l'ordre des logiques imprédicatives, données comme paradoxes, cercles vicieux. Pour moi cependant, un cercle vicieux est tout le contraire d'un huit intérieur lacanien, c'est proprement un cercle qui vicie l'inorientation. Car en fait c'est tout ce qui est inorientable, donc asphérique, qui nous intéresse pour la définition de l'inconscient. Il s'agit de toutes les logiques récusées, par exemple par un de ceux qui ont poussé le plus loin la logique prédicative, W. V. O. Quine, un Étatsunien. Tous ses textes méritent d'être lus, travaillés et surtout discutés. L'un des traducteurs de Quine, Paul Gochet, fait bien la liste de tout ce qu'il récuse en termes d'intension, d'indicateurs de subjectivité, de déictiques, de modalités, de logiques intuitionistes, etc., car il y en a encore plus. Toutes ces élaborations logiques sont cependant utilisables pour une définition de l'inconscient au sens où elles échappent à la logique classique, sachant que ces logiques, qui sont hétérogènes à celle-ci, comme je les appelle (car elles renvoient à des logiques du féminin, soit l'*hétéros* de Lacan), sont bien autrement constituées que la logique classique canonique, laquelle revient à une logique de la conscience et du masculin, selon Lacan. Ces différentes logiques nous donnent un accès possible à l'inconscient, si l'on veut bien les travailler et y reconnaître un certain nombre d'aspects qui y mènent, et peut-être s'orienter dans le discours des analysants de

---

[1] J.-Y. Girard, *Le Fantôme de la transparence*, Allia, 2016, 120 pages non techniques à quoi Girard n'a pas pu s'empêcher d'ajouter 80 pages de technique, mais ces 120 pages sont écrites dans son vocabulaire à la fois très particulier et très commun, mais non mathématique, ni logique, du moins pas selon une logique reçue.

telle façon que, depuis le texte produit par tel analysant en son discours, on puisse tirer un autre dire.

Qu'est-ce donc que le dire chez Lacan ? C'est ce que j'appelle la signifiance, ce qui revient à parler du signifiant unaire de Lacan. Mais il faut dire que mon usage du terme de « signifiance » n'est pas celui de Lacan, ni celui de Benveniste.

1.2. Fonctionalité de la signifiance

La signifiance, pour moi, est ce qui prélude dans l'hypothétique, donc récursivement, à la construction des signifiants ; car ceux-ci ne sont pas donnés d'avance, mais ils ne sont construits qu'en acte dans leur mise en action opératoire, donc selon ce qu'on appelle la chaîne signifiante, ou plus exactement tout le réseau signifiant. Sortis du réseau, ce ne sont donc plus des signifiants puisque la dynamique qui les définit a cessé. On ne peut donc pas citer de signifiant, ni en faire état. C'est là une grande difficulté, car un signifiant n'est que fonctionnel. On ne peut que se contenter d'en donner un aperçu au travers du mot qui va lui donner corps, selon une certaine nomination impliquant ce que j'appelle un site signifiant, c'est-à-dire un positionnement signifiant dans une structure qui ne cesse cependant pas d'être mobile, une mobilité qui au fond contredit la fixation de ce positionnement. Ce dernier est un moment défini, un arrêt sur image en quelque sorte, pour parler de représentation à partir de ce que serait le déroulement du film signifiant. Et cet arrêt sur image nous permet dès lors de passer au signifié. Il faut cependant d'abord disposer de la signifiance S_1 qui nous permet de passer au signifiant binaire S_2 de Lacan. Ce n'est pas Lacan qui le dit ainsi, mais ce n'est pas pour rien qu'il a parlé du S_1, ce n'est pas pour rien qu'on pourrait mettre cette unarité du côté de l'*Ur*– freudien l'*Urvater*, l'*Urszene*, la scène primitive. Comme je parle de Père primordial, ce peut être la scène primordiale, car je n'aime ni le primitif ni l'originaire, par trop mécanistes, et qui réinstaurent du prédicatif où l'on n'en a pas besoin. Et surtout dans la suite précédente vient le refoulement primordial, *Urverdrängung*, par exemple, ou la cause qui est *Ursache*, je trouve que c'est un mot allemand des plus intéressants pour sa constitution : *Sache* est un objet indéfini, je dis un « truc », parce qu'en mathématiques on parle de loi ⊤ truc, de loi ⊥ anti-truc, quand on ne précise pas de quelle loi il s'agit. Et donc *Ursache* signifie étymologiquement une chose primordiale, soit la cause, mais la cause est toujours béante, et la cause signifiante est même absente. Il n'y a pas à proprement parler de cause initiale, primordiale, et l'on met Dieu à cette place-là, pour y suppléer.[1] On peut toujours en discuter, mais avec Dieu on fait l'économie des problèmes aporiques qui vont surgir du fait qu'il n'y a pas de premier moteur, d'instigateur divin, et qu'il faut se débrouiller en fait avec la négativité des choses pour en réassurer par rétrogrédience le vide inaugural. Je ne vais pas effectuer tout ce

---

[1] Mais le primordial est déjà inséré dans le mot valant pour « cause » : *Ursache*.

développement, j'en ai déjà largement parlé par ailleurs, je le pointe simplement. Mais disons qu'à faire l'économie de Dieu, à laisser béante la cause, tout en l'assurant de son efficacité, on ne peut que compenser son absence par une hypothèse : à ce qui n'est pas là *a priori*, on supplée par une hypothèse, soit rien d'effectif, et pourtant cette hypothèse se soutient d'être opératoire et d'asseoir diverses conséquences.

Donc S_1 et S_2 sont déjà des manières de complexifier le mathème S/s et les questions de barre sur lesquelles il faut revenir dans la complexification de cette barre. Le S_2, Lacan l'appelle aussi le savoir, précisément le savoir inconscient et l'inconscient comme savoir est structuré selon deux modes. Un mode que Lacan appelle dans la « Proposition du 9 octobre 1967... », un mode référentiel, le savoir référentiel, c'est ce qui peut se transmettre à l'école en quelque sorte, ce qui s'apprend de la *doxa* psychanalytique : voici quelle est la théorie de la psychanalyse..., c'est donc du savoir donné en référence, qui n'a rien à voir avec la psychanalyse en elle-même, sauf qu'il participe de la constitution aussi collective de l'inconscient subjectif, par exemple en terme de *Kultur-Über-Ich*. On peut s'y référer, c'est vrai, mais l'on doit s'y référer comme à quelque chose qui est semblable à ce que Marx appelle le capital mort. S'il n'y a pas des gens vivants pour faire fonctionner, avec leur force de travail, les machines, eh bien ! les machines ne fonctionnent pas. Et il n'y a pas de révolte des machines contre les gens, malgré toute la science-fiction. Il n'empêche que le S_2 n'est pas donné d'avance et que, dans l'organisation du réseau signifiant, il est par conséquent plutôt présenté par Lacan comme savoir textuel et cela m'importe grandement pour retrouver ce que peut vouloir dire le « texte » dans cette phrase de Lacan d'où nous sommes partis, puisque « tirer un dire autre du texte » implique une autre fonction de dire, d'autant plus que le dire, est ambigu en français. Je vais quand même avancer ici ce qui m'importe. La fonction du dire est unique parce que l'on passe de l'*einzig* chez Freud comme unique à de l'unarité avec Lacan, et c'est assurément défendable. L'unarité est la structure mœbienne telle que les deux opposés locaux, disons, sont mis en continuité pour ne faire qu'un, mais dans l'aporie, de l'un et du deux associés. Lacan très provocateur dit même 1 = 2, mais c'est aller vite en besogne, bien que ce soit l'ordre d'idée. Quand je considère que « dire » est ambigu en français, c'est que ce mot vaut tant pour une énonciation (d'ailleurs ce terme est tout autant ambigu) et pour un énoncé auquel on peut adjoindre un énoncé opposé.

Pour étayer sa théorie Lacan a eu besoin du signifiant unaire, qui est de l'ordre de la globalité et de la mise en continuité des signifiants binaires, pour faire lien d'un signifiant binaire à un autre. Leur mise en continuité opère qui plus est au sens où ça les constitue. L'on peut l'écrire en une paire ordonnée, dans la mesure où l'imprédicativité est synonyme de la récursivité :

$$(\text{récursivité} \rightarrow (\text{imprédicativité} \rightarrow \text{prédicativité})).$$

C'est pour cela que je me permets de parler de paire ordonnée autrement qu'on ne le fait classiquement, car dans ce cas il faudrait que ces premiers termes soient strictement les mêmes. Enfin… Lacan écrit correctement la paire ordonnée dans le séminaire sur *Les quatre concepts…*, il l'écrit $(S_1 \rightarrow (S_1 \rightarrow S_2))$, pour signifier l'aliénation que je dis symbolique. Bien que Lacan parle toujours de manière univoque de l'aliénation, à mon avis il y en a trois types : réelle, symbolique et imaginaire.

1.3. Ambiguïté du dire

Le français est ambigu, j'y reviens à propos de ce qu'on évoque comme « un dire » : la fonction verbale de dire n'est pas *un* dire. Tirer un dire autre, c'est déjà passer au substantif, de l'infinitif au substantif ; et donc le dire en question est très ambigu, flottant entre énonciation et énoncé, ai-je déjà avancé. Il peut y avoir un « contenu » énonciatif de cet énoncé qui persisterait plutôt à être de l'ordre du local en ce cas-là, bien que tout cela soit appelé du « dire ». Mais quand Lacan écrit « *qu'on dise* reste oublié », alors « *qu'on dise* » est proprement énonciatif et assurément unaire, bien distinct de tout ce qui est de l'ordre de l'énoncé comme « ce qui se dit dans ce qui s'entend ». « Qu'on dise reste oublié derrière ce qui se dit dans ce qui s'entend. » On voit bien que ces deux versants — ce qui se dit, ce qui s'entend — sont ce qui s'échange quand on parle. Tout ça est lisible d'une certaine manière dans Benveniste[1], mais on peut aller au-delà de ce qu'il avance. Il s'appuie sur Lacan sans le dire, comme Lacan s'appuie sur lui sans le dire.[2]

Prenons l'article sur « Le double sens des mots primitifs », qui est un texte de Freud. Les *Urworte* qu'on a évoqués précédemment ont tout à fait leur importance dans l'équivocité relative à l'énonciation. L'exemple que reprend Freud est *altus*, ça voudrait dire à la fois « élevé » et « profond ». Mais ce n'est pas tout à fait ça, car c'est une question de point de vue, et de là de position du sujet, y compris de position énonciative, c'est-à-dire que par rapport au sol, soit on regarde depuis le sol vers le haut, et *altus* veut dire « élevé » ; soit on est bien au-dessous du sol et on va regarder le sol, toujours de bas en haut, et ça peut vouloir dire « profond ». Mais c'est la même fonction, car le regard va dans le même sens : du bas vers le haut. Interpréter devient une affaire de contexte. Dans *La linguistique fantastique*, l'article de Jean-Claude Milner reprend pour le contredire ce que dit Benveniste, mais

---

[1] É. Benveniste, « Le langage et l'expérience humaine », *Problèmes de linguistique générale*, t. II, Gallimard.

[2] Lacan l'a en effet publié dans le premier numéro de *La psychanalyse* en 1953, la revue de la Société française de psychanalyse qu'il avait créée avec Lagache, Laplanche, Pontalis et bien d'autres qui l'ont quitté ensuite quand il a été éjecté de l'*IPA*. Ceux-ci ont créé l'APF, l'Association psychanalytique de France, et du coup Lacan a créé l'École française de psychanalyse qui est vite devenue l'École freudienne de Paris avec le même sigle en 1964. Cette publication montre bien l'attachement de Lacan à Benveniste.

je pense que Milner passe complètement à côté, parce que ce que souligne en définitive Benveniste, c'est que c'est l'énonciation qui est déterminante, c'est *qu'on dise* qui est déterminant et pas du tout tel dire ou contenu discursif. J'utilise le terme de discours de manière variable (entre le sens lacanien, le sens banal de « propos verbalisé »), mais tous les mots sont assez équivoques. Donc, par exemple, il va de soi que si vous dites en français une « énonciation » sans préciser, on ne sait pas exactement ce qu'elle signifie. Une énonciation peut être énonciative, mais ce peut être un énoncé qu'on appelle une énonciation, c'est comme pour « dire ». Il y a de l'embrouille, et cela se retrouve peu ou prou (sûrement) dans toutes les langues. Enfin, avec le français que je manie préférentiellement, pour moi c'est assez notable qu'on est pris dans cette embrouille qui fait confondre la fonction avec l'objet. D'ailleurs c'est ce que je reproche à Lacan de traduire *die Repräsentanz* par « le représentant ». Du coup, on ne sait plus s'il s'agit de la fonction ou d'un objet, et ce n'est pas freudien, car chez Freud c'est « la représentance » qui est le mor utilisé, et il n'y a pas « le représentant de la représentation ». Donc *« tirer un dire autre du texte »,* suppose de revenir sur la confection signifiante et de faire travailler autrement un semblable écrit valant comme un texte. Tout cela mériterait d'être déplié encore, pour que la raison signifiante que le texte va promouvoir puisse se moduler autrement, et de là, dans une cure, le travail analytique, en ce qui concerne l'analyste, nécessite de souligner la variation positionnelle de l'analysant autour de la fonction de dire, au travers de ce qu'il est amené à dire, c'est-à-dire au travers des dits. Sans parler de tous les jeux de mots de Lacan sur ce qu'il en est des dits, dit-mension (mention du dit et son « habitat ») au premier chef. Une analyse consiste à aider l'analysant à passer du dire comme dit au dire comme énonciation fonctionnelle.

Mais j'aime bien, malgré la substantivation de la fonction de dire, quand Lacan dit « un dire », c'est-à-dire quand il ramène quand même au premier plan l'ambiguïté énonciative dans le rapport énonciation-énoncé, signifiance-signifiant-signifié, dans leur dynamique. Et donc l'enjeu n'est pas seulement de tirer un dire autre, c'est aussi de jouer de l'altérité, elle-même aliénante, toujours au sens de Lacan, car ce n'est pas une aliénation psychologique du sujet. Car cette aliénation lacanienne fondée d'*aphanisis,* soit de ce qui va se présenter comme un évanouissement du désir, et de là un évanouissement du sujet, mais sur fond d'inaccessibilité de la fonction, de telle façon qu'on rétablisse peut-être le courant (le courant signifiant), si je puis dire, et que ça fonctionne. Et ça fonctionne peut-être à la satisfaction de l'analysant quand même, et pas seulement à celle de l'analyste. C'est toute la psychanalyse.

2. L'équivocité templétique des modalités

Je voudrais maintenant faire un exercice. J'avais pris bien des notes dans lesquelles je faisais de multiples références au fascisme, afin de reprendre les différents points prévus pour cette Biennale. Je voudrais du moins effectuer un exercice de lecture lacanienne, un peu à rebours, c'est page 428 des *Autres écrits* où l'on peut lire la fin de la réponse de Lacan à la quatrième question de l'interviewer dans « Radiophonie », mais tout mérite d'être retenu. Je vais prendre ainsi un petit temps pour parler de ce cristal de la langue que Lacan évoque dès la première ligne de cette page.

2.1. Modalités de fallere

En fait je vais aller à rebours, à commencer par la page 428 pour aller secondairement aux pages 426-427, façon de remonter dans son texte.

> « Car me voici revenir au cristal de la langue pour, de ce que *falsus* soit le chu en latin [*falsus* veut dire tombé], lie le faux [*falsus* aussi] moins au vrai qui le réfute [ce faux] qu'à ce qu'il faut de temps pour faire trace de ce qui a défailli à s'avérer d'abord. »

De ce qu'il faut de temps…

Ce sont là réunis tous les jeux de mots de Lacan des pages précédentes ; je vais y revenir plus rapidement en insistant sur l'étymologie commune de ces termes à partir de *fallere*, qui donne soit « faillir », soit « falloir », avec quelques formes identiques des verbes faillir et falloir : « il faut » veut dire soit que ça tombe, soit que c'est nécessaire, ou les deux à la fois. De même « il faudrait », par exemple, ou « il faudra », qui sont des formes semblables maintenues dans le conditionnel ou dans le futur de l'indicatif, et qui font valoir l'équivoque entre faillir et falloir. Je regrette quelque peu que Lacan ait insisté à propos de modalités sur les modalités ontiques ou dites encore aléthiques qui mettraient en jeu de la vérité, une vérité répartie sur les mêmes modalités, c'est-à-dire le nécessaire, l'impossible, le possible et le contingent, et qu'il n'ait pas insisté à la suite de Freud sur des modalités déontiques qui mettent en place de l'obligatoire et de l'interdit qui sont absolument essentiels, le permis et le facultatif étant alors annexes.

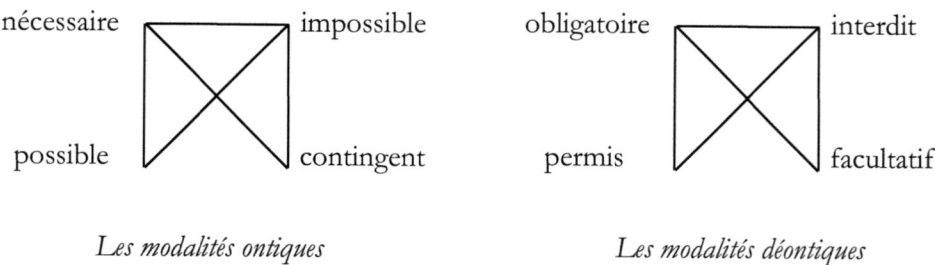

Les modalités ontiques   Les modalités déontiques

Quoi qu'il en soit, les modalités dispatchent l'énonciation dans tous les modes du dire.

L'interdit massif, c'est l'interdit de l'inceste, mais l'obligation c'est à la fois le commandement du surmoi, le devoir de se fonder du Père (...*soll Ich werden*), l'impératif de jouissance, l'obligation pulsionnelle et bien d'autres en français, les mots signifiant l'obligatoire sont nombreux, et de telles obligations sont fréquemment rappelées par Freud. C'est donc quelque peu regrettable que Lacan ait supplanté le déontique par l'ontique, et que *il faut*, qui rencontre l'obligatoire, ne soit pas donné dans des termes spécifiant une chute qui est peut-être une chute d'avant toute chute. En l'occurrence celle du Père. Cela signifie qu'il n'y a pas besoin d'avoir affaire à la chute diabolique des anges félons pour que dès avant, à la place de Dieu, soit posé un vide opératoire, la mort du Père dans la théorie freudienne. Donc *il faut* renvoie pour moi à ce vide opératoire encore pointé comme pulsion de mort. Chez Kant, c'est *sollen*, ou, comme substantivé, c'est le *Sollen* dont parle Kelsen dans son livre sur les normes. *Sollen* est très mal traduit en français, cela signifie devoir, mais le plus communément, avec une mauvaise métaphysique à l'appui, c'est donné comme « devoir être », soit une ontologie mal venue. Alors que si l'on en reste au *soll Ich werden* de Freud, il apparaît que *sollen* implique *werden*, autrement dit il s'agit de « devoir advenir ». Et plutôt que d'utiliser la traduction des Septante « Je suis celui qui suis », mieux vaut traduire *eye asher eye* par un présent duratif, ayant une valeur de futur en hébreu. C'est plutôt « je suis un étant en devenir ». Dieu n'est pas quelqu'un tel quel, il est tout le temps dans la mobilité et la modification. S'il y a du divin, tant qu'à faire, autant que ce soit dans la dynamique, et pas dans un monde d'ores et déjà créé, figé, point, et puis « démerdez-vous ». Donc, on peut quand même discuter avec Dieu.

Je continue ma lecture. « [...] ce qu'il faut de temps pour faire trace », retrouve les différentes acceptions du signifiant chez Freud que Lacan dans le même séminaire *Les quatre concepts fondamentaux* spécifie comme étant (1°) la *Vorstellungsrepräsentanz*, que je traduis comme « représentance en termes de représentation » ou comme « représentation faisant représentance », car c'est réversif. Mais Lacan parle aussi (2°) de *Wahrnehmungszeichen*, c'est-à-dire de signes impliquant une perception, et une perception faisant signe. Malheureusement, ce sur quoi Freud insiste dans toute son œuvre, *Erinnerungsspur*, la trace impliquant le souvenir, Lacan n'en fait pas état comme d'un signifiant possible. *Erinnerungsspur* est traduit en général bêtement par « trace mnésique ». Mais le souvenir est organisé en termes de trace, et dès qu'on est dans la trace, on est dans cette fonction signifiante de la structuration du souvenir fondé sur la lettre. Quand je parlais de formaté et de formatant, j'ai omis de l'indiquer. Dans ce texte essentiel à la psychanalyse, qu'est « Un trouble du souvenir relatif à l'Acropole », un des grands textes princeps de Freud qui, mine de rien, reprend toute la psychanalyse entre une espèce d'*insight* qui l'a perturbé en 1904 et la façon dont il y revient pour l'interpréter en 1936. 1904-1936, 32 ans, c'est en effet toute la psychanalyse.

Il y parle effectivement de cet énoncé, ou de ces énoncés démultipliés sur l'existence de l'Acropole, lesquels l'ont perturbé et le ramènent au passé, un trouble qui survient comme déplacé et déplaçant : *entstellt und entstellend,* dérivé-dérivant, déformé et déformant… Cela dit bien que la question de la trace, comme quelque chose de vital et de signifiant, revient à réaménager le passé, et peut-être que « tirer un dire autre du texte » correspond à jouer de modifications du dire à partir de la question de la trace et c'est ainsi que la lettre prend de l'importance, moins dans sa valeur de caractère, malgré le terme de « marque » ou de « caractérisation » chez Kant, qu'en tant que « littoral », comme dit Lacan, soit encore une lettre dans sa mobilisation, dirais-je, parce que le littoral est variable ; au total cette lettre va jouer de traces diverses pour impliquer la modulation dynamique propre à toute fonction. Les fonctions, pour fixer les idées sur celles de la psychanalyse, c'est ce qu'on a précisément du mal à définir, parce qu'une fonction est inaccessible : c'est la pulsion, le désir, la jouissance (je le dis au singulier, mais il faudrait à chaque fois le dire au pluriel), c'est la demande, c'est l'angoisse, l'identification, enfin… il y en a bien d'autres, tout ce qui demande à être discuté et à être précisé, tout cela est de l'ordre des fonctions dans la psychanalyse, des fonctions en intension venant en rapport avec les objets extensionnels ; et ces objets, en retour, sont donc rapportables à ces fonctions.

« […] Ce qu'il faut de temps pour faire trace de ce qui a défailli à s'avérer d'abord. » « Défailli à s'avérer d'abord » veut dire qu'on ne dispose pas de quelque chose d'emblée. Ce n'est pas prédicatif, on ne part pas d'un truc assuré pour en tirer des déductions. On part de ce qui n'est pas, de ce qui a défailli à s'avérer d'abord. On part de ce qui n'est pas pour en tirer des conséquences et la psychanalyse est située là. Il va de soi que par rapport aux conséquences que l'analysant a pu en tirer et qui sont métaphorisées en symptômes, c'est-à-dire que cet ensemble est mal débrouillé dans l'ordre de mise en place de ces conséquences, en particulier dans l'ordre du passage d'intension en extensions. Une psychanalyse permet de remettre les choses en place.

2.2. Le templet de l'action psychanalytique.

Mais ce n'est pas l'analyste qui va remettre les choses en place à partir de je ne sais quel savoir, comme on disait bêtement « identification au moi de l'analyste » ou des choses semblables. C'est à l'analysant de faire le travail sous la direction de l'analyste qui n'est peut-être là que pour souligner que les choses échappent et que c'est depuis cet échappement, dans ce que cet échappement va produire, que le monde se détermine, y compris la position subjective et donc le sujet « à le prendre de ce qu'il est le participe passé de *fallere,* tomber [*falsus*] dont faillir et falloir proviennent chacun de son détour… » (Qu'on note que détour est encore une

192

Entstellung, une dérive, un déplacement, soit encore de l'*Entstellung*.)[1] Freud a pas mal utilisé ce terme dans sa banalité d'*Entstellung*, mais il ne l'a pas conceptualisé, c'est Lacan qui le conceptualise dans « L'instance de la lettre » pour dire que la structure signifiante étant inaccessible, qu'avons-nous d'autre en main, sinon les tropes, métonymie et métaphore principalement, pour essayer d'accéder, mais dans le déplacement justement que constitue la tropologie, ou la rhétorique tout simplement, pour accéder, quand même sans y toucher directement, bien sûr, à ce qu'il en est de signifiant.

Le détour n'est pas sans rappeler le schéma d'attracteur étrange, sur le mode d'Edward Lorenz, et qui est un schéma tout en détours qui joue aussi je crois en termes d'*Entstellung* selon les différentes acceptions de l'*Entstellung* comme dérive ou dérivation dans les dernières acceptions que j'en donne.

« [...] que l'étymologie ne vient ici qu'en soutien de l'effet de cristal homophonique.

C'est le prendre comme il faut [avec tous les jeux de mots de Lacan], à faire double ce mot, quand il s'agit de plaider le faux dans l'interprétation. C'est justement comme *falsa*, disons bien tombée [cette fois, *falsa*], qu'une interprétation opère d'être à côté, soit où se fait l'être du pataqu'est-ce. »

Le pataquès, écrit comme il convient, avec un point d'interrogation, mais qu'est-ce ? : on se fait à l'être, mais c'est toujours à côté. Là nous sommes dans « Radiophonie », c'est-à-dire en 1970. C'est quand même un peu plus tard, avec « L'étourdit » et avec *Encore* que Lacan, bien qu'utilisant des termes de l'ontologie, cherche à écharper ladite ontologie pour en proposer des variations, dont le « parêtre ». Ce n'est pas la prise dans un imaginaire quelconque, d'un semblant de paraître, c'est un « parêtre », c'est-à-dire un être *para*, un être à côté de ses pompes, un être à côté de son assiette, à côté de son assise, de son centre de gravité, ou courant après son centre de gravité d'une manière extra-pyramidale. Au fond, l'être est toujours à côté de la plaque. Et c'est ce décalage (*Entstellung*) qui compte.

« N'oublions pas que le symptôme est ce *falsus* qui est *la cause* dont l'analyse se soutient dans le procès de vérification qui fait son être. » Car, dans ce même texte, ce n'est pas parce que Lacan utilise cette terminologie de l'être que pour autant elle lui importe. Il a déjà dit qu'il laissait tomber l'ontologie.

Je le répète : « N'oublions pas que le symptôme est ce *falsus* [à la fois ce faux et ce chu] qui est la cause dont l'analyse se soutient dans le procès de vérification qui fait son être. »[2] Mais qu'est-ce qu'on vérifie ? De quel être s'agit-il ? Sinon de

---

[1] Lire R.L., « Sur le contournement des oppositions sphériques », 2015, reprise de l'introduction au séminaire R.L. 2015-2016 sur la nosologie.

[2] Le *casus* est lui aussi une chute. Et le symptôme est « ce qui tombe ensemble ».

l'être qui n'existe pas, de l'être du signifiant[1] et donc du coup du sujet qui n'existe pas plus et qu'on va mettre à la base de l'ensemble d'un procès de vérification qui ne peut être de vérification que de ce qui n'est pas, mais qui est, à partir de ce qui n'est pas, l'induction de ce qu'on va supposer importer comme choix du conséquent d'où l'on va tirer la nécessité d'un antécédent déjà organisé par ce qu'il est supposé impliquer de conséquent, précisément afin d'advenir lui-même. C'est donc réversif : il faut passer par l'après pour avoir l'avant, et c'est là un après-coup non standard. L'après-coup chez Freud ou chez Lacan permet de passer de la cause à l'effet, disons. Là, dans ce type d'après-coup non standard, qu'on a chez Lacan, et d'une manière explicite, c'est revenir de l'effet entièrement supposé sur la cause qui cesse du coup de n'être que supposition pour en devenir effective avant de soutenir assurément cet effet-là qu'on aura choisi. Et là du coup, dans ce choix, intervient toujours une politique du choix qui entre en ligne de compte, et aussi une politique au sens le plus terre à terre de l'économie politique, en sous-jacence de l'organisation du langage, de l'organisation de la mathématique ou de la physique, et donc de l'organisation conceptuelle de cet ensemble. Donc, selon moi, on fait toujours des choix assortis des devenirs politiques de ces choix.

« Nous ne sommes sûrs, pour ce que Freud pouvait savoir de ce domaine, que de sa fréquentation de Brentano. Elle est discrète, soit repérable dans le texte de la *Verneinung*.

J'y ai frayé la voie au praticien qui saura s'attacher au ludion logique que j'ai forgé à son usage, soit l'objet *a* […]. »

« Un temps encore pour ajouter à ce dont Freud se maintient, un trait que je crois décisif : la foi unique qu'il faisait aux Juifs de ne pas faillir au séisme de la vérité. Aux Juifs que par ailleurs rien n'écarte de l'aversion qu'il avoue par l'emploi du mot : « occultisme », pour tout ce qui est du mystère. Pourquoi ?

Pourquoi sinon de ce que le Juif depuis le retour de Babylone, est celui qui sait lire, c'est-à-dire que de la lettre il prend distance de sa parole, trouvant l'intervalle, juste à y jouer d'une interprétation. »

Donc dans le rapport à la lecture, la parole nous donne toute la possibilité interprétative de la Kabbale et de la Mishna. Lacan : « D'une seule [interprétation], celle du Midrash qui se distingue ici éminemment.

En effet pour ce peuple qui a le livre […]. »

C'est là qu'on en arrive à *« tirer un dire autre du texte »*. La fin de cette réponse à la quatrième question est « Qu'au dossier de la signifiance [le terme est au moins

---

[1] Puisqu'un signifiant ne se soutient que de sa représentance (faite sujet) auprès d'un autre.

là présent dans Lacan], ici en jeu de la castration [...]. » Significance de la castration... C'est-à-dire que la castration, je l'entends exactement comme je pense le terme de signifiance : la castration, dans sa fonction phallique, est ce qui se trouve être à la base des signifiants en tant qu'elle implique ce qui n'est pas, d'où cette métaphore de castration, pour qu'à ce qui vient en évidement, comme dit Lacan, « [...] soit versé l'effet de cristal que je touche : de la *faux* du temps », avec un jeu de mots f.a.u.x. Ce qui fait que, si l'on me le permet, je n'irai pas trop loin, cela prendrait trop de temps, je vais me contenter des deux pages précédentes, ce qui est déjà beaucoup.

C'est là que, p. 426, Lacan dit :

> « D'où je déclinai d'avoir à soutenir ma visée d'aucune ontologie. » C'est très clair malgré le terme d'« être ». Donc « Toute onto bue [...]. » « Mon épreuve ne touche à l'être qu'à le faire naître de la faille que produit l'étant de se dire. ». L'être né de la faille, c'est-à-dire de ce qui n'est pas, et peut-être de la coupure, et peut-être du coup de la barre qui vaut comme coupure « que produit l'étant de se dire ».

C'est parce que ça se dit, c'est parce qu'il y a qu'on dise, qu'un étant vient se définir dans cette faille au travers d'un être qui ne vaut jamais comme tel et pour lequel les alternatives sont nombreuses. Lacan a parlé de « désêtre », il s'est essayé au non-être, au dire-que-non-en-tant-qu'être, et je rappelle le parêtre, car c'est ce qu'il y a de mieux pour discuter des écarts et des décalages (*Entstellungen*).

À propos de Socrate, « Il savait comme nous qu'à l'étant, faut le temps de se faire à être. » Ce rapport du temps à la spatialité est absolument essentiel : l'énonciation est temporelle, et c'est ce sur quoi insiste Benveniste : ce n'est pas là du temps chronique, mais c'est un temps réversible, celui de la parole dans l'échange. C'est lisible dans « Le langage et l'expérience humaine »[1] ; c'est à mon avis un texte basique pour comprendre Lacan. Ce « faut le temps [dit Lacan], c'est l'être qui sollicite de l'inconscient pour y faire retour chaque fois que lui faudra, oui, faudra le temps. » C'est-à-dire à chaque fois que le temps viendra à manquer mais sous forme d'une obligation de cette ouverture, en quelque sorte. C'est là encore un jeu d'équivoque sur faillir et falloir dont émerge « faudra ». « Car entendez que je joue du cristal de la langue pour réfracter du signifiant ce qui divise le sujet. » Entre faillir et falloir.

> « Y faudra le temps, c'est du français que je vous cause, pas du chagrin j'espère », dit Lacan. « Ce qui faudra, de ce qu'il faut le temps, c'est là la faille dont se dit l'être, et bien que l'usage d'un futur de cette forme pour le verbe faillir ne soit pas recommandé par un ouvrage qui s'adresse aux Belges

---

[1] É. Benveniste, *op. cit.*

[...c'est le Grevisse]. Il y est accordé que la grammaire à le proscrire faudrait à ses devoirs. »

Quoi qu'il en soit Lacan recompose le français à sa façon :

« Si peu s'en faut qu'elle en soit là, ce peu fait preuve que c'est bien du manque qu'en français le falloir vient au renfort du nécessaire, y supplantant l'il estuet de temps [ancien français], de l'*est opus temporis* [latin], à le pousser à l'estuaire où les vieilleries se perdent.

Inversement, ce falloir ne fait pas par hasard équivoque, dit au mode, subjectif du défaut : avant (à moins) qu'il ne faille y venir...

C'est ainsi que l'inconscient s'articule de ce qui de l'être vient au dire. »

Cela signifie qu'il relègue l'être derrière le dire.

Je pourrais continuer comme ça mais je laisse au lecteur le soin de le lire lui-même.

2.3. Sur la coupure

Je vais simplement conclure, en laissant tomber tout ce que j'avais écrit et le rapport au fascisme dans tout ça, bien que ça ait quand même son importance, vu que ça nous pend au nez. Surtout qu'on ne peut pas se débiner ailleurs, c'est partout pareil, avant on pouvait, quand on avait de la chance du moins, mais maintenant la mort nous pend au nez.

Donc en conclusion je vais refaire les schémas qui m'importent.

Je considère un mode d'*Entstellung* qui est de continuité, laquelle s'entend en terme de devenir, en terme pour moi de dérive : ça ne cesse pas de dériver. La même *Entstellung*, mais cette fois en termes de dérivation sur cette dérive, vient faire obstacle, constitue l'obstacle.

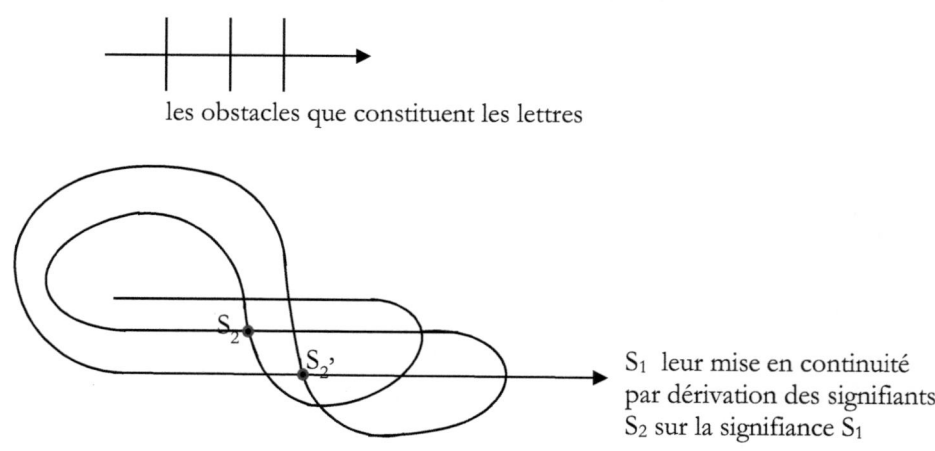

dérive du flux de signifiance S$_1$

les obstacles que constituent les lettres

S$_1$ leur mise en continuité par dérivation des signifiants S$_2$ sur la signifiance S$_1$

Lacan y insiste dans « L'instance de la lettre ».[1] *Enstasis* veut dire « instance », mais surtout « obstacle » : la lettre fait obstacle à la dérive de la signifiance, celle-ci étant pour moi S_1. Pour Freud, c'est la *Vorstellung*, ce sont les représentations qui font obstacle. Et on peut y voir, quand je parle d'une continuité du temps, qu'elle a trait à *fallere*. Mais on en aura deux modalités au moins, disons. Faillir et falloir vont se mettre en travers de cette dérive, et constituer la faux du temps à partir de cette segmentation ; cette coupure de la continuité en une discontinuité, une discrétion, est la faux du temps. Nous avons affaire dans cette dérive à un temps continu. Mais ce temps continu va se replier. Puisque je n'ai donné que deux moments, je vais m'en tenir à ces deux moments, où l'on a toujours affaire à un *fallere* pour jouer et de ce faillir et de ce falloir — c'est juste pour reprendre le texte de Lacan — de telle façon qu'on puisse passer, alors en terme de *falsus*, à ce qui est faux, mais qui va se décliner variablement comme chute, donc en termes de *il faut*, ça choit, et en termes de dû, cela va se décliner aussi en terme de il faut, mais cette fois comme devoir. Autrement dit : le chu et le dû.

J'ajouterai « faudra » ou « faudrait », toujours dans les mêmes formes équivoques de ces deux sens entre lesquels il faudra choisir pour réordonner tout ça à la manière de Lacan qui joue de l'interprétation qui est *falsa*, c'est-à-dire « qui tombe », qui est chue ou qui tombe sur l'analysant. Tout ça pour commenter Lacan, et sur les manières de dire précisément : car le dire est modulé variablement et par les discours et par la mise en forme du dire au travers d'un certain nombre d'énoncés qui sont d'abord des *lexis*, c'est-à-dire une mise en mots qui n'a pas encore de signification ou même de sens véritable, lequel introduit une variabilité au sein de ces significations, mais qui suppose que lorsqu'on commence à être d'accord ou pas d'accord, c'est-à-dire à donner une valeur propositionnelle à ces *lexis* ; on en fait des propositions qui tiennent la route, et sur lesquelles on a à se prononcer. Le dire prend ainsi des valeurs variables selon les positions du sujet. Les choix politiques se font à partir de ces propositions, puisque la construction logique se fait à partir de ces propositions. Cela vaut dans la grammaire comme dans la logique, et, à parler de fonction, dans le rapport du rhèmatique au thétique. C'est à lire en allemand dans ce qui me semble incontournable, les *Vergleichende Grammatiken* de Jean-Marie Zemb, qui est une bonne grammaire du français entièrement rédigée en allemand, et en regard, pour une thématique qui n'est pas exactement identique, car ce n'est pas une traduction, une grammaire de l'allemand rédigée en français. Et, pour tout ce qu'il en est du rhème, c'est mieux que ce que vous avez à propos de rhème dans Damourette et Pichon.

---

[1] J. Lacan, *Écrits*, p. 511.

Conclusion et discussion

Je vais m'arrêter là, car je pense avoir souligné l'importance certaine qu'on se doit de donner à ces questions. J'ai proposé un exemple de lecture, que j'espère non contradictoire avec ce que Lacan peut dire, mais qui réaménage le propos de Lacan, et cela correspond à une reconstitution, non seulement discursive mais aussi représentative, figurale, structurale sûrement, en tout cas schématique, de Lacan, car son schématisme reste sous-jacent, inexplicite, y compris sa façon et ses raisons de jouer sur les mots. D'ailleurs aucun de ses jeux de mots n'est anodin, à mon avis. J'avais noté en marge de la page 428, que j'ai largement commentée, le terme de « défaillance » qui correspond à ce que j'appelle « échappement ». Mais j'utilise l'échappement d'une manière néologique, parce que c'est la fonction *qui échappe dans* ce qu'elle produit en termes d'objets, donc extensionnellement. Elle échappe en s'y maintenant comme la force de travail échappe dans l'objet qui s'en trouve produit, lequel grâce à cela conserve la valeur de celle-ci, y compris dans la plus-value. Donc, ça échappe, mais ça se perpétue. Voilà ce que j'appelle un « échappement dans », c'est autre chose qu'échapper purement et simplement. Donc la défaillance ou l'échappement du vide opératoire se présente comme transaction prise en objet. Cependant je n'ai pas beaucoup insisté sur l'objet *a*, aussi vais-je redonner un autre schéma pour reconsidérer tout ça. Cette transaction cette dérivation de la dérive, mais prise en objet, cette défaillance concerne la prédicativité et s'exprime en imprédicativité. Et le cristal de la langue que j'écrirais avec un Lacan ultérieur en un seul mot, ce cristal de lalangue passe par l'interprétation qui pour moi se fonde de la lettre en ce qu'elle est, toujours selon « Lituraterre », aussi quelque chose qui choit.

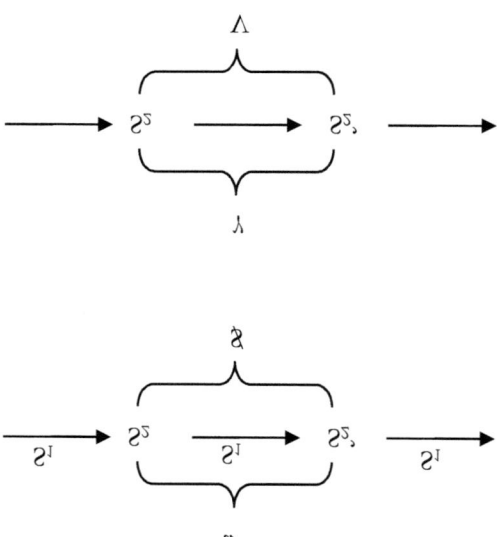

Ce qui fait que, mis à part tout ce jeu sur *fallere*, on peut aller beaucoup plus loin, bien sûr, mais là je m'en tiens à deux signifiants tels qu'ils sont organisés, à partir de représentation et de lettrage qui sont des organisations de l'échange de la parole qui enserrent les modes tropiques, lesquels permettent de rendre compte de cette évolutivité parce que les espaces comptent aussi pour quelque chose. On a affaire à toute une série d'objets *a*, sans avoir à se limiter aux 4 (voire 5 avec le phallus) de Lacan, on peut aller beaucoup plus loin. Donc l'objet *a* est métonymie et le sujet, dans sa variabilité aussi, est métaphore non sans variation. Car l'on n'est jamais un sujet identique à soi-même. Dans chaque échange on varie, donc à tel moment ou tel autre, on n'est pas le même. On n'est jamais le même analyste, on n'est jamais le même analysant. Dans tous nos échanges, on varie, ce n'est pas un moi constant, c'est du sujet évolutif comme signifiant constamment évolutif. Et ça ne permet pas de le saisir exactement. Donc il faut admettre la dynamique du signifiant, ce qui nous donne toutes les théories de la dynamique depuis Bachelard, le chaos, etc. Le chaos qui n'est pas le bazar, mais un mode d'organisation très spécifique de ce qui échappe.

Tirer un dire autre du texte nécessite une coupure, pour Lacan celle entre faillir et falloir. L'analysant se doit de laisser aller toute objectalisation ($S_2 \rightarrow a$) à sa chute, afin d'en rattraper son existence et sa productivité depuis la signifiance ($\$ \rightarrow S_1$). C'est la raison du discours analytique. Mais faire passer le dire analysant du rhématique à un thétique différent nécessite un jeu entre interdit et obligation, entre le lien au réel et celui au pur symbolique, entre syntaxe et conséquence réelle. Ce faisant l'analysant passe d'un devoir-être à un devoir-advenir.

Questions

– *Sur la fascisation*

Ce que je disais de la fascisation concernait le dire, car je pense que ce qui est en jeu pour l'essentiel, pour moi, en politique, c'est un choix de logique. Le capitalisme fait le choix de la prédicativité depuis la prévalence de la logique des ensembles. Mais celle-ci est contrecarrée par la logique des catégories et par les diverses logiques imprédicatives. Ainsi la prévalence générale du discours ensembliste est battue en brèche, en physique par exemple, par la physique quantique, par les théories du chaos, etc. Heureusement que les choses évoluent. Le capitalisme est prédicatif, et pour moi le fascisme n'est qu'un capitalisme plus poussé, qui démontre les « qualités néfastes » de celui-ci. En effet, le plus poussé est le camp de concentration, sans parler du camp d'extermination, c'est-à-dire une paupérisation absolue, on ne donne pas à manger aux travailleurs qui meurent déjà d'inanité, ne serait-ce que ça, sans parler du fait que, s'ils encombrent, on en fait de l'engrais. Sans parler de la récupération des peaux comme abat-jours et des cheveux pour faire du tissage… Tout cela est du plus glauque.

Le fascisme peut se comprendre du fait du *Kultur-Über-Ich*. Et, franchement j'ai pris plusieurs traductions, re-traductions du *Malaise dans la civilisation* qui continuent à traduire dans le sens d'un surmoi collectif, parfois c'est même dit comme ça. De toute façon avec toutes les précautions, surmoi social, par exemple, je trouve que ça ne va pas : il n'y a pas d'inconscient collectif, même si l'inconscient participe du collectif en se fondant sur l'Autre. *Kultur-Über-Ich* signifie la façon dont la société participe du surmoi, et joue sur la position subjective…

Donc, ce malaise dans la culture, je l'entends comme l'intervention de la société sur le sujet. C'est dire que la civilisation capitalisto-machin-chose — peu importe l'appellation qu'on en a : néo- libéralisme ou fascisme, etc., il s'agit toujours de capitalisme dans ses variations, car il varie constamment et crise après crise, il arrive à se remettre d'aplomb malgré toutes les difficultés qu'il suscite et qui en définitive lui permettent de se rajeunir —, donc le capitalisme intervient dans les cultures, et dans les esprits pour tout dire, c'est-à-dire dans l'inconscient en termes de surmoi. C'est là un discours freudien que je réaménage. Donc ce malaise dans la culture, je l'entends comme le malaise dû à la globalisation de la civilisation telle que cette globalisation se marque dans chaque culture au détriment de celle-ci. Le malaise dans la culture est le malaise dû à la civilisation comme univoque, globalisante (univoque, c'est autre chose qu'unaire). Au total Freud lui-même considérait qu'à côté des conditions œdipiennes, etc., interviennent les conditions sociales.

Dans le même texte, « Radiophonie », de Lacan, vient jouer une indication supplémentaire : c'est la coupure imaginaire qui constitue la superstructure, dit Lacan. Et donc, sa révolution symbolique — c'est du Lacan — se sépare de l'imaginaire de la révolution des orbes célestes. C'est que l'épistémologie est à l'œuvre dans cette révolution symbolique. Mais depuis toujours elle est sujette à caution du fait d'être, depuis toujours, adaptée à l'exploitation et actuellement au capitalisme. Mais il ne suffit pas d'en parler ainsi, j'en conviens bien, pour y contrevenir il faut au moins en parler dans l'actualité de la situation du mode d'exploitation et différencier tel mode et tel autre. Mais la persistance de modes anciens dans le mode actuel, comme dit Marx, donc le fait que les variations du capitalisme subsistent dans ses différentes phases les unes à côté des autres, implique un regard circonstancié. Il ne convient pas d'aller chercher un discours capitaliste mal venu — car je trouve que Lacan a eu tort de sortir du lien (S_1 – S_2 - a - $\mathcal{S}$) qui est incontournable parce qu'on a affaire à du ($S_1 \rightarrow S_2$) qui se donne métonymiquement en objet, et l'ensemble se métaphorise en sujet : $\{[(S_1 \rightarrow S_2) \rightarrow a] \rightarrow \mathcal{S}\}$. Cette métonymie, que le S_1 organise au sein des réseaux de S_2, se donne en objet a, et ensuite, ça se métaphorise en sujet de telle façon, je pense, que cette séquence des discours est insécable. Quand Lacan cherche à la moduler autrement dans le discours de la science et dans le discours du capitalisme, eh bien ! il introduit de mauvaises coupures, mais de toute façon, il ne s'en sort pas, et il n'insiste pas. Et même si les lacanistes cherchent encore à rendre compte de cette possibilité — mais sans réussir. Il n'y a donc pas de discours capitaliste, aussi je pense que le discours du maître convient pour rendre compte de l'exploitation, même si le maître capitaliste est réactualisé autrement que le maître profitant de l'esclave ou que le maître féodal profitant du serf.

Le discours du maître est conçu comme transfert de savoir de l'esclave au maître, dit Lacan. Cela renverse assurément le discours analytique en discours du maître, car dans l'analyse, il n'y a pas de transfert de savoir. Et en tout cas, à l'encontre du cognitivisme à base états-unienne, ça ne passe pas du psychanalyste à l'analysant, bien heureusement, et ça ne passe pas non plus *vice versa*, de l'analysant à l'analyste, c'est en quoi il n'y a pas de transfert du savoir. Ce qui se transfère pour moi, implique cette cote qui correspond à un transfert de jouissance qui fonctionne grâce à de la coupure.

À cet égard, on est toujours dans « Radiophonie » sur les questions de métonymie et de métaphore. Sous ces tropes le signifiant unaire, passé au signifiant maître, reste bien caché. Lacan parle de « recel » (p. 421), qui n'implique nul savoir absolu et d'autant moins un recours ne serait-ce que supposé à ce savoir absolu. Je pense que lorsque le fascisme modifie le sens des mots, il utilise le cristal de la langue pour jouer sur beaucoup de significations parfois reçues, parfois inventées, etc., mais en tous les cas pour avoir sa mainmise sur les langues et sur l'usage qu'on a des langues, afin d'en imposer par les langues aux conformations des inconscients. C'est le formatage dont parle Girard à partir de la logique. Car bien sûr ça n'opère pas uniquement à partir du vocabulaire, j'insistais sur le vocabulaire parce que c'est parlant, mais il faut aussi insister sur des modes d'organisation logiques du langage qui jouent aussi un rôle.

Lacan insiste de là sur le réel, à partir de la physique, pour lui : Galilée, Newton, Kepler, et tous ceux qui l'utilisent. « En passant par l'action *dis-je* [c'est du Lacan], l'action *dis-je*, de la formule » (p. 422). Plus loin, il dit que « la notion de champ » « met noir sur blanc, soit *suppose* qu'est écrit ce que nous soulignons pour être la présence effective, non de la relation, mais de sa formule dans le réel, soit ce dont d'abord j'ai posé ce qu'il en est de la structure. » Je peux le dire en évitant d'ânonner. Mais noir sur blanc, soit suppose ce qui est écrit, ce que nous soulignons pour être la présence effective non de la relation mais de sa formule dans le réel, soit ce dont d'abord j'ai posé ce qu'il en est de la structure » comme formule dans le réel. C'est la formule et pas la relation en elle-même qui est déterminante, donc ce qu'on peut appeler réel est le réel impliqué par la formule (p.422).

J'ai du mal à croire que certain, explicitement Newton, puisse ne pas requérir d'hypothèse. Parce que Lacan le répète plus d'une fois : *Hypotheses non fingo*, je n'ai pas besoin de créer, d'inventer des hypothèses, dit Newton, mais pour ma part je pense qu'on a toujours besoin d'hypothèses, je contredis et Newton, et Lacan là-dessus. Car toute formule est d'abord signifiante, et la signifiance se fonde récursivement d'une hypothèse. De là le réel est tributaire du signifiant, donc il y a des formules qu'on n'imagine pas dit Lacan. Ça n'empêche en rien de les écrire en tant que formulation des relations tissées non pas dans le réel, auquel cas ce serait simplement ontologique, mais en tant que réel. Ce n'est pas dans le réel mais en tant que réel, à valoir de fait comme réel.

Quand, tout à l'heure en discutant l'exposé de Sandrine Aumercier, j'insistais sur le fait que l'ensemble des économies politiques étaient aussi fiduciaires que le signifiant, que c'est ce qu'on croit en quelque sorte, tout ce qui est à la fois fictif, mais fictif au sens de Lacan, n'empêche aucun réel. On a une réalisation de la fictivité, et plus avant avec Lacan de la facticité au sens où il l'utilise bien autrement que les autres avant lui, dans ce qui est traduit bêtement par factivité à propos de la *Faktizität* de Heidegger — c'est un séminaire sur l'ontologie qui est un traité sur la facticité. On peut ainsi mettre Heidegger en opposition avec le discours de Lacan. Donc les facticités se situent dans le réel, l'imaginaire et le symbolique : dans le symbolique, c'est le délire individuel de la psychiatrie, dans l'imaginaire ce sont les groupes, avec cette psychose sociale ou délire social dont parle Lacan, après la névrose sociale dont parle Freud. Et avec les camps, j'appelle ça un délire théorique réel, impliquant un réel. Ce n'est pas loin du délire scientifique de Derrida en préface au *Verbier de l'Homme aux loups*.

J'avais refusé quand je dirigeais un CMPP de donner, de faire état des diagnostics correspondant aux enfants qui venaient en consultation, parce que je rappelais — j'avais dit ça dans une réunion de l'ARS de Paris (Agence Régionale de Santé) — qu'on a quand même vu les malades mentaux, ou appelés comme tels, passer au crématoire, et que je ne voulais pas participer de la désignation de ceux qui risquaient encore d'y repasser, pas seulement les Juifs, les Tziganes, les homosexuels, les malades mentaux, pas seulement affamés, mais passés carrément au crématoire. Et on m'a dit, ça c'est fini — ce n'était peut-être pas déjà l'ARS, mais encore la DRASS à l'époque — on m'a dit : « Vous êtes vraiment un irréductible Gaulois, un petit reste dans un coin de l'Armorique, le seul village à résister » ...

Mais je crois qu'il faut résister de toutes les manières possibles, parce qu'on en a les moyens dans la psychanalyse puisque nous sommes des spécialistes du langage, il ne faut pas se leurrer là-dessus. Il faut savoir comme on entend le langage autrement que la linguistique, car il faut savoir avec qui on pactise dans la linguistique. Donc il faut cheminer avec des partitions, avec des accords, des amitiés, des inimitiés.

Marseille, deuxième intervention, 6 juin 2022

Complément

Online Etymology Dictionary
(Je remercie Ana-Claudia Delgado pour cette recherche)

template (n.)

Dans les années 1670, *templet* désigne « une pièce horizontale sous une poutre ou une poutrelle », probablement du français *templet* signifiant « le métier à tisser », diminutif de *temple*, qui avait le même sens, dérivé du latin *templum* « planche, chevron », également « lieu consacré » (voir « temple » (n.1)).

Le sens « patron ou gabarit pour façonner une pièce de travail » est enregistré pour la première fois en 1819 sous cette forme, précédemment *temple* (années 1680) ; la forme a été modifiée au milieu du XIXème siècle, probablement influencée par *plate* [Barnhart], mais la prononciation n'a commencé à changer que plus récemment (*templet* est toujours l'entrée principale du mot dans le *Century Dictionary*).

Année enregistrée la plus ancienne : années 1670

R.L. : Il s'agit d'une règle intervenant dans
- le tissage et
- l'imprimerie (en typographie).

Entrées liées à template

temple (n. 1)

« Bâtiment pour le culte, édifice dédié au service d'une ou plusieurs divinités », en vieil anglais *tempel*, du latin *templum* « morceau de terrain consacré à la prise d'auspices, bâtiment destiné au culte d'un dieu », de signification incertaine.

Il est communément admis que cela vient de la racine indo-européenne *tem–* qui signifie « couper », sur la notion de « lieu réservé ou découpé » [Watkins], ou encore de la racine *temp–* qui signifie « étirer » [Klein, de Vaan], sur la notion d'« espace dégagé (mesuré) devant un autel » (de la racine indo-européenne *ten–* qui signifie « étirer » ; comparer à temple (n.2)), la notion étant peut-être le « fil tendu » qui délimite le terrain. Comparer avec le grec *temenos* « zone sacrée autour d'un temple », littéralement « lieu retranché, coupé », du radical de *temnein* « couper ». Le sens figuré de « tout lieu considéré comme occupé par la présence divine » existait en vieil anglais. Appliqué aux synagogues à partir des années 1590.

temple (n. 2)

« Zone aplatie de chaque côté du front », milieu du 14ème siècle, du vieux français *temple* « côté du front » (11c.), du latin vulgaire **tempula* (pluriel pris au féminin singulier), du latin *tempora*, pluriel de *tempus* (génitif *temporis*) « côté du front », généralement accepté comme signifiant à l'origine « la fine bande de peau sur le côté du front » et provenant de la racine **temp–* « étirer », une extension de la racine **ten–* « étirer ». Le développement des sens irait des « étirements » à la « peau étirée ».

Une notion similaire semble être à l'œuvre en vieil anglais *ðunwange*, vieux norrois *þunn-vangi*, vieux haut allemand *dunwangi* « temple », littéralement « joue fine ». L'hypothèse la moins probable est qu'il est associé à *tempus span* « espace opportun » (pour un coup mortel avec une épée).

templet (tissage)

Cher René Lew,

Voici ce que j'ai trouvé à « templet » en allant sur le site de fourniture des artisans tisserands.

En espérant que cela vous apporte des éléments.

https://www.artifilum.com/

https://www.artifilum.com/fr/templet-a-pinces-pour-metier-a-tisser-sur-pieds-metiers-leclerc.html

Bien à vous,
Pascale Rosenberg [que je remercie]

III

ESCUELA FREUDIANA DEL ECUADOR

Elsa Andrade Heymann

DE LA ESCRITURA, LO QUE SE ESCRIBE…

> "De la praxis de la théorie à la pratique de la
> psychanalyse — et inversement"
> Convocatoria a la Bienal Internacional en
> Marsella, junio 2022.
> Osvaldo Cariola / René Lew

Hay distintos modos de plantear la cuestión de la escritura en psicoanálisis. Corresponde preguntarse por su relación con la letra, su función litoral. Esa relación entre psicoanálisis y escritura se funda del no sin, en su articulación a la palabra hablada, no la una sin la otra.

"Sostengo -dice René Lew- que lo que ha permitido la emergencia de este concepto en Lacan es esencial tanto para el habla como para la escritura, es el vínculo de la escritura con la palabra que las sostiene y …más aún la relación de la letra con la significancia que asegura la enunciación… de esa dialéctica derivan las otras relaciones litorales constitutivas del lenguaje"[1].

¿Es posible hablar de psicoanálisis sin el pasaje a la escritura? ¿Qué es la escritura en psicoanálisis? ¿De qué escritura se trata? ¿Se escribe en tanto se habla? Es lo que se produce en la razón de/a la letra desde Freud, en esa otra racionalidad en la estructura de la palabra?

Lo que se escribe en un análisis pasa por la función de la letra, es ineludible, lo litoral hace síntoma. Interrogar la cuestión de la escritura y la función de lo escrito o de lo que se escribe como efecto de la práctica del psicoanálisis, es estar en relación a lo que se dice, se escucha, se lee, se escribe, en un tiempo y lugar particular, en la estructura del habla, bajo el practicable analítico, en la lógica del "que se diga…"

Decir "que el inconsciente es la suma de los efectos de la palabra en un sujeto", y que este sujeto "se constituye en los efectos de lo inconsciente", es de algún modo entrar en una práctica que obliga a decantar los prejuicios científicos que obstruyen la interrogación por el deseo, el goce, la pulsión, la an-

---

[1] *Cf.* R.L. "Le langage comme littoral", *Che vuoi?* No.26, 2006 (trad. 2010: C. Hidalgo, rev. E. Andrade), documento interno en EFE.

gustia, … etc. No hacerlo nos muestra cómo la lectura del síntoma en términos de comportamientos y conductas, en términos cognitivos y de apreciaciones moralizantes 'a partir de las cuales se pretende revertir el síntoma', o hacer de ellos el resultado de la adaptación o peor aún de la adecuación a las exigencias sociales, es un modo de dar la espalda a la lectura de la producción de lo inconsciente, allí en donde la relación a la cosa (siempre indirecta) va a la deriva.

René Lew al plantear los términos praxis y práctica, pasando por su relación con la teoría- e inversamente, produce en la lógica de la recursividad un recorrido topológico.

Imposible no remitirse a las elaboraciones de Lacan en la Proposición del 9 de octubre de 1967[1] sobre el analista de la Escuela, cuando enuncia: "la ética del análisis es la praxis de su teoría". Ese aforismo permite entrever lo que de la práctica y la teoría se escribe en sus relaciones; o, que es a partir de la práctica del análisis y en su diferencia con ella que se construye y se escribe la teoría.

Lacan en el Seminario 11 se había planteado la pegunta: ¿Qué es una praxis? eligió valerse de la transcripción del término en su grafía griega: praxis, y una respuesta se abrió camino: es una acción humana que da la posibilidad de tratar lo real mediante lo simbólico. Surge entonces la pregunta ¿la praxis de la teoría es su construcción escriturada?, al escribirla, pero no solamente, queda implícito o sugerido que la derivación a la práctica del análisis habla de la incidencia y afectación recíproca entre teoría y práctica en tanto no hay oposición, sí una modulación, que sólo se lee en el recorrido topológico bajo la lógica funcional de la recursividad significante, tal como aparece en la frase modalizada de René Lew que hago valer como exergo.

En algún momento intenté interrogar el aforismo de Lacan a propósito de la cura analítica: "es lo que se espera de un analista". Debí pasar del reconocimiento de una frase formulada de modo asertivo a su construcción paradojal, en apariencia, y trabajarla lógica y topológicamente.

Releer e interrogar la Proposición a la vez requiere - no puede ser de otro modo - regresar a las formulaciones freudianas, aquellas que Freud articula insistentemente al poner en juego la relación entre clínica, práctica y teoría con la expectativa de lograr esclarecimientos, rectificaciones y reordenamientos de las inferencias puestas en juego a modo de hipótesis, aproximando la idea de que habría que leerlas en un anudamiento, en la operación de vacío y lo que escapa.

---

[1] Jacques Lacan "Proposition du 9 de Octobre 1967" *Autres écrits*, ed.Seuil. *cf.* (traducción en EFE, Pedro Oyervide C.).

Si la práctica del análisis se funda en la praxis de una hipótesis, la de lo inconsciente, es ese "inconsciente", en tanto que hipótesis, lo que hace de la nuestra una práctica que se despliega en la escucha de los actos fallidos, de las equivocidades, de lo lacunar, de lo incierto, de las dubitaciones, de los trastabilleos -ocurrencias todas ellas- en las que se vislumbran efectos de escritura, a condición de interrogarse por su afectación en cada uno, leyéndolas desde las posiciones (funciones) analista-analizante, produciéndose como relaciones de pasaje en cada momento del análisis, como cambios de posiciones en la estructura del habla. Y transpuestas en su construcción teórica.

Étienne Balibar, B. Cassin y Sandra Laugier en la voz Praxis[1], del Vocabulario europeo de las filosofías, de los intraducibles en filosofía sostienen que el término praxis importado del griego en las lenguas modernas se ha naturalizado, particularmente en alemán e italiano, al identificar específicamente al término praxis como un término para aludir al acto, a la acción, en sus efectos políticos, con la inherente ambivalencia.

En el diccionario de la RAE, la definición de praxis va seguida por la habitual consideración de la oposición polar entre práctica y teoría. Allí se advierte el efecto de un reduccionismo del punto de vista ternario a un punto de vista dualista de lo que constituyen las tríadas aristotélicas praxis-póiesis-episteme, la una, transformada en otra: praxis-póiesis-teoria.

En la filosofía positiva la relación a las prácticas desde la teoría indica la idea de un itinerario en el cual la práctica de la teoría sería la aplicación de ciertos principios teóricos al fenómeno. Como si se tratara de un cierto saber, de una cierta ciencia y su aplicación, o de un cierto "ejercicio" del entendimiento, con los consiguientes efectos políticos.

Estos autores se plantean los problemas que el término praxis conlleva: tanto los problemas de traducción (y por ende sus "traducciones" en plural, así como sus no traducciones-y traiciones) y sus usos en la filosofía, señalando que están dirigidos por "la poderosa conceptualización aristotélica expuesta en la Ética a Nicomaco en donde constituye uno de los hilos conductores" (la traducción es mía). Lacan interroga esa Ética aristotélica en el Seminario 7, a la luz de la lectura del texto de Freud, con los de Kant y otros, y propone tomar en cuenta el goce en el llamado a la ex-sistencia, en el acto mismo de hablar. Adopta como punto de partida de su crítica el modelo de las "filosofías prácticas" centradas en la consideración ética de la finalidad y del bien que, llegado el momento, se transformarían en "filosofías de la práctica".

---

[1] Bárbara Cassin. *Vocabularie européen des philosophies*. Éditions du Seuil/Dicctionaires Le Robert, *2004*, pp. 988-1002 (la traducción es mía).

Cuando decimos "un psicoanalista no funciona por los títulos que porta o se le confiere sino por las consecuencias éticas de su acto (el deseo de(l) analista: désir du psychanalyste)" se lee una alusión a una operación de escritura que deriva del planteamiento de lo inconsciente como político, en tanto que política, la política del psicoanálisis.

Esa relación y no relación de escritura en el psicoanálisis, escribe e inscribe al sujeto en la castración, en la función del vacío operante. Por tanto ¿qué del sujeto se escribe en un análisis? Si la praxis de la teoría es la de una escritura de relaciones funcionales, ¿son los esquematismos de René Lew operantes en esa lógica los que las escriben?, siendo un efecto de la función de la letra (la letra a) que opera, el a en tanto función en su relación a otras, ¿se sostiene y las sostiene en sus efectos? ¿Ese a o mejor no-a que resulta de un análisis hace a la función analista el efecto de un pase (la pase) que se escribe?

Sin descartar la función de antecedencia lógica de la función de la letra a la del significante, si se la debiera plantear, opera por "simultaneidad" con la del significante, e inversamente, por tanto, como operador del análisis, bajo semblante de a permite plantear que, allí donde "termina" un análisis ha lugar una escritura, 'aunque -o, justamente por eso- no exista escritura a perpetuidad…, ni toda, ni acabada…' siempre a producirse ¿trazándose? traza-ando(se).

Lo traducible y lo intraducible, finito e indefinido se escribe, se juega y bordea el vacío como en el "paso a paso hasta el último"[1] en tanto que en la práctica del psicoanálisis no caben garantías de que, llevado hasta el final, haya por ello analista. Sólo a pérdida hay posibilidad.

Junio, 2022
Escuela Freudiana del Ecuador

---

[1] Es una alusión al título del último libro de Louis-René des Forêts "Pas à pas jusqu'au dernier", *cf.* traducción en español "Paso a paso hasta el último" ed. El cuenco de plata, Buenos Aires, 2008.

Felipe Bastidas López

Porte–à-faux
(o estar en vilo: que se cae y a la vez no)

Los cuatro puntos cardi-
nales son tres:
el sur y el norte.
Vicente Huidobro,
Altazor.

Una escuela como soporte para la apertura significante

El dar cuenta de la práctica, el decir de ella, el pasar por la teoría para traducir una posición en la operación de una función, es un modo de poner en juego la apertura significante. De ahí que sea necesario una escuela como soporte para que, justamente, tal apertura sea posible, en las modalidades que una escuela pueda construir, en tanto estas modalidades no anulen en su funcionamiento el lugar para una hipótesis como la del inconsciente, si es que se trata, claro, de una escuela para el psicoanálisis.

Leer que la escuela "cada vez habrá sido lo que son sus miembros en su relación al trabajo",[1] me lleva a la pregunta por la relación al trabajo en cada uno en torno a esta hipótesis (es decir, una pregunta por mi plural… a cada uno su plural) y cómo ese trabajo se sostiene en ese "entre" que se conforma allí entre sus miembros, "entre" con el que cada uno se las ve ya que es efecto de una posición particular. El trabajo en esa hipótesis, el trabajo que da lugar a la hipótesis de lo inconsciente es lo que imprime temporalidad y movimiento a esta condición de miembro de una escuela, que no resultaría más que una simple nominación si es que no se articula a la lógica de la función significante, es decir a la movilidad que esta lógica conlleva en lo no-idéntico a sí mismo y en la estructura de desvío, de equívoco y de vacío, es decir en una estructura relacional. Hacer valer esa función es posible cuando en la relación a la escuela, a EFE por ejemplo, se hace valer la operación del significante y la letra.

Entonces, la apertura significante es la apertura a su soporte en su estructura, y eso depende de cómo la lógica de lo colectivo organiza la relación al

---

[1] En *Para la brochure de Dimensions de la psychanalyse.* Escuela Freudiana del Ecuador, eFe. Elsa Andrade Heymann. Junio, 2022.

trabajo entre varios, en el modo en cómo gana peso algo de la relación al rasgo unario haciendo función para organizar el intercambio en ese "entre" de quienes sostienen la escuela, agujereando la relación a un objeto en común hacedor de identificaciones imaginarias (identificaciones al objeto que suele anular la relación al rasgo unario). Entonces allí, ya no se trata del psicoanálisis (como objeto común, como un objeto a posicionar, a reivindicar, a socializar, a popularizar, a globalizar, etc.) sino de cómo la relación al deseo se traduce en una posición en torno a una teoría y a una práctica a las que llamamos psicoanálisis y cómo una escuela hace soporte, en sus modalidades, para trabajarse en lo teórico en esas traducciones.

La teoría como expresión de la posición subjetiva en la estructura del lenguaje

Lo que leo en Lew me dice que la posición en la teoría da cuenta de la posición subjetiva en la estructura del lenguaje, ya que la teoría traduce una posición en la relación a la palabra, la teoría dice de un punto de vista extensional en torno a la estructura, y de cómo, a veces, un punto tiene más peso que otro. Ese peso puede ser un detenimiento en un punto en el recorrido en la estructura del lenguaje que expresa una dificultad de tramitar de otro modo aquella densidad (Dicht) que tiene la intensión. Es interesante como Lew habla de la densidad de la intensión como un infinito denso y cómo habla del extensional como aquello que se reparte de esa densidad.[1] En donde un infinito intensional es el que se densifica y el infinito extensional es el que se distribuye. Entonces ocurre que puede existir un detenimiento en la dialéctica de esa repartición, en cómo eso que empuja de la intensión puede estancarse al esencializarse en un momento en las relaciones extensionales.

El retorno a la intensión, es decir el dar un lugar a la apertura del vacío inherente a cada extensional, es el modo en cómo se reanuda el movimiento relacional entre los lugares de la estructura, ya que lo que se despierta ahí es la operación de la función en cada uno de sus lugares, y eso implica el fuera punto de vista, es decir aquello que "escapa a toda problemática del punto de vista (…) por jugar en una pulsación entre los puntos de vista."[2]

Se trata entonces de que el punto de vista de la teoría no se desarticule de aquello que imprime en ella la lógica del fuera-punto de vista, por ejemplo al

---

[1] En *Jornadas de trabajo con René Lew*, Escuela freudiana del Ecuador. Quito, 2016. Por aparecer.

[2] En *Le hors point de vue de Freud à Lacan. Clinique et théorie générale du singulier.* René Lew. Lysimaque. Paris, 2020. P. 407. Traducción mía.

no esencializar un concepto en detrimento de otro.[1] Lo que Lew nos enseña sobre el fuera punto de vista se puede traducir como aquello que permite desontologizar a los conceptos en provecho de los efectos relacionales. En psicoanálisis, la estructura del significante organiza la relación al concepto ya que no se trata tanto de su definición, sino de hacerlo funcionar como una "expresión sintética de una suposición"[2] de la cual nos servimos para poder hablar sobre algo que está en el orden de lo inaccesible. Entonces se trata de los modos en cómo con la teoría podemos construir lo inaccesible, al dar cuenta de nuestra propia relación a ello. Es diferente decir "acceder a lo inaccesible" (lógica en Leibniz) a decir "construir lo inaccesible" (lógica en Freud); y sabemos que en psicoanálisis lo que se construye se lo construye hablando.

Es por eso que se trata de una teoría hablada que tiene como soporte lógico la puesta en movimiento de la enunciación en lo ya enunciado por otros; de cómo eso ya enunciado habrá sido, a la vez, eso mismo y otra cosa, en la puesta en juego de la palabra. La enunciación aquí como la construcción de un agujero en la materia misma de eso ya dicho, ocurriendo ahí una incorporación, no tanto de aquello dicho por otros, sino de una incorporación del agujero construido alrededor de eso dicho. Me refiero aquí a un transformado, si se quiere, de aquello que Freud nos presenta en Tótem y tabú y que Lew lo trabaja en términos de construcción e incorporación de una ausencia.[3] Entonces, en la relación a la teoría, se trata de los modos en cómo una presencia llama a una ausencia que da cuenta de lo ausente[4], es decir de una metaforización del agujero.

Este es un modo de hablar del movimiento en la cadena significante a partir de lo que en ella se organiza en el intercambio; de cómo los extensionales predicativos, enunciados de la teoría, despiertan a la intensión al incluir al sujeto de la enunciación, haciendo de la teoría, con sus conceptos, en el intercambio entre varios, un soporte decible de algo que no se puede ni compartir, ni transmitir… en las vueltas que sean necesarias de dar -al menos 4, decía Lacan- ya que no hay agujero sin las vueltas necesarias para conformar un borde en lo que cae de ellas. Por eso mismo, un modo pertinente de dar un lugar a lo indecible es afinando el decir… y en psicoanálisis, no se afina en las rectitudes, sino en los desvíos, equívocos y rodeos.

Entonces, que lo que organice la pregunta en la teoría sea la razón significante, hace, por esta vía, que la idea de que un concepto se defina a sí mismo

---

[1] La teoría es un punto de vista entre otros de la estructura de lenguaje.

[2] René Lew, "Renouvellement de la métaphysique". Seminario del 16 octubre del 2021 (Grabación).

[3] Padre muerto (ausencia) y comido (incorporación de la ausencia).

[4] Tal como Lacan lo formula en el Seminario de *La relación de objeto*.

sea una idea inadecuada. La estructura mínima de lo inconsciente implica una estructura mínima relacional binaria significante, de la cual se desprende lo ternario como efecto de lo que ocurre en lo que llama en ese entre-dos, es decir un efecto que, en tanto su condición de efecto, implica vérselas con la imposibilidad de su aprehensión. ¿Cómo aprehender, como asir un efecto? Lo cuaternario allí, en la función de escapamiento, permite que el movimiento se re-anude en tanto lo que escapa ahí se transforme en un vacío.

Lew en Quito, sobre Diógenes y el vacío

En el 2016 acá en Quito, Lew hablaba sobre la ética en psicoanálisis, apropósito de Diógenes el Cínico y apropósito de un grabado sobre él, un grabado de Nicolás Poussin del siglo XVII. Decía que se trata de "una pintura que muestra un paisaje en el cual se ve a Diógenes ante un joven que bebe agua con el cuenco de la mano y, con ello, Diógenes que se había desembarazado de todo salvo de su pequeña copita entonces la bota también. Un psicoanálisis es eso, quitarse, desembarazarse de todo eso, y lo único que queda es el vacío".[1]

Lew en Marsella, lo fascista como detenimiento de la operación significante

El 4 de junio, escuchaba de René Lew, en su intervención en Marsella, decir que el psicoanálisis es una apertura contra la fascización del mundo… decir que el fascismo, ese modo nefasto del capitalismo, está en la lógica de lo no-aesférico y de lo orientable… también que el fascismo sostiene a opuestos que no soportan la diferencia… y que es un sistema que no permite la operación de lo litoral, entendiendo por lo litoral una función que introduce la diferencia y con ello la continuidad… le escuchaba decir también de cómo el psicoanálisis escapa a su fascización ya que la política en psicoanálisis es una política del significante… en fin, de cómo el fascismo es un lugar predicativo y antirecursivo.[2]

Esto que escuchaba, me ha llevado a la pregunta por esa apertura (y por los modos de cierre) en psicoanálisis, teniendo como eje la hipótesis de lo inconsciente en su relación a una política del significante.

Retorno a Quito

Lew, en el 2016 en Quito, hablaba sobre el lugar de la hipótesis en psicoanálisis, a propósito de la hipótesis de lo inconsciente. Decía que el término alemán para hipótesis es Annahmen, que en inglés es assumption que quiere

---

[1] En *Jornadas de trabajo con René Lew*, Escuela freudiana del Ecuador…

[2] Gracias a Gustavo Valarezo por el intercambio de apuntes en relación a lo escuchado sobre este punto.

decir asumir, y "asumir algo" quiere decir aceptarlo; agregaba que sólo se puede hacer o formar una hipótesis de lo que es admisible, y que no podemos admitir sino aquello de lo cual hacemos una hipótesis. Admitir es también admitir en el inconsciente, y eso implica que exista una elección, implica que el sujeto elija.[1]

Entonces, admitir la hipótesis de lo inconsciente tiene consecuencias y esas consecuencias obligan a tomar una posición subjetiva ante las construcciones que esta hipótesis pone en obra, posición construida en los argumentos en el modo singular de la relación a lo inconsciente.

El psicoanálisis contraviene a un sistema fascista por sostener una práctica que justamente implica la admisión íntima de la existencia de lo inconsciente, por admitir esa "sorpresa", en la serendipia, a la que Freud daba lugar en la práctica del psicoanálisis.

Y esta admisión implica el darle lugar a lo que opera en una lógica heterogénea, es decir a una lógica que renueva aquello homogenizante en la estructura. Se trata entonces de la admisión de una dialéctica, de una puesta en continuidad en la relación entre opuestos que no anula la diferencia ahí jugada, ni la equivalencia entre esos opuestos. Por eso el psicoanálisis no es una práctica fascista, porque al hacer valer la hipótesis de lo inconsciente, que es una hipótesis de trabajo, del trabajo de lo inconsciente, hace valer lo que aquella hipótesis produce: diferencia. A diferencia del fascismo, la práctica del psicoanálisis da lugar a lo no-orientable, a lo aesférico, a eso que permite que en la lógica del intercambio sea posible una realidad discursiva, en donde las cosas existan sin que sea necesaria su comprobación; porque al hacer valer la lógica de lo inconsciente se hace valer a los condicionales irreales y, con ello, al imperativo hipotético (lo digo así ya que los condicionales reales son efecto de la lógica del imperativo categórico), y los condicionales irreales son irreales porque no están en la lógica de la comprobación. Entonces, es posible decir que el psicoanálisis contraviene al fascismo por su política del significante, que es un efecto de la política de la letra, una política que cuestiona la ideología de la comprobación.

Y en eso sigo lo que Lew nos dice cuando trabaja sobre la cuestión de la metafísica en psicoanálisis,[2] porque es una cuestión que se juega en la diferencia entre conocimiento y saber. Me parece que, a través de la teoría del significante, Lew introduce la cuestión de la suposición en el conocimiento (es mi hipótesis). El problema del conocimiento es que necesita de la certeza, por eso

---

[1] En *Jornadas de trabajo con René Lew*, Escuela freudiana del Ecuador...
[2] René Lew. "Renouvellement de la métaphysique"...

está en el orden de la ontología, es decir de la necesidad de pre-suponer conceptos, objetos, un mundo, un real ya ahí accesible; el conocimiento necesita de un objeto que esté ya existiendo. El psicoanálisis no funciona en la vía del conocimiento porque, como dice Lew, en psicoanálisis se trata de una metafísica no-ontológica, en donde leo que se trata de una no-ontología del no-hay universal sino del singular, entendida desde la lógica heterogénea; y lo que imprime una lógica heterogénea es la ausencia del origen y del final (algo así como el nudo gordeano), al menos previamente. Lo heterogéneo opera en la serendipia, en ese efecto sorpresa que resignifica lo previo, haciendo valer la ausencia de lo previo.

Recuerdo que en las Jornadas de Trabajo del 2016 le preguntaba a Lew que: cuando se habla, por cuál de los lugares lógicos aléticos se parte (ahora podría decir que mi pregunta fue sobre la óntica del psicoanálisis). Él indicaba entonces que una dificultad en el psicoanálisis es que hay que no tener un punto de partida, que hay que dar lugar al hecho de que no hay ningún punto de origen, de inicio… que si bien, desde un punto de vista se puede decir que se comienza a hablar por un lugar, no es esa la manera de organizar la conceptualización del psicoanálisis. En tal caso, decía, es más justificada una manera inadecuada de hablar, al indicar que un punto de partida es el de la obligación, tal como el Sollen dice de una obligación desde Freud.[1]

Diría ahora, entonces, que es diferente hablar de un punto de partida en términos geométricos espaciales, que hablarlo como una textura temporal (en el habrá sido) y de un empuje que obliga (desde el Sollen). El no tener un punto de partida implica no saber de antemano a donde se va a llegar. Por eso en psicoanálisis no importa tanto a dónde se va, sino a dónde (temporal) nos lleva el hablar, y hay que dejarse llevar en lo no-orientable, en la obligación de dejarse llevar. De ahí que no se trata de la relación a un saber que se sabe de antemano, se trata de cómo lo no-sabido hace marco al saber, organizándolo. Y eso es lo no-orientable: el dejarse llevar por ese no-sabido.

Entonces, a diferencia del derecho, por ejemplo, que se organiza actualmente en la relación entre norma y conocimiento (antes lo hacía en relación a la "virtud", cuando lo que organizaba era esa razón germana y no la norteamericana), el psicoanálisis guarda una relación a la norma, pero a la norma de lo no-orientable, es decir, a "la apertura como norma"[2]. Entonces,

---

[1] En *Jornadas de trabajo con René Lew*, Escuela freudiana del Ecuador…

[2] En *Contingence de la position subjective et facultativité de la soumission au signifiant*, René Lew. Coloquio de Gand, *Normativité et Contingence*. 2013. (en esp: *Contingencia de la posición subjetiva y facultatividad de la sumisión al significante*. Traducción de Elsa Andrade H., 2022. Documento de trabajo interno en EFE).

ahí donde el derecho se sostiene del código, el psicoanálisis se sostiene del significante; ahí donde en el derecho se construye un real previo, en el psicoanálisis lo real es un efecto de lo simbólico, es decir del hablar. El derecho, sostiene una relación a la palabra desde una lógica en donde el antecedente está antes y el consecuente se traduce como sanción (en donde el sujeto del derecho es o inocente o de culpable), esto es algo que se lee en Hans Kelsen.[1] Lo fascista hace del código un aparato de control, justamente porque controla la sanción. Entonces hace de toda causa una causa para el Régimen, para el régimen de lo orientable, de lo predicativo, de lo esférico.

... Efe → Jornada de Estudios
En relación a la Bienal Internacional de Psicoanálisis en Marsella[2]
Junio-julio 2022

---

[1] En *Teoría Pura del Derecho*, Hans Kelsen. Eudeba. 2015.

[2] A partir de las proposiciones de René Lew respecto de la cuestión de la praxis de la teoría a la práctica del psicoanálisis - e inversamente.

Dorian Chávez

TÍTULO: A PRODUCIRSE. [1]

Hablar de UNA clínica psicoanalítica podría resultar un oxímoron en sí mismo, ya que no existe esencia de esta, no es posible delimitarla, como si de una receta se trata, entre lo que autorizaría denominarse psicoanálisis y lo que no. No hay garantía, es decir, trabajar desde el diván no garantiza nada, el análisis es a producirse. Por lo tanto, a partir de esta lógica, ¿se podría decir que hay análisis en el trabajo mediado por la digitalidad? Posiblemente sí, en momentos, al igual que en la presencialidad. Sin embargo, lo que mueve esta elaboración no son los juicios que habiliten a categorizar si hacemos o no psicoanálisis, sino los posibles efectos de la clínica analítica mediada por la digitalidad.

I

En el texto llamado "una práctica de Parloteo" (Lacan, 1979), Lacan menciona que el analista debería saber operar convenientemente, es decir, "que dé cuenta de la importancia de las palabras para su analizante" (p. 2). Por otro lado, en el texto de "Lo simbólico, lo imaginario y lo real" (Lacan, 1953), aborda lo que denomina la experiencia de la palabra, y la ubica como uno de los resortes principales para la experiencia analítica, en tanto se basa en el intercambio de esta, lo que puede ser leído desde el valor de uso y valor de cambio propuesto por Marx y retomada por Lacan, como se evidencia en el seminario 6 de "El deseo y su interpretación" (Lacan, 1958/2020)

Lacan al preguntarse, ¿qué es la palabra? menciona lo siguiente:

"A lo que asistimos es más bien a un evitamiento de esta cuestión. Y, desde luego, lo que constatamos es que, al reducir esta cuestión, al querer no ver en los elementos y los resortes propiamente técnicos del análisis sino algo que debe llegar, por una serie de aproximaciones, a modificar conductas, los resortes, las costumbres del sujeto, desembocamos muy rápidamente en cierto número de dificultades y de impases (…) pero de

---

[1] En el desarrollo del trabajo se enfatiza el valor del efecto como parte del recorrido de una lógica. Apostamos por este valor e invitamoas al lector a recorrer el trabajo para descubrir cómo se produjo el título al final del escrito.

ir en ese sentido, vamos cada vez más hacia cierto número de opacidades que se nos oponen y que tienden a transformar en consecuencia el análisis en algo, por ejemplo, que parecerá como mucho más irracional de lo que es realmente (…) mientras que parece que no hay quizá, al contrario, técnica más transparente" (p. 5-6).

Lacan pareciera indicarnos con cierta insistencia algo que, a pesar de que se repite constantemente, en ocasiones no se aborda con la rigurosidad que precisa. El acento en la "experiencia de la palabra", en sus resortes, en los elementos técnicos que ella aporta y en la necesidad de un desarrollo al respecto.

Tomamos la primera hebra a partir de Darmon, quién, en "Ensayos acerca de la topología lacanina" (Darmon, 2008) aborda la importancia de la escansión en los distintos cortes que el analista introduce en el discurso del analizante a partir de lo que se deja oír. Puntos, comas, entrecomillados y demás signos de puntuación que se proponen no con el fin de comprender, que es lo que encontramos en el discurso corriente, sino en función de las aperturas y cierres del inconsciente, de lo que se está produciendo y da lugar a las distintas formaciones de este, y también permite dar cuenta sobre lo que se oye raro, es decir, lo que va más allá del discurso consciente, de lo que aparece en el orden del sinsentido.

Darmon (2008) al hablar de puntuación y escansión, pone sobre la mesa la importancia de lo dicho con todos sus resortes, es decir, subraya el flujo de esta en relación con la cadencia del discurso, "el alargamiento silábico (…) el tono, la acentuación, el ritmo, el habla, incluso la música propia de la palabra" (p 115). Todo este entramado y el juego resultante a partir de la combinación de los elementos que acompañan a la palabra, resultan importantes para la escucha del analista, para su lectura.

A través de estos resortes es posible que la persona del analista realice una intervención al apostar por un efecto de sentido, al tomar en cuenta los diversos elementos que sostienen la palabra y devolver al sujeto su discurso cortado, puntuado.

"La puntuación actúa retroactivamente sobre la cadena enunciada para producir allí el corte significante, por eso una simple escansión puede engendrar un efecto de sentido (…). Se trata, entonces, de una práctica que libera un otro sentido, pero que apunta más allá de ese sentido a un sinsentido radical: el de la letra" (Darmon 2008. p. 116)

Darmon dirá que la puntuación constituye parte de la cadena, "es decir que depende de la estructura del sujeto, resultan de ello ciertas características clínicas ligada a la partitura que cada uno viene allí a ejecutar: "¡a cada uno su música!". (Darmon 2008. p. 117).

Más adelante, en el capítulo llamado "nudos", Darmon al trabajar sobre la interpretación analítica cita de Lacan el siguiente enunciado: "está hecha no para ser comprendida sino para producir olas" (p. 283). El analista vuelve a resaltar lo que está más allá del sentido, lo que se produce en el análisis en relación con la interpretación, apuesta por la escritura inconsciente y adelanta que puede ser leída (interpretada) en el análisis a partir de la intervención en el escrito vivo del discurso del analizante.

Meschonnic (2007), en su libro "La poética como crítica del sentido", contrapone dos teorías: la del ritmo y la del sentido. Al desarrollar la segunda, menciona que esta se alinea a la teoría del signo, en la que el discurso no es más que un empleo de signos, "una elección en el sistema de los signos preexistente" (p. 70). Es decir, el sujeto está coartado, rígido, al estar todo significado por los signos. Para hablar sobre la teoría del ritmo, Meschonnic retoma a Benveniste (1951), quien ubica la primacía del ritmo por sobre el sentido, haciendo del ritmo una estructura y organización del discurso, y da cuenta que el ritmo impone un sentido más allá del propio sentido de las palabras, ya que estas estarían organizadas a partir del ritmo.

El autor menciona que ya no se trata del significado, mismo que puede estar dado con anterioridad, sino del significante, en tanto el significado vendría a excluir al sujeto hablante. El ritmo fuerza hacia una teoría del discurso, en tanto pone en problemas al signo, lo sobrepasa, como es posible dar cuenta en el poema. Aclara también que en el ritmo no hay unidad, que solo en el sentido puede existir tal concepción en tanto se propone la totalidad (resuena la propuesta de Lacan en la conferencia de Baltimore). Finalmente, acota también que un sujeto solo al estar implicado al máximo en su discurso puede pertenecer al dispositivo del ritmo.

Hemos desplegado la importancia del ritmo en la estructuración del discurso más allá del sentido y el signo, y también los diversos resortes que acompañan a la experiencia de la palabra en tanto escansiones, cortes y puntuaciones que apuestan por un efecto de sentido en la dirección de la cura psicoanalítica. Estos dos puntos son importantes para hablar sobre la mediación digital en la clínica analítica.

Al trabajar vía online, el discurso del analizante como el del analista puede verse atrasado o adelantado por breves segundos o milisegundos. En ocasiones puede haber interferencias que signifiquen que cierta parte de lo dicho se pierda, o que la voz se escuche amontonada, adelantada, en una suerte que hasta podría resultar cómica al parecer que se presionó el botón (2x) en whatsapp para escuchar rápido rápido la nota de voz.

Estos inconvenientes propios de la mediación digital suponen impasses importantes si tomamos en cuenta los resortes de la palabra que hemos desarrollado. Es decir, la escucha, la lectura, la palabra, el discurso, se verán interrumpidos, puntuados, cortados, no por la lógica del análisis, no por la lógica clínica que interviene a razón de suscitar efectos sostenidos en la dirección de la cura (Lacan, 1966/2009), sino por algo de otro orden.

Se impone la lógica digital, lógica que está atravesada por una relación (¿o interacción?) en la que predomina la imagen en detrimento de la palabra (la función de la imagen la desarrollaremos en los siguientes acápites), lógica en la que un discurso puede escucharse con todos sus resortes a condición del ancho de banda que se pueda contratar, del aparato móvil, computadora o Tablet que sea posible adquirir, y el tráfico de datos de la hora de sesión. Se impone una lógica que estorba a la experiencia de la palabra.

"¡A cada quién su música!", retomamos de Darmon esta frase que insiste en la importancia del discurso no solo como portador de palabras, no solo en relación con lo que el sujeto pueda decir, sino también al lugar de los acentos propios del sujeto, a lo que Meschonnic propone como teoría del ritmo, ritmo que está por encima del significado y el signo, y que es parte de la poética con la que cada sujeto hablante es hablado y leído.

Si tomamos en cuenta la musicalidad propia de cada sujeto, lo que también influiría en su sintaxis, podría resultar un inconveniente que la intervención del analista caiga a destiempo al intentar producir un efecto de sentido. El corte o la puntuación en un significante en ocasiones debe interrumpir el flujo del analizante, detenerlo para permitirle romper y bifurcarse, pero si la mediación digital impone sus tiempos por encima de la lógica analítica, la contingencia propia de un efecto de intervención se ve disminuida y las tonalidades que se producen en el análisis podrían desafinar.

II

Al adentrarnos en la lógica que supone la mediación digital, tomamos como parte de nuestra bibliografía las aproximaciones que un analista aportó a partir de una entrevista realizada como parte de la investigación del grupo: sociedad y tecnología digital fase 4, anexada a la Pontificia Universidad Católica del Ecuador.

La precisión y análisis del entrevistador posibilitó el desarrollo de este acápite. A continuación, citamos textualmente varios de los aportes claves:

"Esto de los gestos que se da en persona: levantarse, dar la mano, abrir la puerta, cerrar la puerta, hacía falta eso, porque para mí eso era parte de un final de sesión o un inicio de sesión, ahora un clic es algo demasiado breve. Hace falta esa transición, digamos."

"Porque justamente había algo en ese reflejo que da la mayoría de las plataformas, verte mientras hablas, no sé, me costaba mucho hacer eso (…) Pero algo que está bastante atravesado por lo estructural. Primero porque nos fascina nuestra propia imagen, no es eventual que uno se sorprenda así mismo viéndose mientras está en estas cosas del zoom. Algo que pasa bastante por lo especular, y sin embargo algo se está jugando en el cuerpo. Hay gente que toma posturas cuando está frente a la pantalla. Hay gente que se le ve que evita hacer ciertos gestos, que está bastante pendiente de su propio cuerpo (…). Me parece que algo del cuerpo está jugado pero muy recortado. Recortado en tanto, de por sí es interacción incompleta, no se diga ahora. La interacción del cuerpo ahora es ante una cámara, ya no ante otro, o sea, se espera que haya otro detrás de la cámara (…). Me acordaba del estadio del espejo, creo que eso nunca se pierde, se lo pone como algo del bebé, del infans, creo que nunca se pierde ese júbilo de la propia imagen. Es algo que persiste."

Empezamos a desmenuzar la importancia de la transición y de aquello que, como el entrevistador mencionó, "es susceptible a ser interpretado". Lacan (1958/2020) aborda en varias de sus clases el análisis que Ella Sharpe sostiene con un analizante. Es tal el empeño de Lacan que todo un capítulo está dedicado a este trabajo (Sobre un sueño analizado por Ella Sharpe). Este recorrido interesa de sobremanera al poner en evidencia la importancia de lo que está "antes", "durante" y "después" del análisis, eso que podría decirse está al margen de lo que el sujeto dice.

Lacan al trabajar sobre las notas al margen, refiere a los pensamientos latentes del sueño, y los ejemplifica en los siguientes decires: "no está claro, es esto o aquello, ya no recuerdo más, más no puedo decir" (al sueño lo trata como discurso también), y añade, es lo que da acento a una partitura, y las compara con las tonalidades: allegro, decrescendo, crescendo. Es decir, las notas al margen podrían estar vinculadas también sobre la función de la enunciación, función en la que el sujeto se ubica como otro frente a su mismos decir, extrañado de lo que él mismo produce.

En las siguientes páginas Lacan labra el camino para introducirse en lo referente al enunciado y a la enunciación [E(e)], en lo cual no profundizaremos demasiado pero si diremos, retomando al autor, que el enunciado se presenta como un bloque, un discurso total, completo, que no presenta fragmentación posible, que se puede representar en el grafo del deseo en la línea del piso inferior [s(A)→ A], mientras que la enunciación se caracteriza por la fragmentación, en tanto involucra al significante y se localiza en la línea fragmentada del grafo [S(Ⱥ) →→ (SΔD)] (por las dificultades propias del programa (word) no se pudo realizar la representación de tachadura por una barra horizontal, la línea fragmentada y el losange, sin embargo, es una representación del piso superior del grafo)

El autor recalca que los acentos "son los diversos modos de enunciación conforme a los cuales el sujeto asume más o menos la vivencia de su sueño, ese acontecimiento psíquico" (p. 155). Páginas después, Lacan aborda como tal el análisis del sueño del analizante de Ella Sharpe. Empieza por contar el sueño y las acotaciones de Sharpe al respecto de estás, y subraya con interés una especie de notas al margen al respecto del comportamiento del analizante. Se hace énfasis en que la analista no escucha llegar al sujeto a su consultorio, a pesar de que debe subir gradas, y, por lo tanto, hacer cierto ruido. Al acostarse en el diván siempre lo hace de la misma manera, además, no llega desaliñado ni mal vestido, en como si no quisiera hacerse notar.

Sin embargo, después de algunas sesiones: ¡Cof, cof!, el sujeto tose, una tos discreta irrumpe en él momentos antes de entrar al consultorio. Sharpe toma en cuenta esa notación, no la deja pasar por alto, más no pregunta ni menciona nada al respecto, lo que demuestra, según Lacan, lo brillante de su trabajo. En la misma sesión el analizante habla sobre esa tosecilla y movido por la posición de la analista y sus preguntas, elabora su decir alrededor de dicho significante, lo que le permite desplegar su discurso.

Lacan argumenta que en cierta parte del análisis no se debería hacer observaciones sobre el comportamiento físico: "me refiero a su manera de toser, de acostarse, de abotonar o desabotonar su chaqueta, todo lo que implica una actitud motriz reflexiva de su parte" (p. 166).

Si bien es cierto los elementos de las notas al margen los introduce en relación con el sueño, nos parece válido ampliarlo a lo que el sujeto puede decir acerca de cualquier formación del inconsciente y su discurso, y también lo extendemos a lo que vamos a profundizar y lo que tendrá que ver con la transición de la puesta en juego en el análisis, como sucedió con el analizante de Sharpe en el acto significante de la tosecilla.

La función de las notas al margen no se detienen en aquello que se representa únicamente en la experiencia de la palabra entre analista y analizante, aunque también es parte de ella, sino también a lo que el sujeto deja ver, se dé cuenta o no, antes, durante y después de "empezar el análisis". Nos referimos a lo que el entrevistado hacía alusión al respecto de la transición, esos actos y actuaciones en los que también está jugado el análisis, la relación transferencial, el síntoma y demás elementos significantes.

Lacan lo subraya a partir del trabajo de Sharpe. Detalle el comportamiento del analizante en tanto se presenta de manera silenciosa, callada, sin levantar sospecha, hasta que en él irrumpe, como si se tratara de un lapsus, un chiste o sueño, algo del orden de lo inconsciente en tanto divide al sujeto y lo deja sorprendido (boquiabierto) frente a un acto que dice no controlar, aunque desea hacerlo.

Es importante anotar que la tosecilla cobra todo su (sin) sentido no solo a partir del discurso del sujeto, sino también de las notas al margen (que forman parte del discurso también) que se dejaron ver a partir de las diversas transiciones que el sujeto enunciaba antes de entrar al consultorio. Antes de "empezar a hablar" el sujeto ya estaba hablando.

En la clínica es posible dar cuenta de estos "pormenores", en la forma en la que un analizante golpea la puerta antes de entrar; la manera en que, en ocasiones, aquejado por una larga caminata y rojo por el sol, se disculpa por llegar tarde a la sesión; en el detalle en el que el analista tiende al analizante algo de papel para limpiarse las lágrimas; o los golpecitos que da en el diván para dar por finalizada la sesión. Una serie de movimientos, de tiempos (instante de ver, tiempo para comprender y momento para concluir) que forman parte de un análisis pueden verse inmediatizados por el instante del clic. Por la inmediatez en la que un sujeto se encuentra con otro sin las transiciones de espacio y tiempo, todo en un solo lugar, todo en un solo momento.

En la clínica analítica mediada por lo digital es posible que algo de estas notas al margen se produzcan, pero claramente, van a estar muy reducidas, prácticamente minimizadas por el ahorro de tiempo y espacio que está jugado en el mundo digital por una lógica de la eficiencia que vale la pena preguntarse ¿puede sostener otro tipo de lógica, como la del psicoanálisis?

III

Subrayamos la importancia de aquello que el analizante deja ver, se dé cuenta o no, en el trabajo analítico, pues "no existe un espejo que acompañe", para no solo poder ver la imagen del otro, sino la propia, y así estar pendiente de "cómo me ve ese otro", aunque esta premisa esté infinitamente sostenida en lo imaginario.

Esta es una variación importante que se da en la digitalidad y consiste, como el entrevistador anotó, en que parte de las funciones de las diversas plataformas reside en dar una doble imagen en la conexión, es decir, permite ver la imagen de la otra persona y la propia al mismo tiempo.

Se presenta un espejo que juega con la ilusión de dejar ver lo que uno quiere que se vea: cierta postura, partes del lugar en el que se está, o cortar la propia imagen al vestir formal de la cintura para arriba y en pijama de la cintura para abajo. Así mismo, es posible que el analista antes de empezar coloque su cámara intentando capturar parte de su biblioteca o adornos preferidos, que tome cierta postura, evite algún gesto, y que de cuando en cuando, de reojo, se pesque mientras escucha.

Se impone una suerte de la imagen de la imagen.

Es posible eliminar la propia imagen en varias de estas plataformas para poder ver únicamente a la otra persona, lo que podría resultar un apunte necesario tanto para el analizante como para el analista, sin embargo, puede resultar un tanto extraño la proximidad que inventa la mediación digital, esa proximidad y acercamiento (zoom) al rostro.

Darmon al retomar la novela de la carta robada de Poe, para trabajar la carta robada de Lacan (1966/2018), se adentra en lo que él llama una identificación imaginaria que se da a partir de la "interpretación" de los gestos del otro. Aquí toma a Dupin (protagonista de la novela en cuestión) para explicar la dinámica que realiza un niño para ganar en un juego de azar. El personaje detalla cómo el niño a partir de las expresiones de sus adversarios y en esa suerte de identificación imaginaria logra prever sus movimientos. Este ejercicio lo realiza a través de la interpretación de los gestos del otro, a partir de sus expresiones como efecto de la propia apuesta.

Esta dinámica que retrata Dupin es un juego que puede maximizarse en una interacción en la que predomina la imagen, el enfoque en el rostro, en el que se haga un recorte que daría la ilusión de estar muy cerca de la otra persona, casi al punto de rozarla, casi al punto de aprehender todas sus expresiones y facciones, en quedarse con la imagen de ese rostro que devuelve un mensaje, mensaje que está bañado en lo imaginario.

Estamos haciendo una alusión directa a las videoconferencias con las que se suele trabajar, en tanto el enfoque a las f(i)acciones es inminente, y aunque sea posible desviar la mirada a lo que está por fuera de la pantalla, la cara podría robarse completamente la atención y, ¿por qué no?, empujar a una identificación imaginaria, como la que realiza el niño en el juego de las apuestas.

Lo que hemos elaborado se plantea como una posibilidad a condición de que se haya indicado quitar la imagen propia (del analizante y analizado), sin embargo, si no ha sido así, es posible proponer que además de estar pendiente a la imagen del otro [analizante→analista (a´→a)], la imagen propia se quedé con el protagonismo y que el analizante se vea así mismo mientras llora, mientras habla, que analice sus gestos al pronunciar ciertas palabras o su asombro después de alguna intervención.

Darmon al abordar el esquema L al respecto de la sesión analítica propone lo siguiente:

"Podemos ilustrar esto mediante la experiencia del espejo semitransparente de ambas caras, respecto del cual dos personas se ubican a igual distancia. Cuando se ilumina el espejo alternativamente de una cara o de otra, cada persona ve cómo los rasgos de su rostro reflejados en el espejo se transforman en los rasgos del otro" (Darmon, 2008. p. 97-98)

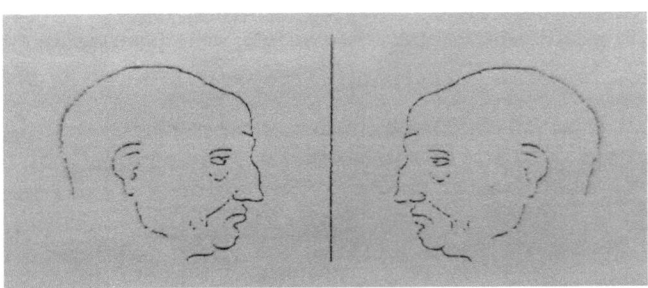

Darmon (2008. p.97)

Darmon trabaja lo mencionado en el acápite llamado: El espejo. Título que nos viene bien en relación con el trabajo que planteamos.

Darmon resalta que el juego de espejo que se forma en la rejilla imaginaria del esquema L (a´→a) y la dificultad que podría plantear que un análisis se sostenga en esta posición, puesto que el lugar tercero, el lugar de la palabra y el que hace la diferencia no se produciría (S – A). Además, aclara que en la estructura misma del esquema existe un espejo perpendicular entre (a'→ a).

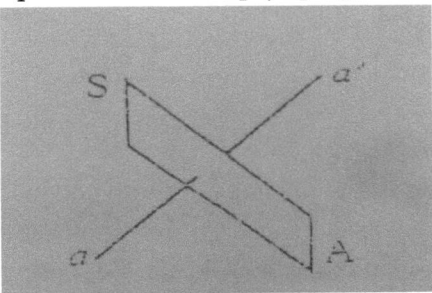

Darmon (2008. p.97)

Es decir, todo el entramado que gesta la mediación digital produce cortes (no azarosos) en el tiempo, el espacio, en la imagen y posiblemente en más elementos, que no son necesariamente sostenibles en relación con la dirección de la cura, con la técnica analítica y su lógica. Como se subrayó al inició de este escrito, no hay garantía alguna que asegure un análisis, sin embargo, hay elementos que podrían permitir que se produzca un análisis.

Al respecto del juego de imágenes que hemos desplegado en este acápite, el diván como parte de la técnica analítica ayuda a que exista un detrimento (o eso pretende) a las suposiciones que se puedan hacer al respecto de expresiones, ya sea del analista o analizante, en relación con lo que el otro pueda decir. Es decir, el uso del diván tiene una lógica y apunta a un efecto sostenido en la dirección de la cura.

IV

Lacan (1958/2020) retoma de Sharpe su analogía sobre el trabajo analítico, al mencionar que puede ser comparado con un "extensísimo juego de ajedrez (...)" y Lacan completa: "deberíamos comparar todo el desarrollo de un análisis con un juego de ajedrez porque lo más bello y lo más notable en el juego de ajedrez es que cada una de las piezas es un elemento significante" (p. 226-227).

Extendemos la enunciación: "cada una de las piezas es un elemento significante", no solo a la palabra, sino también a aquello que aparece como notas al margen del análisis: el ritmo, el juego de la imagen, la experiencia de la palabra con sus resortes, la importancia de la transición y demás elementos que hemos abordado.

Por lo tanto, está bajo la lógica de lo necesario cuestionar, por ejemplo ¿a qué efecto apostamos al sostener un análisis vía online? ¿Se trata de la "comodidad" del analista y/o del analizante? ¿es para ganar tiempo? ¿Qué estamos perdiendo? ¿tendrá algo que ver con la dificultad de sostener un consultorio en un espacio físico? ¿la economía juega un papel en la elección del trabajo vía digital?

V

Se nos podría preguntar que a qué nos referimos con la lógica del psicoanálisis, o mejor aún, con qué psicoanálisis estamos trabajando y a partir de aquello con qué lógica. Tomamos a Lew en su texto "Contingencia de la posición subjetiva y facultatividad de la sumisión al significante", en el cual menciona lo siguiente:

> (...) no hay norma como tal en psicoanálisis, sino la que promulga la elección contingente del esquematismo que efectúa en toda consciencia el teórico o la que efectúa más inconscientemente el practicante, estos dos modos de elección siempre se conjuntan para constituir la ética del psicoanálisis a través del esquematismo elegido. Todo depende entonces de tal o cual elección y los psicoanálisis se diferencian cada vez más según el abanico de las elecciones éticas (...). En ese sentido digo que la norma

es una elección – una elección variable, por definición del abanico de las elecciones posibles (p. 3).

La vía que tomamos para abordar lo que Lew acota es la de la norma, norma que vendría a organizar más que a normativizar, es decir, poner en funcionamiento un esquematismo que sostendrá y tendrá una implicación en la escucha clínica, norma que deviene de una serie de elecciones contingentes al respecto de la teoría con la que se trabaja. Sin embargo, esto no quiere decir que estás elecciones son del todo inconscientes, como en el caso de aquel que viene a poner en palabras su malestar, al contrario, estas están tomadas "en toda consciencia", lo que no quiere decir que lo inconsciente de aquel que está en posición de analista no se produzca, que esté "curado o vacunado" contra la irrupción del discurso "que no fuera del semblante", como lo desarrolla Braunstein (2001).

La lectura que proponemos de este, "en toda consciencia", reside en la dialéctica entre lo consciente e inconsciente, en ese litoral que en el que está en función de analista se encuentra en cuestionamiento constante no solo por su análisis personal, también por su trabajo en la teoría y la práctica con otros y ante otros, lo que le permitirá hacer con sus elecciones y ponerle al servicio de su escucha clínica.

Por lo tanto, es necesario que el sujeto que se ubica en función de analista cuestione y ponga a trabajar la lógica que sostiene su trabajo, y si su elección "consciente" se asienta en la mediación digital, interrogue sus particularidades más allá de la posible "obviedad" entre presencia y ausencia del cuerpo físico, caso contrario, esa elección contingente del esquematismo, aunque esté puesta en funcionamiento, será un funcionamiento de la que el analista no está al tanto, lo que tendrá efecto en "la praxis de su teoría".

A través del texto citado, también podemos aclarar que no existe como tal LA LÓGICA del psicoanálisis, ya que esta no es una esencia, no es posible entificarla, no precede, más bien se produce a partir del quehacer teórico-clínico, es congruente con el trabajo de estos dos elementos. Por lo tanto, no es posible enjuiciar y determinar que en lo presencial hay análisis y en digital no, o, al contrario, más bien lo que se ha propuesto es localizar y desmenuzar varios elementos de la técnica analítica al develar su funcionamiento en la relación entre práctica y teoría, y como esta función puede verse interrumpida por la mediación digital.

El trabajo teórico faculta (tomamos el término a partir del desarrollo de Lew en el texto citado) la escucha clínica, son un mismo recorrido, de no ser así, se estaría cercenando a la praxis, desmembrando su dialéctica y como efecto habría un aplanamiento en la banda de moebius, lo que daría como resultado una superficie de dos caras sin continuidad posible.

El quehacer clínico no se funda en lo arbitrario de una intervención, tomando el término arbitrario como algo determinado por la casualidad, el capricho o el impulso, más bien se trata de la facultatividad, facultatividad que Lew propone a partir de Kelsen y de la superposición entre el cuadro deóntico y óntico, lo que por consiguiente tendrá que ver con lo contingente y habilitante, por lo tanto, no se trata de un azar, sino de un modo de organización que está normada por el paso significante y las elecciones que tendrán un efecto contingente, pero fundadas a partir de una lógica sostenida en un esquematismo.

No se trata de clasificar entre lo que es y no es, ya que es innegable reconocer que a partir de las imposibilidades que impuso la pandemia hubo la necesariedad de inventar otras y nuevas posibilidades para sostener el trabajo analítico. Es más, en un momento la mediación digital fue el único modo de sostener la escucha, sin embargo, al momento, ¿Qué lógica se sostiene en la propuesta de un análisis mediado por lo digital?

14/6/2022

Referencias

- Braunstein, N. (2001). Por el camino de Freud, México DF, México: Grupo editorial siglo veintiuno.
- Chávez, D. (2021) ¿Cómo ha sido el uso de la tecnología desde la pandemia o alrededor de la pandemia? Entrevista a Yépez, A. (En persona). Quito, Ecuador.
- Darmon, M. (2008). Ensayos acerca de la topología lacanina, Buenos Aires, Argentina: Letra viva.
- Lacan, J. (1953). Lo simbólico, lo imaginario y lo real [primera reunión científica de Société Française de Psychanalyse]. Conferencia Anfiteatro del Hospital Psiquiátrico de Sainte-Anne, París
- Lacan, J. (1958/2015). Seminario VI. El deseo y su interpretación. (1ra edición), Buenos Aires, Argentina: Paidós.
- Lacan, J. (1966/2001). Acerca de la estructura como mixtura de una Otredad, condición sine qua non de absolutamente cualquier sujeto. Revista Acheronta ISSN 0329- 9147. NUM 13. https://www.acheronta.org/lacan/baltimore.htm
- Lacan, J. (1966/2008). Escritos uno. (2da edición), Buenos Aires, Argentina: Grupo editorial siglo veintiuno.
- Lacan, J. (1966/2009). Escritos dos. (3era edición), Buenos Aires, Argentina: Grupo editorial siglo veintiuno.
- Lacan, J. (1979). Una práctica del parloteo. (s/f)
- Lew, R. (2013) Contingencia de la posición subjetiva y facultatividad de la sumisión al significante. (s/f)
- Meschonnic, H. (2007) la poesía como crítica del sentido. (1ra edición), Buenos Aires, Argentina: Marmol-izquierdo Editores.

Judith Estrella

PSICOANÁLISIS
Práctica del decir → Decir de la práctica

Este escrito se basa en el trabajo en carteles sobre algunos textos del Dr. Lew, tanto como en la escucha de varios de sus seminarios y la lectura atenta de la transcripción del seminario sobre las "Posiciones subjetivas en la estructura del lenguaje"[1]. Todo ello atravesado por el estudio del seminario 6 de Lacan "El deseo y su interpretación" en el cartel con ese mismo nombre y las lecturas que se desprendieron en ese intento.

Resultado de estas lecturas voy captando que el psicoanálisis no existe ontológicamente como un ente aprehensible, tampoco el psicoanalista ni el analizante, fuera de los dispositivos de la cura, del pase o los intercambios producidos en carteles, seminarios, controles, encuentros, etc. Entonces se trata de una existencia que se va produciendo gracias a los decires en cada uno en esos espacios de trabajo. Mejor, gracias a ese intercambio de decires que pone en juego la función significante, la palabra en su función de terceridad, y, entonces la función recursiva[2] que está implicada en ella.

Si pienso en "práctica del decir", Pienso en la función analizante en la cura, a la vez que en la función analista, en sus intervenciones e interpretaciones. Dos funciones puestas en juego de manera dialéctica en la llamada transferencia. También pienso en la función analizante de quien toma la palabra en sus seminarios o de algunas participaciones en carteles u otros dispositivos de intercambio de la palabra.

Si pienso en "decir de la práctica", evoco los mismos dispositivos de intercambio de la palabra, pero pongo el peso en el pase, el llamado "control"

---

[1] Lew, René. "Posiciones subjetivas en la estructura del lenguaje". Transcripción de la traducción del seminario dictado en Guayaquil en octubre de 2017 a cargo de Tomás Empuño, Martha Velázquez y Ruth Arteaga.

[2] Concepto básico en los esquematismos que utiliza René Lew para permitir una lectura del funcionamiento de la estructura del sujeto. "Es recursiva una función de hipótesis llamada a la existencia por las consecuencias que ella induce, es decir, según un condicional irreal operante desde un apres-coup retrogrediente". (Lew, René. La "chose" en psicoanálisis". Lysimaque, París, 2014). La recursividad implica un movimiento continuo, dialéctico, topológico y por tanto moebiano de recorridos de ida y vuelta entre construcción y descosntrucción.

(que he preferido llamar "decir de la práctica"), los seminarios y la transmisión de las elaboraciones teóricas.

Entonces el vector que aparece entre las dos formulaciones indica esa relación moebiana, dialéctica entre las dos que va conformando un tejido de existencia como recorrido, como acción, como acto. Permitiendo que las funciones funcionen y al hacerlo den lugar a la existencia y al goce inherente a la misma.

Deduzco que ese intercambio de decires en la transferencia da lugar a varias transformaciones tanto en el analista como en el analizante, y, por ende, como diría Lew, en los esquematismos con que cada uno se maneja; incluidas allí las formulaciones o elaboraciones teóricas que permitirían al analista dirigir una cura.

Si bien parece evidente que hay un lazo moebiano entre la teoría y la práctica en psicoanálisis queda por pensar, ¿de qué se va haciendo ese lazo? Y, pienso en que solo puede hacerse de relaciones significantes y por tanto topológicas, de relaciones de intercambio que salen de la dualidad de los interlocutores (analizante-analista) para sostenerse también en la terceridad de la palabra como función tercera de ese Otro con el que se identifica el sujeto, palabra dicha en sesión y también ante esos otros del colectivo en el que se ha propuesto un lazo de intercambio y trabajo sobre el psicoanálisis.

Poner en juego la palabra da lugar a la recursividad y a las transformaciones tanto del sujeto como de su mundo de objetos, permite que surjan nuevos modos de relacionarse con ese mundo, nuevos modos sintomáticos, nuevas maneras de posicionarse al moverse de los puntos de detenimiento que impedían la función creadora de la palabra; posibilita el pasaje de la imposible relación del sujeto al objeto (del analizante al analista y viceversa) a un modo de relación a nivel simbólico.

Esta terceridad de la palabra entra en juego en el recorrido de la propia cura como elemento indispensable del tejido del lazo. Recorrido que parte de una suposición de saber, de un condicional irreal, de un vacío que se ha tornado operante y funcional, tanto hacia la producción del $\$$ deseante por faltante y por incompleto, como a la construcción de los objetos de su mundo. En esa función tercera de la palabra se va tejiendo algo del deseo de analista, y, creo entrever que es la base del pasaje de la función analizante a la función analista, ello a través de la puesta en juego del intercambio con los interlocutores de la institución, de la escuela; como señalé en líneas anteriores; en los encuentros en carteles, seminarios, coloquios, trabajo abierto a cartelizantes, textos compartidos y trabajados como producto de estos encuentros; además, incluyo aquí el trabajo de traducción que se tamiza entre algunos y se comparte con quienes participan en los carteles. Modalidades todas que ponen en marcha la palabra, la enunciación en los enunciados que allí se intercambian.

Se teje allí parte del lazo de la teoría, se van decantando conceptos, formulando preguntas e inquietudes que se intentan despejar con otros, ante otros, testigos de pequeños trozos del recorrido particular de la elaboración de alguno. Y en ese trabajo con otros cada uno va dando forma al propio esquematismo y va cayendo en cuenta de cuál es ese esquematismo que a la vez impulsa y se alimenta de su trabajo práctico. Hablo de impulso (referido a la pulsión), de empuje en tanto ese deseo que conduce a alguien a ocupar la función analista y a hablar entonces de una práctica de esa función.

Entonces la teoría se enriquece de la práctica del decir y la dialéctica que se instaura respecto al decir de la práctica. No hay teoría sin práctica como lo fue probando Freud a medida que iba proponiendo sus conceptos. Conceptos que se jugaban en un esquematismo que le permitía hacer ciertas lecturas y no otras de aquello que iba escuchando y entonces, descubrir nuevos detalles, nuevos modos y generar con ello nuevos conceptos. ¿Freud decía de su práctica? Al menos escribió incansablemente sobre ella y es el legado que nos dejó. Pero ¿qué será decir de la práctica? No acuerdo con que sea tan sólo una presentación de los datos fenomenológicos relatados por un paciente. No se trata de un relato, de una repetición de lo dicho y de lo respondido, entonces, ¿de qué se trata?

Quizá se trata de un tejido con otros y ante otros utilizando hilos de decir combinados entre los enunciados escuchados y medio entendidos, y, el propio enunciado de ese medio entendimiento. Explicitando los conceptos que guían la lectura de ese entendimiento, es decir, develando el esquematismo que sirve de guía y, sobre todo, dejando que las preguntas, las dudas, las incertezas, los errores, los equívocos, los saltos de un significante a otros jamás esperados, den lugar a un vacío operante, generador de ideas nuevas, de hipótesis nuevas y por tanto de nuevos imposibles y también de nuevas realidades. Se podría pensar en nuevos abordajes o modalidades nuevas de hacer y de decir. Modalidades que generarán nuevas preguntas, nuevos obstáculos, nuevas búsquedas y así indefinidamente. Como diría Lew, la construcción de nuevos imposibles, de nuevos reales[1], que pueden producirse debido a la función poética -con sus metáforas y nuevas sintaxis- que se espera en el discurso analítico.

Es de este modo que el vacío se transforma en motor de la vida, la significancia que fluye y se transforma en objetos aparentemente predicativos que, al ser vaciados, (¿Qué quiere decir ser vaciados? —desconstruidos, a los que

---

[1] Lew, René. "La construcción de los imposibles". Envío 8 de la serie "Cuerpo y síntoma". Traducción de Cecilia Hidalgo en la Escuela Freudiana del Ecuador.

se ha retirado el valor de representantes de la cosa, que han dejado de ser agalmas o ideales, que dejan de ser predicativos— que se desvanecen como cada significante que es producido e inmediatamente se desvanece para dar lugar a la producción del siguiente-) permiten el retorno al vacío operante. Operante por funcional, por poner en juego una hipótesis que se ha desfasado, que ya no es la misma que al comienzo, levemente distinta, que produce un objeto levemente distinto y así sucesivamente hasta encontrar trasformaciones impensadas.

"Hice Clic, Clic, Clic" … decía un paciente al referirse a la reciente visita de su hermana y hablar del sarcasmo de ella. De pronto se da cuenta de que ese sarcasmo que tanto le molesta le es propio, que es su modo de despedazar la carne en el otro, de dañarlo como él fue dañado en su momento. Para llegar a ese clic, ha hablado del origen de la palabra sarcasmo, de las personas con quien ha sido sarcástico, del modo de ver a las personas, del valor que les da o no les da, de las consecuencias que ha producido su sarcasmo en sus relaciones con algunos, etc. Bordea el agujero que el sarcasmo puede infligir y se pregunta ¿por qué lo ha usado tantos años?, ¿a dónde lo ha llevado?, ¿sigue siendo necesario? Trae recuerdos, escenas, vergüenzas, arrepentimientos, molestias, enojos, envidias, dolores, impotencias y un clic que quizá le permita ver distinto y actuar distinto. Se me ocurre que ese clic hace agujero, hace corte, hace torsión y permite un recorrido de decires que producen nuevos clics, nuevos recorridos, nuevas posiciones subjetivas y nuevos modos de relacionarse con los otros.

Entonces, la teoría se enriquece tanto desde la función analizante (en el a posteriori de lo allí ocurrido –en un modo de pase-) como desde la función analista y la función escuela. Y a la vez, esa teoría permite intervenciones e interpretaciones ligadas al real del analista y del analizante, a ese insabido que comanda su deseo y que son únicas, irrepetibles, no copiables ni estandarizables, imposible de ser imitadas por otros aprendices.

Se sostiene un recorrido particular de cada cartelizante en la escuela, que como función significante y letra se instituye en su marcha, como lugar de pasaje, como estructura funcional, escuela donde se constituyen las modalidades para que la palabra opere, se organice, circule sin que se detenga en alguien o se crea que alguien la detenta como amo, como ideal, como modelo identificatorio, del que hablaba Elsa Andrade en su escrito a propósito del texto "de la pase" de Néstor Braunstein.

¿Qué será eso de trabajarse en el texto que ella mencionaba? Pienso en el saber textual, ese de lo inconsciente que no puede estar taponado con esos saberes referenciales de adecuación sino tejido en ellos y con ellos, que hace que la práctica no sea una mera aplicación de una cierta teoría sino un movimiento que tomando en cuenta la teoría produce algo inesperado, sorpresivo, nueva modalidad que gira y produce en el sujeto una falta distinta, otra falta, distinta e igual que relanza su deseo. Es decir, el acto analítico.

Leyendo el texto de Lew[1] "Entre teoría y práctica" en el que plantea una continuidad entre la letra y el goce; y, un obstáculo constituido entre la teoría y la práctica creo percatarme de que la letra funda la teoría de la razón y también al goce (en su función litoral como base de la relación significante – significancia- y en su función de obstáculo como letra carácter – a – objeto causa de deseo que al ser semblantizado produce una ganancia de goce, ese goce fálico que da existencia al sujeto que ha sido atravesado por la castración) y como señala Lew, corrobora el deseo irrazonable soporte de la práctica.

Repito, el lazo entre la teoría y la práctica es moebiano, ya que está hecho de relaciones significantes y relaciones de intercambio que se producen en esa moebianidad. Implica un recorrido que siempre se va a tratar de significancia (S_1). Y los significantes que se van produciendo son los S_2 y entre ellos el $\$$ y el objeto a. Entonces hay un flujo significante obstruido por el proceso primario (corta el flujo con su equívoco, con su acto fallido, su olvido, su síntoma o sueño), formaciones del inconsciente que se las puede considerar modos de corte. Modos de corte que, al ser hablados, analizados, reenvían a la función intensional.

Cuando escucho a Lew decir que la práctica es aquella del sujeto, de un sujeto de la palabra, una palabra hecha sujeto; mientras que la teoría en psicoanálisis es aquella de la incompletud radical en tanto se funda del lazo significante que se transcribe en falta accesible como objeto semblantizado en un texto; pienso en la función de la palabra creadora de ese texto y en él mismo como inscrito en el campo del lenguaje. Pienso en la letra como base de la relación significante, en su modo litoral en tanto función y luego, en la letra como carácter en un texto escrito sobre el papel. Pienso en el sujeto que metaforiza esa relación significante y en el objeto del que depende como causa de su deseo. Recuerdo el asunto de la relación imposible entre el sujeto y el objeto, el bordeamiento litoral de esa imposibilidad y el plus que la construcción de un objeto diferente al buscado da lugar al plus de gozar.

Entonces imagino una estructura subjetiva dinámica, móvil, cambiante, gracias a esa función de la palabra traducida en objeto, en sujeto, en significantes. Intento pasar a su propuesta de que el lazo teoría/práctica se especifica como aquel del objeto a con el sujeto barrado $\$$, es decir, un lazo que conduce

---

[1] Lew René. Texto preparatorio a la clase del seminario del 1 02 2021. "Entre teoría y práctica",

al fantasma (S<>a) en tanto la función significante sostenida en la letra por la vía litoral que ella constituye en este modo de fantasma, operando en el imaginario como carácter y el enunciado que es el soporte de la función significante.

Se aclara entonces como la letra opera sobre el modo pulsional entre la representación y la representancia, yendo así por reversión de la pulsión de muerte a las pulsiones de conservación subjetiva, y de nuevo, desde la recursividad significante como vacío operatorio, a los soportes materiales, es decir a los practicables del sujeto, o sea partiendo de los condicionales irreales a los indicadores de subjetividad sabiendo que esos elementos lógicos entran en las lógicas heterogéneas.

La posición analizante remite al real de la propia castración, a la puesta en juego de la recursividad significante en donde nada es completo ni absolutamente verdadero o falso. Donde los completos se deshacen, se disuelven, se escapan y de ese modo permiten que la función significante funcione, que se relance la flecha, que el fluido significante no quede detenido, no quede varado, siga desplazándose, produciendo significantes nuevos, relaciones significantes nuevas, objetos diferentes, sujetos en posiciones distintas.

Entonces, para alguno el pasaje del lugar de analizante, de la función analizante a la función analista que remite al deseo.

Enero-mayo de 2022[1]

---

[1] Para el encuentro de cartelizantes en junio de 2022 en la ciudad de Quito como trabajo paralelo a la Bienal de psicoanálisis en Marsella.

Alejandra Hurtado

DE LA RELACIÓN RECURSIVA PRAXIS-TEORÍA, TEORÍA-PRAXIS Y LA ÉTICA DEL DESEO.

> "En otras palabras, el antes es de alguna manera un después, o más bien, el después es un antes inscripto y no se podrá de ninguna manera deducir el antes del después, porque el antes que está inscripto en el después es precisamente el después, y en ese sentido no tiene nada que ver con el antes cuyo propósito es justamente no estar inscrito. Dicho de otra manera, lo que cuenta es la inscripción. O bien lo que está antes no es nada. Eso dice Pierce cuando habla de la génesis del universo."
>
> (Recanati, Pierce)

Para iniciar este texto me valgo de esta cita extraída del Seminario 19 « O Peor », del año 1971- 1972. La cual es tomada de la intervención que hiciera Recanati para explicar lo que entiende por la génesis del universo explicada por Pierce. En esta cita la noción de origen queda cuestionado. En el despliegue de su explicación, habla de la nada y del vacío. Leo allí entre vacío y nada una diferencia, que pasa por la inscripción y quizás otro modo de llamarla sea huella.

Puede leerse aquí el funcionamiento del tiempo lógico, y se puede tejer la pregunta por el origen, por el comienzo, por aquello que desde una secuencia lineal se entiende como el antes y el después. En la lógica recursiva el antes y después no están aislados o cortados de una continuidad, aunque sí exista una identificación de localidad. El antes, no es sin el después; pero ese después indica una relación al antes transformado en el después, y ello da cuenta de una inscripción, es decir de un pasaje, que en su retroacción no vuelve al mismo punto.

Me gustaría poder articular la cuestión de la praxis y la teoría al tiempo lógico, que es el modo en el que entiendo opera la recursividad. ¿Me pregunto si es cuestión de poner la praxis antes de la teoría, o es cuestión de ponerla después? Esta pregunta es de lo que no se trata, en la relación al tiempo lógico, praxis y teoría se relacionan una a la otra de modo recursivo, afectándose la una a la otra, de modos lógicos. Y por ello no habría repetición, siendo que es posible renovar las producciones y poner a trabajar la teoría con la lectura y producción de textos; y también se puede dar cuenta como en la praxis de un análisis no se repite a otro.

El argumento por trabajar se sostiene de la noción de recursividad que Lew plantea, la recursividad produce modos de lectura y escritura, los cuales operan bajo la lógica del inconsciente, que propone otra temporalidad y espacialidad. La teoría significante propuesta por Lacan opera con la lógica del inconsciente, en donde sujeto, objeto y Otro se producen en el acto de hablar. Y ello implica una relación al tiempo y al espacio topológicos, que dan cuenta de una relación entre estos de continuidad y de relación local.

Cuando hablamos de la lectura y escritura, proponemos que en el acto de hablar se produce un efecto retroactivo respecto de aquello que se va diciendo, en eso que se va escuchando de ese decir. Y ello posibilita que el analizante produzca una lectura respecto de aquello que dice, de hacer un acuse recibo de aquello que se escucha decir.

Las modalidades lógicas que se ponen en juego en el acto de palabra. La necesidad de que algo se diga está en su relación con la imposibilidad de que todo se diga, y ello a partir de la posibilidad de que se diga, ante la contingencia de que ese decir se produzca de modo inesperado, más allá del dicho. La relación praxis teoría nos remiten a la instancia de la lectura y escritura, que es el de la instancia de la letra, pero al proponer la función litoral de la letra, Lew ubica la función de los pasajes y de lo que en ese paso reconoce como resto.

La función litoral de la letra, es un modo de hablar de la ética del deseo. Lacan en el seminario del deseo y su interpretación sitúa al grafo del deseo como uno de los modos de leer el decir, en los recorridos estructurales donde los puntos de anclaje pueden leer enunciado-enunciación, en su relación de diferencia. La ética del soñante, del hablante es una posición de lectura ante los pasos que va dejando su decir.

La recursividad es un modo lógico de leer el deseo, el deseo pone en cause el decir que relanza. Las relaciones praxis-teoría, teoría-praxis operan no sin esa relación al deseo, siendo el deseo el cual sostiene la experiencia del análisis. En el seminario 6 El deseo y su interpretación, Lacan habla sobre la experiencia del análisis como la experiencia de deseo. "No obstante, retomemos las cosas en el nivel de la experiencia- aquí me refiero a nivel del deseo (Lacan, pg)."

Se va leyendo en el acto analizante eso inconsciente que se va mostrando para el hablante, en ese modo de velar y develar que tiene el lenguaje. Siguiendo a Lew en sus esquematismos, la estructura que opera se va haciendo en el decir, en un tiempo de advenimiento. La práctica del análisis es entonces sostenida en su teoría y su teoría se sostiene de su práctica, a partir de ese vuelco constante a la teoría para reescribirla y con ello replantear la práctica, y reescribir de otros modos esa teoría con la práctica.

Si la experiencia del análisis es la experiencia de deseo, no habrá un análisis igual a otro y el analista habrá de autorizarse a sí mismo por el deseo de que allí haya análisis. Haciéndose en su análisis y trabajándose en su deseo de analista.

En este punto del texto quisiéramos articular la inscripción del vacío, que sostiene la teoría significante en su aesfericidad, en su relación con el deseo, operando allí en las relaciones sujeto, Otro, y objeto. ¿Bajo qué opera la recursividad, sino la suposición de un vacío que marca conduce, produce, relanza la articulación significante? ¿Bajo qué marco opera la escucha y el decir? Bajo la ética del deseo, el deseo ético.

Entiendo la inscripción como la inscripción del vacío operante, que no es lo mismo que la nada. En la nada no hay inscripción, la inscripción da cuenta de un pasaje, si se entiende el antes y el después como puntos fijos, sin que exista una articulación con efecto de retroacción, estamos en la linealidad. De acuerdo con Lew la flecha de la articulación se la puede ubicar entre el antes y el después y correspondería a lo que llama la significancia, es decir ubica allí el pasaje, que da cuenta de una inscripción, que como valor remite a otra función.

La marca de la inexistencia, otro modo de llamar al vacío operante, que Lew llama significante unario. Es un S1 que está también escrito como vector o como flecha. La hipótesis es que la función de la letra es otro modo de decir del vector que como tal relanza y al mismo tiempo efectúa el flujo de la articulación significante.

Para cerrar este pequeño texto quisiera poner en mención a Lacan cuando refiere al grafo del deseo como gramma, o como letra. Entiendo la función litoral de la letra que propone Lew, como una función de lectura de recorridos, que producen puntos de anclaje, es decir de enstasis como lacan habla de la letra La instancia de la letra, y también de pasaje.

Bibliografía:

- Lacan Jacques, Seminario 6. El deseo y su interpretación. Paidos.
- Efectos de las lecturas de los textos de Lew
  -

Carola Orellana

ESCRIBIR

Es cribar pensamientos sobre lo leído, cernir palabras sostenidas en el trabajo colectivo a "la cantonada" al son de un "no todo", bordeando hipótesis sobre el funcionamiento de lo inconsciente en andamios sostenibles mediante, trazos, grafos, esquemas, matemas.

Si lo inconsciente está estructurado como un lenguaje, el cómo implica en su funcionamiento la coexistencia de lo similar y lo diferente, y sobretodo que, en la variabilidad de las articulaciones posibles nada tiene valor en sí. Consecuentemente, la lupa no estará colocada en la huella sino en el recorrido, en la dinámica asociativa, en las equivocidades, en el transformado de valores fractales, que finalmente permitirán vislumbrar la posición del sujeto en falta.

El sujeto no es sino efecto del continuo vaciamiento de la estructura significante. Las formaciones de lo inconsciente se producen en el reenvío entre los llamados Registros Extensionales Real, Simbólico e Imaginario bajo la condición de que ninguno funcione sin los otros dos, y necesariamente con el movimiento de inflexión al lugar intensional.

Este anudamiento borroméico permitirá pensar al sujeto como efecto de una estructura de vacío operante y por esta vía Lacan propone al sujeto como efecto significante, en tanto producido en el reenvío de inscripciones en los diferentes registros. Lo Imaginario inscribe todo es posible, lo Simbólico marca la diferencia señalando que no todo es posible, y lo Real constata la imposibilidad misma "de decirlo todo".

Lo borromeico implica al sujeto en la inflexión retro gradiente en el lugar intensional, desde donde será capaz de asumir su existencia en la   representación simultanea de su ser y del mundo.

Este es el sujeto de lo inconsciente, dividido, tachado, en falta y fractal que como efecto significante interesa al psicoanálisis en tanto es capaz de sostener la interrogación sobre su existencia, sus elecciones y sus síntomas no sin acceder al reconocimiento de una relación pulsional.

Desde Freud sabemos que la pulsión es acéfala: sin meta, sin objeto, es vector de "empuje" entre $S_1 \rightarrow S_2$ que reaparece entre los intersticios significantes tramitando una escena atemporal, con los trazos olvidados de una extraña arqueología, de un saber insabido, que coincide con la teoría del caos, sus huellas fractales intermitentes y pulsátiles, inscriben una lógica no binaria.

Lo inconsciente está estructurado en el código del proceso primario según Freud. Lacan dirá que el sujeto de lo inconsciente porta un síntoma como un mensaje grabado en su nuca.

De manera que el sin sentido sintomático se inscribe en "los desatinos" de una demanda pulsional fractal y a la deriva, que, como el mercurio, "escapa y fluye" concernido en lo litoral moebiano continuo-discontinuo, normal-anormal, realidad-ficción. verdad–traumatismo.

¿Es que la verdad puede ser dicha? ¿El síntoma tiene realmente valor de mensaje? Si alguna posibilidad abre el anudamiento borromeico es el borde a miento del objeto a faltante y sin embargo latente en tanto goce no subjetivado, es el bordeamiento de un padecimiento, que se deja oír arrullado en la resonancia que se escucha entre agujero, trauma y verdad … "traumatismo" "tropmatisme".

Lacan dice: "El significante es también como ese paso esa huella sobre la arena, es borra miento que nos pone en camino al agujero… esto es precisamente lo real constitutivo del sujeto en cuanto efecto significante". Lo ubica en esa clase vacía en el lugar de lo real" ¿O en el lugar del narcisismo primordial? ¿o en ambos...?

¿Es el síntoma un mensaje legible, es un término diferencial, como se pretende en el registro clasificatorio de categorías diagnósticas? Freud lo considera como la formación sustitutiva de una satisfacción pulsional, muy extraña por cierto, en tanto no cesa de repetirse ligada al displacer.

Lacan propone: Lo inconsciente está estructurado como un lenguaje. Corresponde interesarse en ese cómo. Rene Lew considera al síntoma como un padecimiento de la posición subjetiva, por la estructura del lenguaje, en tanto se constituye y eclosiona en la transitoriedad de los modos de funcionamiento lenguajero.

Si lo inconsciente está estructurado como un lenguaje, se trata de pensamientos, « un pensar a la deriva, en otra escena algo piensa allí a su manera. Y allí su Dasein y su lugar de resto como efecto de la castración simbólica… »

Es Lacan en Baltimore, (1966):

« Eran las primeras horas de la mañana cuando preparé este pequeño Coloquio para Uds. Podía observar Baltimore a través de la ventana y fue un momento muy interesante ya que aún no había luz diurna plena y una señal de Neón me indicaba a cada minuto el cambio de hora y había, por supuesto, tráfico pesado, y me recalqué a mí mismo que todo lo que podía ver, excepto los árboles a la distancia, era el resultado de pensamientos,

pensamientos activamente pensantes, donde la función que cumplían los sujetos no era completamente obvia, de cualquier manera el así llamado Dasein como definición del sujeto estaba allí en este espectador en gran medida intermitente o evanescente. La mejor imagen que resume al inconsciente es Baltimore de madrugada. »

Y continúa con la pregunta que interesa.

« ¿Dónde está el sujeto? Es necesario encontrar al sujeto como un objeto perdido. Más precisamente ese objeto perdido es el soporte del sujeto y en muchos casos es una cosa más abyecta de lo que puedan consideraren algunos casos es algo hecho, como todos los psicoanalistas y muchas personas que han sido psicoanalizadas conocen perfectamente bien » . (Lacan)

¿Y si decidimos proyectar la Mantis Religiosa sobre Baltimore en la madrugada?

Es posible, en el Seminario "El deseo y su interpretación" (1958-1959) Lacan se ve a sí mismo, no sin angustia, en el globo ocular de una Mantis Religiosa desplegada ante el Grafo del Deseo.

"Formulándose" en un grafo la insistencia particular de un más allá del Principio del Placer, bajo el rigor del común denominador de una ley que regula las transacciones y sin embargo con funde el lazo entre la presencia inminente de un deseo y la procuración de un goce interdicto. Esa es la angustia que se despliega como signo de interrogación en el grafo del deseo.

Lo inconsciente está estructurado como un lenguaje. Entonces como lalange, por lo tanto el síntoma no será objeto de supresión será sinthome, indisoluble del sujeto, en tanto serhablante, en consecuencia no será posible callar la angustia que lo acolita, como único indicador que justamente no engaña porque es la señal, y no de poca monta, que anuncia el peligro de la castración simbólica como nos enseña el caso Juanito, cuando procede a desenredar, en lo posible, su síntoma. Siguiendo a la angustia como indicador favorable que aunque carece de nombre encuentra una salida formalizando, tramitando una demanda pulsional en la dinámica de un goce que no cesa de inscribirse, pero por todos lados. Porque lo que se desborda en la angustia es lo que se rastrea en la falta que gravita en sus requerimientos. En la pregunta que ronda el ¿qué quiere? ¿Cómo me quiere ¿Cómo debo ofrecerme?

¿Con qué semblante me orillo como objeto de tu deseo? Lacan demanda ser escuchado en Baltimore de madrugada no sin angustia.

abril 2022

Andrés Osorio

De Veritas[1]

"No le toques ya más, que así es la rosa"

Juan Ramón Jiménez

Escribo estas líneas bajo una paradoja como premisa: expresar algo de una práctica que siempre mantiene condición de huidiza. Abrir la boca de la verdad o abrirse a la verdad supone imposibles que sólo después de construirlos son reconocidos. La boca está vacía y en ella los soplos en los que existimos. "Yo, la verdad, hablo" dice Lacan, para señalar, entre otras cosas, que el hablar siempre está cruzado por las resonancias de lo que, insistente, se escabulle en las razones yoicas. No se trata de una verdad oculta y que vía reminiscencia se accede, como al reino de los cielos platónico; se trata más bien de una verdad que el olvido revela como por centelleo en los orificios de la memoria.

La verdad del yo es la claridad que al salir de la caverna resplandece como un halo reflejante, y en su circularidad sobrecoge y capta, emociona, encuentra, entiende. Dice Freud en el "Manuscrito N" en mayo de 1897, que la duda y la creencia arman parte de la lógica del yo, y por ese camino, conducen a los recovecos de sus verdades. Se puede dudar señala Descartes, se debe dudar sostiene su método que finalmente lo conducirá a la creencia de que es el yo, el que piensa. De creencias también están hiladas las religiones o las ciencias, de ilusiones que proyectan sentidos y esperanzas. La verdad del yo se alimenta de figuraciones y en lo que dice encuentra la correspondencia con lo que piensa, se hace entender y busca explicar el porqué de la utilización de una u otra palabra, o la ocurrencia de algún pensamiento. Cierra y detiene. Brinda explicaciones. Comparte teorías, elabora conceptos y los desarrolla. La verdad del yo busca el detenimiento, que las palabras encajen y los argumentos enunciados suenen elaborados. La verdad del yo… no anda sola…

"Yo, la verdad, hablo" indica que el hablar no proviene de la verdad del yo sino de otra verdad que se abre para no sostener nada sino a un sujeto

---

[1] A. Veritas: voz latina en la etimología de "verdad".

B. "Deveritas": expresión popular en ciertos países latinoamericanos, más común en el hablar infantil y que indica una suerte de ratificación en cierta verdad. Ejm: "¿En verdad pasó eso?"…"Deveritas, deveritas que sí…"

como efecto de su resplandor. ¿Quién habla entonces? Con Freud podemos reconocer que los enunciados regodeantes y las historias que cada uno monta sobre sí y sus familiares, enunciados que ilusionan o que sostienen lo expresable del sufrimiento, no son sino articulaciones empujadas por algo que hace hablar. La verdad es la que habla y su urdimbre hace tensión y diferencia por donde se traman los hilos y se arman los más pavorosos o sublimes relatos. La verdad que habla es correlativa a aquello que no puedo expresar, porque ella, amante de lo intempestivo, sólo se muestra en aquello que no está pero que dejó retoños, inquietudes, preguntas, enigmas, incomodidades y ciertas resonancias estorbosas. Esa verdad se abre por la boca de alguien que cree que habla y que cree en lo que habla. Esta verdad que paradójicamente es todo aquello inexpresable pero que hace hablar, y cuya condición es hipotética.

La verdad de lo inconsciente se produce en transferencia, en tanto se reduzcan a la nada todas las aprehensiones personificadas del decir. No siendo la experiencia analítica un encuentro entre dos "personas", y menos un intercambio comunicativo para rectificar los puntos de vista; es más bien un encuentro con la voz de cada quien y los ecos del decir de otros que acompañan la sinfonía significante del sufrimiento particular: la verdad deviene en enigma y por eso motor transferencial. La verdad del yo, en cambio, busca despejar sus dudas apelando al saber o al supuesto de que hay sujeto, un sujeto que supuestamente sabe desentrañar las preguntas particulares a partir de universales; médicos, psicólogos, sacerdotes, jueces se brindan para alimentar esa confianza. La verdad de lo inconsciente, sin embargo, insiste, y se transfiere si del otro lado no hay sino sólo un lugar, primordialmente de escucha que devuelve como caja de resonancia el mensaje invertido. Una verdad se transfiere en el silencio cuando las capturas y las demandas yoicas de quien habla o de quién escucha no obtienen respuesta ni lugar. Esa verdad se transfiere en la práctica analítica: indecible, indescifrable, insabida.

La práctica del análisis transfiere una verdad como efecto de una forma de concebir la interpretación. Cuando esta se produce entre dos, y uno de estos transmite un sentido, el otro se aliena en ese decir y llena su palabra con las verdades oficiosas. En cambio, cuando la interpretación no transfiere sino un enigma, el saber no tiene lugar y algo de la verdad de lo inconsciente se abre paso como un tercero que afecta a quien habla y a quien escucha. Llenar de sentidos lo enigmático es la forma en que la resistencia a la verdad de lo inconsciente toma lugar; al contrario, interpretar por fuera del sentido y de la orientación o rectificación de los puntos de vista, implica permitir que el deseo y su verdad se interprete, las más de las veces sólo haciendo eco al silencio. La interpretación que cae sobre el paciente alimenta la verdad del yo, mientras que cuando señala algo del discurso en tanto sostiene a un sujeto que el significante representa, apunta a la verdad de lo inconsciente que no es sino, apertura a decir, nuevamente…

No hay a-priori de la verdad de lo inconsciente, y de ninguna manera podría equiparársela a la "cosa en sí" kantiana. Freud señala en el "Proyecto de una Psicología para Neurólogos", que es desde la huella mnémica de donde proceden los procesos judicativos, y que nada tienen que ver con la "realidad" que no sea la fantasmática. La verdad del yo se construye cuando el juicio y la percepción buscan emparentarse, al modo en que señala la frase latina adaequaetio rei et intellectus: la reunión entre la percepción y los procesos intelectivos con la cosa, las cosas mismas. La verdad de lo inconsciente en tanto que huella, en cambio, revela que tal proceso no es sino un "efecto de realidad" sólo entendible en relación a quien lo produzca, y cuya trama se arma sobre el fondo de una falta. Precisamente, la falta de verdad, la falta de la pretendida adecuación con lo que "es". Un modo de decir esa otra verdad de la inadecuación en Freud, que además entra en clara discusión con la Aristotélica para puntuarle su condición ficcional, se lee con el término propuesto en el mismo texto: Einstellung. Término y función que permite leer mejor el pasaje freudiano de la proton seudos aristotélica, a la proton seudos histérica.

La técnica (techné) en la que Freud invierte y con la que descubre la "proton seudos histérica" produce a la verdad de lo inconsciente en su operatividad. A partir de la regla fundamental se abre la puerta a la enunciación para reconocer en ella un decir en el que el sujeto está implicado en su relación al deseo. La enunciación es función que produce, "producente", y por tal motivo poética (poiesis). Ese empuje creacionista estaría dado por la búsqueda de una satisfacción primordial perdida, un objeto que se espera encontrar en cada objeto del que se habla. La verdad de la enunciación puesta en marcha por la escucha-técnica analítica reconoce que en el hablar un sujeto se produce en su relación al deseo. Se trata de un acto poético, de un acto de verdad (la verdad de lo inconsciente en acto, como acto de palabra); de una verdad poética puesta en acto. La verdad de lo inconsciente se abre camino en el acto de hablar no comunicativo, y que no tiene pretensiones de objetividad sino simplemente la expresión de la relación al deseo que produce sujeto como existencia. Existir entonces es ex-sistir, porque la enunciación se produce desde la forma de verdad de lo inconsciente, que es ajena y otra respecto de la forma de verdad del yo, pero que, andan paradójicamente atadas por los hilos de la simultaneidad. Ex-sistencia producida por la invención de la técnica analítica que devela la verdad de lo inconsciente del lado de la sola expresión, de la simple existencia apalabreada (¡¡cuál sino esa…!!??), esa que se hace de historias, recuerdos, olvidos, lapsus, sueños.

Relatos. Cada quién en y con su relato. Ficciones. La verdad de la enunciación revela que el hablar no teje relación a lo fáctico sino sólo como un reflejo novelado en el que cada personaje está ahí como objeto relatado. Esas ficciones producen sujeto en su trama y temática particular, como índices que hacen traza y camino de relación al deseo. No obstante, el deseo camina porque algo de lo imposible lo determina, y en tanto movimiento hace andar las historias, las produce. Por ello es que la práctica analítica como técnica que des-cubre la verdad de lo imposible en el decir de alguien, está cercana a la literatura trágica griega, que en sus ficciones revela algo de esa verdad que Freud no la lee en un libro sino en la enunciación de los analizantes (ese texto que se edita y reedita cada vez que alguien se dispone hablar bajo la premisa de la regla fundamental). En esas escrituras. El relato e historias de las que estamos hechos no son sino productos de un empuje y acto productivo y poético desde el que la verdad de lo inconsciente como enunciación se manifiesta, más allá de lo relatado y en relación a ello, la verdad habla. La verdad de lo inconsciente son sus recorridos[1].

La verdad de lo inconsciente cuelga de lo imposible en tanto que hablar bajo la premisa de la regla fundamental conlleva lo necesario: que se diga. Más allá de la verdad del yo que establece correspondencias entre los enunciados expresados y las "cosas mismas", la práctica analítica se produce como praxis al dejarse hablar por aquello que empuja como deseo en la enunciación. Una praxis que no invita a correlacionar facticidades sino a reconocerse en los objetos producidos y en como transportan una manera de relatar y figurar lo imposible, de producir ese resto. Una praxis en la que la novela ("familiar") relatada enseña más del escritor que de los personajes. La técnica analítica como arte (Lacan dice, situar al psicoanálisis en relación a las artes liberales), apertura una nueva forma de relación a la palabra en tanto que lo imposible de decir -ese objeto impronunciable- se produzca como resto en quien habla; y que a partir de aquello, lo que queda suelto como escapamiento se vuelva a poner en curso en la palabra, que haga trocha, recorrido, surco, marca; establezca otros caminos, produzca otros puentes, se navegue en otras aguas. Que se produzca sujeto en falta, que la falta haga sujeto, tachadura. Que el sujeto no sea el mismo, que se produzca sujeto en una posición distinta, en una sintaxis nueva. Como cuando Freud asociaba la técnica analítica con la de la escultura, sólo en relación al vacío la madera producirá obra, per via di levare. No poniendo sino quitando, "entresacando" (dicen que decía P. Oyervide).

Sin embargo, esa verdad que habla deviene siniestra. Contraria a la verdad del yo que sostiene el ideal del decir transparente, no contradictorio y

---

[1] Elsa Andrade en un texto inédito cuyo título es "A propósito del inconsciente, una *suposición* legítima y necesaria" escribe en el año 2012: "el inconsciente *son* sus relaciones".

apegada al juego de correspondencias con lo fáctico, la verdad de lo inconsciente hace lazo a la tragedia y las dimensiones de la muerte y la sexualidad como modos de expresión del dolor-duelo que atraviesa lo humano. La fabricación de otro modo de decirse y contarse en relación a los otros y al Otro, supone la pérdida de certidumbres y el confort de lo conocido y repetido; no va sin la muerte, no va sin la evanescencia de los puertos seguros. La práctica analítica produce pérdida y pérdidas, hay duelo mediante y los divanes sostienen una experiencia ética (que no moral) respecto a la verdad: no la del todos, sino la de cada uno.

Jornada de Trabajo
(En articulación con la Bienal Internacional
de Psicoanálisis, Marsella, Junio-2022)
Escuela freudiana del Ecuador–Quito
11/06/2022

Maricruz Pérez

TEORÍA Y PRÁCTICA DEL PSICOANÁLISIS, TEORÍA Y PRÁCTICA DE LA RECURSIVIDAD.

> A quien leyere:
> Si las páginas de este libro consien-
> ten algún verso feliz, perdóneme el lector
> la descortesía de haberlo usurpado yo,
> previamente. Nuestras nadas poco difie-
> ren; es trivial y fortuita la circunstancia
> de que seas tú el lector de estos ejercicios,
> y yo su redactor.
>
> Jorge Luis Borges[1]

El tema propuesto para la bienal de Marsella ha suscitado en mí algunas re-flexiones sobre la relación entre teoría y práctica psicoanalítica y sobre los conceptos teóricos que sustentan la práctica que uno pretende sostener. Teoría y práctica del psicoanálisis articuladas en una relación moebiana, que implica un movimiento recursivo global de ida y vuelta a otro lugar, en que la una no va sin la otra, pues se recorren en los dos lados de la banda localmente. Las construcciones teóricas de las que uno se fundamenta, los esquematismos construidos para dar cuenta teóricamente del psicoanálisis inciden en el modo de acceder a la práctica, en el trabajo con otros, y en el análisis o con-ducción de las curas. Y la praxis del psicoanálisis produce a su vez otros mo-dos de acceso a las construcciones teóricas, las que se ponen en cuestión. Pero no se puede dejar de lado que este movimiento haya sido afectado por la pro-pia cura y que sigue siéndolo, a medida que se dinamiza y reactualiza en el trabajo de intercambio en espacios con otros, en carteles y en el pase, pues, y siguiendo a Lacan:

El analista no se autoriza sino a sí mismo. [2] .... y de algunos otros dirá luego.

El recorrido efectuado en el proceso de deconstrucción/construcción de la cura, se supone posibilitaría el trabajo en la praxis del psicoanálisis, en la con-

---

[1] Borges, J.L. *Obra poética*. Emecé Editores. Buenos Aires, 1995. Este epígrafe hace parte del prólogo de la última revisión del autor en 1969.

[2] Lacan, J. *Proposición ... Otros Escritos*. Editorial Paidós. Buenos Aires, 2012. p. 261

ducción de otras curas. Freud plantea la importancia de" vivenciar en la propia persona, en el análisis los postulados teóricos [...] y adquirir las convicciones [...] que después lo guiarán como analista".[1]

Camino que se hace al andar, recorrido que se hace caminando con deconstrucciones y nuevas construcciones, en que, en el marco de lo intransmisible del psicoanálisis; si algo se incorpora, es el vacío y la recursividad al acceder a los postulados teóricos/prácticos. Cura finalizada, en tanto cesa con límites y limitaciones, pero no terminada de definir en el sentido que le da Freud en Análisis terminable e interminable (Finito e indefinido traduce Lacan[2]). En donde plantea "se cuenta con que las incitaciones recibidas en el análisis propio no han de finalizar una vez cesado aquel, con que los procesos de la recomposición del yo continuarán de manera espontánea en el analizado y todas las ulteriores experiencias serán aprovechadas en el sentido que se acaba de adquirir. Ello en efecto acontece, y en medida en que acontece otorga al analizado, aptitud de analista".[3] ¿Pero en qué consistirá la aptitud de analista? ¿Se tratará de pasajes, o posicionamientos en torno a lo in-sabido? ¿Se referirá a la función analista en el analista y en el analizante? Puesto que no hay ser de analista, sino función, cuando eventualmente se produce acto analítico con la misma fugacidad del sésamo del inconsciente. Lew establece dos ejes en relación con el análisis Finito e indefinido, el del continuo y el del discontinuo, que equivaldrían a la condensación y desplazamiento en Freud, en relación con la imposibilidad de llegar hasta el fondo en un análisis y a la imposibilidad de llegar hasta el final, en relación con el acabamiento del análisis que cesa (en el eje del discontinuo), pero en tanto no se escribe (en el eje del continuo)[4].

El analizante habla en la transferencia desde su saber insabido y atribuye el Sujeto supuesto saber al analista. Pero el analista tampoco sabe, supone al analizante un saber, y es a ese saber insabido a lo que apunta el discurso analítico, pues el analizante no sabe que sabe. La paradoja de la docta ignorancia de Nicolas de Cuza alude a ese estar bordeando constantemente lo imposible del real en las curas que se dice sostener, que implica poner a prueba los propios esquematismos confrontados en la escucha. Lacan con su retorno a Freud, que no es un retorno cualquiera, pues implica una lectura que hace

---

[1] Freud, S. *Pueden los legos ejercer el análisis?* Obras Completas. Amorrortu Editores. Buenos Aires 2012. Volumen 20, p.186

[2] Lacan, J. *Función y campo de la palabra.* Escritos 1. Siglo XXI editores. p 299.

[3] Freud, S. *Análisis terminable e interminable.* Obras Completas. Amorrortu Editores, Buenos Aires 2012. Volúmen 23. p. 250.

[4] Lew, R. *La reversión freudiana.* Cuadernos de lecturas freudianas, n° 11-12 Lysimaque 1983. Traducción de E. Andrade 2005 .eFe.

corte y subversión, plantea el bordeamiento en torno al agujero del saber en psicoanálisis.

En el discurso analítico el analista y el analizante constituyen dos caras de la misma banda, que como el lector y el poeta en el epígrafe de Borges hacen parte de un mismo movimiento en distintos lugares. El discurso analítico entre analista y analizante es un solo discurso que sigue su curso en su globalidad y cada uno diferenciado en la localidad de la banda; es a producirse, en donde las construcciones de cada uno entran en juego, de ahí que, si hay análisis el analista y el analizante no salen indemnes del proceso. La relación analista/analizante es la función moebiana del inconsciente, que pone en movimiento el saber insabido del analizante y el supuesto saber del analista, en que su decir es un decir a medias, y en que por otro lado está el diga todo lo que se le ocurra de la regla fundamental, marcados por un vacío, pues por un lado no se puede decir todo y por otro no hay un decir directo, sino marcado por desvíos en la transferencia. Si algo se produce será la transposición y la traducción de un registro a otro, marcado por lo intransmisible, en un fondo de vacío. El que se diga, en subjuntivo implica la función de la significancia, de la que algo se puede aprehender, desde lo dicho olvidado, en lo que se escucha. Hay desvíos, Entstellung, écarts, en lo extensional y en el retorno a la intensión, movimiento moebiano de ida y vuelta.

El Psicoanálisis implica la suposición necesaria y legítima de la hipótesis del inconsciente al dar cuenta de esos procesos psíquicos que no se explican desde la conciencia y de los que algo se puede saber por sus efectos, por su modo de cierre en esa aparición fugaz y evanescente. Por eso Freud dice: "llamamos inconsciente a un proceso psíquico cuya existencia nos vemos precisados a suponer, acaso porque lo deducimos a través de sus efectos, y del cual empero no sabemos nada."[1]

Desde esos supuestos construye Freud su edificio teórico, el psicoanálisis, en torno a conceptos de difícil aprehensión, en donde no cabe establecer una posición rígida, más bien se trataría de una construcción en movimiento, pues del inconsciente nada podemos saber, si no es en sus extensionales, lo que Freud llama sus formaciones. Sería lo que Lacan en su Proposición llama el "psicoanálisis en intensión", en que las construcciones y producciones se materializan por sus extensionales en la teoría y la práctica. Pues partimos desde la negatividad, desde un vacío operante, ... el que se diga... como función, queda olvidado tras lo que se dice en lo que se escucha. Función operante, la

---

[1] Freud, S. *Nuevas conferencias de introducción al psicoanálisis.* Amorrortu Editores. Buenos Aires, 2012. Volumen 22. p. 65.

intentio de Agustín en la que algo se puede saber desde la distentio, en los extensionales que tienen su marca de evanescencia, lo que Lew llama escapamiento. El psicoanálisis se ocupa de aquello que escapa, de lo inasible y por lo tanto del vaciamiento.

Se concibe al psicoanálisis como ciencia de las negatividades, con una lógica del héteros, discordancial, paradojal. Que se sostiene de lo hipotético del inconsciente, como suposición necesaria. En los desarrollos teóricos de René Lew, el inconsciente no es sino negación[1], en tanto discordancial, como vacío operante. Para Lacan es lo que había allí y ya no está y podía haber estado y que no era, de lo que por un poco más y hubiera podido ser. Pues es de lo supuesto, de lo hipotético, de lo que no estaba ahí, lo a producirse de la nada, ex–nihilo, de lo que se trata en psicoanálisis. Pero de algún modo se trata de una aceptación de esa suposición, como condicional irreal, como incorporación del vacío inaugural, que posibilita lo hipotético, en que lo consecuente posibilita la retrogrediencia que asegure la progrediencia para construir el antecedente. Es la recursividad. Pues el sujeto se construye desde el llamado a los significantes, que no están preestablecidos. Nos sostenemos de la articulación de esa relación de significantes a los que llamamos a la existencia, en un discurso marcado por el continuo y discontinuo, deriva y derivación. En donde la derivación del significante hace corte en la deriva de la significancia. Con un movimiento progrediente y retrogrediente que implica un desface, un desvío, un Entstellung. En que la banda del ocho interior se abre en hélice en los desarrollos teóricos de René Lew, para dar cuenta del vacío activo, en tanto función de la recursividad que implica una deriva del continuo de la significancia y la derivación de los significantes que hace corte, detenimiento y que marca un movimiento de retorno, de ida y vuelta, pero con desfaces. La retrogrediencia anticipa la presentación del antecedente para asegurar el consecuente, a partir de la hipótesis de que el antecedente esté ya presente. Por eso la función de hipótesis, de suposición, sostiene la existencia del sujeto. Sujeto dividido, escindido, tachado, y en relación moebiana con el objeto, objeto a para Lacan, perdido desde el vamos y causa del deseo. En esa díada conformada por la metáfora del sujeto y la metonimia del objeto.

Como en el nacimiento, en el advenimiento del recién nacido al mundo, el que con su grito hace un llamado a un mundo que supone como estando ahí, aunque no sepa qué es, que de algún modo no está, pues implica el encuentro con lo inesperado, llega a un mundo indiferenciado que deberá deconstruir para desde ahí construir los objetos.

---

[1] Lew, R. De la *Verneinung* aux négations. Lysimaque Copenhague 8-9 junio 2013.

Suposición implícita en el advenimiento a la palabra, palabra que de algún modo lleva ese grito como marca del vacío, pues cada vez que tomamos la palabra se produce algo de lo inesperado y algo del orden de lo que escapa, pero que implica también producción y creación.[1] El Sollen, en tanto deber advenir, está implícito en el advenimiento del ser a su existencia como en el deber advenir en la producción de la palabra, en lo continuo de la significancia y en lo discreto de las detenciones, cortes, e interrupciones, Enstasis, que promueven la torsión y el retorno, retorno a otro lugar.

Para Freud "Wo Es war, soll Ich werden" "Donde Ello era, Yo debo devenir".[2] Implica pasajes, pasos de un registro a otro y que Lacan traduce "allí donde ello era, allí como sujeto debo advenir" [3] Ese ahí donde ello estaba debo Yo advenir. En el Reverso del Psicoanálisis, Lacan apunta el soll Ich werden hacia el analista, en relación con el discurso del analista; como sosteniendo el discurso en su medio decir apuntando al a, pero como semblante de a, el analista como no estando en ese lugar sino como semblante, pero propiciando ese sollen en el discurso analítico. "Es ahí donde estaba el plus de goce, el gozar del otro, adonde yo, en tanto profiero el acto psicoanalítico debo llegar".[4]

Entonces por lo pronto entiendo el Sollen como el deber advenir, pero como un deber advenir en tanto pasaje de la intensión a los extensionales, y de los extensionales a la intensión en un movimiento litoral y aesférico de algún modo el mismo, pero a la vez otro, pues surge algo nuevo, de otro modo, en otro lugar, y lleva como aquel grito inaugural la huella del vacío y de lo inesperado. Se sostiene el discurso, se toma la palabra, como un deber advenir, con la huella del vacío, pero lo inesperado ocurre, la posibilidad de algo nuevo está ahí en la medida que los significantes no están preestablecidos de antemano y por otro lado el sujeto se produce de la relación de un significante con otro, en que siempre algo escapa.

René Lew aún va más allá al plantear el advenir en tanto función de vacío operante. "Yo no soy [no es] una nada, sino un vacío en devenir siendo (…soll Ich werden, eye asher eye (soy siendo)"[5]. Que a mí parecer apunta al vaciamiento, al movimiento y al impulso de ida y vuelta de la función en intensión

[1] Lew, R. La "chose" en psychanalyse. Lysimaque. París, 2014. p.314
[2] Freud, S. Nuevas conferencias de introducción al psicoanálisis. Amorrortu editores libro XXIII p.74
[3] Lacan, J. La ciencia y la verdad. Escritos 2. Siglo XXI editores p. 843
[4] Lacan, J. El reverso del Psicoanálisis. Seminario 17. Editorial Paidós. Buenos Aires, 2012. p.56
[5] Lew R. Un psicoanálisis fuera de campo (4) p.35 (Texto de trabajo de eFe, traducido por Elsa Andrade y Cecilia Hidalgo, no revisado por el autor). El original en francés "Je ne suis

a los extensionales, a su materialización en objetos y el retorno de los extensionales a la función en intensión desde su vaciamiento. En que la ética del psicoanálisis sería una ética de la impredicatividad y de la recursividad.

Jornadas de trabajo eFe
en lazo con la Bienal de Marsella
10-11 de junio 2022.

(n'est) pas un néant, mais un vide en devenir d'étant (… *soll Ich werden, eye asher eye*…).
27 de noviembre 2019.

IV

BERLIN, ENCORE

Emmanuel Brassat

LA PULSION DE MORT CHEZ FREUD
Des frontières subjectives du désir et de la vie[1]

> « *Un homme libre ne pense à aucune chose moins qu'à la mort, et sa sagesse est une méditation non de la mort mais de la vie* ».
> Spinoza *Ethique*, IVe Partie, Proposition 62.

> « *Mais que l'accidentel en tant que tel, séparé de son milieu ambiant, que ce qui est lié et n'est réalité effective que dans la connexion avec un autre, acquière une existence propre et une liberté dissociée, cela c'est l'énorme puissance du négatif ; c'est l'énergie de la pensée, du pur Je. La mort, pour donner ce nom à cette ineffectivité, est ce qu'il y a de plus terrible, et retenir ce qui est mort, est ce qui requiert la plus grande force* »
> Hegel. Préface à la *Phénoménologie de l'esprit*.

Introduction

Lors d'un colloque tenu à Marseille en 1984, A. Green faisait remarquer à D. Widlöcher qu'au congrès international de psychanalyse de Vienne en 1971, qui traitait de l'agressivité, la question de la pulsion de mort avait été à peine évoquée, si ce n'est par les psychanalystes kleiniens et cela dans une perspective très différente de celle de Freud. Il ajoutait que c'était alors un sujet tabou et qu'on n'avait peu licence d'en parler, sauf à risquer de se voir mal jugé par les autres psychanalystes. Widlöcher dira lui-même de ce concept qu'il est un des plus controversés de la psychanalyse. Un tel témoignage incite à penser qu'aucun des participants à ce congrès n'aurait pu entendre une phrase de Hegel écrite au tout début du XIXe siècle. Celle-ci soutient que, dans l'affirmation de son indépendance en tant que conscience pensante et connaissante, détachée de toute existence singulière concrète ou vie, engageant par là même son existence face à la mort, et du fait de l'affirmation active de chacun envers tous de la même façon, l'individu, « *tout*

---

[1] Le texte de cette étude découle d'une intervention faite au colloque *Place et raison de la pulsion de mort dans le schématisme de la psychanalyse*, qui s'est tenu à Berlin du 7 au 10 juin 2019, organisé par les associations *Freuds Agora et Psychoanalytische Bibliothek*, dans le cadre de la *Biennale de la psychanalyse à partir du travail de René Lew*.

comme il engage sa propre vie, (…) doit tendre à la mort de l'autre ».[1] Et si jamais ils entendaient une telle assertion, ce serait probablement pour y diagnostiquer quelque monstruosité absconse de nature philosophique, voire une sorte d'apologie de la violence aveugle et donc un obscurantisme. Loin de là, si on en saisit toute la portée, mais encore faut-il se soucier de cette négativité quant à soi et à l'autre que le philosophe décelait dans l'histoire du sujet humain et que Freud, à son tour, viendra redécouvrir, peut-être sous l'influence d'une femme vertigineusement intelligente et sensible, Sabina Spielrein. Celle-ci publie en 1912 un texte inspirateur pour Freud, intitulé : De la destruction comme cause du devenir, peut-être influencé par la philosophie de Hegel qui était encore peu connue au début du vingtième siècle[2]. Pour Hegel, l'affirmation de l'identité à soi du sujet humain, le sentiment de son existence comme un moi indépendant, le confrontait aussitôt à sa propre division entre existence naturelle sensible et spirituelle, entre mortalité et éternité, et impliquait nécessairement sa confrontation à l'autre que soi comme négation potentiellement conflictuelle de sa liberté subjective par celui-ci. Il s'ensuivait un conflit des consciences qui entrainait une lutte à mort entre celles-ci pour échapper à leur anéantissement possible par la violence mutuelle dominatrice et pouvoir se conserver dans leur indépendance et liberté vis-à-vis de la nature et d'autrui.[3] En ce sens, il fallait aux consciences individuelles se confronter et affronter le péril intérieur de la mort, portée par la nature qui supprime le sujet-vivant, et extérieure, portée par la violence intersubjective qui aliène le sujet-désirant, pour s'en libérer ou, sinon, se soumettre dans la peur en renonçant à la liberté à ceux qui s'érigeaient en dominants. La mort éprouvée subjectivement faisant surgir la différence dominants-dominés, par la division des consciences en regard de la peur de l'anéantissement de soi. Le dénouement de ce conflit impliquait la dualité sociale des rôles du maître et de l'asservi, de celui qui s'exposait au péril de la mort et de la guerre et de celui qui cherchait à se conserver en se soumettant, avant que l'Etat de droit et le travail productif ne suppriment la société d'ordres par le contrat et le commerce civil, abolissant, pour Hegel, le conflit des consciences dans l'universalité rationnelle et juridique des libertés individuelles. Une telle théorie philosophique est aujourd'hui mieux connue et reçue sous le nom de *dialectique de la reconnaissance*, cela au-delà des cercles philosophiques. Lacan en aura pris connaissance du fait de l'influence dans sa formation intellectuelle de l'école hégélienne de Paris, formée par A.

---

[1] Hegel. *La Phénoménologie de l'esprit.* Paris, Flammarion, 2012, p. 199.

[2] Spielrein. « Die Destruktion als Ursache des Werdens ». *Jarhbuch, psychoanal., psychopath. Forschung.,1912, 4, 465-503.*

[3] Hegel. *La Phénoménologie de l'esprit.* Opus cit., chapitre Iv, « La vérité de la certitude de soi-même », p. 185227.

Koyré, A. Kojève et J. Hyppolite. Elle nous incite à lire plus attentivement l'affirmation freudienne, formulée un siècle après Hegel, de l'existence chez le sujet humain d'une division conflictuelle qui le partage entre un désir de vie et un désir de mort dont, dès 1915, Freud a la prescience lorsqu'il écrit :

> *« A nos relations d'amour les plus tendres et les plus intimes est attachée, sauf dans un tout petit nombre de situations, une parcelle d'hostilité, capable de stimuler notre désir de mort inconscient »*[1].

Pour ma part, je me sens plutôt à distance d'une telle chronologie de l'actualité de cette question et même assez surpris par les propos de Green. Car si dès 1915, puis en 1920, et 1931, Freud s'interroge quant à la validité d'une hypothèse qu'il va qualifier lui-même de spéculative, « *une spéculation qui remonte souvent bien loin et que chacun, selon ses dispositions personnelles, prendra en considération* », celle de l'existence probable d'une pulsion de mort nouée profondément au désir humain, en écarter la question en 1971, parait non seulement étrange, mais en quelque sorte presque irresponsable. En tout cas, un tel fait permet de pointer l'ampleur des résistances au sein du milieu psychanalytique envers les différentes découvertes freudiennes et la grande difficulté que la psychanalyse comme vérité de la chose inconsciente dans ses plus amples conséquences présente à la réception commune. D'une telle résistance, Freud avait lui-même conscience quand il dut introduire la notion de pulsion de mort. Il écrit en 1929 :

> *« L'hypothèse de la pulsion de mort ou de destruction a rencontré de la résistance même dans les milieux analytiques ; je sais combien est répandu le penchant à attribuer de préférence tout ce qui dans l'amour est trouvé dangereux et hostile à une bipolarité originelle de son être propre. Je n'avais au début soutenu qu'à titre d'essai les conceptions développées ici [relatives à la pulsion de mort], mais au cours du temps elles ont acquis sur moi un tel pouvoir que je ne puis plus penser autrement. J'estime qu'elles sont, du point de vue théorique, incomparablement plus utilisables que n'importe quelles autres ; elles instaurent cette simplification qui ne néglige ni ne viole les faits, à laquelle nous aspirons dans le travail scientifique. Je reconnais que nous avons toujours eu sous les yeux dans le sadisme et le masochisme les manifestations, fortement alliées avec l'érotisme, de la pulsion de destruction orientée vers l'extérieur et vers l'intérieur, mais je ne comprends plus que nous ayons pu omettre de voir l'ubiquité de l'agression et de la destruction*

---

[1] Freud. *Considérations actuelles sur la guerre et sur la mort.* Nouvelle traduction. Paris, Payot, 1981, p.38.

non érotiques et négliger la place qui lui revient dans l'interprétation de la vie ».[1]

Pour le moindre, on verra peut-être dans l'expression d'une telle résistance chez des psychanalystes une certaine prudence clinique et épistémologique, à laquelle Freud lui-même fait appel, le maniement d'un tel concept étant loin d'être des plus aisés. Certes, mais chez Freud, si on le lit attentivement, y a-t-il jamais de concept vraiment aisé ? Freud ne cesse-t-il jamais d'avouer ses difficultés théoriques et discursives, sa prudence, et le caractère complexe et incertain, paradoxal, des ses observations, analyses, notions et définitions ? Souvent sa réflexion et ses analyses passent par des moments contradictoires et des retournements dialectiques. Pour autant, on admettra que la pulsion de mort est une notion négative, paradoxale et controversée, empreinte de pessimisme, en soi assez peu médicale, qui touche à la possibilité même de la vie humaine et qui semble en cela remettre en cause toute positivité morale absolue, ne serait-ce que parce qu'elle semble renouer avec la thèse philosophique et théologique de l'existence d'un mal radical en l'humanité. Plus encore, par sa connotation nihiliste d'une vie essentiellement tournée vers la mort, au plus fort de sa définition et malgré Freud, elle a pu apparaître dans l'opinion scientifique comme se prêtant à l'affirmation de conceptions politique, éthique et esthétique, tournées vers l'apologie de la destruction. Exprimée de la sorte, elle peut effectivement venir récuser les valeurs attachées au soin médical et à la résolution des conflits mentaux et interpersonnels, ainsi que l'idéal d'une normalité psychique et thérapeutique qui se conjuguerait très naturellement avec la conservation de la vie et de soi et avec l'affection pour autrui. Autrement dit, une telle notion introduit une négativité inhérente à la constitution de l'existence humaine individuelle, une dimension de destructivité, qui fait obstacle aux médiations de la science et de la culture et qui fait du désir de mort et de violence envers soi et l'autre un élément inhérent au désir humain. Il est clair qu'on peut vouloir se tenir à distance d'un tel danger. Mais est-ce là le conjurer ? Rien n'est moins sûr si l'on se penche sur la dimension de violence et de destruction dont attestent à la fois l'histoire humaine commune et les conduites individuelles. Violence, agressivité et destruction de soi ou des autres, semblent des constantes de l'existence humaine, même si les périodes pacifiques alternent avec d'autres qui ne le sont pas. Toute la question étant de savoir s'il y a des causes biologiques, éthologiques ou anthropologiques certaines à cela, ou si la pulsion de mort est dissociable de l'agressivité propre au vivant comme une spécificité même de l'organisation vitale du corps, et plus radicalement

---

[1] Freud. *Le malaise dans la culture.* Nouvelle traduction des œuvres complètes de Freud. Paris, Payot, Quadrige, 1995, p. 61-62.

comme un fait complexe du désir humain. On sait que Freud ne cessera de répéter que la pulsion, les pulsions, a fortiori la pulsion de mort, sont un ou des concepts limite, des fictions de la théorie, à situer sur les frontières du physiologique et du psychique, mais relevant d'une nécessité logique pour rendre compte du réel des phénomènes inconscients.

Pour ce qu'il en est de la littérature de référence sur laquelle s'appuie cette étude, hormis les différents textes de Freud cités directement, je m'en suis tenu à des sources philosophiques classiques, celles de ces grands auteurs qui, à mon avis, abordent très directement, au moins depuis Hobbes, Spinoza et Hegel, puis Heidegger, la question complexe de la nature du rapport du sujet humain à la mort et à la violence, à la haine et à la destructivité, aussi aux lois du vivant et du corps, ainsi qu'à la dimension existentielle de la mort et du néant. La visée de ce texte n'est pas de faire la recension exhaustive de la littérature psychanalytique et philosophique, très considérable, qui a pu paraître sur ces questions depuis Freud, et même avant. Quelques publications significatives doivent tout de même être ici mentionnées, relatives à la pulsion de mort chez Freud, ou à l'existence et à la mort dans une corrélation de la philosophie et de la psychanalyse, ou en rapport avec la psychiatrie et la psychopathologie. Ce sont les suivantes. Les études d'analyse existentielle de L. Binswanger, traduites en français en 1971. Une analyse de la nature du pulsionnel freudien à partir de la philosophie de Heidegger de K. Movallali, parue en 1988. Un recueil de textes à propos de la pulsion de mort chez Freud faisant suite au premier symposium de la Fédération européenne de psychanalyse, tenu à Marseille en 1984, avec des contributions de A. Green, P. Ikonnen, J. Laplanche, E. Rechardt, H. Segal, D. Widlöcher, C. Yorke. L'excellent ouvrage de synthèse de M. Lauret, paru en 2014, qui, par son ample bibliographie très exhaustive, permet de se faire une idée d'ensemble des textes et conceptions de référence sur un tel sujet. Le volume 49, 1-19, paru en septembre 2019 de la revue *Psychiatrie française,* avec des études de S. Stoléru, L. Facury Moreira, F. Peille, J. Chaiban et F. Martens. Bien évidemment l'œuvre de J. Lacan est aussi présente, ainsi que les recherches originales en psychanalyse de R. Lew, plus spécifiquement par l'intention radicale qu'elles manifestent d'extirper la théorie psychanalytique de tout réalisme ontologique. Pour autant, la logique de cette étude est de procéder essentiellement à partir des textes de Freud et, principalement à partir de son Au-delà du principe de plaisir, publié en 1920. En quelque sorte, les analyses ici exposées assemblent et composent une lecture et un commentaire dialectiques directs du discours de Freud. Je prie le lecteur de ne pas se formaliser de ne pas retrouver dans ce texte l'ensemble des références contextuelles qu'il pourrait souhaiter y voir présentées, comme celles inhérentes aux nombreux débats entre psychanalystes sur cette question. Enfin, la visée de ce texte est à situer à la conjonction des recherches de la philosophie et de la psychanalyse et il appartient à ces deux registres dans leur confrontation, ne pouvant se voir séparé ni de l'un ni de l'autre.

I Préalables philosophiques

1-1 Si l'on définit la dite pulsion de mort comme un désir potentiel de destruction et de cruauté, ou comme une forme de haine dirigée à la fois contre soi et l'autre, père ou mère, frère ou sœur, amant ou amante, homme ou femme, enfants, la violence criminelle et meurtrière de l'être humain contre son semblable n'en est peut-être pas séparable et l'histoire humaine collective atteste fortement de ses présence et réalité. Spinoza affirmait a contrario, mais comme Freud d'ailleurs, que l'amour est plutôt rationnellement toujours vainqueur de la haine. Il peut l'envelopper et la supprimer, disait Spinoza, parce que sa puissance comme facteur d'affirmation vitale d'existence lui est toujours supérieure, la haine étant portée par la tristesse qui nous diminue et l'amour par la joie qui nous augmente. Ainsi, écrit Spinoza, si *la haine est accrue par une haine réciproque,* elle *peut au contraire être extirpée par l'Amour.[1]* Mais on peut douter que cela ne se produise avant que la destructivité mutuelle, ou la haine et ses dégâts se soient déjà manifestés. Conciliation et réconciliation viennent le plus souvent après la guerre, pas avant. Quant à la criminalité de l'humain envers l'autre être humain, on peut rappeler que le premier des génocides de l'histoire occidentale moderne ayant conduit à l'extinction définitive d'un peuple entier s'est produit aux Canaries, dès le XVIe siècle. Le dit *sauvage* se voyant détruit par le dit *civilisé*, ce dernier agissant au nom de sa prétendue supériorité ou orgueil. Cela n'était là que le début d'un règne de la violence favorisée par le colonialisme, l'impérialisme et les pratiques génocidaires d'ampleur, directes ou indirectes, des grandes nations maritimes occidentales conquérantes. Si de telles violences de masse nous paraissent désormais intolérables, racistes et criminelles, elles succédaient elles-aussi à d'autres antérieures entre les peuples et les États, voire au sein même des sociétés, y compris les nôtres. Hegel voyait dans une histoire humaine qui nous apparaît d'après lui comme le spectacle d'un changement perpétuel, l'alternance d'affirmations temporelles originales de peuples et d'États, suivies de destructions et de souffrances, provoquant en nous un sentiment de tristesse. Il écrivait à ce propos, *il est déprimant* de savoir *que tant de splendeur, tant de belle vitalité a dû périr et que nous marchons au milieu des ruines.[2]* Ce faisant, il tendait à justifier l'injustifiable en attribuant aux événements historiques un cours rationnel global. En 1971, à titre de minimum moral, on peut penser que des psychanalystes freudiens ne pouvaient ignorer l'ampleur des violences et destructions du XXe siècle et

---

[1] Spinoza. *Ethique.* Troisième partie. Proposition 43. Paris, G.F, 1965, p. 177.

[2] Hegel. *La raison dans l'histoire.* Paris, UGE, Collection 10/18, 1965, p. 54.

croire pouvoir les écarter de toute dimension clinique, cela à l'encontre même de Freud. Car comment ignorer à cette date, en discutant de l'agressivité, les violences de la Première Guerre Mondiale, puis celles du nazisme, sans oublier les crimes de masse du système soviétique stalinien, puis communiste chinois, les déportations, les camps de concentration et d'extermination, les différents génocides, ceux des Hottentots et des Arméniens. Certes l'agressivité n'est pas nécessairement le synonyme de violence meurtrière ni de crimes de masse et la pulsion de mort peut aussi se voir dissociée de la simple agressivité des conduites affectives et sexuelles. En cela, peut-être les psychanalystes après Freud auront-ils voulu préserver l'indépendance de l'analyse de la dimension d'abord pathologique et sexuelle de l'agressivité individuelle, voire antérieurement éthologique, de celles, plus politique et anthropologique de la violence meurtrière des sociétés humaines, discerner sans confusion possible la clinique et la thérapeutique de la philosophie, de la sociologie et de l'histoire. Mais est-ce bien possible sans trahir le trajet même de Freud qui, dès 1915, s'interroge sur la dimension anthropologique et psychique de la violence meurtrière de l'humanité et sur ses incidences cliniques individuelles, à la fois dans l'évolution morale et culturelle globale des sociétés et dans l'apparition des formes pathologiques singulières ? Il écrit en ce sens :

> « *Ne devons-nous pas convenir qu'avec notre attitude de civilisé à l'égard de la mort nous avons, une fois encore, vécu psychologiquement au dessus de nos moyens et ne devons-nous pas faire demi-tour et confesser la vérité ? Ne vaudrait-il pas mieux faire à la mort, dans la réalité et dans nos pensées, la place qui lui revient et laisser un peu plus se manifester notre attitude inconsciente à l'égard de la mort, que nous avons jusqu'à présent si soigneusement réprimée.* »[1]

Affirmons qu'ici deux dimensions se croisent et se superposent, à mon avis très difficiles à séparer. D'un côté, il y a l'ampleur des violences collectives de l'histoire humaine qui échappent à un traitement psychanalytique individuel de la question de la violence et de l'agressivité mutuelles, ou de la criminalité, une sorte d'ivresse de mort et de meurtre récurrente, et, de l'autre, il y a la portée concrète de l'hypothèse de la pulsion de mort, en tant à la fois qu'inhérente à l'humanité et partie prenante d'une clinique profonde du désir. En quelque sorte, il y a en nous le ressenti psychique et moral de la mort et ses effets quant à l'autre et à soi, et, par ailleurs, la dimension meurtrière de l'humanité vis-à-vis d'elle-même. On admettra qu'il n'est pas aisé de les relier au sein d'une clinique du psychopathologique qui relèverait d'un même registre.

---

[1] Freud. *Considérations.* Opus cité, p.40.

1-2 L'originalité de Freud, en ce point comme en beaucoup d'autres, aura été de parvenir à pouvoir conjoindre ces dimensions distinctes de la question de la violence humaine et du vécu de la mort dans la sexualité, sans renoncer pour autant à une perspective clinique. Lui être fidèle, c'est alors de conserver cette nécessaire convergence, de penser aussi politiquement la nature de la pulsion de mort. Car voici que nous sommes aujourd'hui réunis à Berlin en 2019, dans l'ancienne capitale du Troisième Reich hitlérien. Nous avons, depuis 1971, assisté à la violence génocidaire au Cambodge en 1974, puis en 1994 au Rwanda. En ce sens, ne pas se poser la question de quelque chose qui se nomme dès 1914 chez Freud comme une pulsion de mort, sans se limiter au désir suicidaire mélancolique du jeune Werther de Goethe, semblera bien plus qu'un aveuglement. Par ailleurs rien ne nous assure qu'un tel acte ne soit pas porté par des causes qui ne seraient pas que singulières. Cependant, là est toute la complexité de la chose, prendre au sérieux cette hypothèse spéculative freudienne de l'existence de la pulsion de mort dans le corps psychique, ne revient nullement à amalgamer ou confondre le rapport du désir humain à la mort, son intrication à la mort et au meurtre, aussi à la violence, le désir éventuel de mort du désir, avec la mort réelle. La pulsion de mort ne peut se confondre ontologiquement sans hésitation avec une puissance naturelle, biophysiologique, qui serait la cause mécanique de la criminalité et la loi de la vie même de tous et de toutes, nous conduisant à admettre une consomption héroïque du désir dans la mort, le mourir ou le meurtre de l'autre homme. De sorte que deviendraient indistincts l'amour et la mort, la vie et le sacrifice de soi, l'existence préservée et la pratique de la violence meurtrière. Sans doute, c'est à l'encontre d'un tel type de danger que les psychanalystes auront aussi voulu échapper, ne serait-ce que du fait du peu de distance temporelle qui les séparaient eux-mêmes du Nazisme et de la Seconde Guerre Mondiale. Sans doute encore, non point d'être pusillanimes, ils auront voulu se prémunir de tout risque de complicité avec une apologétique de la violence qui reposerait sur une naturalisation de *l'instinct de mort* chez l'homme. A l'inverse de cela, il me semble que le devoir du philosophe et du psychanalyste ici conjugués est d'affronter impérativement le sens et les dangers d'une telle question, par souci politique, éthique et clinique, ne serait-ce, justement, que pour ne pas sombrer dans une telle apologétique. On l'aura souvent répété, la traduction de l'allemand *Trieb*, qui donne pulsion en français, au sens de *poussée, drive* en anglais, ne peut aucunement se confondre avec le mot d'instinct qui existe aussi en allemand. Et s'il y a bien dans les organismes vivants des processus qui conduisent peu à peu à la mort de l'organisme individuel, les conduites générales de survie du vivant ne privilégient pas, par un automatisme comportemental, la recherche de la mort de l'individu ou du groupe, mais plutôt la conservation, en tout cas pas au sein d'une même espèce. La mise à mort d'un adversaire, d'un rival, d'une proie, la fuite devant les prédateurs, ne sont jamais des conduites spontanément tournées vers la mort, mais vont dans le sens d'une préservation de l'espèce. Il y a aussi des conduites de solidarité collective face au danger de mort chez la plupart des mammifères, même si parfois les mâles dévorent les petits en affrontant les femelles.

1-3 C'est dans une telle perspective qu'il faut situer cette intervention berlinoise. Elle revient, sans rien concéder à un négativisme, à prendre au sérieux cette question de la pulsion de mort, dans ses dimensions existentielle et dialectique, comme une disposition intrinsèque au désir du sujet humain depuis Freud, autrement dit *à lui donner la place qui lui revient.* Nous verrons que cela ne conduit pas à la naturaliser comme un donné biologique ou psychique, bien au contraire. Pour autant, de ne pas vouloir la prendre en compte, à la fois théoriquement et cliniquement, amène à ne pas pouvoir accéder à une éthique de la non-violence et de la liberté, à rester prisonnier d'une inconséquence quant au réel du sujet humain et de ses déchirements et contradictions, à sa division intrinsèque. En ce sens, si Spinoza a certainement raison de soutenir que l'homme libre ne pense rien moins qu'à la mort, qu'il médite sur la vie, il faut peut-être pour cela pouvoir s'interroger sur la négativité de notre existence et du désir en tant qu'ils engagent aussi, pour nous autres êtres humains, un certain rapport à la mort, à la destructivité, à la haine et à soi. Affirmons que c'est de cela qu'il s'agit dans la notion de la pulsion de mort freudienne, du paradoxe de l'expression d'un désir de vie qui s'adosse aussi à un désir de mort, l'affirmation du vivre ne se pouvant peut-être qu'à la condition d'une certaine traversée symbolique et imaginaire du mourir ou d'une épreuve anticipée de la mort comme une condition existentielle de notre vie. Celle-là même qui implique l'épreuve d'une négativité, d'une présence intrinsèque de la mort dans l'existence sensible, personnelle et sociale. Si au-delà du principe de plaisir, il y a bien la mort, également l'impossibilité de mourir, c'est bien de cette impossibilité et en fonction d'elle que le désir de vivre peut se voir conforté sans céder à la mort, sans devoir basculer dans le fantasme de l'anéantissement comme finalité ou dans la fascination pour la destruction.

II Origines de la notion de pulsion et problèmes de définition

2–1 La notion de pulsion de mort chez Freud n'est pas née de rien. Son émergence et élaboration procèdent d'un certain contexte qui commence avec la Première Guerre Mondiale, un événement qui va beaucoup affecter Freud, insinuant dans ses pensées de nombreux doutes quant à la nature pacifique et progressiste des sociétés humaines et de la civilisation. Il se voit conduit à admettre que l'interdit civilisateur du meurtre n'a rien de définitif et que les sociétés humaines ne sont que superficiellement morales, puisque dès qu'elles en ont besoin elles ont recours à la licence de la violence meurtrière. Ce qui fait exception individuellement en temps de paix devenant dans la guerre la loi générale. C'est peut-être à ce moment que Freud va tendre à inscrire son œuvre de médecin et de savant dans une dimension plus anthropologique, voire philosophique et culturelle. Il le fait, sans pour autant jamais se détacher d'une investigation clinique et psychopathologique, également biologique, mais ses hypothèses l'entrainent peu à peu hors du périmètre de la seule psychiatrie ou psychologie, le conduisant à radicaliser les ruptures qu'induit la psychanalyse avec ce qui l'avait précédée dans les sciences médicales. Il dira souvent qu'il s'y est vu contraint par les données cliniques elles-mêmes, plus que par un désir de généralité philosophique. Pour saisir le déploiement et l'importance de cette notion de pulsion de mort, il faut la relier à au moins trois textes de Freud. Dès 1915, les *Considérations actuelles sur la guerre et sur la mort ;* puis en 1920, *Au-delà du principe de plaisir ;* et en 1929, peu de temps avant la catastrophe du Nazisme et de la guerre, le *Malaise dans la culture.* Le premier anticipe de sa formulation, le second la théorise comme nécessaire, le troisième la considère comme acquise et en fait un principe utile de la psychanalyse dans ses aspects psychopathologique, anthropologique et culturel. Quel est l'enjeu psychanalytique d'une telle notion ? Le psychiatre et psychanalyste D. Widlöcher le résume clairement :

> « *Fondée sur l'hypothèse d'une tendance primaire de l'organisme à la réduction complète des tensions, elle entend ainsi rendre compte du dualisme pulsionnel fondamental, de la tendance à la compulsion de répétition, de l'origine de l'agressivité et du primat de l'auto-agressivité sur celle dirigée contre autrui.* »[1]

Comme il l'écrit, Freud aura introduit la notion de la pulsion de mort *contre son gré,* car il y a effectivement de nombreux écueils et difficultés à la prendre en compte. Voyons lesquels. Ils sont de plusieurs ordres, au moins méthodologique, biologique, clinique et épistémologique. Tout d'abord que signifie exactement d'inscrire dans le vivant même, dans la bio-physiologie, une logique propre à la vie de destruction ou d'extinction des moteurs pulsionnels de la vie même ? Le médecin français Bichat avait défini la vie comme *l'ensemble des forces qui résistent à la mort,* définition reprise par C. Bernard et postulat de la plupart des théories scientifiques ultérieures du vivant. La conservation énergétique de l'organisme vivant, notamment dans l'homéostasie, son intégrité fonctionnelle et sa reproduction, ne se pouvant qu'à la condition d'une permanence et d'un maintien des tensions du vivant. L'hypothèse de Freud semble introduire une régulation mécanique réflexe de la vie organique par une tendance à l'extinction de l'activité

---

[1] Avant-propos. *La pulsion de mort.* Publication du premier symposium de la Fédération Européenne de psychanalyse. Marseille 1984. Paris, PUF, 1986.

interne, par son épuisement et qui viserait à annuler toute excitation, à réduire la vie à l'inerte, à supprimer les différences de potentiel dans l'activité. Étrange hypothèse que celle-là, qui non seulement s'éloigne des connaissances biologiques, mais vient conjoindre des contraires, attribuer au vivant ce qui lui semble opposé, sans pour autant que Freud se pose en dialecticien mobiliste de la nature ou du sujet, comme Héraclite et Hegel. *Nous vivons de la mort de ceux-là et nous mourrons de la vie de ceux-ci,* affirmait le premier dans un aphorisme des plus saisissants.

2–2 Apparaît ici un premier problème majeur, celui de la continuité ou de la dépendance causale du psychique avec le somatique et donc de définition de la nature des pulsions, autrement dit le problème psychophysique. Je l'ai rappelé, la pulsion (Trieb), de mort ou autre, n'est pas chez Freud comme l'instinct (Instinkt), au sens d'un mécanisme vital ou comportemental adaptatif, comme on a pu penser pouvoir l'observer chez l'animal. S'il s'agit bien d'une poussée portée par des forces organiques et biologiques qui oriente le désir de façon inconsciente ou semi-consciente, il ne s'agit pas d'un processus purement physiologique. En ce sens, parler d'une pulsion de mort qui serait comme une fonction physiologique motrice supplémentaire et méconnue du corps et des organismes élémentaires ou, inversement, une propriété mentale naturellement inhérente à l'organisation psychique ne convient pas. On risquerait soit de naturaliser la réalité psychique et son autonomie, par une réduction du mental au physiologique, soit de soutenir un substantialisme métaphysique qui ferait d'une tendance morale du sujet à rechercher la mort dans l'autodestruction, le sacrifice ou le suicide, ou dans la violence et le sadisme envers le prochain, une appétence spontanée de l'âme individuelle quand elle perd son lien à la donation d'existence ou à la transcendance. Freud redécouvrirait ici une propension au mal inhérente à l'humanité lorsqu'elle se détourne de l'exigence morale commune, une sorte de *compulsion démoniaque,* comme il l'écrit pour désigner le sentiment des analysants qui se découvrent en proie à des compulsions de répétition qui leur donnent le sentiment d'être manipulés par des forces obscures. Qu'il y ait des conduites compulsives de répétition chez les êtres humains provoquées par des motions pulsionnelles, plus ou moins pathologiques, certes, mais rien ne prouve a priori qu'elles soient biologiquement et moralement indispensables, ni non plus fondées sur des mécanismes innés. Après tout, bien des symptômes morbides dans les troubles psychiques procèdent de telles compulsions, et quand il y a succès thérapeutique, ils disparaissent. Ce n'est jamais le cas des processus organiques fondamentaux. Ils peuvent se dérégler, se dégrader, jamais disparaître si le fonctionnement du corps reste normal. Si absents, il faut les suppléer.

2-3 On sait que le propos freudien n'est ni de réduire la pulsion à un mécanisme du vivant ni non plus d'en faire un simple trait psychique ou moral, un penchant

271

ou une envie. Elle est à la fois un réel organique et psychique, sans qu'on puisse la réduire ni à l'un ni à l'autre. Là réside toute la difficulté sémantique et ontologique à la fois relative à la définition de la notion de pulsion en tant que telle, et le redoublement distributif de celle-ci dans un régime successif d'oppositions freudiennes dualistes, celles de la pulsion du moi et sexuelle d'objet, de la pulsion de mort et de vie, ou de la pulsion agressive de haine et libidinale d'amour. L'ensemble de ces couples d'opposés pouvant se voir symboliquement rassemblés dans l'opposition assez ancienne, empruntée au philosophe présocratique sicilien Empédocle et transposée de l'amitié (*Philia)* et de la discorde *(Nikos)* en celle d'Éros et de Thanatos. Le philosophe soutenait que la sphère du monde est le théâtre d'une lutte perpétuelle entre ces deux forces, chacune venant alternativement la dominer en expulsant d'elle son contraire. Pour mieux comprendre ce que Freud appelle pulsion, il faut d'abord entendre plusieurs postulats, plus ou moins désormais communément admis dès que l'on reconnaît la pertinence de la psychanalyse. Premièrement, *la conscience ne serait pas le caractère le plus général des processus psychiques, mais seulement une fonction particulière de ceux-ci.* Indépendamment de la conscience, du moi, il y aurait des processus préconscients surmoïques, à la fois de filtrage, de nouage des excitations organiques et d'expression de celles-ci dans des représentations, et ceux purement inconscients, provenant du ça. Le réservoir des pulsions, le *ça,* serait d'ordre inconscient et enraciné dans l'activité organique profonde et ses traces mnésiques. Par opposition aux processus conscients, les processus inconscients, pulsionnels et d'excitation, proviendraient des autres composantes de l'appareil ou système psychique en y laissant des traces durables, mais distinctes de ce qui parvient à la conscience. Quant à ce qui devient conscient de l'excitation dans la conscience, cela ne laisserait aucune trace durable. Freud écrit en ce sens, *le processus d'excitation ne laisse pas derrière lui une modification durable des éléments du système mais se dissipe pour ainsi dire dans le phénomène conscient.* Dans ce cadre, ce qui est la source des excitations internes ressenties par l'appareil psychique, qu'elles soient conscientes ou inconscientes, ce sont *les pulsions de l'organisme,* autrement dit *les représentants de toutes les forces agissantes qui proviennent de l'intérieur du corps.* Elles ne sont pas les seules excitations possibles de l'organisme, il y a aussi les perceptions physiologiques provoquées par des facteurs externes. De plus, la pulsion n'est pas seulement momentanée et suppressible, elle agit comme une force constante. Elle se caractérise par une *poussée,* son facteur moteur, par un *but,* la recherche de la satisfaction par suppression de l'excitation, par un *objet,* il permet à la pulsion d'atteindre son but, par une *source,* le processus somatique localisé dans une partie du corps ou un organe. La pulsion freudienne n'est donc pas une simple impulsion organique, mais l'expression psychique d'une phénoménalité située à la jonction inconsciente du somatique et du psychique, paradoxalement d'origine somatique, mais tout autant, dans son expression psychique représentative, disjointe de lui. Là est donc ce qui fait problème, la pulsion n'est pas une simple recherche mécanique de satisfaction dans la décharge de l'excitation organique, mais un concept limite, un entre-deux qui rassemble et divise, qui unifie et oppose. Peu de temps avant d'introduire la notion de pulsion de mort, Freud écrivait pour définir les pulsions :

> « *Si, en nous plaçant d'un point de vue biologique, nous considérons maintenant la vie psychique, le concept de « pulsion » nous apparaît comme un concept limite entre le psychique et le somatique, comme le représentant psychique des excitations, issues de l'intérieur du corps et parvenant au psychisme, comme une mesure de l'exigence de travail qui est imposée au psychique en conséquence de sa liaison au corporel* ».[1]

La notion de pulsion est ainsi à la fois l'indication conceptuelle d'un non rapport du psychique et du sexuel et un principe de liaison décrivant une opération de dérivation de l'excitation organique, voire une réponse psychique conservatrice de soi à l'excitation et à ses possibles perturbations. Mais si c'est le cas, si un tel antagonisme est réel, on peut penser que la pulsion est corrélative d'un rapport du moi individuel à sa réalité organique, plutôt que provenant purement de cet organisme.

2–4 En ce sens, parler de pulsion de mort, c'est pour Freud revenir sur la définition même de la notion de pulsion qu'il employait déjà, sur la nature des pulsions sexuelles. Si elle n'est ni seulement mécaniquement naturelle ni non plus purement psychique et morale, qu'est-elle exactement ? Les réponses de Freud à ce problème au demeurant compliqué sont diverses et peuvent prêter à confusion. Après avoir donné toute sa confiance aux découvertes à venir de la biologie et déclaré que l'on pouvait s'attendre à recevoir d'une telle science, dont le domaine est *vraiment celui de possibilités illimitées,* les *lumières les plus surprenantes,* Freud, à la fin de la sixième partie de son Au-delà du principe de plaisir, revient en note de bas de page sur la notion de pulsion, de pulsions sexuelles. Ce passage est intéressant à plusieurs titres. Freud y récapitule sa démarche de recherche, l'évolution de celle-ci et fait comme un bilan épistémologique et méthodologique de ses conclusions. Il n'est pas sûr qu'elle ne vienne pas perturber pour un lecteur attentif le cours affiché de ses propres démonstrations en introduisant vis-à-vis d'elles plusieurs clefs dialectiques nodales sous-jacentes, qu'il méconnait et accepte tout autant, parce qu'elles viendraient, s'il en admettait la trame, contredire

---

[1] Freud. « Pulsions et destin des pulsions », in *Métapsychologie.* Paris, Gallimard, 1968, coll. Folio, p. 17.

sa déclaration d'analyse plutôt objectiviste du problème de définition de la pulsion de mort. Il écrit :

> *« Ce que sont les « pulsions sexuelles », nous le savions par leur relation au sexe et à la fonction de reproduction. Nous conservâmes ensuite cette dénomination lorsque les résultats acquis par la psychanalyse nous obligèrent à rendre plus lâche la relation des pulsions sexuelles à la fonction de reproduction. En instaurant la notion de libido narcissique et en étendant le concept de libido aux cellules individuelles, nous fûmes amenés à considérer ce qu'on appelle communément pulsions sexuelles comme cette part d'Éros qui est tournée vers l'objet. La spéculation nous conduit à admettre que cet Éros est à l'œuvre dès le début de la vie et qu'il entre en opposition comme « pulsion de vie » à la « pulsion de mort » qui est apparue du fait que la substance anorganique a pris vie ».*[1]

Plusieurs choses sont ici rassemblées de façon explicite. Premièrement, Freud reconnaît avoir dû dissocier la sexualité humaine de la fonction biologique de la reproduction, séparer donc le sujet du désir de la vie animale et sensible. La sexualité humaine se présente ainsi comme indépendante du génésique, voire aussi du génital, puisque la libido peut se fixer sur des objets d'amour qui ne sont pas délimités par une sexualité génitale. Deuxièmement, il associe l'amour narcissique à un processus vital de nature biologique, lié à la conservation physiologique du corps et à l'unification des affects, mais de nature mortifère. Ce qui revient à opposer le sujet individuel, soucieux de sa conservation narcissique, à la négativité de la mort et à la finitude du soi solitaire, de façon intrinsèque. Enfin, troisièmement, il fait de la pulsion érotique, celle qui lie le moi psychique à l'autre que soi dans la relation d'amour, cette fois en opposition avec les « pulsions du moi », autrement dit à l'auto-investissement libidinal du corps propre, ou au narcissisme individuel de sa propre préservation, une pulsion de vie qui s'oppose désormais à la pulsion de mort. Il y a donc ici la mention d'une opposition logique et dialectique entre un rapport à soi de conservation individuelle du sujet, qui est mort et solitude, avec un rapport à l'autre qui est vie et amour et transformation dynamique de soi par la médiation de l'autre. Le moi est donc en lui-même structuré doublement, solipsiste et altruiste, divisé de son unité comme rapport exclusif à soi et de sa dualité comme rapport extériorisé à l'autre et au monde.

2–5 La libido, ou énergie des tendances amoureuses et sexuelles, peut alors prendre ici une double valeur, comme divisée dialectiquement. Tournée vers soi, elle

---

[1] Freud. « Au-delà du principe de plaisir », in *Essais de psychanalyse.* Nouvelle traduction. Paris, Payot, Pbp., 1981, p. 110.

répond à des fonctions biophysiologiques étroitement liées à la mort, au sens d'une interruption négative quasi létale de l'activité vitale, mais de valeur unifiante. Tournée vers autrui ou les choses, elle prend une valeur objectale externe au sens d'un investissement affectif porteur de vie et accomplissement de soi hors de soi, effectuation du désir dans l'amour de l'autre, mais de valeur divisante. Il y a donc bien là deux définitions de la libido sexuelle, de la passion du sujet. Soit elle procède de son soi et de la conservation organique de celui-ci, du maintien du vivant naturel comme un soi-même et devient alors tendanciellement pulsion de mort agonique, dans une logique presque physicaliste et inorganique de la chose, niant finalement le sujet du désir et de la liberté, si ce n'est à le vouer à la mort, à une lutte avec la mort ou à un abandon à celle-ci. Soit elle se tourne vers le dehors, vers l'autre de soi et que soi, et procède alors d'une relation d'amour ou de sublimation qui est porteuse d'un rapport à la vie et qui implique des investissements pulsionnels conservés et donc un maintien de l'activité et des tensions internes qui la stimulent, vouant, si l'on veut, le sujet au travail, à la noce et au contrat social. Il y a là presque comme deux conceptions antagonistes de la vie subjective. D'un côté, il y a une vie qui serait organisée autour de l'affirmation individuelle de la mort et qui apparait, paradoxalement, comme une entreprise de conservation matérielle du soi individuel au sein de l'existence biologique, mais détachée de tout lien. Elle implique la dépense de toute énergie vitale vers l'inertie, une lutte avec la mort tournée vers l'assurance objective de soi et la neutralisation de la vie. De l'autre côté, il y a une existence qui serait organisée autour de la vie différenciée comme un rapport dynamique à ce qui n'est pas soi, à l'autre de soi, et qui est préservation de l'existence individuelle dans un lien à son extériorité. Paradoxalement encore, elle suppose relation intersubjective ou symbolique avec ce qui relève non plus du simple vivre, mais de l'instauration d'une relation à un dehors psychique, matériel, social, culturel ou politique, qui procède de l'amour et du lien et qui nécessite une certaine négation de soi comme existence indépendante. D'un côté, on se situe dans une inhérence à soi qui fige le sujet vivant dans la sculpture inorganique de soi, de l'autre on se trouve relié à l'autre et détaché de soi-même et de sa propre conservation dans un lien vital et sensible à ce qui n'est pas soi, aliéné à ne pouvoir être soi que pour l'autre puisque l'amour implique un abandon de toute autosuffisance imaginaire et réelle.

III L'investigation dialectique de la pulsion de mort

3-1 Dans une édition ultérieure de ce même texte, en 1921, Freud va ajouter à la note précédente un supplément qui la prolonge et la répète, pour rendre compte de ce qu'il faut souligner comme étant, après-coup, la récapitulation réflexive de sa propre évolution théorique profonde relative à la définition des « pulsions du moi », comme s'il avait lui-même suivi peu à peu un processus dialectique l'ayant fait passer par autant de moments théoriques et subjectifs :

« *A l'origine, nous appelions [pulsions du moi] tous les courants pulsionnels, mal connus de nous, qu'on peut distinguer des pulsions sexuelles dirigées vers l'objet et nous opposions les pulsions du moi aux pulsions sexuelles dont l'expression est la libido. Plus tard, nous nous rapprochâmes de l'analyse du moi ; nous reconnûmes alors qu'une partie des « pulsions du moi » est elle-aussi de nature libidinale et a pris le moi propre comme objet. Ces pulsions narcissiques d'autoconservation devaient donc désormais être rangées parmi les pulsions sexuelles libidinales. L'opposition entre pulsions du moi et pulsions sexuelles se changeait en celle des pulsions du moi et des pulsions d'objet – les unes et les autres de nature libidinale. Mais à la place de la première opposition, il s'en dégagea une nouvelle entre les pulsions libidinales (pulsions du moi et d'objet) et d'autres pulsions qu'il convient de situer dans le moi et qu'il faut peut-être reconnaître comme des pulsions de destruction. La spéculation transforme cette opposition en celle des pulsions de vie (Éros) et des pulsions de mort* ».[1]

Relisons attentivement ce texte. Encore une fois, il semble qu'un processus en plusieurs temps se soit produit dans la pensée et les analyses de Freud.

3-2 Tout d'abord, Freud sera parti d'une opposition non encore totalement déterminée par lui de la sexualité humaine libidinale et intersubjective avec la vie naturelle pulsionnelle et organique, comme s'il fallait dissocier le désir humain comme attachement amoureux externe de la vie biologique interne. Effectivement, les lois de notre relation à l'amour ne sont pas celles de la reproduction, ni de la simple décharge pulsionnelle. En ce sens, désir du sujet et nature objective seulement vivante s'opposent. La bizarrerie des conduites sexuelles et des sentiments amoureux humains atteste suffisamment de cet écart, ainsi que le donné des témoignages pathologiques intimes et leur caractère à la fois sexuel et extravagant. Peu de conduites amoureuses et sexuelles se limitent à ne reproduire que la simple copulation, le plaisir recherché procédant à la fois du différé de l'acte et de la mobilisation de l'imaginaire. Une division s'opère donc entre subjectivité amoureuse et sexualité, même si la normalité érotique semble suivre la plupart du temps les lois de la nature en donnant lieu à la formation de couples hétérosexuels et à un devenir parental. Cependant, cette différence du sexuel biophysiologique et de la sexualité de l'érotique humaine ne supprime pas pour autant la puissance en nous des passions du corps, nos emportements amoureux, mais ceux-ci procèdent d'une autre logique que celle de la nature spontanée, même si la sensibilité et les besoins du corps en sont la source. Comme Freud le montre, ils procèdent d'une complexité qui lie la sexualité à la représentation, à son refoulement et à la formation de la subjectivité individuelle à travers des enjeux

---

[1] Freud. « Au-delà du principe de plaisir », Opus Cit., p. 110.

symboliques. Ils ne sont pas la recherche d'une simple satisfaction sensorielle, mais passent par des transpositions du perçu et du vécu érotique qui donnent lieu à la formation d'idéaux. Depuis au moins Platon, on sait que la passion amoureuse est une traversée existentielle de la condition humaine, condition partagée entre la satisfaction du désir et la privation, l'abondance du bien et l'errance dans le manque, la rencontre heureuse et la séparation, la satisfaction et la déréliction, et qui fait se conjoindre les quêtes morales charnelle et spirituelle[1]. Il y a là comme une tripartition entre la jouissance sensible du corps, l'intensité passionnelle et la recherche d'un idéal d'éternité. De cette différence de la sexualité humaine et de celle de la vie animale, la théorie dite par Freud du *destin des pulsions au cours de la vie* atteste puissamment. Si les pulsions sexuelles sont bien posées comme d'origine organique, leur devenir et expression propres chez l'homme les éloignent de la nature car leurs destins pluriels sont : 1/ de se *renverser en leur contraire*, activité et passivité ou contenu ; 2/ de se retourner sur la personne propre, par exemple passage du sadisme au masochisme ; 3/ de se voir *refoulées*, endiguées et neutralisées ; 4/ de donner lieu à *sublimation*, par substitution au but et objet sexuels d'un enjeu dérivé de nature culturel[2]. De sorte que la sexualité humaine apparaît ambivalente, tournée vers soi ou l'autre, amoureuse ou cruelle, dévoratrice ou oblative, dominatrice ou soumise, masochiste ou sadique, génitale ou déplacée. Un est ici devenu déjà deux, le sujet humain se séparant de la forme nature, y compris dans l'expression parfois aveugle du désir sexuel et de la vie amoureuse. La libido n'est donc pas l'instinct, même si la sexualité humaine ne peut se dissocier absolument de l'existence naturelle et biologique du corps. Cependant Freud se méfie d'une telle séparation qui ferait de l'être humain un réel psychique de désir disjoint de la nature organique et risquerait de reconduire un éventuel dualisme du corps et de l'âme. Pour autant une telle distinction de la pulsion et de l'instinct comporte déjà l'élément d'une négation, la vie amoureuse introduisant dans sa définition la négation de la simple existence organique individuelle dans une opposition latente vie-mort qui la traverse et la propulse imaginairement hors d'elle. Le vouloir être pour l'autre contredisant ici la vie simple et sa dépendance à la mort.

3-3 Dans un second temps, qui se distingue difficilement du précédent, Freud introduit les mouvements pulsionnels internes qui relèvent de l'existence individuelle, ceux des excitations corporelles et imaginaires solitaires, ainsi que leur dimension traumatique pour le sujet. Le soi, comme surface intermédiaire entre le dedans et le dehors, enveloppe le dedans en jouant le rôle d'un pare-excitations.

---

[1] Platon. *Le Banquet, In Œuvres complètes.* Vol. I. Paris, Gallimard, Pléiade, 1950.

[2] Freud. « Pulsions et destin des pulsions », opus cit., p. 24.

Les pulsions internes s'opposent aux pulsions sexuelles dirigées sur un objet externe, plus proprement érotiques et sexuelles puisqu'elles appellent une relation avec un partenaire, avec un autre que soi. Il y a donc deux vécus disjoints de la pulsion, celui qui n'est pas encore pleinement sexualisé et extériorisé, d'autoconservation et de nature narcissique, et celui qui conduit à une relation d'amour, à un vécu libidinal. Si le second peut se représenter comme une relation dans laquelle s'échangent des sentiments et des actes érotiques, le premier échappe à la représentation objective, se perd dans la complexité organique. Il s'agit d'une nature interne enveloppée par le soi, néanmoins hétérogène au sujet humain, détachée de tout ordre relationnel social et intersubjectif, peu objectivable en tant que telle. Il s'agit encore d'une énergie procédant d'une altérité à soi du corps propre, sans autre que soi, et pourtant déjà plus ou moins reliée à des intensités de nature sexuelle et à l'émergence d'un soi, mais séparé du monde externe. Ici le sujet, si on l'isole, apparait comme autre de soi à soi-même, mais sans autre que soi. L'énergie pulsionnelle n'a ici d'autre nature que celle de la vie organique et l'existence individuelle brute et apparait comme déliée du lien social. Une altérité en défaut d'autre qui ordonne le soi à une existence à la fois identitaire, du corps à soi, et antagoniste des pulsions envers soi. Freud avait déjà formulé l'hypothèse clinique, comme cause des psychonévroses et des troubles de soi-même qu'elles manifestent, d'un *conflit entre les revendications de la sexualité et celles du moi* qui nécessitait d'introduire l'opposition des *pulsions du moi* ou d'*autoconservation* et des autres *sexuelles*. De telles pulsions internes apparaissent comme déjà porteuses de négativité, donnant lieu à des formations défensives du sujet contre lui-même et induisant des conduites répétitives de nature compulsive, involontaires, niant le sujet et le menant à travers la recherche d'une décharge de l'excitation interne à des moments d'extinction, à sa neutralisation mortifère, à une absence d'intensité vitale, à une atonie. Ici un nouage inouï s'opère dans le propos de Freud entre l'articulation archaïque du rapport à soi et l'individualité organique par le biais d'un principe moteur négatif et négateur de suppression de l'activité que Freud vient désigner comme similaire à la mort et noué au principe de plaisir. Celle-ci est prise ici au sens d'une existence inorganique et matérielle antérieure à la vie et qui s'exprimerait dans le corps vivant en des impulsions de retour à cet état. C'est là la formulation d'une première définition de la pulsion de mort, celle d'un lien du sujet dans son individuation avec la mortalité organique en tant que moteur et facteur de suppression de sa propre existence et activité, comme la négation de soi au cœur même de soi-même. Pour ainsi dire, la pulsion de mort apparait comme l'affirmation négative pour le sujet de l'existence individuelle en son lien à l'existence du corps et à l'individuation naturelle.

3-4 Dans un troisième temps, la pensée de Freud vient s'attacher à la dimension individuelle de la sexualité ou de l'activité amoureuse en tant que des pulsions érotiques se tournent aussi vers le soi comme un objet et se distinguent d'un investissement d'objet autre que ce soi, de pulsions sexuelles tournées vers d'autres personnes. On peut penser que cet amour de soi est une disposition protectrice contre les pulsions négatives et identitaires de retour à l'état inorganique. Là encore, rien de très naturel, au sens d'un processus qui serait seulement un mécanisme de nature physiologique. L'amour de soi n'est pas un apanage en soi du vivant, mais propre à un rapport passionnel à soi qui n'existe que chez l'être humain et qui appelle à un imaginaire de soi comme objet d'amour pour soi-même, si l'on veut à un *moi-idéal*. Le sujet humain peut ainsi s'aimer de lui-même en tant qu'objet d'affection, ce qui lui donne son unité dans la forme d'un dédoublement, d'un rapport divisé de soi à soi-même. En ce sens, il y a chez l'être humain une vie érotique, libidinale, qui procède d'un rapport à soi, à soi-même et à son corps propre, plus ou moins isolable. Curieusement, cet investissement libidinal de soi par soi-même, de soi comme d'un objet autre, mais tout de même soi, n'est pas apparu à Freud comme une instance première. Il est donc temporellement second dans l'investigation et n'apparait que dans la division nouvelle de la libido, dans un concept qui fait de la libido une dualité. Néanmoins, dès 1914, Freud avait pris conscience de la dimension narcissique de la libido et posé cette seconde hypothèse de l'opposition entre amour objectal et amour de soi :

> « *Les concepts de libido du moi et de libido d'objet tirent leur valeur de leur origine : une élaboration à partir des caractères intimes des processus névrotiques et psychotiques. La distinction dans la libido d'une part qui est propre au moi, et d'une autre qui s'attache aux objets, est la suite inévitable d'une première hypothèse qui séparait les unes des autres, des pulsions sexuelles et des pulsions du moi.* »[1]

Une telle division en deux modes distincts d'expression de la libido succède donc à la première hypothèse d'une dualité pulsionnelle initiale des pulsions, sexuelles et autocentrées ou *autoérotiques*, au sens d'inhérentes à la simple unicité individuelle organique du moi et à ses mouvements internes. Désormais la vie érotique se dédouble à son tour en deux processus d'investissement, l'un adressé à soi et de nature narcissique et l'autre en relation avec autre chose ou un autre que soi. Ici Freud reprend aussi des analyses menées auparavant qui montrent que l'activité psychique individuelle et ses dispositions suivent un processus évolutif qui passe par plusieurs stades. Il y a donc une sorte de psychogenèse dynamique de l'organisation mentale qui correspond à des étapes distinctes de la vie sexuelle et de l'investissement libidinal, une histoire du sujet dont la scène initiale est infantile. Ainsi dans son étude clinique sur la psychose paranoïaque du Président

---

[1] Freud. « Pour introduire le narcissisme », in *La vie sexuelle.* Paris, PUF, 1969, p. 85.

Schreber, parue dix ans auparavant en 1911, Freud récapitule de façon similaire les phases de l'évolution libidinale :

> « *Des investigations récentes ont attiré notre attention sur un stade par lequel passe la libido au cours de son évolution de l'autoérotisme à l'amour objectal. On l'a appelé stade du narcissisme (…). Ce stade consiste en ceci : l'individu en voie de développement rassemble en une unité ses pulsions sexuelles qui, jusque là, agissaient sur le mode autoérotique, afin de conquérir un objet d'amour, et il se prend d'abord lui-même, il prend son propre corps, pour objet d'amour avant de passer au choix objectal d'une autre personne* ».[1]

Cependant, dans la mention de cette division supplémentaire de la libido, il y a eu là quelque déplacement. Certes on est passé de la pluralité dissociée et plurielle des pulsions à l'unicité de soi, mais ceci logiquement n'est pas sans division. De sorte que, maintenant, le sujet humain de l'amour ou de la libido apparait comme un duel individuel, de moi à soi, et une triplicité, duelle également, entre soi comme moi-même et le soi comme rapport à un autre. Un solitaire plus deux reliés est devenu trois, mais il s'agit de deux fois un et d'une fois deux, disons, disposés conjointement mais séparés. Néanmoins, l'unicité à soi de l'amour narcissique se voit opposée à la dualité de l'amour d'objet. Un est contre deux, mais unifié d'être à soi même divisé. Il y a donc un trois implicite, mais non encore advenu. Pour Freud, les pulsions du moi et libidinales sont désormais toutes devenues de nature libidinale, donc marquées par la dualité de l'objet de la pulsion en regard d'une triplicité. Elle est formée logiquement par trois pôles : l'individualité pulsionnelle du corps propre, l'uni-dualité de soi dans l'amour narcissique et l'unité duelle de l'amour d'un autre. La division dialectique de la pensée et le devenir sujet du désir travaillent ici de concert. Freud ne le sait pas encore explicitement, même s'il a déjà conçu, dans l'analyse des processus de censure qui donnent lieu au refoulement, l'existence d'une instance de censure dans l'appareil psychique qui s'oppose aux aspirations du moi et qu'il ne nomme pas tout de suite comme le *sur-moi*. Pour ainsi dire, l'opposition du moi pulsionnel et du soi narcissique, des pulsions organiques et de *l'idéal du moi*, ou le contrôle de soi en fonction d'un moi-idéal surmoïque, appelle à une conception divisée structurelle et dynamique de la subjectivité humaine, à une division interne et contradictoire du sujet humain en lui-même qui intervient dans le devenir soi, dans la subjectivation de l'existence corporelle ou sensible. Sans être jamais hégélien, Freud le pressent quand il écrit à propos de l'instance morale :

---

[1] Freud. « Remarques psychanalytiques sur l'autobiographie d'un cas de paranoïa. Le président Schreber », in *Cinq psychanalyses*. Paris, PUF, 1992, p.306.

« Je ne puis décider si la distinction entre cette instance de censure et le reste du moi est capable de fonder psychologiquement la séparation qu'établit la philosophie entre conscience et conscience de soi. »[1]

On pourra lui répondre par l'affirmative, à la condition de se placer dans le cadre d'une philosophie dialectique de la subjectivité individuelle et de son pouvoir d'autodétermination morale qui ne soit pas une psychologie, au sens d'une croyance en l'existence naturelle ou réelle des facultés psychiques.

3-5 Dans un quatrième temps Freud adopte une opposition nouvelle : l'opposition initiale entre pulsions du moi internes et pulsions sexuelles externes. Elle devient la reconnaissance du caractère érotique duel de l'amour de soi et de l'amour de l'autre et qui suppose la prééminence de l'externalité sur l'internalité, y compris dans l'amour narcissique. Elle fait apparaître une troisième dimension qui vient opposer cette fois le pôle duel de l'amour de soi et de l'amour d'objet avec un pôle supplémentaire tiers qui est celui des pulsions de destruction inhérentes au moi individuel. La négativité de la pulsion de mort réapparaît ici en deçà du moment narcissique, comme une destructivité fondamentale située donc en deçà du sujet, si ce n'est d'appartenir à ce qui tient en lui de son individualité organique. Il y a là comme un retour de l'unicité dans sa propension divisante, celle de la dispersion négative des pulsions inhérente au corps propre. Comprenne qui pourra. Une telle opposition, c'est ce qui est ici dialectiquement remarquable, est la condition de possibilité de la formulation de la pulsion de mort comme une dimension inhérente au psychisme humain, du point de vue de son internalité profonde. Il est donc intéressant de découvrir que, dans la logique d'exposition freudienne, il s'agit désormais d'un rapport stabilisé à trois pôles. Ce fut d'abord un puis deux, ensuite deux et deux pour un, et désormais c'est un contre deux, dans la superposition du dehors et du dedans. Aimer quelqu'un ou quelque chose, s'aimer soi comme un autre donc de soi à soi-même, différent tous deux de se supporter d'un désir destructeur porteur de haine vis-à-vis de soi ou de l'autre. En quelque sorte, la dualité de l'objet d'amour aura fait surgir enkystée au-dedans du sujet la puissance de haine, la pulsion de mort comme le plus intérieur du sujet séparé de lui-même et d'autrui, en défaut ou en haine d'objet.

3-6 En quelque sorte, le trajet théorique et analytique freudien aura fait apparaître en creux une sorte de phénoménologie de l'émergence du sujet humain dans les différentes phases de son expression subjective réelle, comme opposition, division, réunion et contradiction, puis inversion, différenciation et néga-

---

[1] Freud. « Pour introduire le narcissisme », opus cit., p. 102, note n° 1.

tion d'une négation, à l'aune d'une négativité à la fois logique et affective, psychique et organique, celle de la puissance de mort en soi ou de destructivité de l'objet, de la haine, donc d'une loi de l'antagonique comme figure du réel. Freud conclut qu'un tel itinéraire spéculatif se rassemble dans l'allégorie de l'opposition des pulsions de mort et de vie, cette dualité pulsionnelle figurative rassemblant les quatre pôles désormais articulés dialectiquement qu'il a pu dégager. Présentés de façon hégélienne, ce sont ceux, alternativement et simultanément existants, de l'existence individuelle naturelle, de la confrontation partagée avec autrui (alliance rassemblante ou conflit diviseur), de l'appropriation des objets du monde pour la jouissance et de la destructivité de la guerre qui entraine les consciences les unes contre les autres. Autrement dit, sans le savoir, Freud aurait presque relu le philosophe Hegel et suivi ses pas en ajoutant à sa phénoménologie de la conscience de soi la dimension sexuelle. Nous reviendrons ultérieurement sur un tel rapprochement. Indépendamment de son lien au thème hégélien de la reconnaissance, il s'agit là aussi de la fameuse dialectique dite en français du *maître et de l'esclave*, en allemand plus exactement du seigneur (Herr) et de son serviteur ou valet (Knecht). Dialectique dont l'écrivain S. Beckett aura donné une version comique dans sa pièce de théâtre intitulée En attendant Godot, et le cinéaste J. Losey une représentation réaliste dans son film The servant, un film qui n'est pas sans produire la dimension sexuelle, voire homosexuelle et sadomasochiste de la chose.

IV Du réel humain de la mort et du sentiment de haine

4-1 Qu'a donc découvert Freud avec la pulsion de mort ? Affirmons qu'il n'a pas découvert une réalité matérielle, objective, observable, biologique, matérielle ou physique, mais plutôt l'une des dimensions afférentes de ce que Lacan appelle un réel, le réel. Le réel n'est pas la réalité en un sens ontologique, il ne s'agit pas d'un réalisme des choses ou des phénomènes psychiques ou psychophysiques. Le réel est ce que l'on rencontre de la chose inconsciente, par effraction de la censure et contention en soi, dans la psychose au dehors de soi, et qui échappe à la symbolisation. Le réel n'est pas non plus évanescent, il est ce qui revient toujours à la même place en se répétant et qui ne cesse pas de ne pas s'écrire parce qu'il relève d'un impossible. Certes un tel réel dans le cas de la pulsion de mort apparait habillé d'un imaginaire, celui du corps organique du sujet individuel animé par des pulsions de destruction de soi, de l'autre, des autres, du monde. Effectivement, c'est là une représentation possible de la chose et la pulsion de mort peut donner lieu à toute sorte de figures ou expressions. Celles du désir de meurtre, du désir de mourir, de s'anéantir, de voir l'autre mourir, de cesser de vivre, de jouir de la férocité en faisant mourir autour de soi. Ce sont là des *passions tristes*, au sens de Spinoza. Ou encore, celles du désir de se détruire, de gâcher sa vie, de dégrader son environnement, de détruire ce qui compte moralement ou se présente comme admirable, de s'en prendre à des personnes faibles et dépendantes, de laisser libre cours à sa cruauté, d'assassiner crapuleusement des enfants après les avoir violentés. Cruauté, sadisme, abjection, supplices suivis d'agonie, en sont des noms possibles. Mais toutes ces figures ne peuvent tout à fait se saisir du réel de la pulsion de mort, si ce n'est au risque de la naturaliser. Cependant, il n'est pas certain que celle-ci, comme motion de l'interne, soit exactement aussi ce qui s'exprime dans la violence à l'égard d'autrui, comme cruauté et sadisme. Pour autant, l'un ne saurait être sans lien à l'autre. Dans les psychoses et névroses, les sentiments surmoïques de culpabilité et de persécution qui peuvent entraîner une exacerbation de la haine de soi, s'expriment convertis dans une violence agressive voire meurtrière à l'égard de l'autre envié, magnifié, jalousé, dégradé. Comme si la violence affective contre soi de soi-même se voyait métastasée en violence et haine contre le prochain et inversement. Rien d'extraordinaire à mentionner ici cela.

4-2 Avant de concevoir la notion de pulsion de mort, Freud avait déjà abordé celle de la haine et sa place dans la sexualité. Il exposait une conception généalogique de la formation de ce sentiment. Affirmant que la vie psychique est formée autour de trois polarités, le rapport du moi au monde extérieur, la dichotomie plaisir-déplaisir et la différence activité-passivité, Freud avait déterminé l'évolution pulsionnelle du sujet en fonction de celles-ci. Une telle évolution se produisait en trois temps. Dans le premier, le moi-sujet est autoérotique ou narcissique, centré sur ce qui lui fait plaisir, le monde externe lui est indifférent. Il s'aime d'abord lui-même. Dans un second temps, il reçoit de l'externe des objets qui satisfont ses pulsions d'autoconservation reliées aux excitations internes, se structurant quant au dehors et au-dedans en fonction de la relation d'objet. Cette relation fait apparaître pour le sujet l'alternance du plaisir et du déplaisir qui le conduit à distinguer le dehors et le dedans et à ne retenir du dehors, afin d'éviter le malaise interne possible, que les objets de satisfaction. Une dualité apparait alors entre le propre relié et filtré par le plaisir, identique à soi et incorporé, et l'impropre étranger source de malaise. Les psychologues retrouveront cette différence dans l'opposition dans le développement individuel entre l'assimilation et l'accommodation, sans y reconnaître eux rien d'inconscient. Ce qui est ressenti comme déplaisir d'origine interne est expulsé imaginairement au dehors, ce qui donne lieu par voie de conséquence à une délimitation défensive quant à soi et agressive quant à ce qui est autre, ou à exclure. Freud écrit :

> « (…) c'est d'abord par les pulsions d'autoconservation que l'objet est apporté du monde extérieur au moi, et l'on ne peut contester que le sens originaire de la haine désigne aussi la relation au monde extérieur étranger qui apporte

les excitations. (…) L'extérieur, l'objet, le haï seraient, tout au début, iden-tiques.[1]

Ce faisant, la relation d'objet qui s'instaure se voit structurée autour non seule-ment du rapport plaisir-déplaisir, mais aussi ceux d'attirance-aversion, de séduc-tion-répulsion, d'amour-haine. Proximité et distance, acceptation et rejet, ouver-ture ou repli, deviennent des polarités organisatrices de l'affectivité et des con-duites du sujet. Spinoza écrivait déjà à ce propos d'une façon très similaire à celle de Freud :

« Tout ce que nous imaginons qui mène à la Joie, nous nous efforçons d'en procurer la venue ; tout ce que nous imaginons qui lui est contraire ou mène à la Tristesse, nous nous efforçons de l'écarter ou de le détruire »[2]

Par l'opposition spinoziste de la joie et de la tristesse, on entendra comme équi-valente celle freudienne du plaisir et du déplaisir. La répulsion de ce qui est haï devient une constante qui peut donner lieu à *l'agression contre l'objet*, à *une in-tention de l'anéantir*, comme l'écrit encore Freud. A la différence de l'amour qui implique l'investissement libidinal de l'objet et sa conservation, c'est d'un contre-investissement dont il s'agit ici, d'une formation défensive et négative. Ainsi, écrit encore Spinoza, *qui imagine que ce qu'il aime est détruit, sera contristé ; et joyeux s'il l'imagine conservé. Par opposition, qui imagine que ce qu'il a en haine est détruit, sera joyeux.*[3] Pour Freud, c'est ici une position qu'il qualifie comme ap-partenant au *moi-total* qui peu à peu se constitue, cela en regard d'un effet du pulsionnel et des objets sur le sujet, donc en regard de soi, d'une identité perçue comme unifiée de soi à soi-même. C'est donc d'une totalisation de l'expérience individuelle autour de l'idée de soi que naît la différence à ce qui est autre comme un rapport antagonique. Celle-ci va alterner l'amour et la haine et elle implique jouissance et clôture de soi en adversité à l'externe. Et si le sentiment d'amour est le corrélat de la satisfaction sexuelle, comme conservation de soi, la haine est elle corrélative du déplaisir en tant qu'il est cause de frustrations ou d'une menace contre soi, contre sa propre conservation. Amour et haine n'ont donc pas une même origine, c'est pourquoi ils peuvent se voir juxtaposés dans un vécu person-nel qui apparaîtra aux autres comme contradictoire du fait de l'expression com-possible simultanément des contraires. Pour Spinoza, c'est *l'aversion* qu'éprouve la conscience individuelle, *d'imaginer ce qui diminue ou réduit sa puissance d'agir et celle du corps* qui est à l'origine des passions de haine et d'amour. On notera ici que ce n'est pas ce qui est seulement perçu qui est moteur des passions,

---

[1] Freud. « Pulsions et destin des pulsions », opus cit. , p. 38.

[2] Spinoza. *Éthique.* Troisième partie. Proposition 28. Paris, G.F, 1965, p. 162.

[3] Spinoza. *Idem,* propositions 19 et 20, p. 154.

mais la représentation imaginaire pour le sujet de ce qui pourrait se produire du fait d'un affect. Pour Freud l'expression pulsionnelle n'est pas dissociable des fantasmes qui l'organisent quant à soi où à l'autre à travers des relations d'investissement affectif d'objet que celui-ci soit réel ou imaginaire, autrement dit du vécu historique du sujet et de ce qu'il s'en représente. Spinoza écrit de même :

> *« Si nous imaginons que quelqu'un affecte de Joie la chose que nous aimons, nous serons affectés d'Amour à son égard. Si au contraire, nous imaginons qu'il l'affecte de Tristesse, nous serons tout au rebours affectés de Haine contre lui ».*[1]

Pour Spinoza, dans la logique analytique du désir qui est la sienne, *Amour* et *Haine* sont respectivement une *Joie* et une *Tristesse,* qu'accompagnent *l'idée d'une cause extérieure.* Comme chez Freud, la cause ou la motivation de l'affect et la passion qu'il appelle ne dépendent pas de soi mais proviennent de ce qui est autre que soi, d'une extériorité à soi dont le moi est et reste dépendant. Cette extériorité est première pour Spinoza dans le rapport à soi avant qu'il ne devienne rationnel, que le sujet individuel ait une idée de sa passion et de ce qui la cause. La proximité entre les deux auteurs est ici des plus flagrantes.

4-3 D'où proviennent ces deux sentiments passionnels dont toute la philosophie éthique de Spinoza fait trois siècles avant Freud l'analyse et à partir desquels il déploie toute sa conception de la liberté et de la rationalité ? L'amour, pour le second, est lié à la satisfaction initialement autoérotique du moi, peu à peu étendue à des objets externes. Celle-ci n'est pas sans manifester des formes d'ambivalence, incorporer revient aussi à dévorer, désirer à dominer, et l'amour dans sa forme agressive, sadique-anale, comporte une dimension agressive qui vise à détruire l'objet, à l'anéantir. La haine, plus ancienne que l'amour, en cela qu'elle est antérieure aux relations positives d'objet, provient du *refus primordial que le moi narcissique oppose au monde extérieur, prodiguant les excitations.* En cela, parce qu'elle procède d'une formation défensive et conservatrice du moi contre le déplaisir, elle tend à accuser la différenciation des pulsions, entre celles qui visent le moi et les sexuelles qui relient à l'autre. Cette dualité devenue globale, propre aux structures du soi comme un moi pour soi-même, fait advenir la polarité de la haine et de l'amour. Mais pourquoi, avec la maturation du sujet, l'amour ou la recherche de la situation favorable de l'amour ne prédominent-t-ils pas ? Freud raisonne ici en termes de régression d'un stade libidinal postérieur à un autre antérieur. Il est connu que Freud a ordonné l'évolution psychique des petits-enfants, de deux à six ans, selon la succession des stades oral, anal, phallique et

---

[1] Spinoza. *Idem,* troisième partie. Proposition 22, p. 156.

œdipien, puis génital, suivis de la période de latence jusqu'à la puberté. Si les pulsions sadiques anales, ou violentes et agressives, correspondent à la position d'autoconservation contre le monde extérieur et de stabilisation du soi contre les déséquilibres éventuellement traumatiques surgis de l'interne en fonction de l'externe, chaque fois que le moi humain se voit récusé et déstabilisé dans sa relation à l'objet et aux autres, il en découle une réaction de haine qui est une résurgence de l'affectivité pulsionnelle ante-génitale. En cela, il y aurait dans la violence humaine haineuse, individuelle et collective, une manifestation toujours présente des pulsions de conservation de soi, identitaires et isolationnistes, compensées et inversées par la jouissance d'une violence à l'égard de ce qui, personne ou objet, fait obstacle, adversité, privation ou qui, imaginairement est le représentant d'une frustration, d'un déplaisir, d'une maltraitance, d'un avantage indu, d'une diminution de sa puissance ou de ses prérogatives. Que cela puisse donner lieu à des crimes de masse et qu'ils se produisent ordonnés par des sociétés humaines hautement développées et organisées, c'est ce qui fait anthropologiquement question depuis les massacres de la préhistoire jusqu'aux camps d'extermination de la modernité. Or n'est-ce pas cela même, d'ordre clinique sur le plan factuel et analytique sur le plan psychique, qui a pu pousser Freud à radicaliser son analyse de la haine, à partir des pulsions d'autoconservation et du sadisme infantile, à en venir l'hypothèse plus extensive de la pulsion de mort ?

4-4 Si la pulsion de mort est un réel, au sens de Lacan, elle procède d'un impossible à dire, d'un quelque chose qui ne cesse pas de ne pas s'écrire. Le réel relève de l'impossible, en cela il n'est pas une propriété de la réalité, de ce qui s'objective dans les représentations du savoir ou dans l'écriture symbolique. La mort, elle, la mort de soi est aussi un impossible, on ne peut pas mourir, être le témoin ou l'acteur de sa propre mort. La mort est le sans relation possible. Il est impossible de mourir et une telle impossibilité contamine la perception de son existence toute entière pour chacun, venant à la déterminer comme ce à quoi elle est suspendue dans son pouvoir-être comme existence même. Le philosophe Heidegger écrit à ce propos en 1926, bien avant de se rendre complice ouvertement du Nazisme comme il le fera en 1933 :

> « L'extrême proximité de l'être vers la mort comme possibilité est aussi éloignée que possible de quelque chose de réel. Plus cette possibilité s'entend sans rien qui la voile, plus l'entendre pénètre purement dans la possibilité comme celle de l'impossibilité de l'existence en général. »[1]

Mais on peut encore cependant nommer la mort, en dire le fait, la constater dans la vision du cadavre d'un autre que soi. En cela la mort est bien un possible réel

---

[1] Heidegger. *Être et temps.* Paris, Gallimard, 1986, p. 317.

qui détermine mon rapport à l'existence, dans l'anticipation de cette mort à venir que je peux imaginer et pressentir aussi comme mienne, comme une impropriété propre à mon existence présente qui en même temps me délivre cette existence et m'en détache. Exposé par anticipation à la possibilité d'une absence possible d'existence, la mort, je deviens présent à la non existence de mon être actuel, indéterminé et non vivant, et à venir comme une présence d'être à mon existence. Jeté dans le monde face au non-être qui me constitue, je peux advenir à mon existence comme projet d'être. Pour ainsi dire, ne pas savoir le terme de mon existence, si ce n'est son extinction à venir, m'en fait savoir les termes, les conditions existentiales ou insignes. En ce sens, on ne peut fuir la mort, il faut *l'entendre* comme *la plus propre possibilité sans relation,* comme l'écrit encore Heidegger. La mort est alors l'expression de la *pure et simple impossibilité* de l'existence concrète. De façon structurale, le souci d'exister qui se manifeste pour moi dans la confrontation à la mort d'autrui, à *l'être vers la mort,* a pouvoir de lui donner sa *concrétisation la plus originale.* Paradoxalement, ni la mort de l'autre ni l'anticipation de la mienne ne me mettent en relation avec la mort factuelle qui me reste impropre mais me confronte, éprouvée face au prochain, comme le *pouvoir-être le plus propre* de l'existence qui m'est donnée, de mon être au monde dans sa possibilité même. Une telle expérience n'est pas sans affectivité ressentie subjectivement, cela bien que l'exposition de chacun à l'existence, à l'être-là de l'existence, à travers le sentiment de *l'être vers la mort,* soit pour ce philosophe en quelque sorte impersonnelle et assez inhumaine en elle-même, parce que le soi personnel n'est pas un sujet substantiel premier en tant que tel, et n'est rien de plus, chez lui, que la conséquence de l'exposition de l'existence à son dévoilement comme existence. Il écrit en ce sens :

> « *L'être-jeté dans la mort se révèle à lui plus originairement et de façon plus impressionnante dans la disponibilité de l'angoisse. L'angoisse devant la mort est angoisse « devant » le pouvoir-être le plus propre, sans relation et indépassable. Ce devant quoi s'élève cette angoisse est l'être-au-monde luimême.* »[1]

Néanmoins, une telle angoisse devant la mort n'est pas seulement la peur de mourir, ni une faiblesse, écrit encore Heidegger. Elle ouvre l'expérience ordinaire de chacun à une relation à sa fin, à la déréliction d'être, la faisant par anticipation s'éprouver comme une existence, non point simple passivité à vivre, mais celle d'un *être-jeté vers sa fin.* Curieusement, Freud luimême écrit de façon très comparable que le *but de toute vie est la mort,* surdéterminant pour sa part la chose ontologiquement en affirmant que *le non-vivant était là avant le vivant*[2]. Mais ici

---

[1] Heidegger. Idem, *P. 305.*

[2] Freud. « Au-delà du principe de plaisir », Opus cit., p. 82.

Heidegger diffère très sensiblement. Si la mort précède phénoménologiquement le vivant pour la pensée, ce n'est pas parce que le monde physique anorganique a précédé historiquement le vivant et en conditionne les lois. C'est parce que sans anticipation du mourir, d'une mort à venir toujours déjà présente dans son être même, le sujet humain ne peut advenir au réel de son existence, de son existence comme un vivant existant confronté au nonêtre. Une telle disposition change alors la condition mortelle de l'être humain qui est le seul à faire une telle expérience, la faisant être une existence, c'est-à-dire encore, par un effet de précipitation, un *être-jeté vers le pouvoir être le plus propre*. En quelque sorte, il ne suffit pas de se savoir mortel pour accéder à la condition d'existence qui est le donné d'être de l'être humain pensant. La certitude de la mort n'est pas que le constat de la mort empirique, mais cette relation à l'existence finie et délimitée par la mort à venir comme la possibilité même d'être une existence en regard du monde, des choses et des autres. La mort n'est donc pas ma simple mort seule, le terme de la vie, mais la fin à laquelle l'existence m'expose comme un impossible, une impossibilité de la possibilité qui ouvre au possible de l'existence d'un soimême et de ses actes en regard de cette fin, me laissant libre d'un projet existentiel. Il y a donc, si l'on veut, une positivité de la mort pour le sujet, si l'on apparie l'existence comme existence, de façon plus insistante que pour Heidegger, à la personne de chacun et non pas à une exigence d'être impersonnelle dont elle serait le vecteur. En ce sens encore, l'angoisse de la mort, devant la mort, délivre, comme projet existentiel de chacun, dès que l'on cesse de se référer à une existence générale impersonnelle :

> « (…) *la possibilité d'être soi-même sans attendre de soutien du souci mutuel préoccupé – mais d'être soi-même dans cette liberté passionnée, débarrassée des illusions du on, en factualité, certaine d'elle-même et s'angoissant : la liberté envers la mort.* » [1]

Néanmoins, une telle doctrine ou expérience ne produit jamais un savoir de la mort, ne délivre pas de la mort, ne supprime évidemment pas non plus le mal de la mort dans sa dimension d'angoisse profonde. L'anticipation de la mort comme existence ne donne lieu à aucune métaphysique de la mort, théologie ou théodicée, pas non plus à une vision scientifique de celle-ci, biologique ou psychologique. Si la mort est une fin, elle n'a pas en elle-même de finalité. Cependant, quelque chose d'un rapport à ce non-rapport qu'est la mort nous devient nécessaire, si l'on suit Heidegger. Il y a là quelque vérité et nécessité et, en cela, Heidegger fait écho aux préoccupations freudiennes d'une prise en compte de la mort et de son expression dans le vécu humain. Un soupçon tout de même se présente.

---

[1] *Heidegger. Opus cit., p. 321.*

Par cette doctrine de l'existence, ne donne-t-on pas finalement un statut raisonnable à ce qui reste, et devrait le rester, innommable ? Ou, plus grave encore, n'est-ce pas attribuer un statut positif à ce qu'il faudrait écarter absolument, c'est-à-dire toute confusion de la pensée de la vie ou de la préservation de celle-ci avec celle de la mort ou de la destruction ? Peut-on objectiver ou vouloir médier notre relation à la mort, cette non relation à l'impossible, à l'horrible, comme un *être jeté vers la mort* ? N'est-ce pas le risque de nous livrer pieds et poings liés à la pulsion de mort, au déchaînement des pulsions de destruction, dès que celles-ci se voient politiquement instrumentalisées ? Quant à la pulsion de mort freudienne que peut-on en dire ? Pas moins que *l'être vers la* mort heideggérien, ne nous emprisonne-t-elle pas dans une fascination mortifère ? Ne fait-elle pas de la vie organique la prison indépassable du sujet humain et de son désir, le privant de toute illusion de liberté et d'existence par l'esprit ? Ne relève-t-elle pas d'un impossible à penser qui déborde la rationalité ? Car qu'est-ce exactement qu'une vie qui pousse compulsivement le sujet vivant à la mort, au retour à l'anorganique, comme Freud définit la pulsion de mort ? En réalité, on ne peut en dire que peu de choses, et si elle peut s'illustrer, ce n'est peut-être que par des allégories. On peut seulement la théoriser comme un concept spéculatif en bordure du savoir. Si ce n'est, à vouloir pour la matérialiser et lui donner toute son amplitude sociale possible, convoquer ces grands désastres collectifs de l'histoire qui défient notre entendement et qu'auront été les camps d'extermination et les génocides. De gigantesques marches collectives à la mort. Ce que l'on ne pourra jamais vraiment *entendre*. Le philosophe allemand T. Adorno écrira, qu'après Auschwitz, la mort était devenue quelque chose de pire que de mourir.[1] Par cette phrase, il s'opposait et dénonçait aussi ces philosophies existentialistes qui avaient, comme celle d'Heidegger, été aveugles devant le nazisme, voire complices de son déploiement. Était-ce là encore faire mention de quelque chose qui relève de l'effroi devant la possibilité logique et réelle de la pulsion de mort en tant qu'elle donne lieu à des actes collectifs prémédités et rationnellement administrés ? Mais qui est le sujet de la pulsion de mort ? Est-il individuel, collectif ? Ne faut-il pas ici pour se saisir du sens de la phrase d'Adorno convoquer la notion d'effraction psychique et ses effets dévastateurs sur l'économie affective et imaginaire individuelle et collective, tels que Freud les mentionne dans le cas des événements traumatiques externes ? Freud appelle *traumatiques* ce type d'excitations externes excessives qui n'ont pas pu être filtrées et atténuées par les protections frontières du système individuel conscient-préconscient et provoquent en nous des désordres affectifs, des états maladifs de souffrance profonde, marqués par la résurgence compulsive de l'effroi auquel ils sont reliés[2]. Un type de troubles traumatiques qui a pu se

---

[1] Adorno. *Dialectique négative*. Postface : *Méditations sur la métaphysique*. Paris, Payot, 1978.

[2] Freud. « Au-delà du principe de plaisir », Opus cit., p. 50.

manifester dans les dites *névroses de guerre*, mais qui pourraient, en un sens plus extensif, se voir qualifiés de *psychoses de la civilisation* ou *de la culture*. Car si la mort est un phénomène du vivant, la cruauté meurtrière mêlée de sadisme et de calcul logique de l'humanité contre elle-même défie tout ordre naturel, y compris celui des cycles du vivant, génération, maturation, reproduction, dégradation, mort. Le philosophe C. Fourier écrivait au milieu du XIXe siècle que si la civilisation s'opposait à la sauvagerie spontanée initiale de l'humanité, seule la civilisation pouvait engendrer la barbarie en agissant artificiellement contre la nature humaine, en réfrénant l'expression du désir individuel[1]. En ce sens, il n'y aurait pas d'explication simplement naturelle à la pulsion de mort, d'ordre biologique comme Freud souhaiterait pouvoir le faire. Il n'y aurait pas plus de prise en compte philosophique possible de celle-ci dans un *être vers la mort* qui peut se lire, bien qu'il ne s'y confonde pas – ce serait un contre-sens - comme une légitimation de la destruction par la mort, par l'extinction des pulsions de vie, par la substitution de la pulsion d'emprise et les lois du meurtre et de la haine à celle de l'amour du prochain. Nous sommes bien là sur une frontière décisive de nature éthique et politique qui excède la seule science objective.

4-5 Pour autant, disons que quelque chose d'une horreur sans limites, d'un effroi absolu, d'une incompréhensible terreur, qui s'est produit effectivement, organisé par des hommes contre d'autres hommes, pourrait contribuer à nous représenter la pulsion de mort par une image hyperbolique et hyper-objective de celle-ci. Alors, faut-il croire que la vision d'un amoncellement de cadavres fait de corps suppliciés décharnés soit une illustration valide de celle-ci ? Curieusement rien n'est moins sûr. Mais Freud en donne-t-il une définition recevable ? Peut-être pas vraiment ni suffisamment. Quelque chose ici nous file entre les doigts, si ce n'est à chercher dans la philosophie des échos à l'hypothèse freudienne. Hobbes, en son temps, fondait l'émergence de la société sur la guerre de tous contre tous que l'Etat de droit autoritaire faisait cesser en imposant le respect des libertés individuelles, au prix d'un droit absolu du pouvoir souverain de mettre à mort si nécessaire. Cependant, quand on parle de la pulsion de mort, on croit tenir quelque chose et pourtant ce n'est pas le cas. Il est certain que les êtres humains sont entre eux violents et destructeurs, cruels et meurtriers et que leur niveau de sadisme peut atteindre des proportions inouïes. Massacres, tortures, déportations, sévices, ségrégation, lynchages, exécutions collectives, humiliations publiques, sont malheureusement des réalités de l'histoire et des sociétés. Partout, le meurtre impulsif ou délibéré peut régner en maître et les victimes des tueurs, tortionnaires et bourreaux, croître en nombre. Également, peut se registrer du côté de la pulsion de mort, la vision délibérée de tels actes comme source de jouissance pour

---

[1] Fourier, Charles. *Vers une enfance majeure.* Paris, La Fabrique Editions, 2006.

des spectateurs, par exemple la jouissance scopique d'assister à la souffrance de l'autre que soi. Les foules humaines se sont le plus souvent pressées pour assister aux supplices, aux exécutions, quand elles n'ont pas elles-mêmes mis à mort des victimes désignées ou pratiqué collectivement des carnages, comme lors des pogroms antisémites ou de la mise à sac d'une ville conquise. Est-ce par tout cela parler de la pulsion de mort ? Oui et non. Peut-être pas ou pas encore. Disons, et c'est là l'insistance de notre hypothèse d'origine hégélienne, qu'il ne saurait y avoir de représentation ou d'actualisation de la pulsion de mort que si on y est subjectivement confronté. Il n'y a de réel de la vérité affirme Hegel que dans son accomplissement comme expérience du sujet, ce qui ne contrevient pas à Freud. La pratique de la cure psychanalytique n'est-elle pas aussi pour chacun une traversée subjective, dans le transfert sur l'analyste, des conditions de l'existence et du réel de l'inconscient. En ce sens, il faut soit avoir éprouvé intimement quelque chose de cet ordre, d'une destructivité négative propre au vécu de son propre désir ou au vivant même, soit avoir assisté ou constaté dans des paroles et conduites observables quelque chose qui pourrait manifestement en relever à l'insu des sujets. Mais pourquoi l'actualité de la mort, sa manifestation et son spectacle, voire la jouissance de l'infliger à d'autres sont-elles des sources de si grandes attraction et jouissance, ou de fascination ? La mort apparaît comme redoutable et redoutée par les humains, ils la fuient. Mais elle est aussi éprouvée comme attractive, attirante, agréable à infliger à l'autre que soi, voire souhaitée pour soi-même dans la détresse et le suicide. Sont-ce là des dispositions instinctuelles archaïques qui procèdent de la chasse et de la guerre et qui se sont longtemps exprimées dans les formes sacrificielles ? La civilisation moderne des sciences et technologies industrielles les aurait seulement conservées, transposées et utilisées, sans jamais les supprimer. Il est difficile de le dire. Freud lui-même est ici hésitant à trancher.

V Frontières et limites du vivant et de l'existence subjective

5-1 Si, comme a pu le dire Freud, les pulsions sont des sortes de fictions cliniques nécessaires, parmi toutes, la pulsion de mort est peut-être à la fois la plus nécessaire et la plus fictive d'entre elles, un véritable mythème. Le mythe a pour fonction dans les cultures de faire tenir ensemble des choses contradictoires. Par exemple la vie et la mort. Freud nous prévient, dès qu'il commence son investigation économique et dynamique de l'appareil psychique pour arriver à la pulsion de mort qu'il s'agit là de *spéculation*. Il écrit de celle-ci *qu'elle remonte bien loin* et que *chacun selon ses dispositions personnelles* la *prendra ou non en considération*. Néanmoins, c'est là sa nécessité, sur un plan clinique, il est presque inévitable de convoquer une telle pulsion en son lien à l'explication du fonctionnement psychique, de l'économie et de la dynamique des énergies et états affectifs qui traversent le corps. Mais pourquoi ? Ici clinique et éthique se conjuguent. Quelque chose qui dépend du corps propre et de la relation du moi individuel à celui-ci, antérieurement à la formation d'un rapport de soi à soi-même, aussi du principe de plaisir, procède d'une telle énergie compulsive de suppression de l'excitation, de recherche d'une décharge des tensions internes qui annule l'excitation et permette de s'éprouver sans activité ni tensions intérieures. Ce serait une sorte de jouissance mortifère du corps même, mais du moi aussi, initialement régulatrice et nécessaire du fait du danger que représentent pour ce moi le surgissement des formes internes de l'excitation. Dans la préface de son Festin nu, le romancier nord-américain W. Burroughs, affirme d'expérience que la jouissance du toxicomane consiste en la recherche, après le *flash* de l'injection de la solution d'héroïne diluée, d'un état de froid, d'un détachement glacé de toute perception, excitation, sensation[1]. Bien que cet état soit provoqué par l'héroïne, qu'il soit une source de satisfaction profonde du corps et du sujet, donc une sorte de jouissance, cela montre qu'il relève d'un certain réel clinique dont il est difficile d'affirmer qu'il soit seulement psychique, mais pas non plus purement corporel. Chez les toxicomanes, quelque chose a lieu d'être d'une recherche mortifère de satisfaction qui implique de déclencher dans le corps un état de neutralisation de toutes les perceptions et excitations et, un tel état apparaît comme une si intense jouissance pour des sujets humains qu'ils ne vivent plus que pour obtenir et reconduire celui-ci. Le *dealer vend le toxicomane à son produit* écrit encore Burroughs, faisant de la toxicomanie une forme contemporaine de la damnation. Est-ce là un mécanisme du corps ou une intention psychique qui conduit à intensifier grâce au recours à l'action du stupéfiant un processus inhérent au corps profond ? Mais d'où provient un tel désir au prix de créer la plus extrême dépendance ? On sait que les opiacés provoquent chez leurs utilisateurs à la fois des états oniriques, d'extase et d'ataraxie. L'héroïne, qui est un concentré du facteur psychotrope de l'opium, agit dans les récepteurs cérébraux comme un agent de neutralisation de la douleur, à l'instar des endorphines, provoquant une intense satisfaction et addiction. Peu à peu, en l'absence du produit, la douleur s'installe dans le corps ainsi qu'un percept de manque. Pour autant, la douleur est ici fortement organique et moins psychique, bien que des régulations cérébrales soient impliquées. A la différence de la résine d'opium fumée, l'héroïne injectée en solution intraveineuse provoque plus qu'un transport onirique, mais aussi cette glaciation dont parle Burroughs, autrement dit une pure décharge de neutralisation de toute émotion. L'extériorité à soi du dedans ou du dehors se voit frappée d'extinction et dissoute dans une intériorité absolument évidée de tout affect, imaginairement délivrée et coupée du monde. Est-ce là une situation psychopathologique ou une expérience de jouissance ou de régulation des affects intentionnellement recherchée par

---

[1] Burroughs. *Le Festin nu.* Paris, Gallimard, 2002.

ceux qui la connaissent, particulièrement vivace parce qu'elle correspond à des stimulations organiques de nature pulsionnelle ?

5-2 En quelque sorte, l'héroïne agirait comme une amplification exagérée du fonctionnement de ce pare-excitation que Freud identifie comme nécessaire à l'équilibre de l'écorce psychique du soi, cette écorce située entre les excitations et stimulations du dedans du corps organique et celles provenant du dehors et qui donnerait lieu à la formation de la fonction de conscience. Le système psychique préconscient-conscient devant se voir situé spatialement comme une surface poreuse et filtrante entre l'intérieur et l'extérieur du corps propre. Freud écrit que ce *système doit se trouver à la frontière de l'extérieur et de l'intérieur, être tourné vers le monde extérieur et envelopper les autres systèmes psychiques*[1]. Si l'on se tourne ici vers Hegel, avec un tout autre vocabulaire, on trouvera une conception très analogue d'une activité psychique intelligente, la conscience connaissante et son *entendement*, qui passe progressivement de la perception de l'extériorité phénoménale et de ses jeux de forces, à l'intériorité de la loi de ces phénomènes comme rapport à soi, le phénomène externe, dès que représenté abstraitement comme une forme universelle, celle de lois de la nature, devenant le support même de cette conscience, son intériorité même et son être. Et si jamais on remplace dans le texte de Hegel le terme *phénomène*, désignant l'externe perçu comme jeu de forces, par celui de *pulsion,* on obtient ce qui suit :

> « *Nous voyons donc que dans l'intérieur du phénomène [de la pulsion] l'entendement ne découvre pas autre chose, en vérité, dans cette expérience que le phénomène lui-même [la pulsion elle-même]. Toutefois, il ne le découvre pas tel qu'il est comme un jeu de forces, mais découvre ce jeu de forces lui-même dans ses moments absolus-universels et dans le mouvement de ceux-ci. En fait, il ne fait que faire l'expérience de lui-même.* »[2]

Le toxicomane, que fait-il ? Vient-il renforcer un système de défense contre les pulsions annihilatrices, leur *jeu de forces,* ou, au contraire, vient-il se faire le relais, agissant par soi-même désormais, d'un accomplissement absolu de *lui-même* dans la dimension mortifère de la pulsion ? Donne-t-il raison à la motion pulsionnelle en tant que répétition compulsive et expression du principe de plaisir, dans le sens d'une extinction de lui-même du moi organique individualisé, d'une décharge cathartique de toute activité, intensité, excitation ? Il faut se souvenir ici de la définition que Freud donne de la pulsion, de ce *jeu de forces* internes, et qu'il qualifie lui-même d'étrange, en sa différence avec la libido comme

---

[1] Freud. « Au-delà du principe de plaisir », Opus Cit., p. 65.

[2] Hegel. *La Phénoménologie de l'esprit.* Paris, Flammarion, 2012, p. 185.

principe de liaison de l'investissement énergétique externe dans l'amour d'objet ou d'autrui. La pulsion vise organiquement à la suppression interne de l'excitation, au désinvestissement de l'énergie de toute liaison, à la déliaison. Il écrit :

> « (…) une pulsion serait une poussée inhérente à l'organisme vivant vers le rétablissement de l'état antérieur que cet être vivant a dû abandonner sous l'influence de forces perturbatrices extérieures ; elle serait une sorte d'élasticité organique, ou si l'on veut, l'expression de l'inertie dans la vie organique ».[1]

Étrangement, le vivant ici ne vise pas au changement, à l'adaptation, au développement des possibilités, mais au contraire poursuit de façon répétitive et conservatrice son retour à l'état initial, à son antériorité. Il est tourné vers le passé, comme relevant de son futur antérieur, de sa condition à venir. Il y a là un mouvement négatif orienté de façon rétrospective, une négation conservatrice qui implique dialectiquement le refus de toute progression, voire modification de l'adaptation vitale. Et bien que Freud admette l'existence de pulsions productrices de progrès, il poursuit sa spéculation sur les formes conservatrices de la pulsion. Le moteur naturel des pulsions est d'après lui la conservation et la reproduction de ce qui était auparavant :

> « Les pulsions organiques conservatrices se sont assimilé chacune des modifications du cours vital qui leur ont été ainsi imposées, elles les ont conservées pour les répéter de telle sorte qu'elles nous donnent nécessairement l'impression fallacieuse de forces qui tendent vers le changement et le progrès alors qu'elles ne font que chercher à atteindre un but ancien par voies à la fois anciennes et nouvelles. »[2]

Or un tel but, contrairement à ce que l'on pourrait croire en suivant Bichat et les dogmes fondateurs de la biologie, n'est pas de conserver la vie en l'améliorant, mais de retourner à la condition de non-vivant. En ce sens, pour Freud, les forces profondes du vivant concourent à la mort en tant qu'état initial anorganique ou inanimé.

> « La conception de pulsions d'auto-conservation que nous attribuons à tout être vivant s'oppose singulièrement au postulat selon lequel l'ensemble de la vie pulsionnelle semble amener à la mort. Sous cet éclairage l'importance théorique des pulsions d'auto-conservation, de puissance, de valorisation de soi se rétrécit ; ce sont des pulsions partielles destinées à assurer

---

[1] Freud. « Au-delà du principe de plaisir », Opus cit., p. 80.
[2] Freud. Idem », p. 82.

à l'organisme sa propre voie vers la mort et à éloigner parmi les possibilités de retour à l'anorganique celles qui ne sont pas immanentes. » [1]

Le vivant organique n'aurait donc comme finalité conservatrice que l'extinction du vivant, mais à sa manière propre, selon les contraintes propres à l'organisme. Étrange conclusion qui peut prêter à être tancée d'absurdité, niant même la puissance de conservation adaptative et reproductrice du vivant par delà la mort des organismes individuels. Mais alors pourquoi la vie perdure-t-elle ? Freud répond par la convocation de l'action d'une force externe qui serait ultérieurement à l'origine de la conscience, d'une sensibilité relationnelle et conservatrice à l'externe :

> *« Il advint un jour que les propriétés de la vie furent suscitées dans la matière inanimée par l'action d'une force qu'on ne peut encore absolument se représenter. Il s'agirait peut-être d'un processus préfigurant celui qui plus tard a fait apparaître la conscience dans une certaine couche de la matière vivante. »*[2]

Tout cela est des plus étranges. Freud soutient que la vie aurait été accidentellement prolongée et que les voies vers la mort propres au vivant initial auraient été allongées, le chemin vers la mort rendu plus compliqué. De sorte que :

> *« Ces détours sur le chemin qui mène à la mort, fidèlement maintenus par les pulsions conservatrices, seraient ce qui nous apparait aujourd'hui comme phénomènes vitaux ».* Et plus loin : *« Il reste que l'organisme veut mourir à sa manière ; ces gardiens de la vie ont eux-mêmes été des à l'origine des suppôts de la mort. »»*[3]

Que dit Freud ici ? Quelque chose du plus paradoxal. Les forces vitales qui participent de notre conservation, ou *pulsions partielles,* sont en réalité des processus qui nous mènent à notre disparition, extinction, mort, au retour à l'anorganique et à l'inanimé. Mais pour conserver leurs prérogatives, elles font obstacle aux dangers externes qui pourraient écourter leur longue mise à mort du sujet par elles-mêmes. Elles nous conservent contre les avanies du monde pour nous tuer seulement à leur façon, pas autrement. La mort comme destruction de la vie individuelle est à l'œuvre comme le principe même de la conservation du vivant et c'est pourquoi nous vivons. Et il s'agit d'un processus non point intentionnel et subjectif, ni même affectif et passionnel, mais d'une disposition organique inhérente à la vie même. Dans les termes de la science physique, la néguentropie n'est rien d'autre ici qu'une entropie différée, le seul but est la dégradation du système, l'épuisement de son énergie et sa disparition. Autrement dit, la nature n'a d'autre

---

[1] Idem, p. 83.

[2] Idem, p. 82.

[3] « Au-delà du principe de plaisir », Op. cit., p. 83.

principe de conservation de la vie que sa destruction prochaine. On est là loin de Spinoza et, curieusement, très proche de Heidegger, de son *être vers la mort,* bien que pour ce dernier la mort éprouvée comme confrontation à l'existence soit distincte absolument de toute détermination biologique. Ce qui n'est pas le cas de Freud.

5-3 Or n'est-ce pas là, dans ce différé de la mort pour aller à la mort, donc *entre-deux-morts*, introduire une dimension contradictoire dialectique au sein du vivant même, une dialectique de la nature faite de négation et de négation de la négation ? Par ces processus pulsionnels tels que Freud les décrit, il s'agit à la fois de la positivité d'une conservation destructrice de soi, donc négatrice et néantisante, et de la négativité niée permettant une conservation productrice d'un soi vis-à-vis d'autrui et du monde, par l'amour et la reproduction, donc affirmative et facteur d'existence. Le néant et l'être initialement sont le même, affirmait Hegel au début de sa Science de la logique. Il écrivait dans un cours d'introduction à la philosophie qui résume ses conceptions :

> « *L'être est la simple immédiateté dépourvue de contenu, qui a son contraire dans le pur néant, l'union des deux étant le devenir : en tant que passage du néant à l'être, surgissement, en tant que passage de l'être au néant, disparition. (Le sens commun – tel est le nom que se donne souvent l'abstraction unilatérale – nie l'union de l'être et du néant. Pour lui, ou bien l'être est, ou bien il n'est pas. Il n'y a pas de troisième terme. Ce qui est ne commence pas. Ce qui n'est pas ne commence pas non plus. Le sens commun affirme, par conséquent, l'impossibilité du commencement.)*[1]

Être et néant se séparent et s'articulent dans leur différence pour donner lieu à l'histoire substantielle de la vérité comme accomplissement rationnel du contradictoire dans la temporalité, comme *commencement,* de façon successivement physique, vivante et sensible, subjective, spirituelle, puis rationnelle, à la fois finie et infinie. Il y a donc pour Hegel un devenir du non-être dans l'être. Mais c'est là une métaphysique dont l'accomplissement est l'affirmation du sujet éternel et universel de la raison en tant que loi de l'être. Freud serait-il comme Hegel un métaphysicien ? On peut se poser la question. Il s'y sera explicitement toujours refusé, faisant preuve d'antiphilosophie. Ou bien est-il seulement un médecin psychiatre qui veut trouver dans les lois du vivant la cause des phénomènes psychiques ? Et si son interprétation spéculative du vivant par les pulsions de destruction est valide, est-ce pour autant des lois du vivant ou plus spécifiquement

---

[1] Hegel. *Propédeutique philosophique.* Logique, première partie, « L'être ». Paris, Minuit, 1963, p. 107.

celles qui se déploient dans la conjonction humaine du biologique et du psychique dans la sexualité ? La pulsion de mort n'est-elle pas la transposition par Freud au vivant d'une relation de destruction qui naît pour le sujet humain de la séparation de son désir et de la nature vivante, du fait du conflit qui naît pour ce sujet, en le divisant, entre une appréhension de la mort inévitable et l'affirmation de sa liberté dans le monde ? Hegel écrit :

> « *Le devenir identique à soi est tout autant une scission ; ce qui devient identique à soi vient ainsi faire face à la scission ; ce qui signifie qu'il se met lui-même par-là sur le côté, ou plutôt, qu'il devient quelque chose de scindé.* » [1]

En quelque sorte, une lecture hégélienne de Freud conduit à séparer subjectivation et nature organique dans un processus de division dynamique qui oppose en dualité le sujet individuel de la liberté ou du désir, aspirant à l'éternité, et la nature vivante et organique indifférente à sa conservation et qui programme sa disparition. Mais n'est-ce pas cette dualité dynamique même que Freud redécouvre dans l'opposition finale d'Éros et Thanatos ? Anéantissement et conservation ne sont-ils pas les deux pôles logiques d'une même réalité, celle qui détermine l'existence humaine en tant que telle dans son devenir propre face à la nature ?

5-4 Freud exige soudain de se reprendre : *Mais reprenons-nous, il ne peut en être ainsi*, écrit-il. Serait-il allé trop loin ? A plusieurs reprises, il va témoigner de ses hésitation et incertitudes quant à la théorie des pulsions et à ses conséquences. Il y a quelque chose d'insensé dans son propos, une philosophie insensée ou bien la découverte par nous-mêmes, si on le suit, de l'insensé qui nous constitue. Qui aura jamais écrit avant lui que la vie n'a d'autre but que sa propre extinction et que l'instinct de conservation propre au vivant ne soit qu'un détournement contre des forces externes pour assurer à l'organisme le maintien de sa propre voie vers la mort ? Différer la mort pour mieux s'en assurer. Schopenhauer, que Freud cite, soutient effectivement que la mort étant le résultat de la vie, elle est donc le but de la vie, seulement contredite par la sexualité comme expression du vouloir-vivre. Il faut observer qu'une telle affirmation dans le cadre d'un matérialisme biologique laisse peu de positivité à la vie pour l'humanité, l'arrache à tout sens garanti et finalité, révoque en doute toute philosophie morale possible de la vie, voire annule toute signification qu'on puisse attribuer à la vie même, tout vitalisme et installe dans la science une sorte d'acmé nihiliste objective. Non seulement la vie est hors sens, n'a pas le moindre sens salvateur, pas même comme un processus physique, biophysiologique de progrès, mais pire encore, la

---

[1] Hegel. *La Phénoménologie de l'esprit.* Opus cit., p. 183.

vie est sa propre négation, sa suppression sans cesse poursuivie comme mort ou la néantisation de son être. Vivre non seulement n'a pas de sens en soi, mais la seule finalité de la vie organique réside dans son extinction. La vie est dans son fond le plus propre sans aucun avenir, si ce n'est de répéter sa conservation comme destruction. Pour ainsi dire, la vie ne vaut rien d'autre que de poursuivre sa mort. Un tel propos est des plus sidérants, il ne laisse presque nulle place qui pourrait relever le nihilisme objectif de son auteur, le terrible constat objectif et physicaliste d'un travail de néantisation du vivant propre à la vie et qui est sa finalité même, son accomplissement. Contre Aristote et même Descartes, Spinoza avait affirmé l'absence de finalité ou de cause finale dans le réel, mais fait de l'accroissement de la puissance d'être le moteur dans la nature de toute chose. Schopenhauer avait découvert que l'existence individuelle humaine ne se soutenait que du néant d'être qu'était en réalité la nature, ce qui incitait au détachement et au renoncement. Nietzsche avait écrit que l'humanité était une *erreur de la nature*, mais exalté l'art et la puissance affirmative et créative de la volonté, cela malgré la dissolution et l'extinction de l'individuation dans le réel du jeu des forces naturelles. Heidegger soutenait que la présence au monde comme existence et possibilité dépendait de l'être vers la mort et du néant d'être comme absence de fondement de l'existant. A. Turing et D. Shannon, les deux fondateurs de l'informatique, avaient imaginé non sans humour la machine parfaite. Elle consistait en un levier d'interrupteur qui une fois poussé revenait automatiquement à son point de départ. Freud ajoute que le seul et unique but de la pulsion vitale de conservation est la mort de l'organisme, le retour à l'état zéro de l'anorganique. Le philosophe français J-F. Lyotard nous avait rappelé, comme notre nouveau mythe eschatologique réel, que d'ici deux milliards d'années, le soleil se désintégrerait. Que peut-on encore affirmer au-delà de tout cela quant à une positivité possible de l'existence ? En quoi celle-ci peut-elle encore dépendre de la vie ? En quelque sorte, on peut comprendre l'affirmation d'existence d'un Heidegger en tant qu'elle excède à la fois nécessairement l'existant et le vivant, et se positionnant en regard de la néantisation dans une extase temporelle qui ouvre à un projet d'être. Il faut donc séparer l'existence de l'existant, opposer l'être en tant qu'être de l'existence à toutes les manifestations de l'étant. Tout le reste n'est que plaisanterie, balivernes et illusions. La déréliction de l'être et l'angoisse devant la mort sont nos conditions d'existence, notre *être-jeté-au-dehors* faisant face à l'impossibilité de la possibilité. Freud, le sait-il seulement, vient d'atteindre à sa façon en un point ultime de la connaissance et fait du nihilisme en quelque sorte la seule philosophie possible en regard du réel du vivant, de son appétit de néant. L'existence ne peut se soutenir que fondée sur l'infondé d'une néantisation de l'être comme sa loi. La déréliction et la désolation du monde atteignent ici des sommets sans précédent. Qui peut entendre une chose pareille ? Est-ce là l'originalité des recherches en psychanalyse que d'atteindre à une telle conclusion ?

5-5 Si un tel dépassement parait nécessaire afin de déconstruire toute illusion métaphysique d'un sens prédéterminé du sens ou de l'existence, tout finalisme ou croyance ontologique, Freud n'a peut-être pas tout à fait abandonné le cadre métaphysicien méconnu de sa problématique, inhérent aux sciences positives avant la physique quantique, et devenu par réalisme objectif et médical de nature morale pessimiste. Sa problématique des pulsions est restée foncièrement arrimée au biologique, même si elle vise à distinguer l'analyse des phénomènes psychiques ou psychologiques de celle-ci. Il écrit en 1914 :

> « *Comme précisément je me suis en général efforcé de maintenir à distance de la psychologie tout ce qui lui est hétérogène, et même la pensée biologique, je veux avouer ici expressément que l'hypothèse de pulsions du moi et de pulsions sexuelles séparées, et donc la théorie de la libido, repose pour une très petite part sur un fondement psychologique et s'appuie essentiellement sur la biologie* » [1]

Livrons-nous à la critique. Freud ici joue peut-être des deux tableaux. Contre le risque du psychologisme ou de la philosophie, il s'enracine dans un matérialisme objectif de nature prétendument biologique. Cependant, il s'affirme comme un théoricien clinique spécifique du psychique. Pour la critique philosophique, sa position est tout autre, il n'a pas rompu avec la métaphysique en tant que celle-ci conditionne les sciences dans leurs présupposés méconnus. Finalement, pour ainsi dire, il aura conservé de la métaphysique occidentale à la fois un finalisme, une représentation ontologique et un monisme apparemment anti-dualiste qui, tous trois, lui interdisent de penser au-delà véritablement des limites philosophiques de la science de son temps. L'unicité de la substance corps-esprit, la finalité déterministe mortifère des mouvements de l'existant et la réalité des conceptions représentatives de la nature pour la pensée humaine comme un donné biologique, sont tous les trois des postulats métaphysiques, même s'ils nous paraissent relever d'une philosophie objective et scientifique. Ainsi pour Freud la vie a une finalité, la mort, le vivant est une réalité objective finie, la conservation et la répétition du même, et le sujet humain n'est pas séparable en soi de cette dépendance ontologique au vivant qui est aussi sa loi, l'esprit ne pouvant être autrement que dépendant de la vie corporelle et des pulsions. Si son analyse de la logique mécanique aveugle de la pulsion la fait néantisation, non sans réalisme et vérité, il ne quitte pas pour autant cette position réaliste, ce qui le conduit à identifier

---

[1] Freud. « Pour introduire le narcissisme », Opus cit., p. 86.

existence vivante fondamentale et néantisation. Que la vie soit aussi portée par des processus de néantisation de son être, certes, les biologistes ne le nient pas, mais cela ne légitime en rien que l'existence du sujet humain pensant et désirant en soit prisonnière et qu'elle soit pour lui porteuse d'un sens normatif seulement négatif. En cela que si la néantisation est le seul réel naturel du monde et du vivant, l'existence humaine s'en excède et ne peut dépendre d'elle, aucune détermination ni déterminisme réel ne la justifiant plus puisque le non être fait loi et pour elle également. C'est là son *commencement* au sens de Hegel. En regard du néant qu'est l'être, exister pour le sujet humain ne tient que d'être à la fois autre que celui-ci et issu de celui-ci. La vie humaine, c'est-à-dire l'existence par opposition à l'existant, ne se tient et ne tient que du fait d'excéder une telle néantisation dont elle est aussi l'expression comme présence au monde, au réel si l'on veut au sens de l'impensable de notre réalité. Un réel vide de toute détermination, si ce n'est de procéder du réel de la néantisation puisque tout être tend à son extinction ne pouvant se garantir de n'être pas. Pas plus les systèmes physiques que le vivant n'échappent à cette loi. En ce sens, le sujet humain, tant qu'il veut exister spontanément ou naturellement n'existe pas, pris dans le néant qu'est tout être, mais s'il s'affirme comme un excès de non être dans la néantisation, dès qu'il se situe comme existence en regard de ce néant d'être qu'il est aussi, comme supplément d'être, comme existence non ontologique, il en vient à exister comme différence de l'existence et de l'étant. C'est là retrouver Heidegger. Le constat objectivement nihiliste de l'absurdité de l'existant, processus physiques ou vitaux, est la condition pour énoncer ce qu'est notre existence, un projet d'être échappé du néant. De ce néant, passé, actuel ou à venir, l'existence tient son existence. Et puisque la mort métaphoriquement étend partout son empire dans l'étant – « *Tout l'univers pue la mort* », fait dire Beckett à l'un de ses personnages[1]-, d'être toujours déjà presque morts nous fait excéder la mort comme existence, puisque d'être promis à la mort fait peut-être de nous des vivants. A vrai dire, nous sommes les seuls vivants parmi le vivant, du fait d'être déjà morts et de pouvoir nous déterminer par rapport au néant. Seule la vie qui nie la mort dans la vie outrepasse le vivant pour rester en vie. La vie se transfigure de ne pas céder à la mort.

5-6 Cependant, Freud n'en reste pas à de telles analyses, peut-être du fait des limites par trop biologisantes de celles-ci qui l'emprisonnent lui-même quelque peu, mais aussi du caractère affirmatif de la vie dans la sexualité et l'amour au-delà de son être mortel. Il va, à partir de son préjugé biologique, tenter d'introduire aussi une vie qui, dans sa reproduction et conservation, ne soit pas que vouée à la mort, mais en ce cas dépendante de facteurs externes. Une conservation qui ne soit pas répétition mortifère de la répétition, *compulsion*, mais une

---

[1] Beckett. *Fin de partie.* Paris, Minuit, 1971.

différence positive affirmative du vivant par delà sa négation intrinsèque, sa vocation à la mort. Arrêtons-nous quelque peu sur le parti-pris biologique de sa théorie. Le réalisme biologique de Freud fait ici problème. Certes, les processus du vivant sont soumis à des lois apparemment finalisées, mais doit-on s'en tenir à un finalisme ? Si le vivant est téléologiquement déterminé par la mort, par la conservation et la reproduction, une telle thèse sur le vivant ne procède-t-elle pas aussi d'une projection sur le vivant de la pensée humaine de la mort, de notre finitude comme êtres vivants dans le vivant ? Si le vivant peut se concevoir comme limité par la mort, une telle affirmation n'est pas que d'ordre biologique, mais relève aussi d'une pensée humaine du vivant se déterminant quant aux limites probables de ce vivant. Concevoir le vivant dans les limites de sa définition biologique, n'est pas propre au vivant, mais une conséquence de la pensée du sujet humain sur le vivant dès qu'il objective son rapport au vivant, c'est-à-dire aussi à soi. Or la mort du vivant, c'est avant tout notre mort comme êtres vivants pensants, pas simplement celle du vivant. Le vivant naît, se reproduit, dévore et tue, meurt et désagrège les organismes, libérant les atomes et molécules qui le constituent, sans se connaître. Si la mort du vivant est indifférente au vivant comme sa loi, notre mort comme vivants ne nous est pas indifférente mais détermine notre rapport au vivant et, par delà, à notre vie dans sa durée propre. Car la finitude propre à l'existant du fait de la mort ne se comprend qu'en regard des variations et possibilités infinies qui sont les siennes, de la profusion des différences en son sein que la science ne cesse de constater. Certes la nature ne sait rien de ce processus infini de différenciation et de négation qui la régit, de son mélange de destruction et de génération, de mouvement et de conservation, elle est différence indifférenciée, mais le sujet humain s'y trouve confronté par son exposition conceptuelle à la finitude et à la différenciation. Hegel écrit (les ajouts entre crochets sont les miens et permettent de relier le discours de Hegel en l'explicitant avec celui de Freud) :

> « *La même chose qui est pour lui [notre entendement] objet dans une enveloppe sensible [par exemple le corps pulsionnel], l'est pour nous dans sa figure essentielle, comme concept pur [par exemple le vivant dans sa différence d'avec l'anorganique]. Cette appréhension de la différence telle qu'elle est en vérité, ou encore, l'appréhension de l'infinité en tant que telle, est pour nous ou est en soi [soit elle appartient à la science, soit est une représentation subjective humaine]. L'exposition de son concept ressortit à la science [par exemple à la biologie], mais la conscience [au sens d'un rapport de la pensée au rapport qu'elle a avec ses propres objets], telle qu'elle a immédiatement ce concept [le lien entre la pulsion et la mort], apparaît de nouveau comme forme propre ou comme figure nouvelle de la conscience [le vivant contient la mort de soi comme finalité], qui ne reconnaît pas son*

essence dans ce qui précède, mais la considère au contraire comme quelque chose de tout autre.[la mort dans le vivant n'est pas la finalité de l'existence humaine]. » [1]

Il y a là une différence irréductible de la différenciation pensée à l'indifférencié de la différence seulement vécue. En quelque sorte, par souci de scientificité, Freud reste en deçà de l'écart nécessaire du dualisme cartésien corps-pensée, dont Hegel prend acte comme moment subjectif de l'existant, dans sa nécessité fondatrice et ses lois divergentes, celles de la dialectique du fini et de l'infini. Cela, Freud le fait bien qu'il reconduise lui-même peu à peu dans la dualité des pulsions et de l'amour une division du sujet humain, d'abord du rapport à soi comme conservation pulsionnelle ou libido, puis comme individuation narcissique ou désir de l'autre et amour. Or n'est-ce pas en filigrane réintroduire de la sorte l'écart de l'affirmation du sujet avec la vie du corps, admettre de fait une rupture négative et différenciante du sujet du désir avec la nature vivante et ses lois aussi mortifères, le sujet s'éprouvant comme autre que la vie naturelle et ses limites mortelles, bien que lui-même mortel. Freud semble ne pas prendre en compte l'acte de pensée du sujet du côté de l'infini qui vient négativement comme en coupure sur l'existant fini et ses lois, un existant en soi effectivement indifférencié, livrant la vie à la mort et, inversement, niant la mort par la conservation et le renouvellement de la vie, mais dans une indifférence au sujet individuel et à son expérience propre de lui-même et de ce qui est autre que soi. Hegel écrit :

> *« Dès lors que ce concept de l'infinité est objet pour elle [la conscience individuelle pensante], elle est donc conscience de la différence comme de quelque chose qui tout aussi bien est immédiatement aboli ; elle est pour soi-même, elle est différenciation du non différencié, ou encore conscience de soi. Je me différencie de moi-même, et en cela il est immédiatement pour moi que ce différencié n'est pas différencié ».* [2]

En ce sens, je dirai que la vie psychique, celle du sujet comme rapport à soi, conscient et inconscient, fait face à une alternative. Soit elle se trouve prisonnière de la mort du fait de son lien au vivant et peut s'y abandonner dans la répétition mortifère qu'implique le vivre comme conservation indifférenciée, comme compulsion de répétition. Or n'est-ce pas là s'aliéner à la pure identité à soi et indistinction quant à soi, confondue avec l'existant naturel ? Soit elle se trouve saisie par la représentation de la négativité de sa condition de vivant mortel et aspire à la supprimer, à la nier, à la transfigurer en s'en détachant comme existence différenciée. Ce faisant, le sujet s'expose au risque d'une séparation de soi et de la vie

---

[1] Hegel. *La Phénoménologie de l'esprit.* Opus cit., p. 184.
[2] Hegel. *Idem*, p. 184.

simple et donc, cette fois, à une exposition redoublée à la mort comme négation et néantisation de la liberté d'être soi au-delà de l'existence naturelle, à l'impossible suppression de la mort comme loi malgré l'affirmation de soi ou du désir de soi. Mais, ce faisant encore, le sujet s'affirme aussi comme lucidité et indépendance quant à son réel, c'est-à-dire existence et affirmation différenciée et différenciante de vie individuelle et collective par delà la mort. Il nie donc la négation qui le nie, s'affirmant vivant malgré la mort, au-delà du principe de plaisir, celui d'une jouissance aveugle d'être dans la dénégation de la mort.

5-7 Analysée de la sorte, la dualité des pulsions freudiennes, du moi et sexuelles, ou celle d'Éros et de Thanatos, même tellement effrayante à concevoir dans son implacable loi d'une finalité essentiellement mortelle de la vie, apparait chez Freud d'abord comme une défense, une résistance à la thèse dualiste, postcartésienne, d'une différence historique et structurale entre le la vie psychique et le corps vivant, d'un écart du sujet dans l'être dont les conséquences s'inscriraient à même le corps vivant. En cela, il y aurait pour l'être humain un effet sujet, ou un devenir-sujet comme présence de soi par soi-même à l'existence, dont l'expérience ne dépendrait plus des seules lois du vivant, même si celui-ci reste un vivant mortel. Encore une fois, il y aurait ici un *commencement* au sens de Hegel ou un *événement* au sens d'Heidegger. Une telle présence à l'existence par soi-même n'est nullement une présence à soi comme un soi-même bien identifiable et naturellement constitué qui impliquerait une indifférence à l'inconscient, mais un déport de soi vers ce qui est autre que soi, ou autre de soi, vers une extériorité à soi constitutive d'un rapport à soi. Freud a-t-il peur d'admettre une telle différence ontologique, de quitter son réalisme biologique, alors même qu'elle est à la base chez lui de l'émergence de la pulsion de mort comme conception du vivant, le sujet humain ne pouvant que nier rationnellement les lois mortifères objectives de ce vivant pour affirmer sa propre existence et se préserver de la mort dans l'amour ? Car nommer la pulsion de mort, ainsi que l'éprouver, c'est déjà se placer dans un au-delà de celle-ci, dans la redéfinition d'une vie subjective qui ne cède point tout à la mort. Or n'est-ce pas le souhait subjectif aussi de Freud de ne pas lui-même rester sous l'emprise de son hypothèse ? Au-delà du principe de plaisir, signifierait alors de devoir se positionner éthiquement et scientifiquement dans une perspective dialectiquement autre que celle d'une fascination ou captation de l'existence par la pulsion de mort, même si on ne peut croire pouvoir l'annuler. La connaissance cesse alors d'être simple détermination objective et constative d'un existant horrible et traumatique, mais devient l'expression d'un souci de l'existence qui détermine le sujet comme un désir d'être et négation en acte des limites de sa liberté, affirmation salutaire de son indépendance sur la négativité de la nature et de ses lois, en vérité sur son néant d'être. En ce sens, l'épreuve de la finitude n'est point seulement finitude, mais aussi infinitude en regard de la néantisation. De sorte que cette possibilité de l'impossibilité que théorise Heidegger, radicalisée par Levinas en impossibilité de la possibilité, déboucherait sur la possibilité ultime d'un rapport à l'autre que soi[1]. Un rapport autre à l'autre de soi qui, d'être un non rapport à soi, un impossible à être pour soi, en appellerait à un rapport au tout autre, au transcendantal de la subjectivité comme relation à ce qui n'est pas soi. L'impropre de la propriété, le corps pulsionnel négateur, mu par la mort, en appellerait au transcendantal d'une relation avec l'impropriété de ne pouvoir être soi comme un propre partagé et qui me confronte ou m'appelle vers l'autre du fait de l'Autre. Par ce terme d'Autre, il faut entendre l'altérité inconsciente qui me constitue et m'environne et qui a pu se nommer du côté de Dieu. Une telle négation du négatif, en termes hégéliens, m'apparie à l'autre être humain, au prochain, avec lequel je partage une même mort sans issue, une même négativité constitutive de notre être, un même destin d'impossible à la fois singulier et universel. L'altérité inconsciente et aliénée de soi à soi-même ne se pouvant transfigurer face à la mort, à la mort qu'est la vie, que dans un rapport à l'altérité de l'autre que soi, comme un rapport à soi-même du côté de l'autre que soi, qui n'est plus le soi, mais la singularité de nous-autres en regard de ce qui nous est autre, le néant de l'être. Que l'on veuille voir en cette place une théologie, ou qu'on y place de façon spinoziste la nature englobante dans sa diversité profuse, ne change strictement rien au problème. Un transcendantal sans finalité et un désir sans objet doivent se voir logiquement convoqués, tout finalisme biologique ou psychologisme restant pris dans la mortalité et la finitude.

5-8 Les analyses de Freud de la pulsion de mort, dans son propos même, sont donc nécessairement peu à peu conduites à évoluer, non point par positivisme, mais parce que la pensée radicale du négatif et l'expérience subjective qu'on en fait, toutes deux réunies, ne se peuvent sincèrement soutenir sans donner lieu à leur dépassement dialectique. Qu'il faille pour cela pouvoir quitter individuellement, au moins en pensée, des positions pathologiques névrotiques, ne pas céder éthiquement et politiquement à la perversion, supporter le réel de la psychose, mais aussi abandonner la métaphysique dans ses conséquences scientistes, pour donner lieu à une éthique du désir et de la subjectivation individuelle de l'existence, est sans doute de règle. Une telle philosophie en appelle à une rupture avec la métaphysique occidentale pour poser les conditions transcendantales d'un sujet de l'existence sans objet, dont le désir d'amour et de vérité est la forme a priori, selon la loi d'une coupure avec la nature vivante, un non rapport, occasionnée dans le corps humain par l'émergence du langage, celui-ci ne pouvant s'appréhender que sous la condition d'un rien du sens, d'un pas de sens du sens, et d'un vide ontologique dans l'être. Disons qu'une telle hypothèse métapsychologique a été

---

[1] Levinas. *Totalité et infini. Essai sur l'extériorité* Paris, LGF, 1991.

esquissée et manquée par la phénoménologie de Husserl, car sans analyse de la place de la sexualité et du langage, puis radicalisée par l'analyse existentiale de Heidegger, quoique sans analyse de la singularité psychique et psychopathologique inconsciente, thématisée à sa façon altruiste par Levinas après Heidegger et, par la suite, avec l'appui de Hegel et du structuralisme linguistique et mathématique, largement déployée par Lacan sur les plans cliniques et théoriques. Nous n'étudierons pas dans ce texte les positions de Lacan, plus notamment telles qu'il les expose dans son Éthique[1], mais nous en tiendrons à la lettre de Freud, parce qu'elle est en elle-même des plus éclairantes si l'on sait en parcourir les apories et contradictions. Il n'est pas inutile de chercher à comprendre les avatars du trajet théorique de Freud. Penchons-nous sur la fable freudienne en considérant qu'elle n'est ni meilleure ni plus mauvaise que d'autres.

VI De la vie à la mort, un trajet anhypothétique vers l'antériorité

6-1 Sans quitter ses convictions matérialistes et psychophysiologiques, Freud va parcourir un long chemin qui, depuis la pulsion de mort le conduit au dualisme d'Eros et de Thanatos. Nous en avons évoqué les trois étapes logiques, telles que Freud lui-même les a récapitulées. Pour faire ce chemin analytique, il va devoir de lui-même peu à peu contredire et modifier ses hypothèses initiales pour en affirmer les résultats. Une telle évolution logique montre bien la dimension dialectique de la spéculation freudienne, sa nécessité. Un tel cheminement se produit explicitement et minutieusement au sein de l'argumentation et des analyses exposées dans l'Au-delà du principe de plaisir. Reprenons-les. Dépendant des présupposés de son épistémologie naturaliste et matérialiste, Freud qui bute sans cesse sur l'impossibilité qui est la sienne de prouver l'existence des pulsions, est conduit à s'appuyer pour justifier de son opposition initiale des pulsions de vie, sexuelles, et de mort, propres au moi, sur les travaux des biologistes. Certes, une telle opposition est d'abord d'origine clinique. Freud a observé dans un premier temps que la plupart des patients tourmentés, névrotiques, qu'il reçoit comme médecin psychiatre et neurologue, sont en conflit avec eux-mêmes. Divisés. D'un côté ils sont stimulés par des motions pulsionnelles expressément innées qui les conduisent à la recherche d'un plaisir par décharge de l'excitation et, de l'autre, ils sont obligés à y renoncer par souci d'autoconservation du moi, à les maintenir refoulées selon l'action du principe contraire, dit par Freud *de réalité*. Ils se trouvent donc plongés dans une situation qui les met en conflit avec eux-mêmes et dans une position de souffrance morale et de déplaisir ressenti comme une impossibilité à vivre. Plus gravement, certaines de ces névroses sont d'ordre traumatique, faites d'angoisse et de dépression, et, plus profondément marquées par l'effroi devant la résurgence de souvenirs et affects insupportables. Freud décèle

---

[1] Lacan. *L'Éthique de la psychanalyse* Séminaire-livre VII. Paris, Seuil, 1974.

305

dans ces situations pathologiques installées un processus pulsionnel qui s'exprime à la façon d'une *compulsion de répétition* qui fait revivre la souffrance redoutée, mais apparaît également chez l'enfant dans le jeu comme système défensif pour se protéger des frustrations. Une telle compulsion peut donc à la fois être de nature psychopathologique ou bien une disposition protectrice du soi, permettant d'exprimer des impulsions sadiques et violentes et de médier au déplaisir causé par une frustration de satisfaction à la suite des actions vis-à-vis de soi d'un tiers aimé. Par exemple, une mère qui s'éloigne de son petit enfant momentanément, le laissant en proie à son impuissance et insatisfaction par défaut d'emprise sur elle ainsi que sur ses pulsions.

6-2 Dans les cures, Freud observe de plus des phénomènes de résistance chez ses patients. Ils ont le plus grand mal à faire réapparaître dans leurs paroles, malgré leur désir, des événements psychiques refoulés, plus ou moins pénibles pour eux à se remémorer. Ici le facteur de cette résistance est très directement le soi conscient du patient, le moi individuel. Freud écrit que cette résistance procède du principe de plaisir, le moi du patient ne voulant pas endurer le déplaisir du réel psychique refoulé. Mais ici, la récurrence du refoulé relève de la compulsion de répétition. Elle actualise des pulsions refoulées et des expériences déplaisantes du passé qui ne comportent apparemment pas de plaisir pour le patient, mais de la souffrance. Tout cela occasionne une pression considérable sur les perceptions et volontés du patient névrosé, donnant parfois à certaines personnes l'impression d'être mu par des forces *démoniaques*. Freud est donc non seulement conduit à affirmer l'existence de cette compulsion de répétition dans la vie psychique, mais encore à postuler que, si celle-ci agit la plupart du temps au service du moi et se montre reliée à des enjeux de plaisir, elle doit se voir placée par ailleurs au-delà du principe de plaisir. Si compulsion de répétition et satisfaction pulsionnelle aboutissent directement au plaisir, celles-ci ne procèdent pas que de la seule satisfaction du sujet, mais de moteurs plus profonds susceptibles de provoquer aussi du malaise, voire de l'effroi. La question se pose alors de savoir à quelle fonction correspond une telle compulsion, et pourquoi elle paraît actualiser à l'esprit du patient des contenus de représentation de nature très menaçante.

6-3 A partir de quoi, Freud va s'engager, à ses dires mêmes, dans une *spéculation*, en rupture donc avec les constats possibles et plus ou moins vérifiables induits par l'observation clinique. Premier saut dialectique dans ce que l'on pourrait qualifier avec Platon d'anhypothétique, ne se pouvant ni induire ni déduire. Freud va ici produire du récit, une histoire naturelle post-darwinienne de l'émergence de l'appareil psychique chez les organismes dits *les plus évolués*. Il va d'abord revenir sur sa théorie des instances et fonctions de l'appareil psychique, sur sa topique, ou théorie des places. La conscience ne serait qu'un filtre, une écorce réceptrice située spatialement entre l'interne inconscient psychogène et l'externe allogène, recevant des stimulations de l'un et de l'autre provoquant l'excitation et elle *apparaît à la place de la trace mnésique*. La conscience est ici une forme émergente substitutive qui ferme quelque chose et fait coupure, délimitant tout en enveloppant ou contenant, mais aussi en excluant, par un fonctionnement que l'on pourrait caractériser de topologique. Par ailleurs, les excitations ressenties laisseraient des traces mnésiques significatives dans les autres éléments composant les instances de l'appareil psychique : inconscient, préconscient. Freud n'emploie pas encore ici les termes de *ça, sur-moi* et *moi*, qu'il adoptera peu après, en 1923, pour préciser les dispositions de l'appareil psychique[1]. Mais les traces ne sont pas toutes de même nature, en fonction des instances qui les recueillent et la conscience n'en garde pas, elle, directement connaissance. Pour autant, seul le système conscient a relation à l'extérieur. Le cerveau humain évolutif et adaptatif, capable d'assimilation et de transformation, la couche corticale, ne se serait développé tardivement qu'en fonction de l'externe, de l'environnement, comme le soutiennent les embryologistes et cela pour s'en protéger. En ce sens, dès qu'une excitation se produit, externe ou interne, elle doit se frayer un passage à travers les différentes instances, la conscience opérant comme un pare-excitation en regard de l'externe pour préserver l'interne, mais aussi peu à peu se démarquer de l'interne, de sorte que le fonctionnement de l'écorce devient peu à peu *anorganique*, séparé de l'interne et de ses énergies pulsionnelles propres, bien que susceptible de les recevoir sans les censurer. En quelque sorte, quelque chose de l'appareil psychique en vient à se dissocier du corps propre, par un effet de coupure, ou si l'on veut de supplémentation, pour permettre la conservation de l'organisme. Freud écrit, *par son dépérissement, la couche extérieure préserve du même destin les couches les plus profondes.* Curieusement ici, déjà une négativité par privation est à l'œuvre et qui implique la formation d'une fonction supplémentaire située entre l'activité de l'organisme et le milieu ambiant, celle qui anime les organes des sens et de la perception, mais elle est déjà un *dépérissement,* la recherche d'un moindre par désinvestissement et interruption. Pour autant, celui-ci deviendra un plus quand la vie va dépendre dans la sexualité de la relation à l'externe et non plus seulement des pulsions internes. Le contradictoire travaille ici le discours de Freud. Cela ne signifie nullement que son discours soit défaillant, bien au contraire. Le développement contradictoire d'une pensée dit Hegel est le signe de sa vérité.

6-4 Cependant, le pare-excitation, qui va peu à peu devenir le système conscient, le futur moi que le psychanalyste D. Anzieu appellera le *moi-peau*, ou bien pour d'autres, l'enveloppe imaginaire du corps, ne joue cette fonction qu'en regard de

---

[1] Freud. « Le moi et le ça », in *Essais de psychanalyse.* Paris, Payot, PBP, 1981.

l'extérieur, et les excitations de provenance interne ne sont pas initialement encore censurées. Dans un autre registre terminologique, il s'agit chez Spinoza des affections singulières du corps. Elles sont causées par des facteurs qui restent externes à soi tant que je ne me représente pas leur nature et quelque soit leur provenance, mais elles donnent lieu comme chez Freud à l'idée de soi en fonction du réel du corps propre et de ses limites. Spinoza écrit : *« L'objet de l'idée constituant l'Âme humaine est le Corps, c'est-à-dire un certain mode de l'étendue existant en acte et n'est rien d'autre. »*[1] Pour Spinoza, c'est bien le corps percevant et perçu comme référent qui délimite le soi et lui donne son expression. Pour Freud, ces affections ou excitations répondent à la loi de l'opposition plaisir-déplaisir qui prévaut pour le sujet et elles opèrent sans limitation dans l'organisme comme recherche de plaisir par décharge des tensions de l'excitation. On pourrait parler ici avec l'écrivain R. Bataille d'une fonction de dépense.[2] Mais le système conscient naissant va évoluer dans son fonctionnement même, comme le soutient Freud. Parce que se régulant sur le principe de plaisir, il va tout de même tendre à restreindre l'expression de l'excitation interne en excès quand elle provoque un déplaisir. Il va donc pour ainsi dire se retourner contre ces tensions et agir à leur encontre comme des menaces externes. Elles se voient alors *projetées* sur l'externe, afin de pouvoir être endiguées comme le sont déjà les stimulations excessives en provenant. Pourquoi un tel retournement, on ne le sait pas vraiment. Faudrait-il penser ici que désormais le dedans de l'appareil psychique est aussi son dehors et que, inversement, le dehors de celui-ci est aussi son dedans, l'un pouvant se plier avec l'autre ? Projection se conjuguant alors avec introjection. Freud ne donne pas précisément ici d'explication. Pour ce qu'il en est des excitations externes trop fortes et non filtrées par le pare-excitation, elles sont potentiellement de nature traumatique, sources de perturbation de l'interne. Mais pourquoi ? Là encore, les explications données sont peu claires. Est traumatique ce qui provoque de l'effroi, parce que l'on n'a pas pu l'endiguer, avait posé Freud à propos des névroses de guerre. Le filtre doit pour surmonter cet excès suspendre la fonction de plaisir, régulatrice de l'interne, mais il ne s'agit plus de ne pas être submergé par de trop grandes sommes d'excitation. Une tâche supplémentaire apparaît : *maîtriser l'excitation, lier psychiquement les sommes d'excitation qui ont pénétré par effraction pour les amener par la suite à la liquidation.* Un nouveau processus est ici mentionné en regard des énergies circulant dans ou agissant sur l'organisme, il y a celles qui sont liées et d'autres déliées et elles sont susceptibles de donner lieu pour l'appareil psychique à un investissement d'objet, sexuel ou substitutif, externe ou interne. De sorte que l'énergie d'investissement

---

[1] Spinoza. *Éthique. Opus cit.* Deuxième partie. Proposition 13, p. 83.
[2] Bataille, Georges. *La notion de dépense*, in *La part maudite.* Paris, Minuit, 1967.

qui submerge l'organisme par effraction est dérivée et canalisée par un *contre-investissement* sur certains points du système psychique, mais au prix d'un appauvrissement et d'une paralysie du reste de l'activité psychique. On aurait ici la trame initiale des phénomènes d'inhibition. Freud en arrive à une conclusion, l'appareil psychique se trouve confronté à des énergies d'excitation qui sont déliées, mais il a pouvoir de les lier. Il ne s'agit plus alors d'un processus de circulation par frayage et décharge, mais d'un maintien de l'investissement dans une liaison de l'excitation par l'appareil psychique, du fait d'un pouvoir quiescent de celui-ci. Il le faut donc capable d'un investissement énergétique propre, d'un auto-investissement constant de sa propre activité de valeur conservatoire et dont la puissance accrue augmente tout autant les dispositifs de défense contre les effractions. Freud va alors reprendre les hypothèses de Breuer sur la double nature des énergies susceptibles d'investir les systèmes psychiques. Une hypothèse selon laquelle les unes sont libres et vont vers la décharge, les autres sont quiescentes, liées psychiquement, et donc représentent des tensions maintenues. La liaison psychique est le travail de l'appareil psychique pour passer de l'état de flux libre à des énergies reliées. On peut ici anticiper de l'argumentation freudienne, cette possibilité de liaison de l'énergie est la condition de l'émergence pour l'organisme d'un rapport à soi, de la formation de l'individuation comme configuration d'un moi, d'un moi investi lui-même par l'énergie pulsionnelle et cherchant son équilibre propre dans sa conservation. Remarquons qu'une telle liaison des énergies dans l'appareil psychique procède d'abord d'une séparation du système conscient avec les pulsions internes et de la possibilité de leur régulation par celui-ci pour son propre compte. Émerge donc dans le fonctionnement psychique, et en son sein, une instance qui vient reposer sur un non rapport entre pulsion organique et psychisme, une dimension potentiellement contradictoire et source de clivage. Il est la condition d'une nouvelle régulation de la pulsion et des perceptions au sein du psychisme par une instance distincte d'elles dans son fonctionnement énergétique. Le système psychique se scinde de la sorte en lui-même dialectiquement entre un non rapport à cette pulsion qui l'anime et le disperse et une régulation restrictive de celle-ci qui vient l'organiser et l'unifier pour sa propre disposition. Nietzsche avait opposé le dionysiaque, abrogeant l'individualité dans le tout des forces de la nature, et l'apollinien, conservateur des formes de la culture et de l'individuation.[1] Spinoza avait conçu le rapport corps-esprit comme fait de processus parallèles disjoints et corrélés entre eux, mais sans que l'esprit puisse agir volontairement sur le corps, le corps influençant l'esprit mais sans que celui-ci s'en rende compte précisément dans les actions menées, en apparence volontaires.

---

[1] Nietzsche. *La naissance de la tragédie.* Paris, Gallimard, 1989.

6-5 A ce stade de sa réflexion, Freud rappelle au lecteur ce qui apparaît comme une antienne exprimée à tous les moments de la progression de ses analyses, qu'il ne sait rien *sur la nature du processus d'excitation dans les éléments des systèmes psychiques,* si ce n'est à les penser de nature pulsionnelle. Il est vrai qu'on perçoit les effets de ces processus, mais jamais ce qui les cause. Spinoza, lui, écrivait : « *l'Ame humaine ne connaît le corps humain lui-même et ne sait qu'il existe que par les idées des affections dont le corps est affecté.* »[1] En ce sens, si les pulsions doivent bien être considérées comme des notions nécessaires à l'investigation, si on en conçoit le réel, de leur réalité on ne peut rien savoir, ou du moins on n'en connait pas exactement la nature. Elles sont donc susceptibles dans leur être propre de nous effrayer dès qu'elles nous exposent à un principe de plaisir qui dispense la déliaison. La névrose traumatique peut alors s'expliquer à travers la *théorie du choc.* Bien que son déclenchement soit dû à des causes externes, un excès d'excitation qui fait effraction et provoque une stupeur, voire une terreur, sa constitution est inhérente à une rupture d'équilibre ou une lésion dans les tissus psychiques, affirme Freud. Là encore Freud émet une hypothèse étiologique dont on peut interroger la nature et la valeur. Un témoignage en atteste. Un militaire et ancien combattant témoignait du fait que des soldats novices enfouis, devant subir un bombardement durant une guerre et attendre sa fin sans pouvoir agir, sont tous effrayés et tremblent de peur, mais qu'une fois celui-ci achevé, il y a des soldats qui ne cessent plus jamais de trembler, pris définitivement dans un affect pathologique de terreur. Celui-ci les habite et envahit désormais de façon pérenne, indépendamment de l'actualité des circonstances vécues. Dans les névroses ou psychoses déclenchées par la guerre, selon Freud, le choc traumatique serait dû à une absence effective de préparation par l'angoisse de la situation éprouvée. Mais pourquoi cette hypothèse ? Deux raisons au moins la justifient dans l'argumentaire de Freud. Premièrement, s'il y avait eu investissement psychique protecteur sous forme d'angoisse quant à l'événement redouté, le traumatisme aurait été évité. Cela vient donc pour justifier de la théorie des investissements liés, considérés comme dispositif protecteur émergent de l'appareil psychique. Deuxièmement, Freud va pouvoir convoquer la notion de *compulsion de répétition.* Remarquant que les rêves des sujets traumatisés reviennent sans cesse sur l'événement redouté, il en déduit que ceux-ci répondent à la logique d'une telle compulsion dont la fonction observée avec les patients est le *désir, stimulé par la suggestion, de faire resurgir l'oublié et le refoulé.* De tels rêves ont donc pour fonction ici de réaliser ce qui n'a pu être déployé par l'activité psychique pour se protéger du danger, pour installer *la maîtrise rétroactive de l'excitation*

---

[1] Spinoza. *Ethique. Opus cit.* Deuxième partie. Proposition 19, p. 97.

sous développement d'angoisse, cette angoisse dont l'omission a été la cause de la névrose traumatique. Par rétrospection, le rêve tente d'abréagir les affects et représentations traumatiques et travaille sur une temporalité antérieure au sein de laquelle les fixations mémorielles traumatiques se sont organisées. Un tel raisonnement conduit Freud à avaliser plusieurs observation et conclusions qui confirment sa théorie des pulsions intra-organiques, en lien à la physiologie psychique de la sexualité. Premièrement, un ébranlement mécanique qui affecte le corps et ses perceptions doit être reconnu comme l'une de sources de l'excitation sexuelle parce qu'il peut provoquer l'émergence d'un quantum d'excitation de cet ordre. Un tel argument non seulement montre que la sexualité est coordonnée à ce qui est pour l'organisme d'ordre physique et externe au sujet, mais aussi que des événements physiques externes affectent symboliquement et matériellement l'activité sexuelle. Tout cela prouve bien qu'elle procède d'un lien à l'extériorité organique du sujet et ne dépend pas seulement des pulsions internes, mais aussi de *causes externes.* Deuxièmement, une maladie douloureuse durable exerce une puissante influence sur la libido, parce que l'investissement psychique qui permet de lutter contre la douleur persistante due à celle-ci, mobilisant une partie de l'énergie sexuelle en la liant à la réparation de l'organe lésé, protégerait d'un excès d'excitation imprévu. Ce second argument vient conforter la thèse de la formation d'un investissement libidinal narcissique primaire du sujet par et pour lui-même, et donc la base pulsionnelle sexuelle des phénomènes de formation du moi individuel. Pour autant, les conceptions de Freud viennent ici de glisser de l'opposition initiale des pulsions du moi et sexuelles, à la découverte de la double nature de la libido, de l'attirance amoureuse, qui peut se distribuer sur le soi et sur un autre que soi, objet ou personne désirée. Or, c'est bien à travers cette seconde opposition dialectique que Freud va parvenir à dégager le sens de la pulsion de mort comme distinct de celui de l'amour sexuel, divisant la libido entre tournée vers soi et de soi envers un autre, par opposition à un tiers affreux, le désir de mort des pulsions organiques. En quelque sorte, il apparaît ici que la structure du moi humain, conforté par le *narcissisme*, est déjà une protection, un contre-investissement dressé à l'encontre de la négativité néantisante et aveugle de la pulsion déliée qui ne vise qu'à l'extinction de l'investissement et à la mort du vivant. En ce sens encore, l'émergence d'un soi détaché des motions de la vie organique pure, elle sans relation à ce qui est autre que l'individualité brute de l'organisme vivant, est une affirmation vitale. Contre la nature sensible déterminée par la mort, elle fait advenir le sujet comme conservation et idéal de soi, comme un ego limité s'il reste isolé, mais susceptible de liberté par indétermination de ses fins et par un lien affectif et moral au prochain. Il y a donc comme deux vies ici, celle purement sensible de la nature brute finalisée et tournée vers la mort et, a contrario, celle du sujet, d'un soi. La seconde, plus abstraite et conceptuelle, est tournée vers un au-delà de la simple jouissance qui, elle, confine le moi dans l'accomplissement de l'extinction de soi sans soi ni toi. L'une induit la mort comme loi absolue de l'organisme mais l'efface dans la jouissance éprouvée, l'autre induit la conservation individuelle de soi dans la durée, mais doit se prémunir de la négativité réelle de la mort et vivre à contretemps de sa possibilité en éprouvant l'angoisse d'exister.

6-6 Le parcours de Freud n'est pas encore achevé et pas non plus le nôtre avec lui. Le moi ne pouvant se prémunir contre l'excitation interne, les transferts d'excitation interne déliés deviennent alors prépondérants, parce que perturbateurs et potentiellement traumatiques. La motilité propre aux pulsions fait que, dans l'inconscient, les investissements affectifs peuvent facilement se voir *transférés, déplacés* et *condensés*, comme dans les rêves. Ce sont là des processus primaires, déliés, l'émergence de la conscience va les transformer en processus secondaires, liés et reposant sur le maintien de l'investissement. En l'absence de cela, se constitue une situation fortement pathogène pour le moi conscient, sa finalité de pare-excitation étant mise en échec par l'excitation. La persistance des motions pulsionnelles non liées se manifestant dans la compulsion de répétition contraint le moi, le système conscient, à réitérer certaines conduites involontaires de satisfaction, ou à tenter de les maîtriser symboliquement comme l'enfant le fait spontanément dans ses jeux ou les artistes volontairement dans leurs productions. Si le moi n'y parvient pas, une situation pathologique de conflit du sujet avec lui-même s'installe, celle du moi avec l'insistance pulsionnelle. De sorte que la division de soi à soi-même, le plus souvent contenue et stabilisée dans la névrose et trouvant, pour ainsi dire, sa médiation dans le refoulement, pourra donner lieu, quand celui-ci ne se fait pas, à la forme du clivage avec soi-même de la psychose, l'actualité pulsionnelle dans ce cas ne pouvant se voir réfrénée et envahissant la réalité externe du sujet. Ici, Freud va introduire une nouvelle explication causale à la compulsion de répétition : la pulsion *serait une poussée inhérente à l'organisme vivant vers le rétablissement d'un état antérieur.* C'est la finalité conservatrice de répétition de ce qui a été, inhérente à la nature organique qui expliquerait le phénomène. C'est donc bien par un finalisme biologique que Freud explique le fonctionnement pulsionnel et sa réitération. On pourrait tout autrement l'interpréter comme un effet récursif ou de rétrocession lié au différé de l'acte que provoque pour le sujet le langage. De plus, il ne semble pas, bien qu'effectivement le vivant soit conservateur puisqu'il maintient l'existence des espèces vivantes par delà la mort individuelle grâce à la reproduction sexuelle, qu'il y ait en lui de loi générale de la conservation de ce qui aurait été antérieur. Les formes vivantes peuvent se conserver, se transformer, ou disparaître, sans qu'il y ait à cela ni ordre global ni échelle de progression observables dans une évolution qui irait d'un rudimentaire initial antérieur, plutôt physico-chimique, vers une complexité postérieure plus grande, plutôt organique et animale. Ainsi, aucune forme vivante pérenne n'existe à la suite d'une autre par amélioration globale de la précédente. Le hasard des interactions prédomine sans cesse dans l'évolution, même si la conservation fait aussi loi dès qu'une forme organique s'avère adaptée aux conditions du milieu ambiant. Le donné génétique initial est toujours susceptible de se transformer par des variations combinatoires du patrimoine exprimé, un même génotype pouvant donner lieu à plusieurs phénotypes, sans qu'il y ait de programme prédéterminé à cela. Freud admet par ailleurs aussitôt qu'à côté des pulsions de conservation, rétrogrades, il y ait aussi des pulsions de progrès tournées vers l'avenir. Mais alors, si la mort est bien l'un des faits fonctionnels de la vie, elle ne fait pas plus loi que le maintien de la vie. On pourrait au contraire penser cette seconde comme ce qui fait échec à la mort par son perpétuel renouvellement. En ce sens, le dualisme des pulsions, s'il s'applique à l'être humain, n'est pas assurément une loi de la nature qui viendrait confirmer un sens donné à l'évolution, du non-vivant au vivant et porté par la sexualité. A moins de postuler peut-être une histoire dialectique et contradictoire de la nature, allant de la matière inanimée au vivant, puis du vivant à la subjectivité humaine, logiquement déterminée par ces couples logiques que sont : affirmation-négation, opposition-contradiction, indifférenciation-différence, conservation-disparition, immanence-transcendance, qui serait, ensuite, l'histoire dialectique du sujet humain opposant nature matérielle et mortelle du corps et liberté éternelle de la volonté. Par ailleurs, qu'a donc avoir l'antériorité inconsciente récurrente avec un processus biologique et naturel ?

6-7 Que la vie inconsciente soit structurée par des événements très anciens, propres à la petite-enfance, et que notre vécu psychique actuel en dépende, au point d'un souci d'y retourner, de les revivre ou d'en répéter les jouissances, certes, mais en quoi cette constitution récursive de la subjectivité, déterminée par son antériorité, est-elle d'ordre naturel ? Dans la psychose paranoïaque, le désir phantasmatique de devenir l'autre sexe, voire de l'être réellement, ou le sentiment d'un monde totalement ordonné par des lois secrètes, s'il est régression à l'imaginaire bisexuel de la sexualité infantile, au père-mère indistinct, ou une introjection fétichiste délirante du phallus comme le sein de soi, ne peut s'expliquer par un fait de nature, pas plus d'ailleurs que les représentations de celles-ci. A vrai dire, on pourrait objecter à Freud que ce que lui-même interroge en clinicien, la sexualité humaine, imaginaire et/ou pathologique, souvent contre-productive sur le plan sexuel, tout autant perverse et détachée de sa finalité biologique, prise dans l'imbroglio œdipien, ne peut que difficilement s'expliquer à partir d'une mimésis de la nature organique qui ferait les comportements humains. Après tout, le vivant ne tue jamais que par nécessité, pas par idéal, contrairement à l'être humain. Ou bien oui, il s'agit bien d'une mimésis, mais alors l'imitation de la nature ne saurait être la reproduction du modèle, mais sa caricature. La « race supérieure aryenne » des nazis qui s'autorise à tuer son prochain par idéologie, n'existe pas dans la nature animale, si ce n'est la compétition et les guerres mécaniques entre espèces proches ou partageant un même milieu environnemental. Et la vie animale est la plupart du temps, hormis pour les mammifères supérieurs, absolument indifférente à la mort. Dans la psychose ou la perversion, l'imaginaire de soi et de la sexualité s'articule sur des représentations fantasmatiques délirantes qui n'ont que peu de réalité biologique, si ce n'est dans la simulation fantasmatique de l'objet d'amour ou de la réalité matérielle substituée à ceux-ci. Freud a lui-même des doutes. Il admet qu'une rupture se sera probablement produite au sein du vivant, séparant pulsions de conservation, liées à la mort et à l'inanimé, et pulsions de vie, liées à l'amour et à la reproduction et au maintien de l'existence individuelle dans l'idéal narcissique de sa perpétuation. Mais quelle est la cause d'une telle rupture si *le but de toute vie est la mort* ? Il y aurait eu au sein du vivant une rupture avec la loi du vivant pour lui substituer une autre finalité, moins mortifère, avec une conservation plus durable de la durée de la vie. Pourquoi cela ? Freud répond qu'il ne le sait pas. Il sait aussi qu'il va à l'encontre de nos croyances les plus répandues, celles qui affirment que la vie a pour but son autoconservation, sa perpétuation. Qui ouvertement désire mourir ? La conservation, dit-il encore, n'est qu'un *détour sur le chemin qui mène à la mort*. Certes, les déprimés et suicidaires le répètent à l'envie. Les religions aussi quand elles identifient notre mort à un accès à l'éternité, comme s'il n'y avait d'immortalité véritable que dans la mort. Il est vrai que si on ne peut l'abolir, on peut affirmer qu'elle seule est éternelle. A la fin, la pièce se termine toujours de la même façon, écrit le philosophe Pascal. De façon tragique. Et si on croit que Dieu le veut, alors il le faut. Cependant, quand nous parlons de la mort, il s'agit de notre discours sur celle-ci, jamais de la mort même et il n'est pas sûr que la pulsion de mort puisse échapper à cette dichotomie. Plus radicalement, qu'elle ne soit pas aussi un effet du langage sur le corps.

VII De Thanatos à Eros, par la déliaison de Thanatos.

7-1 Peut-être qu'on peut supposer, à l'encontre de cela une autre nécessité, aussi absurde que cela y paraisse en regard du réel de l'omniprésence de la mort dans le vivant. Un détour inouï à la faveur des circonstances se sera produit occasionnant un supplément d'être, un nouveau *commencement*. Mais celui-ci, je l'ai rappelé, n'a lieu d'être que pour les êtres humains, en tous cas sous la forme d'une connaissance subjective explicite de leur condition de mortels et d'une aspiration à la surmonter. Disons, si l'on veut, que c'est là une déviance, un détour supplémentaire, une erreur de la nature, un événement invraisemblable et difficile à concevoir, vivre et supporter. Toutefois, il ne peut se penser si la loi du plaisir ou de la jouissance, terme plus adéquat pour traduire l'allemand *Lust*, est la mort, qu'à partir d'un au-delà du principe de plaisir. Or, c'est bien ce que vise Freud, toujours dialectiquement, parce qu'il procède comme de façon dialectique. En ce sens, nous sommes des vivants mortels, voués à la mort comme tous les vivants, mais en cela nous sommes justement les plus vivants en regard de tout ce qui est vivant. *Post mortem*. Pour soutenir la cause des vivants, Freud soudainement va tempérer son propos. Certes la pulsion est tournée vers la mort, mais il y a la *tendance intelligente* qui échappe à cela. Ici encore, à moins de supposer qu'il y ait une autre nécessité que celle de la pulsion dans le vivant, on ne sait pas très bien pourquoi Freud introduit une telle notion. L'intelligence, de façon classique, c'est la compréhension ou vision intérieure intuitive de la réalité et éventuellement aussi une existence libre de ses choix, répondant donc à une nécessité différente de celle qui organise le vivant aveugle. Freud va introduire un argument supplémentaire qui n'est pas sans contredire potentiellement les précédents. Certains organismes rudimentaires se sont maintenus vivants sans accéder à la complexité d'organisation qui fait émerger l'antagonisme de la pulsion de mort. Elle n'est donc pas une loi absolue du vivant. Par ailleurs, dans les organismes voués à la mort, il y a des composantes, les *cellules germinales,* qui sont vouées à la reproduction et opposées par leur fonction à la disparition de l'organisme vivant, porteuse en cela d'une *immortalité potentielle*. Le mot est de Freud. Certes, ajoute-t-il, cela ne supprime pas la mort pour autant. Cependant, les pulsions qui assurent cette conservation par delà la mortalité individuelle, les *pulsions sexuelles,* sont tout autant conservatrices que les pulsions organiques, mais ce sont des *pulsions de vie,* cette fois. Elles ont non seulement un rôle protecteur par rapport à l'externe, mais aussi contre les pulsions de mort :

> « *Ce sont les pulsions de vie à proprement parler : elles s'opposent au but poursuivi par les autres pulsions qui, à travers la fonction, conduisent à la mort ; de ce fait s'annonce entre elles et les autres une opposition dont la théorie des névroses a reconnu très tôt toute l'importance* ».[1]

De sorte que se produit une *sorte de rythme-hésitation dans l'organisme* qui fait que d'un côté celui-ci se précipite en avant vers la mort et de l'autre revient en arrière pour recommencer le même parcours et différer sa fin. Le vivant est donc le lieu d'une existence contradictoire, d'une dialectique de l'être et du néant qui suppose une dualité de la temporalité et de l'histoire vécue par l'organisme individuel. En quelque sorte, le maintien du passé est vie prolongée, l'avenir est précipitation vers la mort. On verra là sur le plan éthique une apologie de l'amour

---

[1] Freud. « Au-delà du principe de plaisir », Opus cit., p., 85.

sexuel et de la génération comme les seuls principes qui s'opposent à la mort. Hormis la mise en jeu du vivant et de la sexualité, ces principes sont ceux des religions et sagesses plutôt humanistes, c'est-à-dire de se préserver de la souffrance, de rencontrer l'amour, de vivre longtemps et d'avoir beaucoup d'enfants. En quelque sorte, la science redécouvre ici les aspects les plus communs et universels de la moralité humaine en regard de la vie et de la mort. Pour Freud, bien évidemment, il n'y a pas là de religion, mais la simple logique objective et naturelle de lois liées au vivant. En ce sens toute culture est une religion de la préservation de la vie.

7-2 Freud pourtant doute encore, du caractère fondé de toutes ces spéculations. Mais exactement de quoi ? Est-ce de la négativité récurrente du vivant en regard du vivant ou de la négation persistante de cette négativité par le vivant en regard de la mort pour se conserver sans se détruire ? Comme précédemment en ce cas, il en vient à redoubler et appuyer ses propres affirmations, à essayer de les conforter en les réitérant. Ce faisant, il fait resurgir un autre problème, tout aussi métaphysique que les précédents, celui de la nature du progrès dans le vivant et des formes rétrogrades qui le contredisent. Encore une dialectique ici, celle qui oppose progression et régression, ou si l'on veut évolution et involution, civilisation et décadence, mais qui pourrait aussi se voir registrée comme néguentropie et entropie. Trois arguments capitaux sont ici énoncés. Le premier est le caractère universellement rétrograde des pulsions et donc non point progressiste, en arguant qu'il n'y en pas qui y échappe, si ce n'est les pulsions sexuelles. En ce cas, la vie n'évolue jamais vers un mieux. Deuxièmement, toute hiérarchisation des formes vivantes en termes de stades de développement, comme certains théoriciens de l'évolution ont pu le soutenir, n'est qu'une opinion, non une vérité réelle. De plus, ajoute-t-il, dès qu'il y a progrès dans la complexification organique, il y a aussi régression. Apparemment, ce n'est pas là une loi seulement psychique, mais une constante du vivant même. Freud n'a pas idée ici qu'une telle contradiction, décrite par lui dans le vivant, n'est peut-être pas tant seulement due aux équilibres contradictoires du vivant, seulement probables, mais plutôt à la rupture dialectique pour l'être humain dans l'expression de son désir de vie, d'amour ou d'existence authentique, avec les lois immanentes du vivant, telles que peut les produire la science qui est la sienne. En réalité, à travers ces lois de la nature qui nous vouent à la mort, ne sont-ce pas plus probablement les dépendances aliénantes du sujet avec les formes hallucinatoires originaires de son propre désir, sources de l'activité pulsionnelle qui seraient ici à l'œuvre, sources de terreur dès qu'elles se trouvent dévoilées. Une telle coupure, rupture, produit symboliquement un redoublement de la contradiction du vivre et du mourir pour le sujet dans son rapport au vivre, produisant une coupure interne entre sa demande de satisfaction pulsionnelle, qui le renvoie à la mort et à l'insatisfaction, et la préservation de lui-même comme désir au-delà de lui-même, mais aussi comme impossibilité à être soi, à se contenter, si ce n'est pour lui à s'évanouir là où tout est autre que lui-même, dans la pulsion. Mais c'est là une toute autre interprétation du foyer pulsionnel, celle de Lacan. Freud, toujours pris dans la discussion finaliste des biologistes, va ajouter un troisième argument. Reprenant et confirmant une thèse de son ami psychanalyste S. Ferenczi, il stabilise sa propre conception en posant que la dialectique observable régression-développement, résulterait des effets de l'action des forces extérieures à l'organisme et qui auraient peu à peu provoqué évolution et adaptation nouvelles, ainsi qu'une transformation du rôle conservateur des pulsions. La vie se serait donc conservée contradictoirement en se retournant contre sa propre logique de conservation, la déplaçant pour se conserver plus longtemps... Cela permet à Freud de révoquer en doute toute croyance en un progrès humain historique nécessaire et qui serait sa loi naturelle, il n'y a donc pas pour lui de *pulsion de perfectionnement* dans le vivant. On pourrait ajouter, à l'encontre des psychologies évolutionnistes du développement, qu'il n'y a pas non plus en ce sens de progrès génétique de l'adaptation. Mais alors pourquoi de telles transformations entre les conditions du vivant brut et l'humanité ? La force argumentative de Freud est ici de se référer à la théorie clinique du *refoulement pulsionnel* et à l'expression inconsciente des pulsions dont il a pu observer et analyser les manifestations dérivées chez ses patients. De plus, il peut se référer à l'expression progressive et concrète de ces processus de refoulement durant l'enfance, sur le plan des affects, des conduites et des représentations[1]. La recherche du perfectionnement, éthique et technique, culturel, est donc en ce sens un effet du refoulement des pulsions par la censure psychique inhérente à la formation du moi réflexif, aspiration d'ailleurs assez minoritaire chez les êtres humains, mais c'est bien là la seule différence entre l'homme et l'animal. En ce sens, ce qui serait humain, ce serait, pour ainsi dire, la culture commune du refoulement. Mais la pulsion, sans cesse fait retour comme répétition du processus de satisfaction primaire et l'insatisfaction persistante nous pousse à agir constamment pour la supprimer, la satisfaire, la contrôler ou la sublimer. Et comme une intégrale satisfaction est impossible, car mortifère et barrée par le refoulement, à moins de se livrer à la toxicomanie, nous sommes conduits à chercher à nous « perfectionner », c'est-à-dire à nous éloigner de la satisfaction pulsionnelle immédiate. Pour autant, Freud va relier cette recherche à la libido amoureuse, à Éros, faisant ici de la pulsion sexuelle dans son pouvoir de liaison des énergies, non seulement une exception à toutes les autres pulsions, mais le principal moteur de la culture et de la vie humaines. En ce sens, la culture est une expression

---

[1] Freud. *Trois essais sur la théorie sexuelle,* in Œuvres complètes, Edition Française, Vol. VI. Paris, PUF, 2006.

vitale du vivant pour se prémunir du vivant, ce qui ferait de l'être humain une existence hors-nature, contre-nature si l'on veut, mais non point surnaturelle. De cette coupure du sujet humain et de la nature, Freud pourtant ne parle guère directement. Il n'aura pas cessé d'en pister le mouvement, mais pour la réinscrire dans une téléologie de la nature et du vivant. Ne faudrait-il pas cependant s'éloigner d'une telle complexion pour introduire une solution de continuité ? Et si l'organisation psychique libidinale relationnelle n'était pas un effet détourné du vivant, mais, au contraire, un contre-effet de l'appareil psychique sur le vivant ? Certes, poser les choses en ces termes, serait prendre le risque de revenir à l'idéalisme subjectif de la philosophie allemande postkantienne, à une vision transcendantale du sujet. Or n'est-ce pas ce que Freud soutient dans son analyse des contradictions éthiques que soulève la question de la pulsion de mort pour le sujet humain ?

7-3 On sait que la logique de Hegel expose que les processus de pensée ou d'existence font se succéder comme autant de moments, l'identité, la différence, l'opposition des contraires, la division, la contradiction, la résolution. Autrement dit, l'identique à soi, la dualité du soi, la dualité dynamique entre soi et l'autre, la dualité doublement distribuée et intégrée contre soi et envers l'autre, le développement du contradictoire comme négation niée opposée à la négation négativante, la suppression de la contradiction entre soi et l'autre, la formation d'un rapport nouveau positif d'existence. Deux réserves. Une pour les hégéliens. Bien évidemment, il s'agit là d'une description simplifiée. Une pour les freudiens. On pourra juger que cela n'a pas grand rapport avec Freud. Je ne le pense pas. Laissons là ces deux critiques, elles sont toutes deux vraies et fausses. Revenons à la lettre de Freud. La sixième et septième partie du texte s'avèrent capitales pour se saisir de la complexité du problème formulé par Freud. Celui de la dualité des pulsions, un problème qu'on pourrait qualifier de manichéen. Leur opposition et intrication, corrélation et différence, convergence et divergence, leur négativité et positivité, leur puissance divisante et la nécessité d'y trouver quelque équilibre et conciliation, de pouvoir soi-même s'en sortir, rester en vie en quelque sorte, en forme le noyau logique et phénoménologique. Certes, tout cela est un mouvement, dynamique sans solution physique ni logique définitive et marqué par de perpétuels recommencements et répétitions du même. Une vision fataliste de la chose en ferait un cycle immuable et éternel sur lequel nous n'avons aucune espèce de pouvoir. L'alternance éternelle de l'être et du néant, voire du *Ying* et du *Yang.* Mais cette position qui confine au nihilisme n'est qu'un moment, puisqu'il faut bien pouvoir vivre, vivre tout de même au-delà de toute jouissance imaginée attribuée à l'anéantissement, de tout désir de mort. La négativité du néant qui confine au rien, à rien, n'est nullement la néantisation, mais l'existence. Donner raison au néant n'est pas disparaître, mais vivre. Ce qui fait du suicide une pathologie logique comme confusion de la négativité et de l'être, même s'il reste toujours possible pour chacun qu'on en accepte l'idée ou non.

7-4 Il serait maintenant bien trop long d'analyser encore tout le détail du texte. Nous en retiendrons seulement quelques points principaux, plus particulièrement ceux qui représentent des arguments pivots sur lesquels l'argumentation et les analyses tournent ou font question. Nous avons déjà presque commenté et contextualisé cinquante des soixante-dix pages de l'essai. Voyons les vingt qui restent. La densité de la pensée est ici très forte. Le point de départ axial sur lequel Freud revient sans cesse, parce que d'origine clinique, est l'opposition initiale, conflictuelle pour le sujet souffrant, entre pulsions du moi et pulsions sexuelles. Ce que le moi voudrait pour lui-même, sa sexualité vient pour le contredire. Ou inversement, ce qu'il voudrait pour lui-même dans sa sexualité, son moi ou sur-moi l'en empêchent. Ou encore, ce qui idéalement constitue pour lui sa sexualité, vient contrevenir à l'ordre sexuel social ordinaire. Ou bien, le réel impossible de sa propre sexualité qu'impose au sujet les injonctions surmoïques met en péril son existence. Ici le degré du refoulement, le narcissisme et l'intensité plus ou moins grande de la culpabilité ressentie ou pas quant à soi et aux autres, jouent un rôle prédominant. Psychose, névrose et perversion, ne se disposant pas exactement selon la même logique. Freud, lui, reste insatisfait de cette opposition entre ce qui *pousse vers la vie* ou *vers la mort.* Nous avons vu que cette opposition présente une contradiction entre une vie ordonnée à sa disparition et une vie, niant pour ainsi dire les lois primaires de la vie, ordonnée à sa perpétuation. En quelque sorte, deux éternités mêlées s'affrontent. Deux sortes de vie. Le postulat est d'autant plus compliqué à justifier que les forces physiques et physiologiques qui poussent à la destruction, donnant lieu à la compulsion de répétition, sont *conservatrices,* conservatrices de la suppression du vivre du vivant. Or le moi individuel naturel est spontanément placé du côté de sa destruction ou annihilation. Hegel écrit :

> « *Notre savoir habituel ne se représente que l'objet qu'il sait ; il ne se représente pas en même temps lui-même, c'est-à-dire le savoir même. Or tout ce qui est donné dans le savoir ne se réduit pas à l'objet ; il contient aussi le Je qui sait, et la relation réciproque entre moi et l'objet : la conscience* ».[1]

Par conscience, il faut entendre ici initialement aussi une relation d'objet, la relation de soi à soi-même à travers un objet qui n'est pas a priori d'emblée le soi pris comme objet et forme indépendante de la relation d'objet. Cette relation à soi de

---

[1] Hegel. *Propédeutique philosophique.* Logique, deuxième partie, « Phénoménologie de l'esprit », Paris, Minuit, 1963, p. 89.

la conscience reste d'abord indistincte dans le rapport de savoir, dans le savoir que la pensée a de l'objet, puis se détache en tant que telle comme le facteur du connaître qui assure l'identité de l'objet. Hegel ne dit pas si un tel savoir est antérieur au narcissisme ou en procède. Mais si l'on retire tout aspect naturaliste à sa psychologie, pour en faire une dynamique ou une topique, il semblerait que l'on soit ici encore en deçà du narcissisme, si l'on considère que celui-ci en appelle dans la formation de l'idéal du moi à la convocation d'un imaginaire de soi en regard de l'autre maternel. Pour Hegel, on est d'abord dans le savoir en deçà de la conscience de soi, le soi étant lui-même la relation d'objet. Le soi comme un rapport à soi de soi-même, ne vient qu'après, après-coup. Il faut que la pensée s'assigne pour objet l'intérieur dans lequel elle conçoit ses objets, pour que celle-ci advienne à l'identité de soi, à la subjectivité. Ce faisant : *En tant que conscience de soi, le Je a l'intuition de lui-même, et l'énonciation de cette conscience dans sa pureté est Je = Je, ou Je suis Je.* Hegel ajoute aussitôt que cette proposition *est dépourvue de tout contenu*, exposée donc à un vide d'objet où le sujet vacille, et que, pour s'accomplir, la conscience devra exercer : *une double activité : 1° pour supprimer l'altérité des objets et les poser comme égaux à elle-même, - 2° pour sortir d'elle-même et se donner de la sorte objectalité et réalité présente.*[1] Autrement dit, d'une relation d'objet initiale, on en vient à un rapport de soi à un objet structuré par une idée de soi, un idéal. Lacan affirmera de surcroît que cette égalité à soi, qui est une identité imaginaire dépendante au moins du désir maternel, ou *une série enveloppante d'identifications imaginaires,* implique le rapport de division inconscient et d'aliénation à ce qui est autre, aux *objets partiels* inconscients. Et, en un certain sens, il ne peut se produire qu'en faisant appel à une négativité amplifiée qui ne se peut elle-même supprimer. Il écrit non seulement, assez proche ici de Hegel, que : *Le moi est à comprendre dans le mouvement d'aliénation progressive où se constitue la conscience de soi*[2], mais, par ailleurs, il ajoute une dimension de destructivité, présente aussi chez Hegel, cette fois radicalisée par l'analyse freudienne, celle d'un noyau de folie mortifère inhérent à la subjectivité humaine : *Au départ du développement psychique sont liés : le Moi primordial comme essentiellement aliéné et le sacrifice primitif comme essentiellement suicidaire.*[3] Il y a là aussi un masochisme primordial qui en appelle à une soumission éventuelle au sadisme d'un autre, personne particulière ou instance impersonnelle comme exposition désirée au mourir, à la mort de soi par l'autre. Freud, pour sa part, réfléchit en deçà de toute psychologie, y compris fonctionnelle. Il pense à partir de la vie organique comme la substance même des connaissances sur lesquelles il faut fonder la psychopathologie psychanalytique.

---

[1] Hegel. *Propédeutique philosophique.*, opus cit., p. 95.

[2] Lacan. *Ecrits.* Paris, Seuil, 1966, p. 374.

[3] Lacan. *Idem,* p. 187.

En réalité son objet d'investigation n'est pas le sujet psychique, mais le vivant même. C'est une philosophie naturelle du corps qu'il déploie, pas de l'esprit, mais cela aussi contre toute croyance naturelle ou subjective. Ce qui me fait mourir, reprend-il, provient de causes internes, d'une nécessité inhérente au corps. Il y a là nécessité et Freud convoque pour cela le terme grec antique d'*ananké* qui désignait la loi universelle de l'univers. Pour les Grecs, ce à quoi nul n'échappe, Dieu ou homme. Mais le doute méthodique qui est le sien ne se relâche pas. Il se pourrait bien qu'une telle nécessité de la mort soit encore une illusion, écrit-il. Une illusion pour supporter l'insupportable, ou le non sens de toute existence. On peut penser qu'il songe ici à la philosophie stoïcienne qui nous enseigne l'acceptation résolue et indifférente de la mort comme détermination destinale de toute existence. Cependant, dans les sociétés primitives, il n'y a jamais de mort naturelle, écrit-il encore. Est-ce un défaut de conscience ? On ne sait. Néanmoins, la méconnaissance ou la dénégation de la mort, ou, de façon inclusive, l'idée d'une *nécessité interne de la mort,* toutes sont des croyances. D'ailleurs, sur les causes de la mort naturelle, les biologistes eux-mêmes ne sont pas d'accord, le *concept de la mort leur glisse entre les doigts* écrit encore Freud.

7-5 Il lui faut tout de même et encore examiner la question à partir des travaux et résultats des biologistes. C'est une affaire de pas, un pas puis l'autre, puis il faudra encore après faire un pas de plus. La démarche est prudente. On navigue aux confins de l'insensé et Freud n'est ni l'écrivain R. Bataille ni le poète A. Artaud. La poétique de l'anéantissement et de la cruauté n'est pas son objet. Il n'a pas le droit à la licence poétique. Alors la science biologique est de référence. Que dit-elle ? Reprenant ses analyses, par une progression rétrospective reconduite, il va s'appuyer sur deux aspects déterminants. Une hypothèse d'abord. Il avait identifié le retour à l'inanimé qui provoque les pulsions, comme découlant de la structure protozoaire de la vie cellulaire. Un mouvement dynamique, de division ou de séparation, aurait conduit à dissocier, dans le vivant même, régression et progression, retour vers la mort et conservation vers l'avenir. C'est là introduire un point de vue dynamique en abandonnant celui initialement surtout morphologique. Passer d'une description plutôt anatomique et fonctionnelle de l'organisme, à une autre plus historique et évolutive, impliquant si l'on veut des mutations. Mais le doute persiste. Si la biologie freudienne peut attester des pulsions de mort, rien n'autorise dans le vivant à isoler leur contraire, des pulsions de vie. Néanmoins, il y a les travaux d'A. Weismann, considéré comme l'un des premiers généticiens modernes. Celui-ci a montré qu'il existait dans le corps deux sortes de cellules, les somatiques, constitutives des tissus du corps et mortelles, et celles du plasma germinal, immortelles et destinées à la reproduction. Or chez les unicellulaires, cette distinction n'existe pas, ceux-ci étant potentiellement immortels, comme les cellules cancéreuses. Freud fera mention plus loin de ce type de processus, relativement aux cellules germinales en les déterminant comme narcissiques. La mortalité cellulaire n'apparaît qu'avec la complexification des organismes pluricellulaires. La mort n'est donc pas originairement une propriété de la substance vivante, mais une qualité acquise avec le développement des organismes et des contraintes de l'adaptation au milieu externe. Curieusement, un tel argument, indépendamment de sa validité objective, vient contredire logiquement la définition initiale que Freud avait donné du vivant comme nécessairement mu par la mort. La dialectique ne cesse donc pas. A la fois comme logique dialectique et comme dialectique de la nature. Et, si la vie unicellulaire n'implique pas la mort cellulaire, une existence individuelle illimitée aurait été pour Freud un *luxe inapproprié*. Pourquoi cela ? Parce que toute vie est par définition sous condition d'une usure de ses forces de conservation et d'une interruption ? Freud ne conclut pas. Là non plus, aucune explication définitive ne nous est donnée par Freud, même si on peut éprouver cela comme une évidence constative, ne serait-ce qu'en fonction de l'usure progressive et du déclin progressif des êtres vivants que nous sommes individuellement, et de notre régénération par l'engendrement et la sexualité. Il est vrai que nous redoutons le vieillissement et la mort plus que toutes autres choses et qu'ils nous apparaissent comme les signes d'une fin absolue, même si nous en venons aussi à la nier par des croyances en une vie *post mortem*. Freud fait donc le choix ici d'une métaphysique de la vie dont la loi semble être de se déployer comme affirmation étendue d'elle-même par une logique contradictoire, conservation et dépassement par reproduction et mort des individus. L'affirmation est ici aussi négation, et en quelque sorte négation de cette négation. Or est-ce là une théorie physique, biologique, psychologique, logique ou philosophique ? A la fois tout cela ensemble et tout autre chose. Certains y verront d'emblée une métaphysique, une philosophie fondamentale.

VIII De Thanatos à Éros, par l'énergie d'Éros.

8-1 Freud va se et nous proposer de faire un *pas de plus*. L'audace d'un pas de plus. Il opère alors par un saut dialectique qui implique quasiment d'attribuer une dimension politique propre à la vie cellulaire. Les organismes pluricellulaires ont pu en se complexifiant durer plus longtemps, et, si l'on veut transposer, obtenir un gain de jouissance, ou, au sens de Spinoza, accroitre leur *conatus,* leur puissance d'être. Pour cela, il y a eu une sorte de division du travail, des cellules seront restées vouées à la vie simple comme des êtres isolés et d'autres seront détachées, pour le « collectif », à la conservation, la copulation et la sexualité en naissant. La vie évoluant semble ici distribuer aux cellules des rôles sociaux bien distincts, de même que chez Hegel le conflit et l'inégalité des consciences entre elles donne lieu à des destinées individuelles opposées, indépendance et solitude pour la mort et la guerre d'un côté, dépendance et soumission sociale pour la vie et le travail de l'autre. Dans cette division du travail cellulaire, il s'agit pour Freud alors de *fusionner temporairement pour se rajeunir l'un et l'autre*. Le récit mythologique freudien vient ici se nouer à un nœud symbolique fondamental, la conjonction des identiques dans une relation fusionnelle qui fait du deux une unicité fonctionnelle. Le mythe d'Aristophane, exposé par Platon dans Le Banquet, sera effectivement un peu plus loin convoqué. Il s'agit du récit de la réunion amoureuse des couples humains. Tous ont d'abord été organiquement un sous une forme sphérique autosuffisante, avec deux têtes et huit membres, puis séparés par les dieux en deux moitiés et cherchant depuis à se retrouver pour se rassembler, ce qui serait à l'origine de l'amour et du sentiment de complémentarité des couples.[1] Or que fait Freud ? Ajoute-t-il un nouveau mythe aux anciens, ou interprète-t-il de nouveau l'un d'entre eux ? En tout cas, les opérateurs logiques de l'unité scindée, de la division des contraires, puis de la réunion du scindé, sont bien à l'œuvre. Au sein de l'activité organique, certaines pulsions de vie ou sexuelles, *actives dans chaque cellule,* vont, littéralement, *prendre pour objet les autres cellules dont elles vont neutraliser en partie les pulsions de mort, les maintenant ainsi en vie, leur sacrifice à l'exercice de la fonction libidinale* se voyant relayé par d'autres cellules. On pourra voir ici un théâtre politique, dans lequel un groupe organisé de protagonistes agit délibérément et intentionnellement en vue du salut commun. Bien entendu, ce sont là des processus sans sujet, mais il est difficile de ne pas y voir une action finalisé, donc intentionnelle en quelque sorte ou transcendantale. De plus intervient ici une dimension fortement symbolique supplémentaire, non seulement il s'agit de protéger et perpétuer la vie, mais cela convoque le sacrifice de soi. Par opposition, les cellules germinales, elles, ne vont pas jouer le jeu de la réunion amoureuse, mais rester *solo*. Identitairement solitaires, elles ne peuvent participer de la réunion de ce qui est divisé et périssable. Elles vont donc concentrer leur énergie de vie sur elles-mêmes afin d'assurer par leur autoconservation la reproduction de l'organisme. De telles cellules, à l'organisation innée et de nature embryonnaire, comme les cellules tumorales, sont effectivement par leur narcissisme, au sens d'une libido dirigée vers soi, capables de résister à la mort. Il est étonnant de trouver la source de l'auto-érotisme ou de l'amour de soi dans la forme même de l'activité cellulaire germinale. L'individuation humaine, propre au narcissisme primaire, aux prémisses de la formation de la personnalité individuelle, serait donc d'origine cellulaire et pulsionnelle. On s'étonnera de tout ceci. Qu'une telle logique soit présente dans la conduite des sujets humains, certes, mais ici le sujet est fait de processus cellulaires, pas de rituels religieux ou de pratiques institutionnelles. Les pulsions,

---

[1] Platon. *Le Banquet.* Opus cit.

pourtant toujours affirmées par Freud substantiellement indéfinies, plus particulièrement celles de vie, prennent ici une dimension anthropomorphique. Elles relèvent désormais d'une cause finale, ou bien il y a dans la nature quelque esprit, voire des esprits cellulaires. Freud ne le dit pas. Il ne fait que désigner des processus. Cependant, c'est bien une métaphysique finaliste qu'il convoque dans ses analyses. Il tombe pourtant de lui-même sous le coup de la critique de Spinoza, en lui donnant à la fois raison sur l'ignorance qui est nôtre de la cause de nos actes et en méconnaissant ses arguments sur l'attribution à la nature de causes finales. Spinoza avait réfuté qu'il y ait dans la nature des formes objectives universelles de finalité, renvoyant cela en la croyance humaine en un pouvoir de la volonté dans les actes. Une telle attribution de pouvoir attestait d'une méconnaissance des causes véritables de nos actes, croyance ensuite projetée sur les lois des processus physiques par le moyen de la théologie. A ce titre, il écrivait que beaucoup des préjugés dont il faut se préserver dépendent de l'un d'entre eux qui consiste *en ce que les hommes supposent communément que toutes les choses de la nature agissent, comme eux-mêmes, en vue d'une fin, et vont jusqu'à tenir que Dieu lui-même dirige tout vers une certaine fin.*[1] Certes c'est là une injustice faite à Freud que de lui reprocher un tel travers, dont il ne cesse de vouloir se départir et il ne s'agit pas chez lui d'une explication théologique finaliste globale, mais d'analyses factuelles partielles de formes causales spécifiques, de processus locaux qui, après tout sont peut-être des lois de la nature. Pour autant, ses explications finalistes des pulsions dans le vivant et de leur évolution peuvent tout à fait tomber sous le coup d'une telle critique. Alors pourquoi ne pas faire ici un saut dialectique hégélien et attribuer ces enjeux de maintien de la vie au devenir sujet de l'être humain en regard de la nature et délaisser ici les explications physicalistes ?

8-2 Freud va cependant déclarer avoir fait un pas supplémentaire, le *pas suivant.* Ce n'est pas lui seul qui le fait, mais la psychanalyse. Est-il le sujet individuel de son acte théorique, ou est-ce le résultat d'un travail collectif ? Est-ce ici un nous autres qui se présente ? Le pas en question est de reconnaitre le fait que la libido est aussi dirigée sur le moi et d'introduire le narcissisme ou l'amour de soi également comme d'ordre sexuel et libidinal, non plus seulement déterminé par les pulsions organiques internes. Au moi naturel et biologique de la nature organique se voit adjoint le moi-objet de l'investissement sexuel ou libidinal d'objet qui passe par l'externe. *Je* deviens pour lui-même un objet d'attention affective, il devient pour lui-même et à lui-même son propre objet. Il y a là envers soi, un passage par le dehors de soi, par l'externe ou un rapport à ce qui est autre et mien

---

[1] Spinoza. *Ethique.* Opus cit. Première partie, appendice, p. 61.

en même temps. J'ai déjà indiqué à ce propos que la dualité produisait ici, dialectiquement encore, à partir d'une opposition à deux termes, une division logique supplémentaire de l'un des termes, ou un rapport superposant plusieurs régimes dynamiques de relation et de couples en opposition-relation. On a dès lors, soi comme un moi-autre étranger, soi parmi d'autres mois mortels, soi comme l'autre soi pour soi-même éternel, soi et les autres contre soi ou pour soi-même, etc. Un tel processus d'amour de soi implique négativement un retrait de l'amour d'autrui, signale Freud. Il faut donc nier aussi sa dépendance libidinale avec un objet externe, autre de soi. Si l'amour d'autrui implique un désinvestissement de soi, pour s'aimer soi-même, il faut nier la négation qu'est ma dépendance ou lien affectif à l'autre. Ce n'est plus moi et/ou les autres, mais moi-même sans ou contre les autres. De sorte que de l'opposition initiale pulsions du moi et sexuelles, on en vient à un rapport basiquement au moins à trois termes, l'opposition pulsion de mort et libido, la seconde se composant dès lors de l'opposition supplémentaire de l'amour de soi et de celui de l'autre. Freud écrit en ce sens :

> « *En avançant plus prudemment dans l'observation, on a été frappé, en psychanalyse, par la régularité avec la quelle la libido est retirée de l'objet et dirigée sur le moi (introversion) ; en étudiant les phases précoces du développement de la libido chez l'enfant, la psychanalyse parvint à l'idée que le moi est le réservoir véritable et originaire de la libido, qui doit partir de là pour s'étendre à l'objet. Le moi prenait alors place parmi les objets sexuels et était aussitôt reconnu comme prévalent parmi eux. On appela narcissique la libido qui séjourne ainsi dans le moi* ».[1]

Voici que la source de la pulsion d'amour cesse d'être impersonnelle, purement objective, mais provient désormais de soi, ou entraîne par retrait un rapport à soi. Un moins d'investissement qui est tout de même aussi un plus, une supplémentation que n'était pas encore l'amour initial spontané de l'autre que soi, on pourrait dire par exemple et fait premier de la libido mentionner l'attachement à l'autre maternel. Bien évidemment, une telle histoire en sa succession chronologique n'est pas une évidence, à moins de donner raison à Hegel. Néanmoins, envers l'argumentation de Freud et les positions de ses condisciples, pour eux également théoriquement et pratiquement, il y a là un progrès. En cela que la question du sujet comme objet de lui-même, objet d'amour, pointe désormais comme un nouveau moteur de l'activité pulsionnelle ou libidinale. On s'éloigne donc de la nature biologique pour aborder plus directement la complexion structurale ou l'histoire dynamique du sujet.

---

[1] Freud. « Au-delà du principe de plaisir », Opus cit., p., 99.

8-3 Penchons-nous sur la façon par laquelle Freud justifie d'une telle introduction de la libido du moi. Il s'agit de la libido narcissique. Le terme de narcissisme a d'abord désigné pour les médecins et les psychanalystes un phénomène pathologique d'ordre clinique. En 1914, Freud écrivait déjà :

> « *Le terme de narcissisme provient de la description clinique, et a été choisi en 1899 par P. Näcke pour désigner le comportement par lequel un individu traite son propre corps de façon semblable à celle dont on traite d'ordinaire le corps d'un objet sexuel (...). Développé à ce point, le narcissisme a la signification d'une perversion qui a absorbé la totalité de la vie sexuelle de la personne (...). L'observation psychanalytique s'est ensuite aperçue que des traits particuliers du comportement narcissique se retrouvent chez de nombreuses personnes qui souffrent d'autres troubles (...), enfin l'on est arrivé à supposer qu'un certain placement de la libido, qui doit être désigné comme narcissisme, peut entrer en considération dans un champ beaucoup plus vaste et revendiquer sa place dans le développement sexuel régulier de l'être humain.* »* [1]

Nous avons vu précédemment que Freud avait admis que si les pulsions auto-érotiques existent d'emblée, par ailleurs *il n'existe pas dès le début, dans l'individu, une unité comparable au moi ; le moi doit subir un développement.* La formation d'une individualité se référant à elle-même, autrement dit d'une conscience de soi – sans préjuger qu'il s'agisse minimalement d'autre chose que d'une forme structurelle du soi, d'une auto-affection de soi par soi-même – n'est donc pas un donné initial, mais le résultat d'un processus, d'un *développement.* C'est bien ce qui dit Hegel aussi, dans le passage chez lui de l'existence sensible à l'existence subjective, au pour-soi de l'existence. Freud revient alors sur son opposition initiale entre pulsions d'autoconservation du moi et pulsion sexuelle, pour l'abandonner. Si la libido peut s'exercer envers soi autant qu'envers autrui, l'amour de soi reste de l'ordre des pulsions d'autoconservation, mais celle-ci ne sont plus seulement mues par la déliaison et le retour à l'inactivité et relèvent aussi du principe de liaison dans l'investissement d'un objet du désir. Il y aurait donc en regard du réel du moi non seulement deux sortes de pulsions, mais aussi deux processus d'autoconservation très dissociables, celui organique qui revient au désinvestissement d'objet et celui subjectif qui relève de l'amour de soi. Néanmoins cela ne change rien, ajoute Freud, à la caractérisation des troubles psychiques comme dépendants d'un *conflit entre les pulsions du moi et les pulsions sexuelles.* Cependant tout cela apparait à la lecture du texte bien compliqué. Les pulsions du moi, refoulées ou latentes ne sont-elles pas elles-aussi de nature sexuelle ? Sont-

---

[1] Freud. « Pour introduire le narcissisme », Opus cit., p. 81.

elles quant à soi ou à l'autre envers soi ? Où sont l'interne et l'externe des représentations sexuelles qui font conflit pour le sujet ? Freud qui était passé auparavant du *morphologique* de l'organisation cellulaire archaïque des protozoaires, où seraient indistinctes originairement pulsions de vie et de mort, conservation et destruction, à la *dynamique* antagoniste de la différenciation inhérente aux organismes supérieurs entre pulsions de mort dissolvantes et pulsions de vie conservatrices, donnant lieu à la sexualité par un transformation organisationnelle de l'économie pulsionnelle, introduit cette fois une dimension *topique* supplémentaire pour les distinguer. Cela implique de revenir sur l'idée d'une distinction purement qualitative des pulsions, pour la redistribuer sur les places ou instances de l'appareil psychique qui en est venu peu à peu à se constituer en déplaçant par là-même les formes de leur expression. En 1923, dans Le moi et le ça, Freud reprendra les problèmes ici soulevés en précisant sa théorie des places et fonctions des différentes instances de l'appareil psychique. Une certaine redéfinition du moi en découle : *Le moi est avant tout un moi corporel, il n'est pas seulement un être de surface, mais il est lui-même la projection d'une surface.*[1] En 1927, lors de la publication anglaise de ce texte, Freud ajoutera en note à ce qui précède :

> *« Le moi est finalement dérivé des sensations corporelles, principalement de celles qui ont leur source dans la surface du corps. Il peut ainsi être considéré comme une projection mentale de la surface du corps, et de plus(…) il représente la surface de l'appareil mental. »*[2]

Le moi en ce sens est susceptible, comme projection imaginaire de soi et surface de perception – *idée du corps*-, de se voir investi d'enjeux pulsionnels ou libidinaux qui ne seront plus seulement internes ni non plus provoqués par des causes externes, mais dépendront d'une idée de soi, d'un rapport à soi comme objet affectif, divisant et unifiant dialectiquement le sujet au-delà du corps propre dans un rapport de soi à soi-même qui le sépare de la nature environnante et de la simple existence organique. Une telle configuration ferait naître la conscience, en tant à la fois qu'expression du corps propre, *surface de l'appareil psychique* et instance séparée de ce qui lui échappe de son être, le refoulé inconscient de la pulsion. Il paraitra ici important de rappeler que pour Freud, en quelque sorte, s'il n'y a qu'un seul inconscient, celui-ci se différencie pour le sujet entre le latent qui peut devenir conscient et le refoulé qui échappe à toute conscientisation. Dans un tel fonctionnement interviennent les différentes instances, celles du *ça*, du *sur-moi* et du *moi*. C'est donc à l'analyse également la différence topique des instances qui fait division et opposition dans l'économie pulsionnelle individuelle et par voie de conséquence le type d'investissement pulsionnel qu'elles entrainent.

---

[1] Freud. « Le moi et le ça », in *Essais de psychanalyse*. Paris, Payot, 1981, p.238.

[2] Freud. Idem, note (5) p. 238.

De même, initialement, on peut alors comprendre qu'il n'y aurait pas eu de distinction de nature au sein de l'activité pulsionnelle organique première. Ce serait la formation des différentes instances psychiques qui aurait modifié l'expression des pulsions les différenciant de ce fait qualitativement quant à leurs buts selon chacune d'entre elles : le pulsionnel inconscient d'origine organique, le moi auto-référencié libidinal, le rapport de soi à l'objet externe dans l'amour sexuel. Le narcissisme est donc une organisation seconde intrinsèquement corrélée à la conservation, mais qui impliquerait cette fois une unicité des pulsions qu'elles soient d'autoconservation ou libidinales. La libido érotique ne serait que la transformation du donné pulsionnel initial en énergie liante, d'abord des cellules somatiques entre elles, conduisant à la formation du soi comme objet d'investissement, puis à la relation sexuelle à l'autre, à l'amour qui conserve toute chose. Freud annonce ici le risque d'un nouveau pas. Mais c'est là encore se contredire, puisque au départ les pulsions du moi relevaient de la mort et les pulsions sexuelles de la vie. Ce que reconnaît Freud aussitôt. Comment va-t-il se sortir de ce mauvais pas ?

8-4 Freud va reconduire la dualité vie-mort. Se refusant à ne voir dans l'énergie pulsionnelle qu'une seule entité propre à la nature, une sorte d'affirmation vitale universelle diffuse en toutes choses comme le fait Jung, il va réaffirmer la dualité des pulsions, donc leur scission dialectique, les constituant substantiellement l'une en regard de l'autre dans une dyade d'opposés. Ce faisant il lui faut définitivement disjoindre l'amour de soi des pulsions d'autoconservation au service de la pulsion de mort. Le problème de la pulsion de mort s'est donc déplacé de l'opposition de l'individualité organique naturelle avec l'existence affective en relation à l'autre comme seule sortie de l'état de nature initial, à une contradiction qui divise cette fois le sujet individuel entre son soi organique interne et son soi subjectif différencié et l'oppose à autrui dans un rapport d'amour de soi ou d'amour d'un autre :

> « *Notre conception était dès le début dualiste et l'est encore aujourd'hui de façon plus tranchée, dès l'instant où les termes opposés ne sont plus pour nous pulsions du moi – pulsions sexuelles, mais pulsions de vie – pulsions de mort.* »[1]

Freud a donc radicalisé son dualisme, en portant la contradiction du dualisme, de la scission, au sein même du sujet, par division ou clivage, ou entre sujets, par séparation ou conjonction. Cependant, le narcissisme, au-delà de sa positivité première, conserve une part de négativité. Dans ses formes pathologiques, il reste une défense négative soit contre les pulsions d'autodestruction internes ou refoulées et peut cependant ne pas cesser de dépendre d'elles, soit dans l'amour de soi

---

[1] Freud. « Au-delà du principe de plaisir », opus cit., p., 101.

auto-érotique tournant à la perversion, un rejet ou une incapacité de la relation d'amour à l'autre que soi. Néanmoins la seconde dualité des pulsions, cette fois de vie et de mort, sépare la négativité propre à la nature, à la vie organique, de celle propre au sujet, d'une négativité conservée quant à l'autre ou d'une négativité quant à soi, niée, mais tout autant désirée. On peut alors penser un narcissisme de mort qui s'oppose à un narcissisme de vie. Transposé sur le plan d'une logique sociale ou politique, une telle opposition fait intervenir d'une part une indépendance solitaire vouée à une lutte individuelle avec la mort, contre l'autre que soi et la nature sensible ou organique, et, d'autre part, une dépendance à l'autre de soi qui est une indépendance du sensible et de l'organique par solidarité permettant la vie et l'échange. D'un côté la haine, de l'autre l'amour, c'est-à-dire la discorde ou l'entente, la rivalité ou l'amitié, la séparation ou l'association, la guerre ou le contrat.

8-5 L'opposition pulsions de mort et de vie, *dans l'obscurité présente de la doctrine des pulsions*, vient s'éclairer écrit Freud d'une polarité supplémentaire, celle de la *haine* et de l'*amour*. On passe ici dialectiquement d'une analyse de la division du sujet à celle de ses rapports au prochain dans une division supplémentaire. De ce qui était le propre des corps soumis aux lois du vivant, inhérent à l'ego isolé, on en vient à une théorie des passions, des rapports affectifs. Le dedans peut se comprendre à partir de l'analyse du dehors, du rapport à l'autre que soi, ou l'autre de soi, aussi à l'alter ego, l'autre soi. Là aussi la dualité s'impose. Dans l'amour, je m'identifie au prochain, dans la haine je me détache de lui ou d'elle. Une bipolarité s'ordonne selon la loi logique de la dyade des opposés. Mais comment ramener cette seconde opposition à la précédente se demande Freud ? Il est clair dans le sentiment commun du lecteur que la destructivité interne ou quant à soi n'est peut-être pas sans lien avec celle qui est externe, adressée ou infligée à l'autre. N'est-il pas nécessaire d'extérioriser sa propre destructivité pour être ? De même que l'amour de l'autre ne se peut sans transfiguration envers lui de l'amour de soi. Dans ces deux derniers cas, Spinoza et Hegel diraient que le désir du sujet est au travail. Soit pour augmenter sa propre puissance, narcissiquement, soit pour accroître les possibles de son existence dans la relation à l'autre, la coopération, l'échange, le partage, le lien sexuel d'amour ou sublimé d'amitié. Cependant, comme chacun le sait, cette relation à l'autre n'est pas non plus sans aspérités, sans conflits jalousie, cruauté, rivalité, sans désir de destruction. Par souci de sa propre liberté d'existence, on peut vouloir dominer, soumettre, opprimer, voire tuer et exterminer. Spinoza écrit : *qui imagine que ce qu'il a en haine est détruit, sera joyeux.*[1] Spinoza ajoute d'autre part que nous *avons en aversion d'imaginer ce qui*

---

[1] Spinoza. *Ethique.* Opus cit., Livre III, proposition 20.

diminue ou réduit notre *propre puissance d'agir.* Les trames possibles qui s'ensuivent ici de la haine sont nombreuses, qu'il y ait menace pulsionnelle d'origine interne à contenir ou jouissance à déployer en infligeant sévices et violences à autrui. La destruction de ce qui est menaçant pour soi, haï, est une jouissance, mais la destruction de celui ou de ce que l'on hait en est une autre. Spinoza n'admettait guère qu'il y ait en soi un bonheur de nuire, la haine attestant toujours d'une diminution de la puissance, d'une passion plus subie que désirée. Mais Spinoza n'a pas pris en compte la valeur affirmative de la haine et encore moins de la destructivité quand elles nous permettent de ne pas subir celle-ci nous-mêmes, y compris au prix d'une aliénation imaginaire à la puissance de détruire, à la destruction de l'objet, à la mort de l'adversaire. Pour autant, Spinoza avait bien lu Machiavel et Hobbes, mais il pensait ne pas devoir prendre en compte la négativité morale et sociale, si ce n'est à la poser comme résultante d'une déperdition de la puissance d'être et d'une méconnaissance de soi. Il ne voyait pas dans l'évolution humaine combien dépendance et frustrations, ou pulsions d'emprise, plutôt que simples privations, pouvaient induire une jouissance de la souffrance causée à l'autre ou donner lieu à un désir de domination et d'exploitation du prochain.

8-6 Freud, lui, a mis en lumière la composante cruelle et sadique de la sexualité humaine qu'il repère dès la petite-enfance dans la formation de la personnalité individuelle et qui n'est pas nécessairement endiguée ni supprimée par la maturation psychique chez l'adulte. Il écrit :

> « *Nous avons de tout temps reconnu l'existence d'une composante sadique de la pulsion sexuelle. (…) Mais comment déduire de l'Éros, qui conserve la vie, la pulsion sadique qui a pour but de nuire à l'objet ? N'est-on pas invité à supposer que ce sadisme est à proprement parler une pulsion de mort qui a été repoussée du moi par l'influence de la libido narcissique, de sorte qu'elle ne devient manifeste qu'en se rapportant à l'objet ? Il entre alors au service de la fonction sexuelle ; au stade d'organisation orale de la libido, l'emprise amoureuse sur l'objet coïncide encore avec l'anéantissement de celui-ci* ».[1]

Le moi pour se préserver – se conserver - a donc bien dû extérioriser sa propre destructivité et la projeter sur les autres ou sur les objets de son affection. Détruire est donc bien aussi une joie, une jouissance, et non point seulement la compensation d'une perte, également l'affirmation d'une sorte de puissance d'être qui se soutient pour se préserver à la fois du recours à la destruction de l'objet d'amour et du malheur possible d'autrui. De plus, la dimension sadique d'emprise sur l'autre que soi intervient aussi pour assurer la maîtrise de l'acte sexuel et donc

---

[1] Freud. « Au-delà du principe de plaisir », opus cit., p., 102.

la possibilité du rapport amoureux. Il y a donc un moment positif quant à soi vis-à-vis de l'autre dans la violence possible de destruction ou de domination cruelle, une négation de la négativité quant à soi et sa transformation en positivité, ce qui passe encore par une certaine négation de l'autre que soi, par sa réduction à un objet de jouissance que l'on peut nier, dévaloriser, mépriser, réduire, humilier, asservir, voire tuer. C'est bien ce que Freud soutient comme l'avait fait Hegel avec d'autres mots un siècle avant lui. Il écrit :

> « *En fait on pourrait dire que le sadisme expulsé hors du moi a montré la voie aux composantes libidinales de la pulsion sexuelle ; celles-ci vont se presser à sa suite vers l'objet. Si le sadisme originaire ne se voit ni tempéré ni mélangé, alors s'établit l'ambivalence bien connue de l'amour et de la haine dans la vie amoureuse.* » [1]

Cependant, le sadisme comme domination et maîtrise ne se peut exercer seul, il lui faut encore son principe opposé et complémentaire, le masochisme. Il y a unité des contraires. La dialectique est ici toujours le cadre logique même du processus de pensée de Freud. Là encore elle est à la fois individuelle et sociale, de soi à soi-même, ou à l'autre, logique et factuelle, théorique et clinique, inhérente à des processus sans sujet et tout autant agie plus ou moins intentionnellement. Freud écrit :

> « *Des observations cliniques nous ont en leur temps imposé l'idée que le masochisme, pulsion partielle complémentaire du sadisme, se comprenait comme un retournement du sadisme sur le moi propre. Mais que la pulsion se tourne de l'objet vers le moi ou qu'elle se tourne du moi vers l'objet – ce qui est le point nouveau ici en question -, cela n'est pas par principe différent. Le masochisme, la pulsion qui se tourne contre le moi propre, serait donc en réalité un retour à une phase antérieure de cette pulsion, une régression.* » [2]

C'est donc la violence sexuelle dominatrice qui est première, contre soi et contre l'autre de soi qui est aussi par ailleurs l'autre que soi, l'autre soi. La soumission masochiste n'est que seconde, elle procède d'un renversement, d'une inversion des contraires par régression. En ce sens, il n'y a jamais de domination sans une certaine passivité à s'y soumettre mais qui relève aussi du désir inconscient. Est-ce là une théorie sociale ou psychologique que Freud déploie ? Curieusement, elle s'est toujours présentée chez lui comme d'ordre psychobiologique. On peut pourtant tout autant y déceler un contexte de cet ordre, celui d'une psychopolitique du sujet et de son autre, de ses autres et de ce qui fait pour lui altérité dans

---

[1] Freud. Idem, p. 102.

[2] Freud. « Au-delà du principe de plaisir », opus cit., p., 103.

son rapport à lui-même, à ses proches, à la vie sociale. Il s'agit non seulement des *petits autres* auxquels le je s'identifie et s'aliène pour s'objectiver, en cherchant leur reconnaissance, et de l'altérité majeure inconsciente qui le constitue et l'anime. Un grand *Autre*, cette fois, qui est le lieu imaginaire et la cause d'où provient le désir du sujet, sa mémoire inconsciente, et dont dépend son idéal personnel et social. A travers l'ensemble social et le rapport aux autres, fait d'amour ou de haine, d'attirance ou d'aversion, d'identité ou de différence, de proximité ou d'éloignement, c'est bien de l'Autre comme une réalité projetée hors de nous que nous revient la forme de notre désir, sa complexion et son sens. Lacan ajoutera qu'il nous revient sous une forme inversée, introduisant ainsi dans le rapport à l'inconscient de chacun, une dialectique paradoxale.[1] En cela, il n'est pas si sûr que le sujet du politique soit vraiment détachable de celui de l'inconscient individuel. En 1921, Freud écrira en ce sens :

> « *Dans la vie psychique de l'individu pris isolément, l'Autre intervient très régulièrement en tant que modèle, soutien et adversaire, et de ce fait la psychologie individuelle est aussi d'emblée et simultanément, une psychologie sociale, en ce sens élargi mais parfaitement justifié.* »[2]

Et comme dans le passage de la pulsion de mort ou du narcissisme à celle de l'amour d'autrui, ou chez l'enfant dans l'élaboration imaginaire de la sexualité du sadisme au génital, notre *sentiment social* repose aussi sur *le retournement d'un sentiment d'abord hostile en un lien à caractère positif, de la nature d'une identification*. Freud confirme ici cette dimension dialectique de la subjectivation en regard de l'autre qui nous constitue, à la fois dans sa dimension agonistique et identitaire. Autrui est ainsi potentiellement à la fois mon ennemi et un autre moi-même en lequel je peux me reconnaître en lui attribuant une identité similaire à la mienne ou en l'idéalisant. On sait qu'une telle identification d'autrui à soi-même est d'autant plus puissante qu'elle se fait au sein d'un collectif réuni par un leader et qui désigne au groupe un tiers que l'on va ensemble exclure et haïr. La pulsion de mort, encore, vient se transposer et se diffuser dans la forme sociale, dans le collectif, à partir d'un amour commun identitaire qui donne lieu à une détestation et vindicte toutes deux aussi partagées aveuglément. Dans la foule agglomérée et imaginairement unifiée, l'agressivité mutuelle qui était d'abord d'ordre individuel devient la destructivité à l'œuvre d'un corps collectif de personnes identifiées à un leader et à ses injonctions éventuellement criminelles. A travers l'analyse de la psychologie des foules, Freud esquisse une théorie sociale de la pulsion de mort comme l'un des moteurs du politique, des passions sociales.

---

[1] Lacan. *Ecrits*. Paris, Le Seuil, 1966, p. 9.

[2] Freud. « Psychologie des foules et analyse du moi », in *Essais de psychanalyse*. Paris, Payot, 1981, p. 123.

Comme si l'identification par l'un personnifié du tout social, pris en tant que forme identitaire commune érotisée de chacun et de tous, était la condition de l'exercice collectif de la destructivité et du meurtre. Non point que toute unicité sociale instituée produise nécessairement de la violence collective, mais sans un tel idéal identitaire ou unicité imaginaire, elle ne pourrait pas se déployer. Malheureusement, on aura pu assister depuis, au moins explicitement dans les différents fascismes, à une illustration factuelle de tels processus dont Freud avait eu la prescience. Néanmoins, il n'est pas du tout certain qu'une fondation sociale, quelle qu'elle soit, y compris démocratique ou favorable aux doits sociaux, puisse échapper à de tels processus initiaux de violence collective. Dans ceux-ci Freud voyait la réitération du meurtre originaire par les fils du père de la horde primitive, cet autre mythe freudien.

8-7 Avant que de prendre le risque d'une excursion dans la dimension psychosociale inconsciente de l'existence individuelle, mais supposant le jeu social, ce qu'il va faire l'année suivante, Freud n'en démord pourtant pas, seule la biologie fondamentale et la chimie permettent d'expliquer cette tendance organique à la mort qui lui paraît structurer les phénomènes sexuels et permettre de comprendre la nature des pulsions. Les pulsions conservatrices de la vie, ou *le processus vital de l'individu,* sont ordonnées à la mort, maintient-il, également au retour *à l'égalisation des tensions chimiques.* A cela l'amour ne change apparemment rien ou n'ajoute pas grand chose. De sorte que si la vie a pu se voir augmentée au-delà de l'existence protozoaire par la *copulation,* cette *fusion de deux individus,* et bien qu'une telle opération soit pour les individus réunis *une action fortifiante et rajeunissante,* Freud en conclut qu'une telle augmentation pour l'individu pris isolément des tensions vitales due à l'union sexuelle, *introduisant pour ainsi dire de nouvelles différences vitales,* celles-ci n'échappent pas à la règle et *doivent alors être réduites par la vie.* La vie apparaît ici comme le seul sujet substantiel du réel de la subjectivité humaine, sans que le désir humain puisse se détacher de ses processus. Elle seule commande. Il faut donc selon sa loi retourner à la désaffection, à l'ataraxie, à l'absence de trouble, à l'apathie, *à la suppression de la tension d'excitation interne,* et c'est bien ce que recherche notre organisme et aussi nos conduites spontanées. Cette tendance à la *réduction,* à la *constance* de l'excitation, on pourrait dire à une contenance neutralisante de l'affect, est pour Freud la *tendance dominante de la vie psychique.*[1] Et il ajoute, *peut-être de la vie nerveuse aussi en général.* Là réside encore la logique du principe de plaisir, la loi de la jouissance. Or ici encore, plus la vie s'affirme au-delà d'une simple conservation tendue vers l'anorganique, plus la vie se fait liaison avec l'autre que soi, plus

---

[1] Freud. « Au-delà du principe de plaisir », opus cit., p., 104.

la contradiction de la vie tournée vers la mort allant contre la vie tournée vers l'amour s'exprime. Si l'on suit Freud, il y a donc une contradiction interne à la vie, puisqu'elle répond à deux destinées manifestement contraires, à deux logiques opposées dont on ne sait toujours pas vraiment pourquoi la seconde s'est faite divergente de la première. Pourtant pour Freud, ce n'est pas là traiter de questions de psychologie, d'une contradiction éventuelle entre les aspirations du sujet humain et les lois de la vie sensible, voire sexuelle, mais de la logique économique des pulsions et donc de la vie organique. Par ailleurs, en restant sur le terrain de la biologie mais pour s'éloigner de Freud, on pourrait cependant voir ici un principe d'équilibre entre la dépense d'énergie que le vivant mobilise pour se conserver, par l'obtention de l'alimentation et la recherche de la reproduction et, par ailleurs, la conservation de soi et de ses ressources pour continuer d'agir et d'exister. En quelque sorte, on pourrait soutenir, comme le font aujourd'hui de nombreux biologistes, que la nature fonctionnerait selon un régime rationnel équilibrant de dépense et d'économie, dans la perspective d'une augmentation de vie à venir, ou de la prolongation de celle-ci. D'une vie supplémentaire. D'un gain, d'un surplus de jouissance, d'un surcroît d'existence. Mais que vient faire ici la mort ? Qu'il y ait aussi la mort dans les processus du vivant, ne serait-ce que par altération et dégradation des individus, seule l'espèce persiste, n'implique nullement que la mort en soit le régulateur comme sa finalité. Elle met fin certes aux vies individuelles, mais pourquoi en serait-elle la loi unique ? Autrement dit, que la vie soit sous condition de la mort ne fait pas qu'elle soit sa finalité. Elle est son terme par usure et interruption, si j'en réfère à mon existence singulière, pas sa finalité si c'est un élément de la vie.

8-8 Pour sa part, Hegel écrivait que dans *la peur de la mort,* pour la conscience individuelle, indépendamment des circonstances particulières qui la lui font craindre, se manifestait celle de *ce maître absolu* qu'elle représentait. Par maîtrise absolue, il faut entendre, en un sens postmédiéval, le pouvoir dominant ou souverain, la suprême puissance, celle qui décide de la vie et de la mort des individus et qui a pouvoir de déclarer l'état de guerre ou d'exception, quand toute loi est suspendue à la décision souveraine de l'autorité princeps, à son arbitraire. Mais c'est là invoquer un état politique et social, non point une loi de la nature. La mort est-elle alors une puissance naturelle propre à la vie qui me nie absolument et me voue à la répétition du même dans l'indifférenciation, à la soumission à la pulsion, ou bien un rapport à l'autre de ce qui est autre absolument, sans médiation, si ce n'est ma relation à un pouvoir humain dominant ? Si celui-ci me limite symboliquement et effectivement, il rend possible l'exercice d'un désir ou d'une existence par liberté, d'une différence différenciante entre le vivre et le mourir, entre le soi et le non soi, entre l'autonomie de la chose organique naturelle et la négativité propre à l'affirmation singulière historique de la subjectivité dans l'être. Hegel affirme que l'effroi éprouvé devant la mort comme un absolu privatif, autrement dit dans le lexique de la psychanalyse comme une radicale *castration de soi*, est en même temps que la négation de ce soi, son expression la plus propre. Il écrit en ce sens :

> « *Cette conscience, en effet, a eu peur non pour telle ou telle chose, ni en tel ou tel instant, mais pour son essence toute entière ; car elle a ressenti la crainte de la mort, ce maître absolu. Elle y a été dissoute intérieurement, parcourue de part en part par ce frisson, et tout ce qui était fixe en elle a tremblé. Or ce mouvement universel pur, cette fluidification de toute pré-existence, c'est l'essence simple de la conscience de soi, la négativité absolue, le pur être pour soi, qui est ainsi à même cette conscience.* »[1]

Or, ce faisant, la conscience individuelle effrayée et soumise, ayant éprouvé une *crainte absolue*, travaille à transformer l'existant naturel en le niant, en le produisant comme un objet de son effort d'existence. Et si le dominant a délégué pour ainsi dire au soumis son rapport à l'objet sensible, à l'autre vivant, alimentant sa propre jouissance de la soumission de l'autre que soi à l'objet, l'asservi, lui, façonne l'objet du désir en le soumettant à sa propre négativité, en lui donnant forme par son travail. La peur ici, qui a conduit en termes psychanalytiques à la soumission à l'autre paternel dans sa figure imaginaire fantasmée de toute puissance, chez Hegel le dominant, donne lieu à une affirmation positive d'être. La relation négative à l'objet, ou aliénation du désir à l'existence sensible, naturelle, celle de la pulsion comme relation d'objet, devient ainsi expérience affirmative d'une liberté en acte de l'existence individuelle réflexive, de la conscience si l'on veut, mais en tant qu'effort pour être soi du fait d'être soi dans un ne pas pouvoir être soi en regard de l'autre de soi. Par son travail négateur sur l'objet, la négativité vécue de la conscience devient négation d'une négation, d'une impossibilité à être soi en regard de la mort et de l'anéantissement auquel la nature sensible comme être autre nous promet. Hegel écrit :

> « *Dans le façonnage de la chose, en effet, sa propre négativité, son être pour soi, ne devient pour elle objet que parce qu'elle abolit la forme opposée, une forme qui est. Mais ce négatif objectal est exactement l'essence étrangère devant laquelle elle a tremblé. Or, maintenant, elle détruit ce négatif étranger, se pose elle-même comme ce négatif dans l'élément de la permanence ; et devient ainsi pour soi quelque chose qui est pour soi.* »[2]

---

[1] Hegel. *La Phénoménologie de l'esprit*. Opus cit., p. 203.

[2] Hegel. Idem, p.204.

Il est difficile de conjoindre Hegel et Freud, mais il n'est pas certain qu'au-delà de la différence des discours le lieu qui est pour eux objet d'investigation et de connaissance, la relation d'objet du désir humain comme relation à soi à travers l'autre de soi et la conscience que nous pouvons en avoir, aussi la dimension de destructivité de la nature pour le sujet, ainsi que sa propre capacité en regard de l'autre que soi d'anéantir cet objet pour s'approprier son existence en le transformant, ne soit pas un même objet ou sujet. Hegel écrit encore : *l'existence immédiate de l'esprit, la conscience, comporte les deux moments : celui du savoir et celui de l'objectalité négative pour le savoir.* La pulsion de mort comme relation du désir à l'être sensible, à la nature organique, sa valeur négative quant à la conservation de soi et sa négation par la libido, n'est-elle pas la figure freudienne de la seconde ? Hegel écrit encore :

> « *Mais la vie de l'esprit n'est pas la vie qui s'effarouche devant la mort et se réserve pure de la décrépitude, c'est au contraire celle qui la supporte et se conserve en elle. L'esprit n'acquiert sa vérité qu'en se trouvant luimême dans la déchirure absolue. Il n'est pas cette puissance au sens où il serait le positif qui n'a cure du négatif (…) ; il n'est cette puissance qu'en regardant le négatif droit dans les yeux, en s'attardant chez lui* » [1]

Bien sûr, pour Hegel, une telle négativité peut être niée par la conscience individuelle pour donner lieu à existence, ce qui n'est pas le cas chez Freud à première lecture puisqu'il ne s'agit que de processus pulsionnels commandés par la nature. Néanmoins que fait-il d'autre en opposant pulsion de mort et pulsion de vie ? Et une telle position chez Freud n'est-elle pas justement l'affirmation d'un effort du sujet connaissant, du sujet humain Freud, mais aussi de tout sujet ou conscience de soi, pour surmonter la négativité et affirmer sa propre puissance d'être en regard d'elle ? Hegel écrit encore :

> « *Ce séjour est la force magique qui convertit ce négatif en être. Et cette force est la même chose que ce que nous avons nommé plus haut le sujet, lequel, en donnant dans son élément existence à la déterminité [aux lois de la nature], abolit l'immédiateté abstraite – c'est-à-dire qui ne fait qu'être tout simplement -, et par là même est la substance véritable, l'être, ou l'immédiateté qui n'a pas la médiation hors de soi, mais est elle-même celle-ci.* »[2]

Comprenons qu'en regard de l'existence naturelle qui est à la fois altérité et immédiateté et qui dépend de ce qui fait loi pour elle, de la dialectique de l'être et du néant, de la conservation et de la destruction comme jeu de forces, seul le

---

[1] Hegel. *Phénoménologie de l'esprit*. Préface. Opus cit., p. 80.

[2] Hegel. Idem, p. 80.

sujet humain pensant échappe à cette détermination étrangère à soi et s'empare de la négativité pour affirmer sa condition d'existant en regard de la mort, devenant par là-même le seul existant réel, donc substantiel et porteur de vérité quant à l'être et à la vie. Un sujet dont le désir émerge de la mort même qu'il porte en lui, de la négativité, et s'en sépare en la niant pour ne pas cesser d'être, en s'appropriant affirmativement cette négativité qui fait loi dans l'être pour la nier. Pour devenir sujet, sujet de son désir. Or un tel procès ne peut pas procéder de la nature seule, mais nécessite le supplément d'être du sujet même qui est le seul vivant existant, le seul sujet qui puisse opposer en son expérience propre négativement la consumation du jouir, qui voue à la mort, et la conservation et affirmation de soi comme un principe de réalité, comme une opposition à la mort par la liaison des opposés. Elle a lieu dans l'amour, ou conciliation de soi et de l'autre que soi, et dans la sublimation ou travail de transformation du sensible ou de la nature. Freud fait en quelque sorte écho sans le vouloir à Hegel, après-coup.

8-9 Cependant quelque chose, peut-être, échappe à Hegel et se dérobe à l'appropriation subjective et dialectique de la médiation, d'un devenir esprit du vivant. Avec la pulsion de mort, avec les pulsions, il y a chez Freud un reste, un indéterminé inéliminable dans sa valeur d'être autre spéculatif et qui reste incomplet dans sa définition conceptuelle. Autrement dit, au sein même de la connaissance de ce qui est autre que soi quelque chose d'un non rapport se présente et se maintient – la dimension d'un *non-rapport sexuel* comme le dira Lacan -, ne permettant pas complètement l'accomplissement du programme hégélien d'une traduction subjective rationnelle pour soi de la vie sensible et du rapport du désir à son objet. La négativité reste in-suppressible et en ce sens le sujet ne peut être que divisé et séparé du réel naturel ou corporel. Pour autant, écrit encore Lacan faisant écho à Hegel, *il n'y a d'accès à la réalité que de ce que le sujet est conséquence du savoir.* Hegel écrivait lui que *la pure connaissance de soi dans l'être-autre absolu, cet éther en tant que tel, est le sol, le terroir de la science, ou encore, est le savoir en général.* Certes, mais tout ce qui est autre peut-il s'effectuer dans l'ordre du savoir, la maîtrise violente du vrai et du réel par le *maître* se faisant alors science et le rapport de domination-servitude se voyant supprimé par le Droit, libérant le sujet *asservi* à l'objet de son aliénation ? La réponse de Freud apparemment est négative. Si on le suit, la science et la culture, le droit, la rationalité, ne peuvent se saisir intégralement de ce qui échappe au sujet, un réel inconscient dont la pulsion est la trame organique et dynamique. Le vivant c'est, pour nous sujets humains, le toujours à l'œuvre de l'inconscient dans le corps même, dans sa dimension sexuelle et insaisissable. A plusieurs reprises, Freud le mentionne expressément, l'existence à l'œuvre dans le moi d'autres pulsions que les pulsions libidinales d'autoconservation est difficile *à mettre en évidence* :

« Nous supposons qu'il y a à l'œuvre dans le moi d'autres pulsions encore que les pulsions libidinales d'autoconservation. Mais il faudrait que nous soyons capables de les mettre en évidence. Il est regrettable que l'analyse du moi ait fait si peu de progrès et qu'il nous soit vraiment difficile de démontrer leur existence. Les pulsions libidinales du moi peuvent d'ailleurs avoir un lien particulier avec les autres pulsions du moi que nous ignorons encore. » [1]

En ce sens quelque chose du rapport au sein de l'appareil psychique entre le moi et l'organique échappe à la description, dans son lien à la mort et à la répétition de la pulsion, se dérobe à une saisie objective, cela même si les pulsions libidinales s'avèrent phénoménologiquement observables dans les pratiques et discours amoureux ou dans les souffrances sexuelles et affectives avouées des patients. Et si Freud maintient qu'originairement la *pulsion sexuelle est la fusion de deux corps cellulaires* qui *seule assure l'immortalité de la substance vivante chez les êtres supérieurs*, il admet qu'il y a là une difficulté à élucider pour la pensée. Tout ce qui se pose, en s'opposant, éternellement compose, affirmait le vieil adage héraclitéen que reprendra Hegel. Néanmoins quelque chose se répète dans le vivant organique qui procède de la mort, de la conservation et de la reproduction sexuelle et vient s'exprimer de façon compulsive dans le psychisme humain et les conduites individuelles. De quoi s'agit-il ?

8-10 Ici la pensée de Freud devient compliquée à suivre, contradictoire. On peut le croire plutôt embarrassé. Il s'agit maintenant pour lui d'hypothèses spéculatives sur l'origine même de la sexualité et de ses fonctions dans le vivant. Freud va ici contradictoirement osciller entre Darwin, le théoricien de l'évolution, et Weismann, le premier des théoriciens objectifs de l'hérédité génétique en biologie. L'un semble dire le contraire de l'autre et c'est Freud qui parle. Selon le premier, à partir de sa théorie des cellules germinales, un avantage aurait été acquis par le vivant dans la copulation, d'origine fortuite, puis conservé. Freud écrit :

« Le « sexe » ne serait donc pas quelque chose de très ancien et les pulsions extraordinairement violentes qui tendent à l'union sexuelle répéteraient ainsi quelque chose qui a eu lieu fortuitement et depuis s'est consolidé en fonction de l'avantage procuré ». [2]

Un supplément d'être donc est à l'origine du « sexe » dans le vivant. Pourquoi Freud a-t-il ici employé des guillemets pour ce terme ? Il ne le dit pas clairement. Bien entendu, il veut ici mentionner l'apparition de caractères sexués différenciés

[1] Freud. « Au-delà du principe de plaisir », opus cit., p., 101.
[2] Freud. Idem, p., 105.

dans le vivant. Cependant, ne faut-il ici distinguer de façon sous-jacente le *sexuel* comme une affaire psychique humaine de la *sexualité* comme un phénomène du réel ? On sait que chez l'être humain le caractère sexuel, sur le plan psychique et dans le vécu, peut fortement différer du sexe organique. En ce sens comme on a pris l'habitude de le dire, le sexe n'est pas le genre. Pour chacun, l'identification de sa position dans la sexualité, masculine ou féminine, ne coïncide pas nécessairement avec son identité sexuelle organique ou sociale. Freud en clinicien ne l'ignore pas, même s'il renvoie les sexualités non hétérosexuelles et non génitales aux perversions de la petite enfance. Et même s'il conserve le schéma d'une conception hétérosexuelle et génitale dominante de la sexualité corrélée à sa théorie de l'Œdipe et de la différenciation des sexes, il sait que si on peut la dire tendanciellement normale en regard de la maturation psychique et du désir, elle ne saurait être normative, les perversions faisant tout autant partie de la sexualité que la finalité génitale. Mais là n'est pas le problème présent. Le sexe apparait donc ici comme un supplément d'être, une supplémentation de la vie par la vie même. Nous avons vu précédemment qu'on pouvait déceler ici un certain retour du finalisme, un finalisme qui n'a d'ailleurs jamais totalement disparu de la biologie encore aujourd'hui. Certes cette évolution, comme toute transformation du vivant selon Darwin, est bien fortuite, due au hasard et à la sélection naturelle. Mais qui est juge de *l'avantage procuré* par la sexualité, puisque la vie initialement est vouée à la mort ? La vie serait-elle elle-même initiatrice ou sujet intentionnel de sa transformation et conservation et non pas le milieu ? Cela n'est pas très darwinien. Le discours de Freud est ici truffé de contradictions et de spéculations discutables. Freud le reconnaît et se réfère alors à une thèse opposée, celle de Weismann qu'il cite en note de bas de page et dont il dit que celui-ci *va jusqu'à nier l'existence de cet avantage.* Ce dernier, cité par Freud, écrit :

> « *La fécondation ne signifie en aucun cas un rajeunissement ou un renouvellement de la vie ; elle ne serait absolument pas nécessaire à la continuation de la vie ; elle n'est rien d'autre qu'un dispositif capable d'assurer la combinaison de deux tendances héréditaires différentes.* »[1]

Il n'y a donc pas en soi de nécessité vitale dans la sexualité nous dit le biologiste dont on sait qu'il fut résolument anti-lamarckien et elle n'est pas un facteur de renouvellement de la vie. La thèse de Weismann est radicale, elle se dérobe à toute métaphysique du vivant, contrairement aux spéculations de Freud. Si l'on peut observer des dispositions et des processus objectifs dans l'organisation et la reproduction du vivant, y compris dans la reproduction sexuelle des espèces, ainsi

---

[1] Weismann, in Freud. « Au-delà du principe de plaisir », opus cit. Note de bas de page, n° 14, p., 105.

que décrire leur fonctionnement et propriétés, ils ne répondent pas à des normes ou à des finalités relevant d'un sens, ni à des rapports de valeur qui engageraient un plus ou un moins d'être. La nature ne relève nullement d'un principe de plaisir, d'une jouissance mortifère, narcissique ou amoureuse. La conclusion qu'on pourrait en tirer est par rapport à Freud dévastatrice, car elle ruine toute sa spéculation sur la nature organique des pulsions, qu'elles soient de vie ou de mort. La vie selon la biologie n'est ni déterminée essentiellement par sa conservation anorganique dans l'extinction ou la mort, ni non plus par sa reproduction dans l'amour ou la sexualité. La dualité de nature organique des pulsions, celle d'Eros et Thanatos est donc une thèse spéculative, voire une fiction, un mythème philosophique.

8-11 Que faut-il en conclure ? Peut-être non point à l'invalidité de la thèse de la dualité des pulsions, on peut en affirmer la nécessité, mais qu'elle relève d'une métaphysique du sujet et de la pensée, ainsi que du désir, qui n'est pas sans validité, mais qui ne saurait coïncider avec le seul sujet du savoir, avec celui de la science positive. Non point encore, pour parler avec Hegel, qu'il n'y ait pas là de science, mais il s'agit d'un accomplissement de la vérité, d'une vérité qu'on dira plus *réelle* que réaliste. Il est celui d'une science dialectique et conceptuelle du sujet qui n'est pas inhérente aux sciences positives et à la seule détermination objective et schématique des phénomènes observables, mais nécessite leur dépassement dynamique dans l'intellection de la chose même par la négativité. Hegel écrit :

> « *La science ne peut s'organiser qu'à travers la vie propre du concept ; en elle, cette déterminité prise au schéma et collée de l'extérieur sur l'existence est l'âme du contenu accompli qui se meut elle-même. Le mouvement de ce qui est consiste, d'une part, à devenir à soi un autre, et à devenir ainsi son propre contenu immanent ; et d'autre part, ce qui est reprend en soi-même ce déploiement ou cette existence qui est la sienne, c'est-à-dire fait de soi un moment et se simplifie en une déterminité. Dans le premier mouvement la négativité est l'activité de différenciation et de position de l'existence ; dans le second, dans ce retour en soi, elle est le devenir de la simplicité déterminée.* »[1]

Nous ne commenterons pas ici Hegel, si ce n'est à pointer que la négativité est chez lui un mouvement logique propre à la pensée et non pas la seule puissance d'anéantissement qui déterminerait la nature indépendamment de la vie de l'esprit, c'est-à-dire indépendamment d'un rapport de la pensée à cette *impossibilité de la possibilité* qu'est la mort pour le sujet et qui détermine sa propre possibilité

---

[1] Hegel. *Phénoménologie de l'esprit.* Préface. Opus cit., p. 95.

d'existence, autrement dit son désir. Que le résultat de l'exercice de la pensée soit *in fine* celui d'une *simplicité déterminée*, d'un concept sans négativité, il est permis d'en discuter, mais, en quelque sorte, c'est bien ce que vise aussi la science freudienne du sujet de l'inconscient, en cela qu'elle cherche à rendre intelligible notre rapport à nous-mêmes comme un rapport à ce qui nous est autre et à la mortalité. Par intelligibilité, il faut aussi entendre ici simplicité. Car la connaissance, la déterminité de la chose, ne saurait jamais nous apparaître initialement que comme une extériorité à soi qui nous est communiqué par une *puissance étrangère* qu'il s'agisse d'une loi de la nature, ou logique et théologique. Hegel écrit :

> « *La déterminité ne semble d'abord être déterminité que par le fait qu'elle se réfère à autre chose, et son mouvement semble lui être communiqué par une puissance étrangère ; mais le fait qu'elle ait chez elle-même son être-autre, et qu'elle soit son mouvement propre et autonome, cela est précisément contenu dans cette simplicité du penser lui-même ; car cette simplicité-ci est la pensée se mouvant et se différenciant elle-même, et l'intériorité propre, le pur concept. Et donc ainsi l'intelligence des choses par l'entendement est un devenir, et en tant qu'elle est ce devenir, elle est la rationalité.* »[1]

Or qu'a fait d'autre Freud que de traverser le devenir intelligible de la pulsion de mort en se soumettant à la négativité. En cela, il aura fait preuve à la fois de sens logique et d'une capacité spéculative qu'il n'a cessé de convoquer, celle-là même qui caractérise selon Hegel la conceptualité :

> « *C'est dans cette nature propre à ce qui est, et qui est d'être dans son être son propre concept, que réside tout simplement la nécessité logique ; elle seule est le rationnel et le rythme du tout organique ; elle est tout autant savoir du contenu, que le contenu est concept [connaissance intelligible pour le sujet] et essence [connaissance abstraite et formelle de l'objet] – ou encore : elle seule est le spéculatif.* »[2]

Et c'est là même la nature de la science comme exercice de la pensée qui est engagée dans une telle démarche spéculative dont Freud redécouvre subjectivement le tracé. Hegel écrit :

> « *Cette nature de la méthode scientifique, savoir, d'une part qu'elle n'est pas séparée du contenu, d'autre part qu'elle se détermine par soi-même son*

---

[1] Hegel. Idem, p. 98.
[2] Hegel. *Phénoménologie de l'esprit.* Préface. Opus cit., p. 98.

propre rythme, a son exposition propre, comme nous l'avons déjà rappelé, dans la philosophie spéculative. » [1]

Mais Freud n'est pas philosophe, il ne s'est jamais voulu tel, et encore moins un adepte d'une philosophie spéculative comme celle que préconise Hegel, parce qu'il n'a toujours voulu s'en tenir qu'à la science et reste fondamentalement un médecin progressiste, un homme des Lumières. Il sait, pour parler encore avec Hegel, que l'intelligibilité du réel comme raison et vérité, s'oppose à la croyance et aux superstitions de la masse, à la conscience commune qui prend l'existence du soi comme une évidence pleine sans rapport à ce qui est autre d'elle-même en elle-même. Et peut-être que, pour lui finalement aussi, *l'amour est aussi fort que la mort*, comme le dit le poème biblique. Il va donc interrompre la spéculation. Ne faut-il pas effectivement conclure relativement à ce qui échappe à conclusion ? Il aura néanmoins tenté de conceptualiser par lui-même, cela au-delà des limites de l'observation et du savoir objectif et de façon inouïe, le rapport du sujet humain à la mort dans le vivant. En quelque sorte, il aura fait œuvre de philosophie spéculative.

IX La dialectique de Hegel et l'analytique de Freud

9-1 Lire Hegel n'est pas lire Freud. La psychanalyse freudienne ne peut se confondre en aucun cas avec la philosophie hégélienne. Il n'y a pas chez Hegel de pratique médicale, de relation à des patients, d'expérience clinique du singulier du pathologique de soi, ni non plus de prise en compte de la sexualité dans la formation de la subjectivité. Hegel ne pourrait pas écrire comme Lacan que *la relation sexuelle occupe le champ clos du désir.* Mais son propos n'est pas étranger à celui d'un Lacan qui écrit encore, *l'origine du désir est désir du désir de l'Autre,* certes après avoir été un lecteur de Hegel, de sa dialectique de la reconnaissance qui donne lieu à la lutte des consciences entre elles en regard de l'altérité qui les constitue et les aliène de façon spéculaire. Lacan écrira, *le je s'objective dans la dialectique de l'identification à l'autre.* Et dans cette relation à l'autre que soi, d'affirmation d'un désir, de l'indépendance de soi, la question des rapports de soumission et de domination intervient directement, ainsi que celle de destruction de l'objet, comme l'analyse déjà Hegel. La conscience, aliénée à l'existence sensible objective du désir, se doit de détruire l'objet qu'elle devient pour elle-même et pour l'autre de soi, soit par la violence, soit par le travail. La question de la dimension masochiste et sadique du désir, y est déjà présente, dans le renoncement du serviteur à être soi face à la mort, et dans la violence du maître pour être soi à l'encontre de l'autre. Lacan écrit, *le désir du sujet cessant d'être infans est de devenir le désir d'un autre qui le domine.* Un certain infléchissement donc

---

[1] Hegel. Idem, p. 99.

du discours freudien par Lacan se sera produit chez celui-ci du fait de sa lecture de Hegel. Un infléchissement vers une psychanalyse qui opposera le moi identitaire et narcissique, l'ego, avec le sujet, comme sujet d'une subjectivation en acte qui passe par l'analyse et le transfert en lieu et place de son effectivité et ineffectivité. Le sujet n'est pas pour la psychanalyse essentiellement celui de la conscience, mais plutôt à situer entre la perception et la conscience, dans les plis de la pensée.

Mais toute affirmation subjective d'existence en regard de l'altérité et de la négativité ne se réduit pas à la pratique de l'analyse. En tout cas, la psychanalyse, cure ou pas, en appelle à un devenir sujet de chacun qui n'est pas d'être soi-même comme une identité naturelle de soi à soi-même, celle qui atteste d'une aliénation méconnue, mais de se subjectiver en regard de ce qui est autre, du sujet de l'inconscient et du désir en la place de l'Autre, et de le faire en engageant délibérément un par soi-même de la vérité à défaut de soi en regard d'un autre. En ce sens, comme l'affirme Lacan, *je suis là où je ne pense pas*. Ce qui fait que Lacan peut encore écrire, *le de de « le désir de l'homme est le désir de l'Autre » est détermination subjective*. Bien entendu, Hegel n'irait pas ici convoquer le *manque-à-être de la mère* comme déterminant du désir individuel. Néanmoins, en un certain sens, la psychanalyse réintroduit la logique dialectique dans l'être du sujet et de la vérité, comme l'avait fait Hegel un siècle auparavant lorsqu'il écrivait :

> « *La non-identité qui se produit dans la conscience entre le Je et la substance qui est son objet [au sens de la réalité de l'existant sensible et de soi], est sa différence, le négatif tout simplement. On peut regarder celui-ci comme le manque de l'un et de l'autre, mais il est leur âme, leur principe moteur ; ce pourquoi certains Anciens [les matérialistes antiques] concevaient le vide comme le principe moteur, dans la mesure où ils appréhendaient certes le principe moteur comme le négatif, mais n'appréhendaient pas celui-ci comme le Soi-même* ».[1]

On comprend mieux de la sorte pourquoi Lacan peut soutenir que *l'action psychanalytique se développe dans une saisie dialectique de son sens.* Il n'y a pas là entre Hegel et la psychanalyse comme théorie en acte de la subjectivation, de dichotomie, bien au contraire. On peut y voir une convergence de vue, après-coup.

9-2 Pour Hegel, à partir du moment où le sujet humain s'éprouve comme une conscience individuelle, détachée du monde sensible par la compréhension intellectuelle qu'il en a, se produit en lui une division contradictoire et conflictuelle

---

[1] Hegel. *Phénoménologie de l'esprit.* Préface. Opus cit., p. 82.

de son être qui le détermine comme subjectivité, l'épreuve de la *négativité*. En tant qu'existence pensante indépendante, il est nié par son existence sensible qui le livre à la mort et à l'ineffectivité. Il se découvre divisé entre sa liberté, ou affirmation de soi, et le risque d'anéantissement de celle-ci, ou sa négation. Il y a là déjà en puissance la dichotomie de la pulsion de vie et de mort, d'une intrication dans le soi d'une dialectique conservation-destruction, isolation-relation, conflit-médiation. En ce sens l'affirmation individuelle, ou émergence du soi pour soi-même, est déjà nettement marquée chez Hegel par une relation à l'anéantissement, à la mort possible et à venir qui la délimite en elle-même et contre elle. De même, le moi comme un soi est confronté à une division sujeto-bjet qui le traverse et l'aliène à ce qui est autre de lui-même, par son désir et se relation à l'autre que soi. A la fois sa liberté d'être en regard des lois de la nature le détache de la simple existence sensible et animale, mais son désir de s'approprier la jouissance du sensible pour lui-même l'aliène à l'objectivité, à son existence matérielle. D'autre part cette affirmation de soi en regard du monde le confronte à l'autre que soi, rapport de différence, qui est aussi un autre soi, rapport d'identité, et face auquel la liberté de soi comme indépendance en regard de l'existence naturelle est engagée, l'autre pouvant me réduire à la condition d'objet dépendant de sa volonté, de son désir et donc m'aliéner à lui. Je dois de ce fait entrer en confrontation avec lui dans un combat de vie et de mort pour m'assurer de mon indépendance et me montrer distinct de la simple existence sensible, donc susceptible d'affronter la négativité. Celle-ci relève à la fois de la destruction de toute dépendance à l'objet et à la liberté de l'autre, engageant dans les deux cas la dimension d'anéantissement de ce qui nie le soi dans la jouissance du sensible et la rivalité. Une telle lutte sera inégale, certains, les *valets*, se soumettant à la domination d'autres, les *maîtres*, en renonçant à leur liberté pour se satisfaire de l'existence sensible dans le travail aliéné au service des dominants. Seul l'avènement historique d'une liberté rationnelle, égalisant les libertés individuelles dans l'universalité juridique, et grâce à la production d'une nature finalement dominée pour tous par le moyen du travail, mettra fin aux rapports sociaux inégalitaires de dépendance. Le rapport mutuel rationnel de liberté résultant de la négation de la négativité et de la suppression des contradictions inhérentes à l'affirmation du sujet individuel de la conscience de soi. On peut retrouver en quelque sorte dans le discours phénoménologique de Hegel les éléments structuraux de la logique freudienne du sujet, ceux de la division de soi à soi-même, des pulsions d'emprise et d'objet, puis de mort, du rapport d'introjection et de projection, de la différence du sadisme et du masochisme, ainsi que la dimension de rivalité spéculaire constitutive du rapport à soi et à l'autre comme le désir d'un désir.

9-3 On peut établir une sorte de tableau conceptuel comparatif des problématiques de Hegel et de Freud, afin d'en faire apparaître les possibles correspondances et d'en avoir une idée. Bien entendu, il ne présente qu'une version succincte ici très simplifiée de nature heuristique des problématiques en question, le souci étant surtout ici de sensibiliser le lecteur à des homothéties conceptuelles. Il s'organise sous une forme schématique en quatre moments. Premier moment - déliaison. Pour Hegel, la conscience individuelle s'affirme comme séparée de l'existence naturelle et, dans sa déliaison de l'existant, s'éprouve comme un moi-sujet indépendant, mais confronté au risque de son anéantissement et à son manque d'être ou d'effectivité. Pour Freud, le moi infantile s'éprouve comme objet d'amour narcissique, mais se ressent comme menacé d'abandon et livré à une détresse profonde que vient compenser un désir d'emprise sur l'autre maternel. Second moment - liaison. Pour Hegel, le sujet de la conscience se divise en lui-même, devenant pour lui-même à la fois une relation à soi qu'il doit objectiver et une aliénation à l'objet qu'il vise et désire pour lui-même comme jouissance de soi. Pour Freud, le moi individuel narcissique se découvre divisé entre son affirmation auto-érotique et sa détermination comme objet de ses pulsions indépendamment de soi, faisant naître des formes primaires d'hétéro-agressivité et de désir. Troisième moment – dualité liaison-déliaison. Pour Hegel, le moi individuel se trouve confronté à l'alter ego, vis-à-vis duquel il entre dans une relation de désir et de conflit en vue de la possession de la liberté consciente d'elle-même et de la jouissance du monde sensible en regard de la mort, d'où il s'ensuit une lutte à mort entre les consciences pour ne pas devenir l'objet de l'autre que soi impliquant des rapports de domination-soumission. Pour Freud, le sujet individuel se trouve confronté à la dualité des pulsions qui le traversent et l'animent dans une relation ambivalente également duelle à soi et à l'autre que soi, faite d'attirance et de désir amoureux, mais aussi de haine et de destructivité et impliquant la formation des rapports de sadisme envers autrui et de masochisme envers soi. Quatrième moment – dynamique et résolution. Pour Hegel, le conflit donne lieu à la formation de subjectivités distinctes en regard de la jouissance d'être soi, l'une se pose comme liberté dominante détachée de la dépendance au sensible et une position dominatrice vis-à-vis de celle qui est restée attachée à l'objet, le travailleur-serviteur, l'autre, à l'inverse, se voit soumise et dépendante d'une liberté qui n'est plus la sienne, mais celle du maître, et de ce fait devient productrice et transformatrice du monde sensible par son travail. Pour Freud, le sujet est partagé en lui-même et se détermine entre une position de cruauté et d'indifférence à l'autre reposant sur une jouissance narcissique potentiellement sujette à perversion, ou évolue vers une position de renoncement à la satisfaction pulsionnelle directe pour aller vers un lien d'amour durable et une sublimation de l'Eros dans l'activité culturelle. Pour ces deux auteurs, le passage quant à soi et à son désir par le conflit et la division est nécessaire et une possible résolution des contradictions et de la négativité sont concevables en convoquant des médiations autres que celles du soi, mais structurées par le rapport à l'autre social ou érotique. Il y a donc bien des proximités entre les analyses de Hegel et celles de Freud quant à l'histoire du sujet, de sa formation. Si l'on infléchit les deux problématiques vers la freudienne, on obtient éventuellement la structure des trois thèses suivantes : 1/ Le noyau même de la formation du soi comporte l'opposition du moi et du ça, des représentations conscientes et du donné pulsionnel aveugle. 2/ La formation de soi est nécessairement division de soi comme rapport à soi et comme relation à l'objet de la jouissance. 3/ La relation à soi d'ordre spéculaire, puisqu'elle suppose une vision de soi, est corrélative du rapport à l'autre que soi de nature projectif et impliquant à la fois l'attirance libidinale et un rejet destructeur.

9-4 Si l'on se place sur un plan surtout freudien, quels sont les résultats les plus généraux auxquels Freud nous conduit à partir de son hypothèse de l'existence de la pulsion de mort ? Ils semblent proposer une interprétation des phénomènes psychiques qui induit des antagonismes, ou fait surgir dans l'analyse des polarités structurelles opposées et contradictoires. Certes, elles sont aussi des formes dynamiques, mais des rapports logiques d'opposition nodale les constituent. Plusieurs d'entre elles peuvent se distinguer. Premièrement, une certaine dualité séparant un corps organique tourné vers l'extinction de l'activité, et un appareil psychique tourné vers l'externe et la conservation des investissements affectifs, se présente. Elle donne lieu finalement à une théorie des pulsions contraires, celles de vie et de mort, voire à une opposition entre des pulsions internes isolationnistes et la libido en tant que telle de nature relationnelle et érotique. Il ne s'agit pas là d'un dualisme au sens cartésien, celui d'une différence de nature substantielle entre le corps et l'esprit, mais tout de même d'une dualité fonctionnelle. Elle implique la formation au sein de l'existence organique individualisée d'une économie amoureuse qui s'oppose et se détache de la simple vie organique archaïque, transformant l'appareil psychique dans ses fonctions de protecteur et conservateur de l'individualité. Il y a donc au sein même de l'appareil psychique une division entre une logique de fonctionnement purement organique, plus ou moins vouée à la mort, et une activité libidinale du désir tournée vers soi et l'autre qui implique une prolongation de la vie du corps. Une telle différence entraine un vécu contradictoire de soi quant aux pulsions. Deuxièmement, il y a une dimension fortement paradoxale au sein de l'économie vitale de l'être humain et dans son organisation psychique, dans les jeux de forces qui l'animent. Celle-ci procède d'antagonismes, de divisions, de clivages, de mouvements contradictoires de l'affectivité, de conflits intérieurs et avec les autres, qui peuvent donner lieu à des formes pathologiques, à des souffrances morales, à des conduites suicidaires, à des actes de cruauté, à des jouissances morbides, à des emportements délirants, voire à une impuissance chronique à vivre et à agir. Ce sont les alternances imprévisibles de haine et d'amour, les dispositions sadiques et masochistes, le narcissisme et l'amour d'objet, la destructivité quant à soi et la positivité amoureuse, l'individualisme et la disposition relationnelle, les pulsions inconscientes et les aspirations idéales du moi. Toutes ces oppositions supposent l'existence d'une négativité dialectique à l'œuvre dans le sujet humain et qui n'existe pas qualitativement de la même façon dans la vie animale. Troisièmement, un dualisme fondamental semble opérer, à la fois dans la vie organique et psychique, et expliquer les formes pulsionnelles, celui logique de la liaison ou déliaison des énergies, ainsi que son expression physique corrélative de maintien de la tension ou de décharge de celle-ci, opposition qui structure le principe de plaisir et donne lieu à la théorie de la pulsion de mort. Et si l'on transpose cela sur un plan purement logique, il s'agit du régime de la conjonction-disjonction qui présuppose, pour se voir conceptuellement distingué, de convoquer l'opérateur linguistique, à la fois comme analyseur du réel et fait psychique nodal. Quatrièmement, la dualité conclusive chez Freud de l'opposition pulsion de vie et de mort, finalement désignée dans la simplicité conceptuelle du singulier, entraîne une sorte de vision dialectique de la réalité pour l'humanité, pour ne pas dire manichéenne, ce qui serait péjoratif. Elle fait s'adosser très symboliquement la vie à la mort, l'amour à la haine, la reproduction à la destruction, l'égoïsme à l'altruisme, l'individualisme à la socialité, la concorde à la guerre. Freud retrouve là un ensemble d'oppositions très classiques et déjà thématisées à la fois par les sagesses et les philosophies les plus anciennes.

9-5 Nous avons vu précédemment que pour en arriver à de tels résultats la problématique freudienne de l'analyse de la dualité des pulsions avait suivi à peu près trois étapes qu'on a pu juger elles-aussi éminemment dialectiques, et plus ou moins contradictoires dans les formulations employées. Celles-ci sont récapitulées réflexivement par Freud lui-même à la toute fin de son texte en une sorte de bilan épistémologique de son parcours et qu'il avoue luimême de façon sceptique très problématique. Reprenons les une dernière fois, en faisant saillir les dimensions logiques de la chose. Elles sont à mon avis de nature dialectique. Hegel soutenait que la production rationnelle du vrai supposait le mouvement réflexif négatif et qu'il avait pour résultat *de se montrer simple dans le résultat*. Mais tout autant, refusant l'opposition figée du vrai et du faux au sein de la pensée, il soutenait que *ce n'est plus en tant que faux que le faux est un moment de la vérité*. Comprenons que d'en passer dynamiquement et dialectiquement par l'erreur et la contradiction n'est nullement le signe d'une non vérité de la pensée, mais au contraire la preuve de son investigation réelle du vrai. Trois étapes donc de vérité et de non vérité, qui sont autant de phases de la réflexion. Qu'elle se soit faite en trois temps pourrait indiquer arithmétiquement et formellement son caractère logique dialectique : affirmation, négation, puis négation de la négation. Cependant, Freud part d'une opposition clinique duelle, moi-sexualité, et termine sur une opposition conceptuelle, elle-même apparemment duelle, vie-mort. Entre temps, il en sera passé par une triplicité qui implique d'isoler la position quant à soi du sujet en regard de la pulsion, donc un rapport à trois termes : pulsions organiques, libido narcissique, libido d'objet. Il sera également passé d'une opposition initiale objective plutôt physicaliste et biologique, qui se décline en un réseau d'oppositions : interne-externe, déliaison cellulaire-liaison cellulaire, soma-germen, organisme-autre de soi, et une convergence conservation-annulation, à une opposition générique et symbolique, voire allégorique et mythique, Eros et Thanatos. La phase intermédiaire, comme chez Hegel, passe par la question de la relation d'objet comme rapport à soi et à l'autre, tous deux distincts d'une simple causalité sensible, organique ou naturelle. Autrement dit, la phase intermédiaire relève d'une causalité psychique qui pourrait être celle de l'émergence de la pulsion de mort comme l'affaire du sujet, bien plus que celle de la nature organique ou sensible qui n'a en soi aucune conscience de la mort, qui est *indifférente à la différence* comme le dirait Hegel.

9-6 Insistons encore une fois sur la dimension logique et phénoménologique dialectique des étapes du raisonnement freudien. Elle implique pour Freud les processus de refoulement de la pulsion et de compulsion de répétition, mais je les laisse dans le schématisme qui suit de côté pour exhiber la dimension logique dialectique des analyses de Freud. Elles sont bien entendu les conditions majeures en tant que formes causales des processus évoqués.

Premier moment, ou une fois deux par un. La nature organique de l'individualité s'oppose à la sexualité, les pulsions du moi aux pulsions sexuelles. On est là dans un rapport d'opposition à deux termes, qui oppose l'individuation organique à un rapport sexuel naturel à l'altérité, à l'autre de soi. L'opposition fait surgir une différence de l'identité à son altérité. Mais en même temps, le moi en son économie vitale ataraxique mécanique et compulsive se distingue de la sexualité comme relation affective dynamique. Curieusement, la sexualité est déjà ici l'autre de soi, de même que la nature organique est paradoxalement finalisée par le retour à la non vie de soi et donc aussi déjà altérité quant à la conservation de soi. La nature ici s'oppose à l'esprit du sujet qui s'oppose à ce qui lui est autre.

Deuxième moment, ou deux fois deux par trois. Le rapport d'opposition duelle va se transformer en un rapport à trois pôles, reposant lui-même sur une double opposition et négation, au moins sur un deux fois deux relié à l'unité subjective du soi pour soi-même, donc sur une contradiction émergente qui divise le rapport et le distribue en lui-même sur ses oppositions dynamiques négativement.

Une division de soi à soi-même, entre l'individualité organique pulsionnelle et le moi narcissique, va venir s'opposer au rapport d'amour à l'autre que soi, plus ou moins marqué de destructivité quant à l'objet visé par la libido et à l'autre que soi. De la sorte s'opposent en se niant réciproquement les pulsions autodestructrices et la libido narcissique conservatrice, la libido narcissique et la libido d'objet autre que soi, dans un jeu au moins à trois termes et un plus un : le soi organique, le moi narcissique, l'autre que soi comme objet d'amour et l'objet de la jouissance. La négativité opère ici sur trois plans, de soi à soi-même, dans le conflit avec soi, de soi-même envers l'autre dans l'ambivalence des affects et vis-à-vis de toute existence objective du réel pulsionnel en tant que tel comme jouissance de soi. De sorte que se détachent de la réalité spontanée l'existence individuelle du moi, le rapport dédoublé à l'autre que soi et à l'autre de soi, la négativité de la pulsion et du désir individuel. Le sujet s'apparait à lui-même conflictuel et déchiré, propre et impropre à soi, isolé et dépendant, autosuffisant et relationnel, destructeur et dominateur ou assujetti, amoureux ou haineux. Tout autant, en regard de la négativité pulsionnelle organique autodestructrice, apparaissent comme médiations positivantes et conservatrices possibles, négations négativantes de la négativité, la positivité de l'amour de soi et celle de l'amour de l'autre en tant qu'obstacles et forces contraires à la destructivité pulsionnelle en son lien au principe de plaisir. L'esprit relié s'oppose à l'esprit isolé dans une confrontation où le soi de l'autre comme autre est aussi l'autre de soi comme un soi-même.

Troisième moment, ou deux sur un. Freud va résorber théoriquement cet ensemble d'opposition dans une seule, la plus abstraite et conceptuelle, si l'on veut, la plus simple aussi, celle qui oppose rationnellement et éthiquement pour le sujet humain la pulsion de vie et de mort. Il est parvenu de la sorte à séparer la puissance négative de destruction inhérente au vivant et au désir de celle de la conservation inhérente au sujet et à l'amour. L'esprit destructeur se voit nié et médié par l'opposition de l'esprit isolé relié à l'esprit relié comme conservation et renouvellement de soi. Cependant une telle synthèse n'est nullement binaire. Elle ne résorbe pas la contradiction vie-mort qui divise le sujet en réconciliant la nature et l'esprit dans une téléologie finaliste rationnelle. Elle tend plutôt à universaliser le rapport d'opposition comme de nature structurelle au désir humain. De sorte que, sur le plan éthique et clinique, si le désir du sujet n'est effectivement que tourné vers le soi, il tend à conduire au couplage isolant de l'individualité avec un rapport négatif vie-mort, et que si il est tourné vers l'autre que soi, il tend à au couplage relationnel de l'individualité avec un rapport positif vie-amour.

Une telle évolution, si elle est des plus rationnelles, au sens d'une subjectivation conceptuelle du réel, vient déborder le cadre de la science positive et découle d'une spéculation qui passe par une épreuve faite par soi-même de la négativité, du débordement pulsionnel. Ce faisant, il semble réduire l'ensemble du jeu contradictoire des processus et des analyses menées à cette dernière opposition, sans pour autant avoir pu trancher sur le degré de réalité de celles-ci, si ce n'est à engager <u>subjectivement</u> son parti pris médical d'objectivité et ses convictions. Une telle conclusion est-elle une synthèse positive des contradictions, une réduction du négatif par sa négation à une positivité, une suppression des dualités logiques et factuelles, organiques et psychiques, exhibées ? Rien n'est moins sûr, bien que ce soit tout de même aussi le cas du fait de l'issue rationnelle des analyses. En quelque sorte, c'est là qu'il n'est pas hégélien, il n'a ni supprimé les dualités, ni résorbé positivement les contradictions soulevées. Sa dialectique est donc aporétique, bien qu'elle soit conclusive. Ca n'en est pas moins une dialectique. Une dialectique du sujet et de la subjectivation en regard de la négativité, des puissances de la mort et de l'anéantissement.

9-7 Cependant, comme nous l'avons vu dans l'analyse détaillée du texte de Freud, celui-ci semble se garder d'une démarche dialectique assumée, au sens d'une pensée effectivement contradictoire du réel passant par un recours nécessaire dans le discours à la contradiction logique des affirmations soutenues, démarche que pourtant toutes ses analyses autour de l'investigation de la pulsion de mort engagent très directement. Freud confronté à la dimension dialectique de son analyse hésite et tergiverse. Plusieurs raisons sans doute à cela. Il veut s'en tenir à la science. Il redoute de se voir qualifier péjorativement de penseur spéculatif, c'est-à-dire peu objectif. Il se refuse contrairement à Hegel à une pensée de la médiation qui ferait du réel exhibé quelque chose que l'on pourrait solutionner, résorber, résoudre. Il s'en tient à une irréductibilité du réel de la nature organique de notre fonctionnement en ses liens au psychique dont la notion de pulsion est la traduction. En ce sens, les pulsions de destruction sont un réel irréductible du corps comme processus paradoxal de conservation de soi. Ce faisant, il risque de manquer ce qui l'occupe tout autant, qu'une telle négativité de la nature est aussi très directement la spécificité même du sujet de la pensée et du désir, du sujet humain en son histoire propre, et qu'il y a là un devenir rationnel de la question de la mort et du vivant qui échappe à la nature, cela quelle qu'en soit la conception que l'on s'en fait par ailleurs en ses finalités postulées, en son effrayante réalité.

Conclusion

Freud de lui-même s'est proposé d'interrompre la spéculation. Il aura voulu conclure en instaurant comme résultat admis de ses analyses et développements l'opposition finale des pulsions de vie et des pulsions de mort, la dualité d'Eros et de Thanatos. Ne pouvant rien prouver assurément selon les critères des sciences expérimentales quant à la dynamique ou dialectique de séparation-réunion qu'il place dans l'évolution des cellules vivantes, ces opérations qui doivent se faire au niveau cellulaire en se protégeant des excitations externes issues du milieu ambiant dangereuses pour le vivant et nécessitant la clôture protectrice de l'enveloppe psychique du corps, ou de la déliaison-liaison des pulsions, ou de la dispersion-réunification de la sexualité, il écrit, *je crois que le moment est venu d'interrompre cette spéculation.* A ce stade, le lecteur pourra peut-être se sentir soulagé d'un tel geste, somme toute raisonnable, qui vient comme pour suspendre ce qui lui semblait être l'inscription d'un délire dans la science et que son auteur enfin reconnait comme tel. On pourrait croire qu'il y a là comme un abandon par Freud de l'affirmation à la fois de ce qui serait d'un côté la forme sous-jacente immuable du moi vivant, son identité organique pulsionnelle du côté de la pulsion de mort, et, de l'autre, du caractère singulier de sa théorisation come une dynamique supplémentaire du vivant en acte dans la liaison d'amour, come si ni l'un ni l'autre ne pouvaient se poser comme des vérités universelles, cela au delà des convictions subjectives singulières de leur auteur. Ce n'est pourtant pas ce que fait Freud. En vérité, il ne renonce pas. S'il interrompt la spéculation, c'est pour s'assurer par *quelques réflexions d'ordre critique* à lui-même adressées et signifiées à ses lecteurs, que ses convictions, bien que relevant d'une certaine croyance avouée en leur validité, sont des plus pertinentes et sensées. Et s'il a pu innover par ses hypothèses, comme il le dit celles-ci relèvent tout de même de la science positive, d'un passage objectif de l'observation clinique et factuelle à la théorisation, avec un risque d'erreur modéré. En regard de ce qu'il vient de traverser et de nous faire entendre, des conséquences assez considérables de ses analyses, on pourrait rester relativement sidérés d'une telle déclaration de bon sens. On est en 1920. Freud se déclare sceptique quant à sa propre démarche de pensée, se présentant lui-même comme peu convaincu par ses hypothèses et ne demandant pas aux autres d'y croire. Il écrit, *je ne sais pas dans quelle mesure j'y crois.* On le sait, certitude n'est pas croyance, évidence n'est pas représentation spontanée ou simple supputation. Rien d'évident ne présente ici à l'intelligibilité rationnelle. Par ailleurs, il rejette absolument toute dimension affective propre à la conviction, alors même que toute sa démarche de pensée repose depuis le début sur des convictions, sur un trajet subjectif tissé de recherches cliniques et psychiques. Il se défend alors de toute compromission avec ce qui échapperait à la science, convoquant pour cela le diable lui-même, l'esprit dont on sait par définition qu'il est celui qui divise et nie comme le nomme Goethe, l'esprit du négatif :

> *« On peut bien s'abandonner à une ligne de pensée, la poursuivre aussi loin qu'elle mène et ceci par simple curiosité scientifique ou, si l'on veut, en se faisant l'avocat du diable ; ce qui ne signifie pas pour autant qu'on ait vendu son âme au diable. »*[1]

---

[1] Freud. « Au-delà du principe de plaisir », opus cit., p., 108.

Freud ici est ironique ou fait preuve d'un certain humour faustien. Tout autant, il se protège de la critique, d'une éventuelle imputation de non scientificité, d'obscurantisme. La psychanalyse, il le sait, n'a pas bonne réputation dans les sciences. Alors, il assume et n'assume pas son geste théorique, ou fait semblant de douter de sa découverte de la négativité organique et narcissique, et/ou de la pulsion de mort. Il y a là effectivement comme une transgression des lois du savoir scientifique, une rupture épistémologique et éthique, une inscription de la mort et de la destruction dans le savoir comme un fait de la nature ou du sujet. En son temps, le geste théorique du jeune Hegel, en 1807, n'avait été que peu entendu et son discours peu déchiffré. Il faudra presque un siècle pour que le Hegel de la phénoménologie de l'esprit soit vraiment reçu. En quelque sorte, Freud vient de reprendre le geste hégélien d'une façon totalement nouvelle et détachée de toute théorie de l'esprit, mais pas de la définition de la subjectivité, du soi et du rapport dans celui-ci à ce qui lui est autre. Il faudra attendre le début du vingtième siècle, en France pour que le Hegel de la *Phénoménologie de l'esprit* soit lu et interrogé. Heidegger avec son *être-vers-la-mort*, en 1926, n'est connu que de quelques disciples et philosophes. La philosophie tragique de Nietzsche mettra longtemps à se diffuser et à s'entendre, elle restera longtemps considérée comme *sulfureuse*. C'est seulement le déferlement historique de violence, de destructivité et de nihilisme idéologique, des années trente et de la seconde Guerre Mondiale qui viendra actualiser dans la culture l'interrogation fondamentale dont atteste la recherche freudienne, bien que dès 1914-18, des questions de cet ordre se soient posées. En 1930-31, Freud écrira :

> *« La question décisive pour le destin de l'espèce humaine me semble être de savoir si et dans quelle mesure son développement culturel réussira à se rendre maître de la perturbation apportée à la vie en commun par l'humaine pulsion d'agression et d'auto-anéantissement. A cet égard, l'époque présente mérite peut-être justement un intérêt particulier. Les hommes sont maintenant parvenus si loin dans la domination des forces de la nature qu'avec l'aide de ces dernières il leur est facile de s'exterminer les uns les autres jusqu'au dernier. Ils le savent, de là une bonne part de leur inquiétude présente, de leur malheur, de leur fond d'angoisse. Et maintenant il faut s'attendre à ce que l'autre des deux « puissances célestes », l'Éros éternel, fasse un effort pour s'affirmer dans le combat contre son adversaire tout aussi immortel. Mais qui peut présumer du succès et de l'issue ? »*[1]

Nous voici un siècle après la publication du texte initial de Freud sur la dualité des pulsions. Lacan est passé par là et il aura reçu, ainsi que Breton, Bataille, Lei-

---

[1] Freud. *Le malaise dans la culture.* Opus cit. Paris, Payot, Quadrige, 1995, p. 89.

ris, Foucault, Queneau, Althusser et bien d'autres, l'enseignement des maîtres hégéliens de Paris, les Kojève, Koyré et Hyppolite. Sartre aura rendu accessible en langue française par sa propre philosophie existentialiste les thèses de Hegel, Husserl et Heidegger. Lacan écrira à son tour, *toute pulsion est virtuellement pulsion de mort,* faisant du signifiant du langage celui qui matérialise pour nous autres l'instance de la mort.[1] La discussion à ce propos est loin cependant d'être close. Malgré une certaine dureté culturelle des temps présents, la négativité semble oubliée au profit d'une petite science morale de la positivité, du règne d'un commode jouir de soi et de ses affaires dont les conséquences oppressives restent dissimulées, comme si la puissance de mort réelle ou allégorique qui nous traverse était obsolète et que nous allions tous grâce à la technologie et à l'épargne devenir immortels. Tout cela ne durera guère, la question reviendra et aussi celle de la possibilité d'être en regard de l'impossibilité de mourir comme la question du sujet. Au sens de Hegel, Freud refusant le stoïcisme, la pure indépendance abstraite de la pensée sur l'être et l'indifférence à la mort, ou l'autonomie du désir sur la nature, aura plutôt été un sceptique, un de ceux qui font l'expérience directe par eux-mêmes de la pensée comme négativité, comme *négativité réelle,* au risque de voir disparaître toute prétention du sujet humain à un accomplissement de soi par liberté. Paradoxalement, refusant de poser la pensée du sujet conscient comme une pure autonomie dans le monde, la liant étroitement à ce qui est autre et sensible, à la sexualité et à l'inconscient, à la mort réelle et à la vie organique, mais aussi aux actes du désir, Freud aura contribué à lui donner les conditions effectives de sa réalisation, pour reprendre les mots de Hegel, comme une *orientation négative vers l'être-autre* qui engage la question de la nature du *désir* humain et de son effectuation, de ses *travail* et *jouissance* sur et de la chose dans son réel. Mais cela ne se peut sans en passer par un certain malheur à être soi, au sens d'une contingence absolue de nous-autres dans le vivant, ou le réel effectif. Hegel ne le dit pas comme cela, mais il fait entendre quelque chose de similaire dans sa figure de *la conscience malheureuse* aux prises avec, d'un côté, l'idéal d'une existence en soi et par soi, pensée immuable et, de l'autre, la nullité misérable peu à peu éprouvée de l'existence singulière et le caractère douloureux de toute jouissance. Il écrit que, pour la conscience individuelle malheureuse et déchirée, parce qu'elle est divisée entre son désir d'effectivité et d'effectuation aliénant – de jouissance et de travail - et son idéal d'autonomie absolue et de liberté tendanciellement ineffectif, puisque marqué par la finitude et la mort, par la contingence, pour cette conscience donc :

---

[1] Lacan. *Ecrits. Paris, Seuil, 1966, p.848*

« (…) au sentiment de son malheur et à la misère de son activité, se rat-
tache tout autant la conscience de son unité avec l'immuable. La destruc-
tion immédiate qu'elle tente de son être réel [de son impossibilité à être
effectivement comme libre jouissance et activité] est, en effet, intermédiée
par la pensée de l'immuable [de ce qui d'elle serait inaltérée], et advient
dans cette relation. C'est la relation médiate qui constitue l'essence du mou-
vement négatif dans lequel elle s'oriente contre sa singularité [son existence
contingente], mais qui tout aussi bien, en tant que relation, en soi, est po-
sitif, et produira pour elle-même cette unité qui est sienne. » [1]

Certes Freud ne dit pas cela, en ce sens que pour lui l'immuable en soi et pour
soi de l'existence individuelle n'est pas du tout l'autonomie du vouloir de la conscience en acte dans le monde, mais repose sur le principe de plaisir et son imper-
sonnalité, sur l'inconscient pulsionnel du sujet. Il n'est pas exactement partisan
d'un *idéalisme subjectif* qui ferait de l'accomplissement réflexif de l'esprit dans le
monde, à travers la subjectivité individuelle consciente d'elle-même, le moteur de
toute vérité et réalité. Justement à l'inverse de Hegel, c'est la pulsion de mort,
l'ineffectivité radicale de soi en regard de la pulsion ou de l'annulation de l'activité
et de l'investissement d'objet que la décharge de l'excitation appelle, qui prédomi-
nent et gouvernent les processus primaires d'origine organique. La forme individuelle est avant tout pour Freud un dispositif impersonnel d'origine organique,
une *forme sensible*, un dispositif topique et dynamique marqué par des antagonismes fonctionnels et structurels dont le moi n'est que la surface ou l'enveloppe.
A cela, il n'y a pas a priori de relève, de médiation conceptuelle et rationnelle par
l'esprit, même si nous sommes en tant que subjectivités singulières confrontés
par nous-mêmes à un tel réel. Pas plus, nous ne sommes vraiment en rapport
avec un tel réel qui échappe absolument au soi et à la science, occasionnant un
non-rapport de la pensée et du réel sexuel. Cependant, ce qui n'est pas immuable
et fait histoire dans le vivant, ce sont les processus secondaires ou libidinaux qui
impliquent un maintien de l'investissement et de la tension dans l'activité, un
amour de soi et une relation à l'autre que soi et qui font que la vie individuelle et
sociale résiste un temps à la mort par les liens d'amour. Et il y a bien pour Freud
un réel indépassable, une loi du réel du corps sexué qui le lie profondément à la
mort et à la répétition compulsive de la motion pulsionnelle. Il écrit en ce sens :

« Ce qui ne peut manquer de nous frapper, c'est que les pulsions de vie ont
d'autant plus affaire à notre perception interne qu'elles se présentent
comme des perturbateurs et apportent sans discontinuer des tensions dont
la liquidation est ressentie comme plaisir ; les pulsions de mort en revanche

---

[1] Hegel. *Phénoménologie de l'esprit.* Opus cit., p. 224.

paraissent accomplir leur travail sans qu'on s'en aperçoive. Le principe de plaisir semble être en fait au service des pulsions de mort. » [1]

Pour autant, de ce réel, le sujet singulier qu'est Freud et ses compagnons psychanalystes prennent connaissance et se déterminent eux-mêmes à la fois conceptuellement et subjectivement quant à celui-ci, ce qui implique pour eux de ne pas subsister ignorant dans une telle intrication, même si d'en avoir connaissance ne saurait la modifier que sur les bords et nullement s'en délivrer. Mais encore, opposer pulsions de vie et pulsions de mort, aller chercher la destructivité inhérente à la chose inconsciente, n'est-ce pas également dans un désir de préserver la vie individuelle et de médier à ses conflits non résolus, nier la négativité à l'œuvre dans le vivant ou réelle en nous ? Et n'est-ce pas là aussi, comme Hegel le déploie, se placer dans une position rationnelle quant à l'existence individuelle en regard de ce qui lui est autre et pourtant la constitue ? Car qu'est-ce d'autre que le rationnel si ce n'est, comme pour Hegel, la connaissance conceptuelle accomplie par soi-même singulièrement de notre rapport à la réalité ? Hegel définit la *raison* comme *la certitude qu'à la conscience d'être toute réalité.* Si on substitue à conscience, l'expérience individuelle et singulière que chacun peut faire par lui-même de sa réalité psychique inconsciente et de ses pensées et affects en tant que cette dernière détermine son existence et son désir, ainsi que son rapport véritable à la réalité, au réel, y compris dans sa dimension méconnue ou inconnaissable, alors la psychanalyse est une discipline rationnelle au sens de Hegel. On peut même soutenir qu'elle est l'une des formes actuelles des plus radicales de la rationalité, son accomplissement le plus effectif au-delà des sciences positives, cela après la ruine des différentes métaphysiques du sujet connaissant et de l'histoire libératrice.

Il ne s'agit pas de confondre Hegel et Freud, de les amalgamer. Loin de là. Ils sont hétérogènes l'un à l'autre. Il s'agit de les mettre en résonnance l'un avec l'autre. On peut tenter ainsi de montrer qu'ils partagent des méthodes similaires de pensée, non point identiques mais possédant des formes structurelles communes. L'un est philosophe, bascule dans l'idéalisme et situe la vérité du réel dans les choses dans l'esprit. L'autre est médecin, apparemment un peu scientiste et positiviste et situe la vérité du réel dans la vie organique. En cela, ils nous sembleront être des contraires absolus. Cependant, au-delà de cette différence, le travail de l'un permet d'éclairer les problèmes de l'autre, plus précisément en regard de la négativité et de la pulsion de mort. Tous deux en en commun de penser globalement le réel humain à partir d'une théorie du sujet individuel, à la fois singulièrement et relativement à de enjeux d'universalité qui en découlent. Certes le singulier de Hegel est corrélatif d'un processus de devenir rationnel, celui de Freud n'y autorise

---

[1] Freud. « Au-delà du principe de plaisir », opus cit., p., 114.

nullement, si ce n'est dans la théorisation savante de l'expérience psychanalytique, qui est avant tout celle de la cure, de la clinique des patients et de la pratique de l'analyse. Freud se sera toujours défié de la philosophie, cependant il a recours à la spéculation. Hegel se sera toujours défié du formalisme des sciences positives et des philosophies romantiques, visant respectivement un accomplissement scientifique ou mystique de la vérité. Le discours de l'un vient croiser étrangement celui de l'autre. Et si Freud tend à impuissanter le sujet de la conscience en regard de la nature, plaçant de façon sceptique la pulsion de mort dans le corps vivant même, Hegel nous restitue cette négativité comme propre au désir du sujet et à son accomplissement comme la vérité d'un réel qui est le sien. Celui-ci a lieu d'être d'abord comme jouissance et destructivité en regard de l'Autre, puis comme travail et liberté en regard de l'autre, mais aussi comme effort conceptuel et rationnel vers la saisie de la vérité du réel au-delà de tout positivisme.

Auzat, le 4 septembre 2020

V

Arles 2024

Argument pour la

VIIème BIENNALE POUR LA PSYCHANALYSE
à partir des travaux de René Lew

Arles, Pentecôte 2024
(18-19-20 mai 2024)

DE QUELLE SCIENCE LA PSYCHANALYSE EST-ELLE LE NOM ?

> [...] ich will nur verhütet wissen, daß die Therapie die Wissenschaft erschlägt.
>
> Sigmund Freud, 1927
> G.W., XIV, 291

I

La métapsychologie freudienne —envisagée comme fondement épistémologique de la science psychanalytique— échoue, comme on le sait, quand Sigmund Freud essaye de rendre compte de la position de l'analyste comme opérateur d'une méthode dans l'expérience. Ceci à cause des limites de la conception positiviste de la science qui était la sienne, et qui lui avait pourtant permis de prolonger le vif de sa découverte. Jacques Lacan reprend cet ensemble en recentrant la pratique sur la question du désir de l'analyste, selon sa reformulation du matérialisme freudien en termes de signifiance. La psychanalyse est dès lors placée du côté des sciences dites conjecturales et agencée autour d'un objet sui generis, semble-t-il, appelé « objet a », dont le statut réel allait constituer la marque. L'idéologie phylogénétique, chère au psychologisme de la tradition postfreudienne, allait ainsi être battue en brèche, pensait-on, mais s'était ne pas prendre en compte que le créationnisme ex nihilo soutenant la raison signifiante, posait à son tour ses propres questions.

C'est sur l'élucidation de ce créationnisme là que René Lew insiste tout au long de son œuvre. La tâche à accomplir se soutient dès lors sur un double versant : d'une part, une persévérance sans relâche, établissant le schématisme de la psychanalyse sur le caractère engendrant du vide opérant dans la fonction signifiante qui gît dans la parole (pas d'ontologie originelle, donc). Et, d'autre part, l'opposition ferme à toute conception substantialiste dudit objet a, que la psychanalyse fait émerger du fait de sa conceptualisation (pas non plus d'ontologie à l'arrivée, disons), ceci au point même d'affirmer —il me paraît important de le noter d'ores et déjà— qu'il n'y a pas, à proprement parler, dans la psychanalyse, d'objet au sens standard, uniquement prédicatif, cernable.

II

Mais alors comment se fait-il que la psychanalyse se soutienne d'un objet sans complétude qui ne fasse pas « un » ?

Il faut d'abord se rendre compte que ce débat toujours vivant s'ordonne dans le cadre établi par la critique kantienne, dont on ne saurait se débarrasser. Car la question de l'esthétique transcendantale formulée par Immanuel Kant concerne assurément aussi le statut de la fonction en intension, une question à laquelle la psychanalyse ne cesse de revenir sous ses propres concepts de Père primordial, de castration, de pulsion de mort…

Si la métapsychologie ne pouvait pas aboutir, c'est bien parce que les termes kantiens d'espace (Topik chez Freud) et temps (Dynamik sans doute, car « temps » veut dire mouvement), termes intégrés implicitement par Freud, restent figés dans l'esthétique transcendantale, où ils ne sont pas considérés comme des concepts purs (c'est-à-dire des catégories analytiques a priori), mais plutôt comme des formes de l'intuition (soit des a priori de notre sensibilité, qui rendent possible notre expérience), en tant que catégories du synthétique. C'est en fait le grand problème du synthétique a priori qui a déjà horrifié le logico-positivisme et qui insurge Lacan par son aspect de postulat sensible (sorte d'esthétique cognitiviste, dirions-nous peut-être aujourd'hui), mais que Freud a contourné à sa façon en le considérant comme une donnée issue du fond des temps (phylogénétique, à son avis), et sur la teneur duquel il pensait que la science allait un jour nous renseigner davantage.

À vrai dire, la difficulté ici n'est pas tant le fait que l'espace et le temps répondent à du synthétique a priori —au contraire, dirais-je, car ils s'approchent ainsi du réel dont la psychanalyse fait cas—, mais surtout le fait qu'ils soient considérés par Kant comme étant des constantes psychologiques, qui plus est immuables. En dépit de la problématique du Ding an sich qui est beaucoup plus dialectique qu'on ne la conçoit d'habitude, cela tend à produire une conception figée des objets, laquelle ne convient guère ni à la psychanalyse ni, comme on le verra, aux sciences imprédicatives dans leur ensemble.

L'exemple de la libido, pour ce qui nous concerne, est ici patent. Non seulement en termes pratiques, pour ainsi dire, mais surtout —par rapport à notre thème ici— metapsychologiquement. Car c'est la libido qui, au bout du compte, appelle à l'élucidation de la donnée scientifique de la psychanalyse, puisque c'est de la conceptualisation qu'elle reçoit que se définit la place de la psychanalyse dans le monde. Jung, Reich, et même Bernfeld (à qui Freud faisait pourtant confiance, mais qui allait y échouer aussi) sont là pour démontrer qu'on peut parfaitement produire des délires scientistes au nom de Freud.

III

La question de la scientificité de la psychanalyse n'a donc rien d'accessoire. Elle intéresse moins par ce qui pourrait être sa contribution à l'efficacité de sa prétendue « application technique » (« traitement » comme on l'appelle), que par la nécessité intrinsèque qu'a le psychanalyste de définir les principes de son acte et, partant, son existence d'analyste comme tel.

De là vient l'importance de la formule lacanienne, qui dit que « la psychanalyse est essentiellement ce qui réintroduit dans la considération scientifique le Nom-du-Père » (Écrits, p. 874-875), à condition néanmoins qu'on réalise combien elle s'oppose à toute réduction de son épistémologie à une « théorie de la connaissance ». Car soit les énoncés de Lacan nous aident à préciser la position de la psychanalyse dans l'ordre de la science (à vrai dire : ce que la découverte de l'inconscient apporte à la définition de la science elle-même), soit ils tombent dans les arcanes des délires schrebériens. Il faut donc regarder de plus près notre propre dogmatischen Schlummer.

Un tel sommeil dogmatique a été surtout induit par l'idéologie du positivisme logique, qui a dominé tout le XXème siècle, et qui, tout compte fait, a donné le la aux différentes « théories des sciences » pratiquées depuis lors. Elle a ainsi égaré le développement de la logique et abordée la question de la scientificité avec une étroite idée de rationalité (prédicative, dirions-nous aujourd'hui), mais aussi touché la psychanalyse, sa théorie et sa pratique, malgré les énormes efforts faits par Lacan pour produire la logique pouvant rendre compte du fait inconscient. La logique proprement dite de la psychanalyse est encore en souffrance, alors même que nous savons aujourd'hui qu'elle a à voir avec le problème de la signifiance.

La conceptualisation de la catégorie de signifiant qui importe à la psychanalyse reste en effet empêtrée dans la problématique linguistique, et empêche une élaboration plus en accord avec l'hypothèse de l'inconscient. Car avec « LE signifiant » on a finalement aujourd'hui la même difficulté qu'en son temps on avait avec la notion de « symbole ».

Introduit dans la psychanalyse pour dégager le symbole du poids ontologique qui le caractérisait —voir le commentaire que Lacan en fait dans l'article relatif à Jones sur ce sujet—, « LE signifiant » risque à son tour le même destin, si on ne fait pas attention. Sans doute parce que, quoi qu'on fasse, on n'échappe pas à la définition extensionnelle des choses, et donc à l'impossibilité de saisir l'intensionalité autrement. Il est essentiel pourtant de distinguer ces deux versants de la fonction. D'où l'importance de l'élaboration de la question de la lettre en tant que littoralité faisant ainsi un lien distinctif.

C'est dans ce cadre que j'entends la proposition faite par René Lew de revenir sur ce que l'imprédicativité formule, un problème que les logiciens avaient soulevé au tournant du XXème siècle, mais qu'ils ont laissé tomber par la suite, comme si c'était acquis qu'il fallait s'en départir. Les définitions imprédicatives, sont néanmoins le meilleur moyen d'approcher l'intensionalité dans la science, et éclairent sans doute le problème de la scientificité de la psychanalyse elle-même.

Mais, pour accéder à cette sorte de Spurenwissenschaft dont Siegfried Bernfeld rêvait (dirons-nous « science de la littoralité » aujourd'hui ?), il faut assurément se dépêtrer du long sommeil dans lequel la mauvaise fée du positivisme logique nous a embarqués.

IV

Les critiques documentées à cet égard, formulées par Fernando Zalamea, Jean-Yves Girard et Pierre Lochak, entre autres exemples, nous donnent une certaine assise pour envisager et prolonger la tâche. Et avec les rencontres sur Grothendieck, Hegel et Kant que la Lysimaque a déjà animées (et organisera encore à l'avenir), s'ouvre un large horizon pour questionner la place à accorder à la psychanalyse parmi les sciences. Nous avons donc de quoi nous occuper. Et, en-dehors des questions strictement épistémologiques, il y a les aspects sociologiques, philosophiques, voire institutionnels et historiques qui leur sont liés et qui méritent attention.

Au fond, c'est à la question de ce qu'on entend par « science » qu'il faut revenir aujourd'hui, tant vis-à-vis des termes canoniques qu'on lie à la démarche scientifique (savoir, vérité, lettre, connaissance), que par rapport aux thèmes dont la psychanalyse à son tour ne peut se passer (signifiance, littoralité, sujet et surtout jouissance). Car l'éventuelle définition de la psychanalyse en tant que « science imprédicative » n'a pas seulement des implications quant à son rapport aux dites « sciences dures », voire à celui aux « sciences sociales et humaines », elle engage également des questions peut-être plus patentes, comme celles qu'induit ce qu'on appelle « psychosomatique » — que Lacan épinglait justement comme étant de l'ordre de l'épistémophilie.

C'est en tout cas comme cela que j'entends l'effort de René Lew en ce moment, pour produire une théorie du signe qui fasse travailler théorie, pratique, lettre et jouissance en consonnance (tous ces termes au pluriel assurément), prenant ainsi en compte ce que la psychanalyse nous enseigne. Le schématisme qui lui est approprié est encore à parfaire, sinon à établir.

V

Pour y arriver, il nous faut revenir à des choses simples concernant le fait scientifique. Constater par exemple que ce que l'on appelle « la science », est avant tout une pratique qui engage nécessairement une position subjective particulière. Déjà cela nous donne à réfléchir, d'autant plus que —comme avec le capitalisme— la science ne correspond pas à un discours proprement dit (au sens de Lacan), mais à un forçage des discours de base (soit « hystérique », pour la science, soit « universitaire », pour le capitalisme — termes qui, je dois dire, sont absolument inappropriés et qu'il nous faudrait revisiter à leur tour).

Là on se trouve assurément face à une affaire de jouissances, ce qui devrait nous amener à interroger la question de la littoralité plus e avant (par exemple, entre autres, le problème du lien « rapport / pas-de-rapport » établi entre lettre et signifiant).

Car, dans la science (et aussi dans le capitalisme, puisqu'il faut les penser ensemble sans pour autant les confondre), c'est justement une sorte de translocation entre lettre et signifiant qui est à l'œuvre. Translocation qui parfois produit du nouveau (ce qui surtout veut dire : produit de nouvelles fonctions des lettres), mais qui n'est pas toujours subjectivable du fait d'un manque de signifiance. C'est là, à vrai dire, le nœud de la question. Et c'est là aussi le propre des pratiques imprédicatives qui « depuis toujours » (notamment par le biais de la poésie sous toutes ses formes) ont eu pour fonction de « corriger » le « délabrement discursif » provoqué par le forçage qu'est à l'œuvre dans la détermination discursive de la science et du capitalisme.

Il faut ici ne pas oublier que la psychanalyse elle-même émerge juste au moment où l'alliance entre le capitalisme et la science entre dans une fuite en avant industrielle (une sorte d'extensionnalité forcenée, dirai-je, correspondant à la facticité réelle de Lacan avec son corollaire de « délire scientifique »). Dans cette veine, la psychanalyse se présente comme une sorte de correctif discursif qui, au début, est surtout compris comme une affaire individuelle (donc de simple reconstitution de la force de travail), mais qui au fur et mesure de l'élaboration de son schématisme s'avère concerner quelque chose de beaucoup plus fondamental, à savoir les conditions d'émergence obligée du sujet lui-même (c'est un Sollen) contrecarrées par la facticité dans son devenir réel. À noter d'ailleurs que la psychanalyse opère aussi par un forçage. Forçage sûrement nécessaire et constitutif, mais —comme pour ce qui concerne la jouissance— forçage qui ne peut pas être pratiqué n'importe comment. Raison supplémentaire pour s'occuper de l'épistémologie.

VI

S'ajoute enfin la grande question des institutions sociales, qui actuellement sont parasitées par le scientisme de l'idéologie néo-libérale, visant à l'optimisation du régime de la marchandise et donc à l'abolition du sujet au profit d'une individualité démunie d'initiative. Le problème ici concerne le type de socialité (et donc d'institutionnalité) dont on a besoin pour assurer le sujet dans sa singularité, et déterminer comment étayer le collectif afin qu'il produise des institutions capables de prendre en compte l'imprédicativité ; du coup, vient la question des conditions politiques que cela implique (c'est en particulier une affaire de politique de l'écrit). Cette « question institutionnelle » —qui par sa nature entropique tend à la stase— touche d'ailleurs tout autant la situation de la psychanalyse comme telle : extrinsèquement, quant à sa place dans la société ; intrinsèquement, quant au soutien de ses conditions de possibilité dans ses différentes institutionnalités. Encore faut-il ne pas oublier à cet égard le fait que toute institution vise, par la prédicativité qui lui est inhérente, « la destruction de la psychanalyse ». On retrouve là la facticité imaginaire de Lacan, qualifiée de « psychose sociale ». La dissolution de l'École freudienne de Paris en 1980 en a été la conséquence et conduit encore à la question de ses effets institutionnelles près de quarante-cinq ans après.

D'où mon attention à ce que René Lew dit (par exemple à la page 216 de L'économie littorale de la jouissance) sur le fait que « la tendance courante à l'épistémè réalimente le savoir référentiel », car cette remarque pose à son tour la question de savoir comment pourrait se produire une praxis épistémique prenant en compte le savoir textuel.

Ceci nous ramène à la politique de l'écriture, et, à mon avis, au problème que Lacan relève autour du phénomène psychosomatique (voir la référence que j'ai faite ci-dessus), même si ses propos sont assez épars. Car il est justement question des rapports de la lettre et du signifiant qui participent dans cette symptomatique; ce qui lesdits phénomènes registrent comme un non-rapport de littoralité révolue, avec pour résultat paralysie du flux signifiant et rigidité de la lettre (ce qui par ailleurs pose la question de la concomitance entre la littoralité et le semblant, entre l'incorporation subjective —de la fonction Père— et l'incarnation moïque d'une objectivité qui ne saurait jamais être de bon aloi : l'incorporel fonde la différence, s'il n'est pas « oublié »). À nous de voir comment ces phénomènes peuvent contribuer à déchiffrer les conditions du collectif.

Comprendre ce qui se passe au niveau du social, et dans les effets concomitants de désubjectivation, est en effet décisif aujourd'hui. Car l'évolution technocratique du monde, promue par le capitalisme actuel (voir le remue-ménage que le ChatGPT, comme dernier arrivé, provoque en ce moment), entraîne la destruction du semblant et du même coup la littoralité qui régule l'économie de la jouissance, avec comme résultat ce qu'on a connu déjà (entre 1914 et 1945), en termes de populismes, politiques identitaires, fascismes, etc., qui sont sûrement des formes de défense contre, mais aussi d'assimilation de la psychose sociale (avec ses dérapages obsessionnels ou carrément pervers, associés). Deux guerres mondiales en avaient fermé une topologie assurant pourtant son fondement dans le concept de « voisinage ».

Il y a là tout un pan de questions à travailler. Ce qui est central pour nous est bien entendu la place, dans cette tendance forclusive, des Weltanschauungen, soit lesdites conceptions du monde dont Freud, dans son optimisme positiviste, pensait pouvoir se passer. De là à discuter aussi la place dans la société de la « culture scientifique » comme idéologie dominante, il n'y a qu'un pas, bien sûr, mais cela n'empêche pas que l'on doive rendre compte du fait scientifique comme praxis, c'est-à-dire comme acte en particulier inconscient, afin d'en obtenir un débroussaillage (ou un peignage du nœud ainsi constitué) qui tienne la route, aussi contingent que soit le tracé de celle-ci. C'est dire qu'on ne pourrait se passer de questionner la place et la valeur de nos jours de l'Anschauung comme telle, dans les praxis sociale, politique, amoureuse et scientifique — et ainsi tout autant dans la psychanalyse.

Reprendre la question du « hors point de vue », comme choix qui ne soit pas attenant à un seul point de vue, est donc assurément urgent. Car ces questions de places ne sauraient obturer ce que la raison des fonctions en cause nécessite de dynamique et donc une dynamologie reconnaissant ce en quoi la « théorie du chaos » implique de schématisme en « attracteur étrange ».

*

Bref, examiner l'émergence des pratiques imprédicatives dans leur scientificité (et partant, pour nous, celle de la psychanalyse, mais surement aussi au-delà), nous invite à revenir à la question de la science. Mais maintenant d'une autre façon qu'en termes d'objet de la connaissance, de théorie de la connaissance, voire de savoir référentiel. Cela nous mène à devoir nous repencher sur ce qu'on entend par « instance de la lettre » et ce d'une nouvelle façon, plus poussée (éventuellement à partir de ce que la « géométrie de l'interaction » présentée par Girard, voire les « motifs » selon Grothendieck, nous proposent), et, espère-t-on, plus loin encore que là où Lacan était arrivé. La multiplicité de ces enjeux pourrait être le thème de ces journées.

Osvaldo Cariola